社会科学哲学译丛　殷杰　主编

本书受教育部重点研究基地山西大学科学技术哲学研究中心、
山西省“1331 工程”重点学科建设计划资助

在社会科学中发现哲学

〔加〕马里奥 · 邦格（Mario Bunge）◎著
吴朋飞◎译

科学出版社
北　京

图字：01-2016-4570 号

图书在版编目（CIP）数据

在社会科学中发现哲学 /（加）马里奥·邦格（Mario Bunge）著；吴朋飞译. —北京：科学出版社，2018.9
（社会科学哲学译丛）
书名原文：Finding Philosophy in Social Science
ISBN 978-7-03-058647-6

I. ①在… II. ①马… ②吴… III. ①社会科学-科学哲学-研究 IV. ①C02

中国版本图书馆CIP资料核字（2018）第199236号

丛书策划：侯俊琳　牛　玲　邹　聪
责任编辑：田慧莹　刘巧巧 / 责任校对：孙婷婷
责任印制：吴兆东 / 封面设计：有道文化
编辑部电话：010-64035853
E-mail：houjunlin@mail.sciencep.com

科学出版社出版
北京东黄城根北街 16 号
邮政编码：100717
http://www.sciencep.com
北京厚诚则铭印刷科技有限公司印刷
科学出版社发行　各地新华书店经销
*
2018 年 9 月第　一　版　开本：720 × 1000　B5
2024 年 1 月第三次印刷　印张：33 1/4
字数：550 000
定价：180.00 元
（如有印装质量问题，我社负责调换）

献给所有那些对社会研究感兴趣的人们，并献给那些因不相干性或者模糊性厌恶哲学，以及那些认识到其可以带来明晰、深度、统一和洞察力而喜欢哲学的人们。

总　序

社会科学是以社会现象及人的群体行为为研究对象的科学，其所从事的是对人类社会进行理性的、系统的研究；而社会科学哲学则是对社会科学的逻辑、方法和说明模式进行研究的学科，并以社会科学实践的理性重建为基本旨趣。实质上，二者之间呈现出科学与哲学的内在关系。作为人类知识的两种不同形态，自科学脱胎于哲学伊始，其与哲学就不分轩轾，但科学往往以其革命性的动力推动着哲学的发展甚至转向，科学发现为哲学困惑提供了新的出路，同时也使哲学面临着新的问题。

一方面，社会科学哲学的发展，从社会科学和自然科学的发展中获得了新的动力，这也是面向科学实践的社会科学哲学发展的基本路径。作为社会科学较为成熟的分支学科，经济学所描述的是，凸显社会状态而非物理状态的人类行为，其方法论被逐步扩展到政治学、社会学、人类学等其他社会科学当中，并且成为社会科学的普遍方法论，比如，理性选择理论依然是当今社会科学哲学所关注的热点之一。自社会学从哲学中分离出来之后，实证方法业已成为社会科学研究的基本方法，由此也开启了社会科学研究的实证主义哲学思潮，当然，实证主义在哲学中的兴盛与当时科学方法论的成功密切相关。时至今日，一系列科学新成果的出现，不断引发社会科学的深刻变化，特别是，人类学与社会学、心理学与认知科学之间的学科交叉发展愈益明显，这更有利于社会科学的“科学性”建设，也有助于社会科学哲学传统问题的实质性求解。比如，用互惠利他理论可以细化囚徒困境的说明，用竞争学习理论来说明跨文化异同，以认知科学中的联结主义来研究社会实践中的“共享”现象，等等。由此，可以看出，社会科学哲学正逐步“参与”到社会科学中来。

另一方面，从本质上讲，作为一种对科学进行的反思性实践活动，社会科学哲学就是要对社会理论的所有内容从根本上进行哲学层面的考察，进而寻找到各种理论性和纲领性的思想。作为哲学学科的分支，社会科学哲学的具体形态必然与一定时期的哲学形态相关联。在当代社会科学哲学中，无论是实证主义到后实证主义的相继出现，还是大陆社会科学哲学与英美社会科学哲学的区分，都与其所在的哲学传统有关。此外，社会科学哲学的历史发展，恰恰是哲学与社会科学互动的历史，也是社会科学不断通过自己的理论和实践表达，阐释和建立自己学科特征的历史。虽然当今社会科学有自觉摆脱哲学形而上瓜葛的倾向，但是社会中价值等规范性现象的合理性，却难以完全依靠经验事实来说明，诸如此类的问题，客观上就要求引入哲学的反思，这就使得社会科学哲学与哲学的发展总是同步进行的。20 世纪相继发生于社会科学哲学中的逻辑转向、语言转向、历史－文化转向和知识转向便印证了这一观念。

综上可见，不能孤立地理解社会科学哲学的发展，因为如果仅按流派来描述其发展理路，则有许多具体的焦点问题得不到应有的关注，这些问题恰恰是哲学与社会科学实践最直接相关、理论最中肯的地方。然而，如果只以具体问题的求解来呈现社会科学哲学现实状况，则有可能在整体语境的缺失下，难以周延问题的全部方面。因此，对于社会科学哲学整体研究的概观性图景的把握，就需要将二者统一起来，点线面结合，同时关注问题的历时性与共时性，这也是社会科学哲学的特殊性为研究者提出的根本要求。

国外社会科学哲学研究可谓方兴未艾。当前的社会科学哲学不能仅仅被视为科学哲学的分支，而是呈现出一种对社会研究实践进行反思的元理论研究。这是一种以社会科学的独立学科建制为基本定位的观点，它把社会科学哲学的研究视为在社会科学本身中进行的事务。可以说，社会科学哲学新的理论定位，直接以具体社会科学的研究对象为目标，不只限于为社会科学提供哲学认识论和方法论意义上的普遍指导，而且更专注于反思社会科学学科当中的社会科学实践，以及寻求具体学科本身的普遍原则和理论。也就是说，社会科学哲学面向科学实践的发展路径正在成为主流。特别是，在当前科学社会学和科学、技术与社会（STS）研究的推动下，社会科学家有组织的社会行为、认知劳动的组织模式、研究者的社会责任、研究共同体的制度化等方面，也正成为社会科学哲学自我反思的重要内容，这也使得社会科学哲学的理论和实践价值得到前所未有的认同。

近30年来，国内社会科学哲学研究基本上在各个问题域都有所展开，但是总体上看：一方面，在具体问题研究方面有所深入，在研究范式的形成方面却尚在起步；另一方面，社会科学哲学研究所涵盖的领域并没有形成统一的理解。事实上，这两方面的问题是相互联系的，研究领域的模糊，致很难形成用以对话交流的明晰问题，于是也就难以形成所谓的范式。这个现状是国际性的，社会科学哲学近一个世纪的发展，其本身特质使研究触角无远弗届。以新康德哲学为代表的大陆社会科学哲学，通过其解释学、系谱学和批判理论传统几乎可横贯整个西方哲学史，特别是，自狄尔泰系统探索用“精神科学”来区分自然科学始，到韦伯时形成了比较成熟的解释主义的社会科学哲学理论。而以语言哲学为代表的英美社会科学哲学，则与分析哲学交织在一起，比如，温奇秉承了维特根斯坦的后期思想，将“语言维度”引入社会科学哲学的研究当中。此外，当前的社会科学哲学又不可避免地与认知哲学、心灵哲学等分支联系在一起。实际上，科学社会学、STS 在一定程度上也被认为是广义社会科学哲学的一部分。更为复杂的是，传统哲学分支中还包括社会哲学、政治哲学、法哲学等，这些哲学分支与相应的具体社会科学哲学关系的界定一直存有分歧。在此，需要特别指出的是，从当前学科建制上来看，社会科学哲学的研究“散落”在外国哲学、科学技术哲学、马克思主义哲学等学科领域当中。虽然这些领域都在研究社会科学哲学，但整体上缺乏一种具有统一性的研究范式，如此一来，各个领域的研究共同体就很难形成相应的学术认同感，由此也导致了学术规范的缺失，使得社会科学哲学也难以作为一门学科持续发展。

当然，我们迫切希望社会科学哲学成为一门学科，而不是以一种跨学科的、边缘化的研究状况来呈现，因为它有自己的核心问题，即社会科学的科学地位问题。社会科学哲学学科的建立将有助于其研究范式的形成，而范式的形成更需要学术积累与进步。从近 30 年国内社会科学哲学发展的状况来看，其积累有一定的成就，但是与研究范式的形成还有距离，至少在与该学科相关的学术资料特别国外学术资料方面的丰富程度还不够。因此，我们启动“社会科学哲学译丛”的初衷就是，致力于为社会科学哲学研究范式的建立做一些推动性的工作。事实上，只有对国际学术进展有深入细致的了解，并具备广阔的学术视野，才能建立起自己的合理的学术规范乃至学术话语格局，进而做出理论与实践层面的创新。本译丛总体上出于学科建设的需要，遴选代表西方社会科学哲学最新进展的优秀著作，突出学术观点间的异质性，反映一个时期观点间的对话与交锋，重点关注原创性的作品，同时在国内同行已做好的工作基础上，力求呈现社会科学哲学近半个世纪以来的发展图景，为其学科建设做一份厚实的基础性积累。这将是一项艰巨的任务，所以我们把本译丛设计成开放的体系，徐图渐进，以期虑熟谋审，争取力不劳而功倍。

本译丛的整体框架由四个部分组成。第一部分的内容以史为主，包括社会科学史、社会科学思想史和社会科学哲学史，如《社会科学的兴起 1642—1792》《1945 年以来的社会科学史》《社会科学的历史与哲学》。社会科学是社会科学哲学研究的对象，是哲学依赖的事实基础；社会科学发展的规律和本质的研究离不开对历史的审视与重构；社会科学思想史介于科学与哲学之间，是社会科学范式转换发展的呈现；社会科学哲学史是社会科学哲学教学与科研倚重的方面，一门学科的建立首先是其学科历史的建立，有史才有所谓的继承与发展，有史才有创新的基础。第二部分的内容体现为具体社会科学哲学，如《社会科学与复杂性：科学基础》《社会科学的对象》。当今社会科学的发展从深度上讲专业化程度越来越高，从广度上来看交叉发展是不可逆转的趋势，呈现出学科间协作解决问题的态势，学科间的大一统越来越不可能，学科间的整合则时有发生。因此，对社会科学的哲学批判与反思已不能完全是一种宏大叙事，而需要参与到具体社会科学中来。第三部分的内容聚焦于社会科学哲学专论，主要包括名家名著、专题文集、经典诠释等，旨在呈现某一时期学界关注焦点、学派特色理论、哲学家思想成就等，如《在社会科学中发现哲学》《卡尔·波普尔与社会科学》。第四部分的内容专注于与社会科学哲学相关的教材，如《社会科学哲学：导论》《社会科学哲学：社会思想的哲学基础》。教材建设是学科教学建设的重中之重，成熟教材的译介，为我们编写适合实际情况的教材提供了重要的参照。对此，我们从两个方面来展开：一是社会科学哲学通识课教材；二是其专业课教材。总之，本译丛的规划框架兼顾史论，点线面结合，从科研与教学两方面立意，以期能满足社会科学哲学研究范式建设在著作和教科书方面的需要。

山西大学科学技术哲学研究中心一直以积极的姿态推动中国科学技术哲学的学科建设，以促进中国科学技术哲学的繁荣与发展为己任，在译介西方哲学优秀成果方面形成了优良的学术传统、严谨的学术规范和强烈的学术责任感，曾做过大量而富有成效的工作，并且赢得了国内同行的广泛认可。21 世纪初我们陆续推出“山西大学科学技术哲学译丛”，2016 年我们组织翻译的大型工具书《爱思唯尔科学哲学手册》9 部 16 册已陆续出版发行。我们将一如既往地秉承传统、恪守规范、谨记责任，以期本译丛能够实质性地推动我国社会科学哲学的教学与科研迈上新的台阶。由于本次翻译工作时间紧迫，翻译和协调难度大，难免在某些方面会不尽如人意，我们诚盼学界同人不吝指教，共同推动这一领域学术研究的进步。

在译丛即将付梓之际，作为丛书的组织者，有许多发自肺腑的感谢之言。首先我谨向各著作的原作者致谢，他们的原创性的成果为我们提供了可珍鉴的资源；其次，感谢科学出版社科学人文分社侯俊琳社长，他的远见卓识和学术担当，保证了本译丛的成功策划和顺利出版，他为此付出了难以言表的辛劳；再次，感谢每一部书的责任编辑，他们专业高效的工作保证了译著能够以更好的质量呈现出来；最后，还要感谢诸位译者，他们克服种种困难，尽最大可能保质保量地顺利完成了翻译工作。总之，我希望我们的工作最终能够得到广大读者的认可，以绵薄之力推动国内社会科学哲学事业的蓬勃发展。

“哲学社会科学是人们认识世界、改造世界的重要工具，是推动历史发展和社会进步的重要力量，其发展水平反映了一个民族的思维能力、精神品格、文明素质，体现了一个国家的综合国力和国际竞争力。”[①]社会科学哲学是哲学，同时是社会科学发展必不可少的思想前提，为社会科学澄清基本概念，以理论模式提供合法化辩护的工具性手段等；社会科学哲学的繁荣必将有力推动社会科学的发展。社会科学哲学译丛的长远意义也正在于此，“安知不如微虫之为珊瑚与蠃蛤之积为巨石也”[②]。谨序。

殷　杰

2017 年 10 月 10 日于山西大学

---

① 习近平 . 2017-10-10.（新华网授权发布）在哲学社会科学工作座谈会上的讲话（全文）. http://news. xinhuanet.com/politics/2016-05/18/c_1118891128.htm.

② 蠃，通“螺”。出自：章太炎 . 1981. 译书公会叙 // 朱维铮，姜义华，等编注 . 章太炎选集 . 上海：上海人民出版社：36.

序　言

这本书为对哲学感到好奇的社会科学家们而作，也为对社会研究感兴趣的哲学家们而写。就如其书名所示的那样，它集中讨论研究涉入社会研究中的哲学，虽然通常以一种默会的方式。我将论证，所有的社会研究，无论是科学的还是人文的，都充斥着诸如事实、系统、过程、理论、检验和真理这样的哲学概念。它们还包含或者预设一些哲学假设，比如，社会只不过是（或者不是）个人的集合体，人们能够（或者不能）理性地选择和行动，社会事实可以（或者不可以）被科学地研究。

遗憾的是，大多数社会学者很少暂时停下来去检验他们所接受的哲学观点。当他们确实这样做时，他们通常会受到与当代社会科学研究实践不匹配的哲学理念的影响。大多数注意到社会科学之中的或者关于社会科学的哲学的哲学家们，都曾持有下述三个论点中的一些或者所有：社会科学与自然科学之间有明显的区别，不存在二者的混合体或者社会－自然科学；科学和哲学是互不相交的，因此无法向彼此学习；社会科学哲学与自然科学哲学一样，或者二者是完全无交集的。我将论证，这三个观点及许多被普遍接受的观点都是错误的。

我将检查内在于社会科学（及社会－自然科学）中的一

些核心的哲学理念，还将检查由它们所引起的一些局部的哲学问题。因此，我将会阐明事件和因果关系的本体论观念、意义和真理的语义学概念、假设和指标的认识论思想、价值和效用的价值论观念，以及权利和义务的伦理学概念。我还将努力解决这样的经典争论，如个人主义与整体论、唯心主义与唯物主义、主观主义与实在论、理性主义与经验主义、解释与理解，以及一般律则科学（nomothetic sciences）与具体特殊的科学（idiographic sciences）之间的争论。

我写这本书的目的不仅在于享受思考此类问题获得的乐趣，而且还希望为社会科学家们提供某种服务，有时候他们在经验研究中受到阻碍，就如一位知名的社会学家所指出的那样，“他们困惑于逻辑上的困难和哲学困难”（Stinchcombe，1968：vi）。我分享一下爱因斯坦对他称作“智力技巧”的轻视，就如希尔伯特所认为的那样，仅仅对于学术推广来说它是好的。我相信，哲学家的义务在于处理困难的和有意思的概念问题，找到对其他思想家或者对各行各业男男女女都有用的解决办法。尤其是我相信，社会科学哲学家有义务阐明关键的既具有隐蔽性又明确的哲学概念、问题、假设，以及他那个时代的社会科学的发现。为了完成这个任务，他必须对当代社会科学文献相当熟悉。理想情况是，他还应该像我做的那样，尝试进行社会研究，因为即使再多的阅读也不能取代原创性研究的经验。

在这本书中，我只讨论遍及社会科学、社会－自然科学和技术的一些关键的哲学思想。关于各门具体社会学科的特殊问题在姐妹篇《争论中的社会科学》(邦格即将出版的[①])中解决。后者同样可以命名为“通过哲学看社会科学”，正如当前这本著作可以被命名为“通过社会科学看哲学”一样。

最后，两个免责声明：除非另有说明，否则翻译权仅归本人所有；整本书中所使用的阳性代词都表示所有三种性别。

我很感谢一些慷慨的学者和富有求知欲的学生，他们来自 24 个国家，几十年来他们一直提问一些有意思的问题，提供有用的信息，或者与我进行富有成效的讨论。我还要感谢加拿大人文科学与社会科学研究委员会几十年来对我研究的支持。最后但并非最不重要的是，我要感谢耶鲁大学出版社的编辑人员，尤其是琼·范·阿尔特纳（Jean van Altena）对手稿的整理。

---

① 译者注：此书现已出版，文献信息为 Mario Bunge. 1998. Social Science under Debate. Toronto：University of Toronto Press。后文统一标注为 Bunge，1998。

本书凡例[①]

本书斜体有以下意义：

（1）作为例示的或者被解释的词语。示例如下。

社会科学的*价值论*研究价值在社会科学中的作用。（第 9 页，原文为 The *axiology* of social science investigates the role of values in social science.）

（2）表示强调的词语。示例如下。

在这些领域中，通常我们必须满足于*局部*真理或者*近似*真理。（第 107 页，原文为 In these fields，more often than not，we must settle for *partial* or *approximate* truths.）

（3）未归化的外来词语。示例如下。

此在（*Dasein*）

生活世界（*Lebenswelt*）

① 凡例为译者所加。

目　录

导论：为什么是哲学？ 1

第一节　社会科学包含某种哲学

科学和哲学很难区别开来，这种情况一直持续到浪漫主义时期。在那时二者变得疏远，但它们从未真正分离。事实上，科学和哲学共享着很多极其普遍的核心概念、原则乃至问题。因此，远非互斥不相交，它们是部分重叠的。为了证明这个断言，我将任意展示每一个思想范畴中的一些例子。

首先，在不管它们的真值，只关注于它们的构成概念的情况下，考虑下面的陈述，尽管对它们的否定分析事实上也可以得出同样的结论。

——所有的社会都是由生物组成的具体系统（而不是说，比如要么仅仅是个体的聚集，要么是信念、价值和规范的集合）。

——一些社会系统（如家庭和朋友圈）是自然的，而一些社会系统（如商业公司和学校）是人造的。

——所有的社会系统都位于空间中并随着时间发展演变。

——主体和结构互相作用、互相影响：既不存在制度真空中的个人行动，也不存在无个体社会行为的社会结构。

——除了别的之外，每一种社会类型，都以它自身的价值系统和其自身的道德规范和法律规范为特征。

——社会能够——实际上，应当——以一种科学的方式来被研究，尽管它看起来并非一个自然物，因为它在很大程度上是人造的，并且人类具有情感和思想。

2 ——科学的社会研究的发现都是一些关于社会系统的可检验的知识（而不是，比如关于个人行为的推测）。

——描述是必要而非充分的：我们应该尝试解释数据，并且只要有可能，也应该预测它们。

——形式如“变量 y 取决于变量 x”的程序化假设，和统计相关性一样，都是必要而非充分的：我们应该力求推测因果的、概率性的和混合的机制。

——一些理性选择模型包含着模糊的效用和理性概念，而且所有的理性选择模型都包含着富有争议的最大化行为假设。

要在上述清单中，辨认出其中的哲学成分并不难。普遍概念“所有”和“一些”，还有“和”（或者一个逗号）及“或者”，它们都是逻辑学中要研究的（概念）；“是”这个概念亦如此。此外，就如是数学的一部分一样，逻辑学也是哲学的一部分。概念“关于”（或者“指涉”）和“模糊的”（“不精确的”）应归入逻辑学的近邻——语义学。物质、过程、本质、时间、空间、系统、历史、社会和人工制品等都是极其普遍的概念：它们不是任何一门具体科学的“专属财产”，而且它们在哲学最古老的一个分支——本体论（或者形而上学）中被分析和系统化。知识、科学、模型及可检验性概念应归入哲学的另一个分支——认识论（知识论）中（*理性*和*效用*这两个词中的任何一个都表示不同的概念，其中有一些概念是哲学的）。最后，价值和规范概念在价值理论和伦理学中被研究。因此，我们就证明了，哲学与科学——尤其是与社会科学——共享着一些概念。

接下来我将证明，社会科学和哲学共享着一些原理。以下的任一个都是如此，而且它们的否定亦是如此。

——社会事实是客观的并且是可知的，尽管是部分可知和逐渐可知。

——日常经验（包括直观和通感）对于理解诸如社会这样的复杂系统是必要而非充分的：我们还需要系统化的观察、计算和理论。

——观察应当被理论指导，而且反过来，理论应被数据检验。

——社会科学需要多层级理论，分别是：“宏大的”或者最大范围理论、中层理论和窄范围理论——或者哲学理论、一般理论和具体理论。

——对社会科学中的假设的经验检验是为追求真理而进行的检验，然而对社会政策的检验是为公平和效率而进行的检验。

——有关社会事实和社会政策的真理通常都仅仅是近似真理，但是它们可以通过进一步的研究得以改进。

——解释一个社会事实就是揭示其貌似合理可信的机制。

——社会科学使用某种生物学及某种心理学，但却不能还原为二者中的 3
任一个。

——社会科学学科之间的边界都是人造的，并且会随着时间的变化而变化。

——编造数据或者出版、发表不可理解的文本都是不道德的。

这些命题及它们的否定命题都是哲学－科学的，因为它们应被归入社会科学的哲学（或者元理论）中，而且它们都应该被社会科学家们遵守（或者违反）。

现在让我们列出一些问题，它们极其普遍并且要么与社会有关，要么与社会研究有关，既是哲学的又是科学的，它们全部都是当前激烈争论的对象。

——社会事实是外在一切而独立存在的，还是说它们是观察者或社会研究者共同体的建构？（这是实在论的本体论和认识论问题的一部分）

——存在客观的社会模式（规律）吗？或者说社会事实是完全不合乎规律的吗？（这是本体论的合规律性问题及将客观模式与宣称代表它们的陈述区别开来的认识论问题的一部分）

——什么是社会？一个无组织的个人集合体？一个不可分析的块？还是一个系统？（这是个人主义—整体论—系统论三难困境，这是一个具有对应的认识论问题的本体论问题）

——社会如何变化？是在外部力量行动的作用下，或者通过它们的内在动力，还是二者都有？是思想观念的结果，或者是物质因素的结果，还是二者共同起作用的结果？（这是历史哲学的一部分）

——在社会中什么盛行？团结（合作）还是冲突（竞争）或者是二者的结合？（这个问题与道德哲学和政治哲学有关）

——人们是完全自由地行动，或者他们是历史力量的棋子，还是二者都

不是？（这是自由意志的本体论和伦理问题的一部分）

——社会科学学科是具体特殊的（仅限于细节详情），还是律则的（谋求并使用规律），或者是两者都有？（这是社会科学认识论和方法论中的核心问题）

——社会科学理论是如实地表示社会事实，还是说它们仅仅是隐喻？（这是一个与事实和观念之间的关系有关的语义学和认识论问题）

——各种各样的哲学流派如经验主义和唯心主义，对于社会研究具有什么影响，是积极的，没有影响，还是消极的？（这是识别和评价潜在于社会研究中各种流派的各种哲学的工作的一部分）

——基本的社会科学是价值无涉和道德中立的吗？那么社会政策科学又是怎样的呢？（这些问题属于科学技术的伦理学问题）

4 这些问题位于社会科学和哲学之交。因此，它们必须在两个研究领域的工具和发现的帮助下被解决。

因此，我已经证明了在社会科学中存在某种哲学［注意，顺便说一句，检查弱概括和特定概括（也就是那些用“一些”作为前缀的命题）是如此容易，需要做的就是找出至少一个例子，与强概括或者普遍概括（也就是以“所有”开头的命题）相对］。

换句话说，在科学和哲学之间没有边界。因此，许多哲学家，其中有实证主义者鲁道夫·卡尔纳普和理性主义者卡尔·波普尔，他们忙碌于其中的对划界标准问题的研究是徒劳无功的。而如果这样一项研究是徒劳的话，这就意味着它源于严重错误的科学和哲学观念。这就是为什么我们必须找到我们自己的方法，尽我们最大的努力遵守合理性规则，同时与现实和它的科学探索保持联系的原因之一。

第二节　社会科学中的哲学争论

自从社会科学家们使用哲学概念和原理并产生哲学兴趣问题之后，他们很有可能接受明确的哲学立场乃至卷入哲学争论之中。例如，史密斯、边沁、孔多塞、穆勒、古诺、马克思、恩格斯、杰文斯、门格尔、马歇尔、帕累托、韦伯、凯恩斯、马克·布洛赫、布罗代尔、默顿、萨缪尔森、缪尔达尔和米尔顿·弗里德曼。此外，他们中没有一个是哲学无知或哲学中立的。

然而，大多数科学家们并不为以任何深度检验他们的哲学而烦恼。这种在哲学上漠不关心的一个结果就是理论与实践之间的不一致。因此，马克思赞扬黑格尔混乱的辩证法，而且经常采用黑格尔复杂费解的风格样式。但是因为马克思还从事基于工业报告、社会调查及经济的、政治的和历史的数据资料的实际研究，所以他没有背叛科学而转向黑格尔主义（Schumpeter，1950［1942］：10）。同样，韦伯口头上承认狄尔泰、文德尔班和李凯尔特的唯心主义哲学，但却超越了他们鼓吹的具体特殊—律则的二分法（Merton，1987：13）。尽管韦伯捍卫方法论上的个人主义，但是他很少进行微观—宏观分析。结果，他之后的工作与马克思的工作并没有多大区别（Alexander and Giesen，1987：18）。几乎没有科学家在他们的说教与他们的实践之间避免了不一致。伽利略、爱因斯坦和卡哈尔是例外。此外，爱因斯坦还警告说，为了找出科学究竟是什么，我们应该观察工作中的科学家们，而不是在进行哲学探讨的时候去读他们关于科学说了些什么。

科学中的哲学争论可以是予以人启迪的、建构的、博学精深的——或者 5
这些都不是。社会科学中一个早期的破坏性的哲学争论的例子就是德语世界中的*方法论之争*，它始于 19 世纪 80 年代，并且实际上依旧在世界范围内继续，虽然是以一种温和的方式。这个争论在反对两个完全合法的、互补性的研究领域中（也就是，经济学和经济学史）起着破坏作用。结果，这些学科中的每一个都发展缓慢，而不是通过互补变得丰富充实（Swedberg，1991）。自相矛盾的是，经济学赢取了政治战争的胜利却输掉了智力战争，因为通过独立性的获得，它变得离过去和现在的经济现实越来越远。

另一些著名的争论是在马克思主义者和他们的对手之间，以及保守经济学家与自由经济学家之间的争论。不同于方法论之争，这些争论具有很强的意识形态成分，它们在争论中成功地暴露出来。许多进一步的争论目前正在酝酿。当代社会科学中及与之有关的一些主流的哲学争论都与下面的问题有关。

——社会系统和它们的结构是外在存在的呢，还是仅仅在学者们的思想之中呢？（实在论认识论问题的一个方面）

——是社会斗争还是同样有力的合作才是历史发展的动力呢？（主要的变化机制类型的本体论问题的一部分）

——社会阶层是实体还是概念？（属于与事实和观念之间的关系有关的语义学和本体论问题中的一个问题）

——科学理念是个体思想（或者大脑）之中的进程，还是社会建构？又或者是超越人类之上的？（本体论身心问题的一部分）

——真的科学观念能否存在？还是仅仅是被当时的科学共同体所接受的约定呢？（实在论认识论问题的另一个方面）

——存在历史规律吗？（历史哲学的一部分）

——有可能用一种和我们研究自然时完全一样的方法来研究社会吗？还是说我们必须考虑主体的知觉、幻觉、兴趣、意向和决定？（社会科学方法论的一部分）

——社会系统和社会进程的数学模型能够把握社会生活的多样性和易变性吗？（数学与实在之间关联的语义学和认识论问题的一部分）

——所有的社会事件都是可预测的吗？可预测性（及不可预测性）是内在于社会现实呢，还是仅仅是知识（或者无知）的问题呢？

——能从遇到困境的马克思主义哲学、社会学理论及意识形态中发掘出任何东西吗？（尤其是，马克思主义中的危机蕴涵着马克思主义与实在论都是站不住脚的吗？）

6 这些问题中的每一个问题都曾经被同时做出了肯定和否定的回答。我们将在适当的时候解决它们。在这个节骨眼上再次提到它们的重点不是要找出正确的答案，而是作为一个提醒，与托马斯·库恩的论点相反，科学和神学、意识形态、哲学和政治学一样，都是充满争议的。正确的是，科学争论能够以一种理性的方式被引导，并且能够根据经验数据和逻辑论证公正地得到解决，而不是诉诸修辞、谈判协商或者法令。那是因为，这样的争论完全是关于真理的，而与权利无关。

第三节　社会元理论关于什么及由什么决定

社会科学哲学是社会科学元科学的一个分支。其他与社会科学有关的学科是社会科学的历史学、社会学、经济学和政治学。这些附属学科为哲学家们提供了有用的数据并且有可能会为他们提供富有洞察力的见解。然而，社会科学的社会学科反过来要感激科学哲学阐明了那些如此关键的概念，诸如质和量、真理与谬误、可检验性与检验、科学和伪科学等。换句话说，尽管所有社会科学的各门学科之间彼此相互作用，但是社会科学哲学在逻辑上要先于社会科学的社会研究。

社会科学哲学（或者社会科学的元理论）涉及出现在社会事实的共时性和历时性研究中的思想观念和方法。它并不直接涉及这样的事实：它并不争论社会科学家的领地问题。然而，它不得不间接地涉及社会事实。实际上，关于社会科学的一个具体构想的哲学论述，就社会事实领域而言是间接地与后者有关的。例如，陈述“所有的社会都是分层的这个假设是可验证的”就直接与正在讨论的假设有关，且与所有的社会间接有关（用一般的形式化表示则是，将哲学构想映射为社会科学构想的引用函数 R_1：$P \rightarrow S$，和将社会科学构想映射为社会事实的引用函数 R_2：$S \rightarrow F$，合在一起构成了间接引用函数 $R = R_2 \circ R_1$：$P \rightarrow F$）。

关于社会科学中的构想的哲学陈述分为以下几个类别：①逻辑的，或者是关于逻辑形式（结构）的；②语义学的，或者是关于意义和真理的；③认识论的，或者是关于构想形成的方式的；④方法论的，或者是关于普遍方法和特殊技巧的；⑤本体论的，或者是关于构想所指对象的本质的；⑥价值论的，或者是关于可能出现在社会科学中的价值概念和价值判断的；⑦伦理学的，或者是关于社会研究或社会政策使用的道德的。

换句话说，社会科学哲学必须承诺如下：

社会科学的*逻辑学*分析社会科学中的概念、命题、理论和推理的逻辑形 7
式，不管它们的内容如何。因此，它问诸如这样的问题：概念 X 的定义适当吗，是明确的还是经由公理？命题 B 是由假设 A 产生的吗？ T 理论是内在一致的吗？解释和预测之间的相似之处和不同是什么？这样和那样的理论之间是如何关联的？理论还原与合并的结构、能力、局限性和功能是什么？逻辑学是以男性为中心的吗？

社会科学的*语义学*探索意义、指称和真理（形式的和事实的、完全的和局部的）概念，当他们出现在社会科学中时。因此它会问：这样或者那样的一个概念、假设或者理论的指称是什么？（也就是说，它是关于什么的？）尤其是，社会科学是关于什么的：是个体、观念、超个体的力量还是社会系统呢？构想 *A* 在语境 *B* 中有意义吗？真理是什么？真理在社会科学中可获得吗？每一个真理都与某种文化有关吗？

社会科学的*认识论*检验观察和推测、直观和理性、类比和归纳、发现和发明在构想形成中的作用及社会科学中的方法；*领会*（理解或解释）的性质和作用；理论与政策之间的关系；以及演绎法的功能和局限性。因此它与诸如这样的问题有关：通过观察个体我们能够了解社会什么呢？关于个体，通过研究他们的社会我们能够了解什么呢？每一个概括都来自对数据的归纳吗？构想是被发现的还是被发明的？

社会科学的*方法论*考察数据和假设的本质，“数据解释”这一表达的意义，指标（“操作性定义”）的作用，经验确认的模式，可检验性，确认和否定观念，以及具体研究和律则研究之间的关系。因此它会问：社会凝聚力、社会惯性、社会稳定性及社会变化率能够被量化吗？如果可以量化的话，那么如何量化？在社会研究中量化和测量的范围和作用是什么？存在测量的一般理论吗？科学方法是“男人流”专属的并因此抵触女人吗？

社会科学的*本体论*检验社会的本质，社会过程的种类，规律和规则之间的区别，因果关系与偶然性的作用，以及计划的本质。因此，它关注诸如此类的问题：社会系统存在吗，还是说它们仅仅是个体的集合体？价值和规范系统是文化还是具体的社会系统？什么是宏观与微观之间的关联？历史的动力是什么？是环境、生物学因素、经济、政治、文化，还是所有这些都是呢？在社会进化中存在偶然性的跳跃吗，或者说马歇尔在他的经典著作《经济学原理》的扉页中所题写的格言——*自然从不飞跃*是正确的呢？社会是一个可以通过解释学或者符号学解释的语境吗？人类历史类似于生物学的进化吗？

社会科学的*价值论*调查研究价值在社会科学中的作用。它会问：社会科 8
学能够避开价值吗？哪一种价值与社会科学更为相关：客观的、主观的，还是两者都是呢？贫穷和压迫概念是描述性的、评价性的，还是两者都是或者都不是呢？社会科学家们是应该如马克斯·韦伯所要求的那样放弃做出价值判断呢，还是如冈纳·缪尔达尔要求的那样宣布他们的价值观呢？

社会科学的*伦理学*检验社会科学家们的行为规范。因此它与诸如这样的问题有关：如果有的话，道德规范在设计经济政策和社会政策中的作用是什么？人们在计划为他们进行道德辩护时应如何去做？社会科学中关于实验有什么伦理限制？社会科学是道德中立的吗？一个社会科学家建议一个机构扰乱一个外国政府或者建议一个公司去掠夺一个国家是正确的吗？社会科学家回避社会问题是正确的吗？历史学家有权利赞扬或者谴责他所研究的行动吗？

到此时为止，我们认识了科学哲学中，尤其是社会研究的元理论中七个不同的领域。一些元理论问题能够通过科学哲学的单一分支解决，而其他一些则需要所有七个分支的合作。后者尤其与下面的问题有关：基本科学是什么？社会技术是什么？如何区分社会科学与自然科学？是否存在横跨自然—社会划分的科学？当前社会科学的划分是否健全？如果不健全，如何纠正？

总而言之，哲学是一个具有七个不同种类的思想观念系统，它或许可以被描述成一个七边形。然而，这种空间类比到目前为止，只是作为对哲学不同成分的独立性的强调。作为一种哲学描述它是不正确的，它既不是一个几何对象也不是一个可视对象。（在社会科学中发现的许多图表都仅仅是说教的道具）以它的分析成分为代价强调哲学的系统特征同样是不恰当的。实际上，进行哲学探讨有时候就是分析思想观念，尤其是在对它们进行逻辑的、语义学的、认识论和方法论的分析时。然而，在其他时候，进行哲学思考就是提炼一般概念或者建立概念系统（如分类和理论）。就这一点而言，哲学和理论科学一样——在其他方面也一样，将在适当的时候进行讨论。

第四节 社会科学哲学的种类

到目前为止，我装作似乎只存在一种社会科学哲学。但事实上存在着和哲学派别一样多的社会科学哲学。这些或许可以以不同的方式进行分组。尤其是，它们或许根据逻辑的、认识论的、本体论的或者伦理学标准进行分组。
9 从逻辑上讲，哲学可分为理性的和非理性的（严格地说，完全拒斥论证的一个流派不能为它的论点提供任何支持，因此它并不能算作是一门哲学）。从认识论的立场看，哲学在不同程度上可分为经验主义的和反经验主义的。从本体论观点来看，它们可被分为唯物主义的、唯心主义的或者二元论的。从伦理学观点来看，它们可被分为结果论的或非结果论的、自我中心主义的或利他主义的等。

因此，抛开它众多的缺点不管，逻辑实证主义实际上是符合逻辑的，因为它承认并使用逻辑。与之相比，存在主义是非逻辑的，因为它明确地拒绝逻辑学（和普遍理性）并且制造了大量无意义的诸如“The world worlds”的句子。黑格尔哲学和现象学几乎也是非逻辑的，因为它们使用与世隔绝的术语并且公然抨击精密的科学。实证主义是经验主义者，而且更特别地讲，是现象论者，因为它宣称与观察数据保持紧密联系并且不信任深层假设和理论。从某种程度上说，现象学也是这样，因为它把自己限制在通过内省或者对*生活世界*或日常生活的观察而获得的数据之内，但和实证主义不同的是，现象学并不关心经验检验。实证主义和现象学都拒斥本体论，基本上出于同一个理由，即它们拒绝承认外部世界的自主存在。最后，这些哲学派别中没有一个包含一种伦理学理论。

刚刚提到的哲学流派中的任何一个都和其他的一些流派一样，都有它自己的科学哲学。尤其是，存在着实证主义科学哲学和反实证主义科学哲学；一些是实在论的，一些是反实在论的——例如，约定论的或者实用主义的；一些是理性主义的，一些是非理性主义的，等等。这种多样性差异产生了一个元哲学问题：要在各种科学哲学流派中做出选择——或者构造一个供替代的选择。

选择科学哲学有两种方法。一种是检查正在考虑中的这种哲学是否与某人的哲学预见或思想预见相一致，这是一种教条程序。第二种方法是检查它是否提供了对科学研究忠实可靠的描述，以及是否为它的行为指导提供了富有成效的方案。也就是说，它是否既能解释科学又能促进它的发展。第一种方法更为简单，因为它不需要拥有科学知识，并且不用克服重新考虑某人的立场的惯性。这就是为什么它最流行却最不可靠的原因。让我们*跟随*波普尔的步伐看一下为什么第二种方法是更好的，为什么哲学能被证实或者否证（Popper，1963：197）。

科学哲学仅仅是 x 众多哲学流派中的一个，在这里，x 是一个空白或者是一个能代表数学、自然科学、社会科学、技术、医学、政治学、法律、道德、艺术、宗教等的自变量。现在，x 的一种哲学应当与 x 相匹配而不是与 x 不符， 10
只有在那时它才有能力（a）给出对 x 的一个充足适当的（真）描述，（b）为在 x 中进行调查提供富有成效的途径，以及（c）完全胜任和有效地参与在 x 中进行的或者与 x 有关的哲学争论。我们称这些为*充分性和丰富性条件*。与 x 完全不相宜，或者更糟——与 x 敌对的一种哲学，在 x 的发展中是没有任何帮助的。因此，我将提议下面这个一般的元哲学规范：对于所有的 x 而言，如果 x 是一个研究领域，那么 x 的哲学应该与 x 相匹配。

但是在这个语境中"匹配"的意思是什么？宽松地讲，x 的一种哲学 Px 与 x 相匹配，如果 Px 共有 x 的"精神"或者"态度"，处理由 x 的现实实践引起的哲学问题，并且使用科学的发现来构造和检查它自己的假设。现在让我们用科学代替 x。我认为，一种与科学相匹配的科学哲学，如果它能富有成效地进行描述，且在某种程度上享有精确性、可检验性、系统性、实在性、世界性及完整性等成熟科学所具有的典型特征，与当代科学研究相关，并且使用后者的一些发现。一篇难以理解的激烈反对精密科学和自然主义的长篇大论，如胡塞尔著名的《欧洲科学的危机》（Husserl，1954［1936］），则未通过这个检验。

理想地讲，一种科学哲学应该同它所研究的最好的科学一样精确和科学。这恰恰是维也纳学派（1926～1936）的目标，它的成员发展了逻辑经验主义（或者说是新实证主义）。让人遗憾的是，这种哲学，尽管多少有几分精确，且同新托马斯主义、新康德主义、辩证唯物主义、现象学和存在主义的晦涩模糊如此敌对，但它在很大程度上是非科学的。实际上，尽管他们的真正兴趣是当代科学，并且他们中的一些人还是从事科学事业的科学家，但是维也纳学派的大多数成员是从狭隘的经验主义者，精确地讲，是归纳主义者、现象主义者甚至是主观主义者的观点出发来探讨科学的。而且，新实证主义者们倾向于过度简化哲学问题，把它们都看作是逻辑学、语义学或者方法论问题，也就是说把它们看作是一致性、意义或者可检验性问题。他们拒斥形而上学（本体论），而且忽视或低估价值理论和伦理学。因此，虽然他们对模糊性的批判是有益的，但是他们对实在论、唯物主义和认知主义伦理学的拒斥却非有益的。特别是，他们鼓励对物理学的行为主义和主观主义解释，就如他们在价值理论和伦理学中鼓励非理性主义一样。

简而言之，众所周知的哲学流派中没有一个能与科学相匹配。因此，它们中没有一个能够帮助我们理解社会科学就不足为怪了，更不用说促进它的发展了。

第五节　评价社会科学哲学

应该如何对一种社会科学哲学进行评价？我认为下面一系列的检验应该被用于此评价。

11 （1）*相关性*。它是否处理当代社会科学中的真正问题，还是它仅仅是对旧有的古典文献的一种诠释或者是一种智力（或者更糟糕的，反知性论者）训练？

（2）*可理解性*。讨论中的这种哲学能被任何一个聪明的大学生理解吗，还是说它是一个神秘团体的财产呢？在可理解性级别中，存在主义位于底层，日常语言（维特根斯坦的）哲学位于顶层。任一真正的、相关的、有深度的哲学都将高于底层，但多少低于这个等级的顶层。它不应处于最顶层不是因为其不可避免的模糊性，而是因为要把握非平凡的思想观念需要一些努力：不存在“易懂的哲学”（就如罗素称呼语言哲学那样）。

（3）*可精确性*。给定哲学中的基本概念和命题能够在逻辑学工具或数学工具的帮助下更精确地被提出来吗，或者说它们具有无可救药的模糊性，就如黑格尔的辩证法、狄尔泰的领会和海德格尔的*此在*一样？

（4）*内部一致性*。正在考虑中的哲学是否没有矛盾，或者说，如果它包含着矛盾，在不完全破坏它的情况下这些矛盾能被消除吗？

（5）*外部一致性*。讨论中的哲学与当代大多数科学和技术相容吗，还是说是与之不符的？

（6）*大小和深度*。讨论中的哲学自身是关于微问题（例如，“对于 y 来说 x 的意思是什么？”）和肤浅的解决方案（例如，关于现实性问题：“存在是被认知的，或者是被测量的，或者是被谈论的，或者是存在于文本中的”）的呢，还是说它是以一种深邃的方式解决任意的大问题的呢？

（7）*真理*。讨论中的哲学是与现实的科学研究实践相匹配，还是说它是基于对现实的科学研究实践的一种夸张讽刺的描绘？

（8）*普遍性*。讨论中的哲学是普遍有效（跨文化）的呢，还是说它支持一个特定性别、种群、社会阶层、民族、宗教组织或者政党的观点、偏见或者利益呢？

（9）*丰富性*。考虑之中的哲学能解决任何哲学或者科学问题吗，还是说至少允许它们以一种更为清晰和更深邃的方式被重新阐述？它有助于发现任何新的问题吗？它有助于跨越邻近学科之间的桥梁吗？它批判任何教条主义的思想观念吗？它提出任何有前途的非正统见解吗？

（10）*独创性*。讨论中的哲学包含任何独创性成分：新的探讨方式、值得调查的新假设或者值得试验的新的概念技巧吗？还是说它是对某种过时学说的重新处理？

我认为，流行的哲学流派中没有一个能满足所有这些条件，尤其是被应用于社会科学时。而且其中的一些流派，特别是现象学、存在主义及它们的后现代产物，都未能通过所有这些检验（在接下来的章节里，我将尝试证明
这个断言）。这就是为什么我要努力建立一个新的、以科学为导向的哲学系统 12
的原因，这在我的《基础哲学论》（1974 ～ 1989）的八个章节中已经做过详细说明，并且也是为什么我写了这本书和它的姐妹篇《争论中的社会科学》（Bunge，1998）的原因。

总之，哲学是直接与社会科学相关的，因为两个领域相互重叠，并且因为它们中任何一个的任何发展都会为另一个提出问题，也会为其提供工具去解决问题。诚然，为了知道他们正在做什么，科学家并不需要哲学家。但是有时候科学家确实需要被证明他们已经完成的是错误的，或者更糟的情况，是不相干的，作为他们没有充分关注哲学的后果。

既然如此，对于社会科学家们来说，让哲学遗留在像胡塞尔和维特根斯坦这样的、从未为科学尤其是从未为社会科学而费心的哲学家们的掌握中，并非明智之举。而且从诸如海德格尔和德里达这样的，只写一些令人费解的话、陈词滥调或者谬误的哲学家中寻找灵感，也完全是愚蠢的。如果在这两个领域中的学者们都能更加认真地对待他们各自在另一领域的对应物的话，就将推动谈论中的这两个领域的发展。而且如果社会科学家们为了避免哲学错误而进行严肃认真的哲学思考，并且如果哲学家们能够在社会研究中进行尝试，以便熟悉和掌握它的话，这两个领域可能发展得更好。

第一部分

从事实到理论 13

第一章

事　　实 15

社会科学研究社会事实，诸如：扶持和打斗、嫁娶和离婚、雇佣和解雇、工作和偷盗、组织和无组织、革新和抵制革新、选举和反叛、侵略和抵抗、建立组织和解散组织，等等。这就使它们成为*事实*科学，和逻辑学及数学不一样，它们或许可被称为*形式*科学，因为它们处理的是纯“形式”——也就是说，与任何事实都不相关的思想观念。

迄今为止，这在社会科学家共同体中已经基本达成共识。但是关于“社会事实”这一表达的意义，甚至更低一级的*事实*一词都未形成一致性的看法。事实上，在一些情况下，*事实*指示一个客观事件，在其他情况下它通常被用作数据的一个同义词，或者作为一个特殊的真命题使用。因此人们经常会表达形式为“x是一个事实”的句子，其在某些情况下要表达的意思是x确实就是事实，在其他情况下表示的是“x是一个事实”这个断言是真的。人们还会遇到“程式化事实”的表达，事实上它是一个复杂事实的简化表示，因此它根本就不是一个事实，而是一个构想。再一次，人们遇到了“科学事实”这种表达，尽管它模糊不清，但却没有伴随任何解释。这是否意味着一个实际事实或可能事实，只能通过科学，或者通过诸如一个实验数据或一个充分证实的假设那样的科学发现被研究？我们被告知的很少。

更糟的是，在那些所谓的后现代主义思想中，事实尤其是“科学事实”，
有时候被说成是故事（或符号或隐喻），有时候被说成是与路标和餐桌礼 16
仪同等的社会建构或者社会习俗。实际上，后者是建构主义相对论社会学和

科学与技术哲学的主要论点。根据主观主义的这种集体主义品种，事实和观念（或者文本）之间是没有差别的。更准确地说，所有的事实都是被一个诸如科学共同体的“集体”所共享的观念（或文本）。因此，客观性和真理观念是多余的，或者更有甚者，是误导性的。希望弄明白它们的真实情况的科学家们不用研究外在事实，而是集体制造出它们来：他们“构造现实”。他们甚至只局限于制造“铭文”（词、图表等），并与他们的同事们斗争和协商（如 Latour and Woolgar，1979）。

这种观点对于那些不为研究科学或者技术烦心的人，以及对于分析和检验关于它们的任何观念，尤其是对包含在科学研究、技术设计和政策制定之中的构想进行哲学分析而言，都是非常便利的。但它是站不住脚的，因为它否认个体的创造性并嘲笑追求真理及任何一种检验程序。第一种观点是显而易见的，因为这种观点的支持者明确地用社会建构、习俗约定乃至对话替换了发现和发明。第二种观点不仅在经验检验和技术检验中，而且在法律、商业甚至日常生活中都是显而易见的。接下来的例子将让我们更加清楚地认识这种观点。

事实：约翰拿走了玛丽的金表。数据 1：玛丽的事实报告；数据 2：约翰的承认（或者一个目击者对事实的描述）。假设 1：约翰借用了玛丽的手表；假设 2：约翰偷了玛丽的手表。假设 1 可能的直接证据是：约翰快速而自发地归还了手表；假设 1 可能的间接证据是：那天约翰拿走了手表，他表现得似乎精神恍惚。假设 2 可能的直接证据是：约翰抵押或者卖掉了玛丽的手表；假设 2 可能的间接证据是：众所周知约翰处于负债状态。读者或许希望用暗示可选择假设的进一步数据或者用与给定的假设有关的更多的证据来渲染这个案例。但是如果他曾经来过法院附近或者实验室附近的任何地方的话，他就会看到事实和数据之间的不同，也会看到假设与作为证据或者反证的数据之间的区别，因为他将会认识到，公正在很大程度上取决于为了寻找客观真理而进行的检验（寓意：这只是避免了相对主义）。

考虑到普通大众心中事实与真理之间的混乱，以及当下建构主义相对论学说的流行，重新检验旧的关于客观事实及它的近亲们——事物、事物的属性、事物的状态、事物的变化、存在或者发生的模式——的思想观念或许是恰当的。我将采用科学中、商业中及法律中的本质上的标准用法，在那里，事实是不应该被个别地或者集体地制造的。

第一节　事物和属性 17

每一个事实都包含某种具体事物：它是事物的一种状态或者是事物状态中的一个变化（它们本身并不存在状态或者变化，也不存在抽象事实）。一个具体事物可以是感觉不到的，就像一个电子或一个民族；也可以是实在有形的，就像一张桌子或者一个人。所有具体事物或者物质事物所特有的是它们的可变性。与之相比，诸如数字和理论等概念体则是不变的：只有思考它们的大脑才会发生变化；事实上，当大脑在思考的时候它们也发生变化。

因此，任一物体的集合都能被分为两个互不相交的子集：具体事物或者物质事物的类及它的补集——构想的类（然而要注意，任何一个子集都可能是空的）。因此，不存在混合物体——同时由事物和观念构成的物体。但当然，具体物体是存在的，如人群，由于被那个群体成员所持有（思考、相信并据之以行动），因此在其中某些观念“占支配地位”。此外，某些人造物也是存在的，如书面文字及图画，它们可能代表或者表示观念。

社会科学对各种事物都感兴趣，自然的和人造的、有生命的和无生命的、人和社会系统。例如，经济学和史学处理人和社会系统——诸如家庭、商业机构和政府——也处理自然资源和人工制品。此外，所有这些事物由于是具体的因而是可变的，所以必须对它们历史地及共时地加以研究。

每一个真实事物都具有一些属性。属性或许可以以几种方式进行分组。一个重要的区别在于固有属性与关系属性之间。*固有*属性是在不管其他事物如何的情况下，一个事物所拥有的属性，即使是基于其他事物的行动下获得的。例如，一个个体的年龄和技能是其固有属性；人口和GDP（国内生产总值）是一个社会的固有属性。*关系*属性是一个事物由于与其他事物之间的关联而获得的属性。例如，结婚和被雇佣是个体的关系属性；移民量和涉外事务是一个国家的关系属性。

一些属性是本质的，而一些属性是偶然的。一个事物的*本质属性*是在该事物被转化为另一个不同种类的事物时所失去的属性；而*偶然属性*，如果有的话，是与任一本质属性几乎都没有任何关系的属性。例如，劳动分工对于现代工业和贸易来说是本质的，而一个公司的名字是那个公司的偶然属性，它甚至可以被任意修改。认为存在本质属性的论点被称作“本质主义”，由于其默认的肤浅性而在当代哲学中并不受欢迎。

18 本质属性或许可被分为*源*属性和*派生*属性；前者决定后者，反之则不然。例如，教育（或者毋宁说，研究）是任一学校的源属性，因为它决定了这个系统的其他（派生）属性，比如，黑板和发行的成绩报告单。一个派生属性取决于一个或者多个源属性。而且，它们中任一种类的每一个属性都合法地与至少一个其他属性有关。因此没有孤立离群的本质属性：它们都进入自然束或者属性系统中。与之相比，一个事物的偶然属性并不必然地与这个事物的其他属性相联系：考虑下专有名词。

任何一个属性都或许可以通过一个定语或者一个谓词被概念化或者被表示，它们是一种特殊的概念种类。固有属性通过一元谓词表示，例如“有人口的”，而关系属性，诸如“比……人口更多”，则被概念化为二元谓词、三阶谓词或者一般地说 n 元谓词（一阶谓词或许是作为一个函数被分析的，这个函数把一个事物集合映射为一个包含讨论中的这个谓词的命题集合——例如，谓词“社会流动性”是一个从所有社会的集合 S 到形式为“x 是社会流动的”的命题的集合 P 的函数，其中 x 在 S 之中。诸如“交换”这样的二元谓词，是一个从个体、公司或者国家的有序对到形式为“x 与 y 交换”的命题集合的函数。一种多少更为精细点的分析把“交换”揭示为一个三元谓词，把两个贸易伙伴与他们所交换的货物相联系。如果加上交换货物的数量和价值的话，就会出现五元谓词。这就证明有必要把属性与表示它们的概念区别开来。前者是客观的，而后者则取决于分析者、分析者所采用的分析层级及他的学科训练状态）。

在逻辑学和数学中，属性与谓词之间的区别是不必要的，在那里讨论中的这两个词语是同义的。以一个唯心主义者的世界观来看不是这样的，在那里属性（“形式”）是自我存在的观念（这两种情况有助于解释为什么大多数哲学家都忽视这个差别）。但在其他任何地方它都是不可或缺的，尤其是在科学和技术中，因为一个具体事物的同一个属性或许现在作为某种特质被概念化，但随后根据新的信息或者根据更深层次的分析，或许就会被概念化为另一个不同的特质。牢记社会结构、资本、政治权利和文化所经历的历史变化。实在论者假定社会在很大程度上很难注意到这些发生在社会科学家头脑中的概念变化。

另一个被反实在论者忽视的、区分属性与谓词的理由是：并非所有的谓词都表示真实事物的属性。尤其是诸如"无阶级的"这样的否定谓词及诸如"有文化的或被雇佣的"这样的析取谓词，并不表示事物的任何属性，尽管它们可能出现在对事物的真论述中。例如，命题"一些人是失业者"是真的， 19
但是这并不必须使得失业是一个与拥有一份工作这个属性一样的属性。不能定期汇报工作及拿不到薪水就是被期望但未实现的事。

要把谓词与属性区别开来的第三个原因是，前者满足一种理论（也就是，谓词逻辑），而属性满足的是客观规律。因此，"对于所有的 x 和所有的 F：如果 x 是一个 F，那么 x 是一个 F 或者 x 是一个 G"就是普通谓词逻辑学的一个公式。它陈述了与谓词和逻辑蕴涵有关的事情，但是关于这个世界却什么都没有说。与之相比，陈述"在每一个社会不公正中都会引起冲突"则断言了一个社会的两个属性——即不公正和冲突——之间是一种因果（非逻辑的）关系。逻辑学定理并不涉及任何特殊事物，因此不能对之进行经验检验；然而社会学的一般化概括涉及现实社会，并且能够通过观察得到确证或者被反驳。（更多关于谓词的讨论见第二章。）

简而言之，我们将一个事物的属性 P 从表示 P 的一个定语、谓词或者函数 F 中区别开来；而且我们要牢记，同一个属性在替代选择分析或者替代选择理论中或许会用不同的谓词来表示（因此这个区别或许可被概括为：所有属性的集合构成一个无穷半格（inf-semilattice），而所有谓词的集合则构成了一个布尔代数，一个更丰富的形式对象）。

现在，尽管不存在完全一样的事物，但是所有的事物都共享一些属性。例如，在一个给定的时间，所有的人都有年龄或者其他的东西，并且所有的社会都有一些人口及其他的东西。年龄和人口是*一般*属性，而一个人的具体年龄和一个社会的具体人口是*个体*属性。这些个体属性是特殊的数字，即分别是年龄函数和人口函数的值。

总之，每个物体都拥有属性，一些是本质的，一些是偶然的，它们中的一些能被认识并被概念化为特质。

第二节　突现和系统

一个社会群体的属性被称为*集体*属性。追随拉扎斯菲尔德和门泽尔（Lazarsfeld and Menzel，1965），我区分了三种集体属性：聚合属性、结构属性和整体属性（或者突现属性）。*聚合*属性，如平均值、模式及差异，都是统计事实，然而它们却具有整体的特征。*结构*属性或者关系属性是个体或者群体借由它们与其他单位之间的联系而获得的属性，例如，成为一个女儿或者一名员工、一位经理或者一件商品。最后，*整体*属性或者*突现*属性是那些通过整体而获得的属性，不管任何与它们的成分有关的数据的统计操作。例如，一个国家的领土和人口，以及主要生产方式、统治理念及政府模式都是那个国家的整体属性或者突现属性。它们伴随着系统一起产生并随着系统的瓦解而湮没。

聚合属性和结构属性的概念是不成问题的，但是突现属性的概念遭到了人们的质疑。然而除了别的之外，涂尔干（Durkheim，1988［1895］：81-83）、皮亚杰（Piaget，1965：28）、科尔曼（Coleman，1964，1990）、布东（Boudon，1979）及其他一些人，已经有了清晰的突现概念。［对于这个概念的一个定义，见邦格（Bunge，1977b）；关于它的历史，见布利茨（Blitz，1992）。］对于突现概念有两种反对意见。第一种，个体主义者反对它，因为他们否认诸如社会系统等具有自身属性的整体的存在。这就妨碍了他们对系统的形成和瓦解的理解。第二种反对意见来自理性主义者。如果“突现”被错误地认为——就如它通常那样——等同于“不能解释和不可预测的新颖性”的话，那么理性主义者将这个术语看作蒙昧主义也是恰当的。但是“突现”是一个本体论而非认识论的范畴，而且它的对偶“湮没”也是如此。于是我们面对两难困境，如果我们承认突现且把它看作是神秘的话，我们就要放弃理性；但是如果我们否认突现，那么我们就缩减了知识的范围并因此缩减了理性的范围。这个节瘤能通过把“突现”定义为一个本体论范畴切除掉。

我建议下面这个定义。P 是事物 b 的一个*突现*属性，当且仅当要么 b 是复杂事物（系统），其任何成分都不具有 P 属性，要么 b 是一个籍由成为某个系统的一个成分才拥有 P 属性的个体（也就是，如果 b 是独立的或者孤立的，那么，b 就不具有 P 属性）。前者的例子：一个社会系统的结构、一致性、稳定性和历史；后者的例子：角色、民权、短缺和价格。

我们刚刚使用了社会系统这个概念。我们最好对它加以明确定义，不仅因为它对这本书来说是个核心概念，而且也为了避免模糊，这种模糊性的产生是由于"社会系统"这种表达过去经常多方面地用于表示一种社会秩序、一种政治体制或者一种政府模式。但是在我们这样做之前，介绍一下一般的系统概念将会是很便利的，它可在所有的知识领域中被使用。事物和观念，以及它们的属性和变化，都倾向于进入套系或者系统：不存在迷失者。诚然，连接一个系统各个部分的一些联结是虚弱的，因此它们很容易被破坏，导致局部的隔离，尽管这隔离只是在一些方面且仅仅是临时的。严格地讲，每一个项，无论是具体实在的还是概念上的，都是一个系统或者一个系统的一部分：这对我们的系统哲学是一个基本的假定。

一个*系统*是一个复杂对象，它的每一个部分或者成分都与同一对象的其他部分相关联，关联方式为：整体拥有它的成分缺少的一些特征——突现属性。一个系统或许是概念上的，或许是具体实在的，但却不能同时是两者。一个*概念系统*是一个由逻辑或者数学关联联系在一起的概念组成的系统。分类和理论都是概念系统。一个*具体实在的*或者*物质系统*是一个由通过诸如物理的、化学 21
的、生物的、经济的、政治的或者文化关联等非概念联结联系在一起的具体事物所构成的系统。原子和分子、细胞和器官、家庭、商业公司和非政府组织，以及政府和非正式的社会网络都是具体的系统。代表或者表示诸如语言、文本和图表等其他对象的具体系统，或许可被称为*象征系统*或者*符号系统*。

一些具体系统急剧变化，一些则缓慢变化；一些自我聚集，一些则是被制造的；一些是封闭的和自我调整的，大多数什么也不是；一些具有形状（几何边界），一些则没有，等等。与上面所提的概念的和物质的（或者形式的和具体的）两分法相一致，我否认混合（半概念的、半物质的）系统的存在。这并不是否认一些具体系统的存在，这些系统的特殊功能是传输和处理信号，当信号被恰当地编码和解码时，它们就可以传递信息。

（我们对系统的定义完全不同于一般系统理论文献中所给出的两个定义，在一般系统理论文献中，一个系统要么被定义为一个相互关联的元素的*集合*，要么被定义为一个*关系*。因为集合和关系都是抽象体，所以它们不能完全等同于诸如分子和家庭之类的具体系统。）

在任何给定的时间，一个具体系统都是以它的成分、环境及结构或者组织为特征的。一个系统的结构是在这个系统部分之间及这些部分与环境项之间的关系的集合。前者构成了这个系统的内部结构，后者构成了这个系统的外部结构（例如，内政部处理这个国家个体成分和制度成分之间的一些关系，而外交部主管外交关系）。一个系统的结构是其主要的突现属性。于是，对社会结构及其变化的研究成为社会科学的关注核心就不足为奇了。

一个*社会系统*是一个由群居性动物组成的系统。一个*人类社会系统*是一个由人类和他们的人工制品组成的社会系统。这样一个系统通过情感（如仁慈或者怨恨）和信念（如标准和理想），通过道德规范和法律规范，尤其通过诸如分享与合作、交流与信息传递、讨论与命令、强迫与反抗等社会行为团结在一起或者四分五裂。所有这样的行为都是动态的社会关系。它们是关系，因为它们包含着两个或者更多个体。在它们随着时间推移的贯彻实施中，在影响它们的被关系者方面，它们是动态的，通过强度方面的变化。一些社会行为包含着若干社会关系（例如，一个组织者报告和讨论、合作与斗争、劝
22 说与劝诱、承诺与威胁、奖励与惩罚）。尽管存在非常多种类的社会关系，但是许多社会科学家都选择仅突出强调一种，例如，马克思突出斗争，涂尔干强调团结，交换和理性选择理论家们则突出交换，还有一些社会科学家强调沟通与交流。

社会系统在所有规模和复杂程度上都起作用，从小家庭到联合国。它们之中更为复杂的是超级系统，其成分也是系统的系统。例如，联邦政府、联合企业、连锁超市、政府及世界系统。但是系统内的约束力要强于系统间的约束力；如果不是这样的话，系统将不存在或者不能持续。

在写这本书的过程中，我将会重复使用下面这个基本假定，或者 BEPC 模型。每一个人类社会，无论多么原始，都是由四个主要的、相互作用的、

部分交叉的子系统组成的：生物或者亲属系统、经济系统、文化系统和政治系统。一个人类社会系统的一些成员属于所有这四个子系统，一些成员则属于更少的。例如，一个孤独的移民者属于他已经离开的那个社会中的一个亲属系统；一个婴幼儿是它出生时所在社会的经济和政体的一个被动成员——有时候是一个受益者，有时候是一个受害者。

所有诸如公司和学校这样的正式组织都是社会系统，但反之则不然。例如，一个家庭和一个街角帮派都是一个系统，因此它们拥有组织或结构，但它们不是正式组织。一个正式组织是一个社会系统，但远不是自主地或自然生长的，它是根据某一明确的蓝图和计划建立并管理的：其组建和形成都是有意的，有一个明确的目的作为它的目标。因此，军队、教堂、政府部门都是正式组织。然而一个非正式组织，例如，一个特定酒吧里的一群常客或者一个街角帮派，或许可能发展成为一个正式组织，比如，一个俱乐部或者一个犯罪团伙。相反地，一个政治组织也可能衰退成一个非正式联盟。

社会制度是怎样的呢？我认为“社会制度”这个表达是模糊不清的。存在着两种社会制度：同类社会系统家族和社会认可的惯例。例如，“商业”代表所有商业公司的集合；“邮局”“学校”和“有组织的宗教”是一样的。与之相比，婚姻、教育、惩罚和交换都是由社会习俗或者社会规范所规定的经过社会认可的惯例。

社会系统和突现这一对概念处于社会科学中由来已久的一个问题的核心：（个人）主体和（社会）结构之间的关系：谁决定谁？那些概念构成了在社会研究及关于它的哲学中已经肆虐了三个世纪之久的风眼。这是个人主义者和
整体论者之间的争论。到目前为止，无疑读者已经猜出来了，这本书支持一 23
个能替代两者的选择：系统论。此外，我将证明，所有富有创造力的社会科学家，尽管是默不作声的，但他们都已接受了一种系统论的观点［关于这个问题的更多讨论见第十章及 Bunge（1979a，1979b）］。

第三节　状态、事件、过程

每一个具体事物，无论多么简单，都具有一些属性。科学研究中一个默

认的哲学假设是，我们能够认识和了解的仅仅是这些属性中的一些，但是如果我们调查研究讨论中的事物的话，我们或许能发现更多的属性（这个句子的第一部分是可谬论的一个版本，这个句子的第二部分是世界改良论的一个版本）。在某一特定时间，我们关于某个给定事物的知识，包含那时已知的它的个体属性的一个清单。这个清单表示在那时候这个事物的*状态*，就如学者们已知的那样。例如，一个经济体的状态可通过列出相关的经济指标的值而被给出。

如果我们知道一个事物的 n 个属性，我们就能把它们中的每一个都用一个数学函数来表示。n 个这样的函数的清单被称为那个特定种类的事物的一个“状态函数”。在一门学科的早期阶段，当缺少定量变量时，我们或许不得不勉强接受对系统状态的一个定性描述，如“农业的”“文字出现以前的”“传统的”“分等级的”或“民主的”。

原则上，除了存在以外所有的属性，都能被量化（见第二章的第二、三、四节）。当所有感兴趣的变量都被量化后，状态函数就成了一个 n 元组的数值函数，如“区域”“人口”“出生率”“平均寿命”和“GDP”。在一个给定时间内，一个系统的状态函数值表示这个系统那时的状态。例如，一个商业公司的资产负债表可被解释为，在某一给定的时刻这个公司的一个状态函数的值（注意：不同的会计可能会为同一个公司提出不同的状态函数或资产负债表格式。例如，一些包括公司的声誉和商标名称，一些则不包括。换句话说，系统的状态对拥有不同心态或者目标的人来说会有不同的“感知”）。

当所有相关的属性都被量化后，状态函数决定着一个 n 维抽象空间，它被称作讨论中的这类事物的一个“状态空间”。任何此类事物的瞬时状态或许都可被表示为那个空间中的一个点。这个点或许可被形象化地表示为源于 n 个轴线的交叉点的一个箭头的尖端。对于给定种类的事物来说，一个状态空间是表示那个种类的任意一个事物所有可能状态的点的集合（见附录一）。

注意短语“一个状态函数”和“一个状态空间”中那个小心谨慎的不定
24 冠词。这种小心谨慎的原因在对资产负债表的讨论中，刚刚浮出水面。一个事物的状态是明确、客观的，但是它能以不同的方式被概念化。实际上，存在着和我们所能想象的这个事物的表示法和模型一样多的状态函数（和状态空间）。在新的研究发现进入时，它不仅仅是我们或许要被迫改变我们的模型或者理论。具有不同背景或者观点的理论学家或许会提出同一个与经验数据相容的备选模型：一个地区、多个地图。尽管如此，表示法的选择既不是任意的，也不仅仅是口味问题。实际上，它是由许多必要条件决定的，它们之中有精确性、深度、解释力、预测能力、启发试探能力、易于解释及计算方便（关于此的更多讨论见第四章第四节）。

所有具体的事物都处于一种流动状态（这当然是在大多数哲学流派中共享的一个原则。它不能被证明，但它却成为所有事实科学中研究变化的基础）。也就是说，当“时光流逝”——当世界展开时，每一个事物的一些属性都将发生变化，尽管是缓慢地。换句话说，每一个具体事物的状态都随着时间的推移而改变。最先进的科学拥有这些变化的方程式，而不那么先进的科学就不得不勉强应付以图像、表格甚至文字描述。但是，无论一门学科的复杂程度有多高，它也要使用状态概念和状态变化概念。

按照定义，一个*事件*是一个状态变化。这样的变化或许仅仅是数量上的，比如增长和减少这种情况；同样，它或者可能是性质上的，就如社会系统的建立和崩溃这种情况。一场婚姻和政府更迭都是事件。但是更精细的分析将把这些揭示为过程而不是点事件。根据定义，一个*过程*或者*历史*，是一个状态序列——例如，一个有机体的生命史、一部家族史或者一个社会组织的历史。一个事件（或点过程）是可以通过有序偶<初始状态，最终状态>来描述的。与之相比，一个过程包含一段路程；因此它可以用一系列超过两个或许无穷多的状态来描述，这样就可以用某一状态空间里的一个曲线或者轨道来描述。

进化，无论是自然的还是社会的，都是特别重要的、有趣的过程类型。一个过程或许可被说成是*进化的*，如果它包含着在品质上为新的事物的出现和传播的话。简言之：进化包含着物种形成。最著名的进化过程当然是生物种群进化过程和社会系统进化过程（注意进化和新奇事物的出现之间的差别。一个天生具有一种新属性的事物才是新品种的创始人。但是这个种类不能被解释为一个物种，除非有突变繁殖——通过细胞分裂、有性繁殖、仿造或者某种其他机制。也就是说，物种形成等于绝对新奇的事物加上扩散传播。例

如，一个新器具的原型或者一项社会发明始于一个新品种，但是只有在创始
25 人复制和传播的时候，这才能变成一个新物种。这就是一个心理过程的发明与一个社会过程的创新之间的区别）。

状态的一般概念在逻辑上要先于过程概念：前者有助于定义后者。然而，某些复杂事物的当下状态依赖于它们的整个过去，或者至少是过去的一部分，所以在描述它时，我们必须使用一个特定的过程概念。对于所有发生在“记忆”系统中的遗传过程都是这样，例如，塑料、某些合金（弹性滞后）、所有的铁磁体（磁滞），所有的生物体（DNA 和学习）及所有的社会系统（传统）：它们都保留有过去的痕迹（注意：讨论中的“记忆”与涂尔干神秘的“集体记忆”没有任何关系）。

鉴于事物状态变化的存在，事件和过程都可在状态空间里被表示。例如，事件可用一个连接初始状态和最终状态的箭头来表示；过程或者历史可被表示为一连串状态，或许是一条连续轨迹。如果事物在某一特定时间只能处于一个可数的状态集合中，就如自动机理论里假设的那样的话，那么它们的变化将会是成串的点事件。但是即使是最简单的物理事物，例如，一个电子或者一个光子，都能处于任何一个不可数（因此是无穷）的状态集合中，并且能够经受连续变化及不连续的变化。

人类和社会系统始终一直在变化，有时候正经历着质变，即获得或者失去属性。然而，因为缺少信息，这些正在进行中的变化很少能被完全标绘。例如，一个工厂的产品每天都被不连续地记录，并且大多数社会的和宏观经济学的统计数字都是基于一个季度的甚至是一年的基础被编辑的。换句话说，即使假定社会变化是连续的，但人们以一种数字显示式电子表的方式把它们记录为不连续的。这在计算机科学中也是一样的，在那里，基本的物理过程众所周知是连续的，但是它们的理想化模型，如图灵机理论，却包含着可数的，有时候甚至是有穷的状态空间。

变化概念可被用于定义一个具体的、物质的或者真实的事物概念。实际上，我们建议下面这个定义：“对于任一 x：x 是一个*具体的*（或者*物质的*或者*真实的*）事物 $=_{df}$ x 是可变的。”（符号“$=_{df}$”读作“根据定义是完全相同的”）依次，*物质*或许可被定义为所有物质事物的集合。我们区分五个主要的

物质种类或者物质层级：物理的、化学的、生物的、社会的和技术的。

注意，我们对具体事物或者物质的事物的定义是完全客观的：它并不包含认知主体概念。因此，一个主观主义者对于它来说是不需要的：他只对对于他来说是真实的东西感兴趣。因此，费耶阿本德（Feyerabend，1981：1. xiii）告诉我们：“*我们决定把那些，在我们更喜欢的那种生活中扮演着重要角色的事物看作是真实的*”。这种现实标准或许适合无家可归的人或者花花公子，但却不适合科学家或者技术专家。实际上，在科学和技术中，现实性 26
的归属并不是选择或者生活方式的问题，而是客观检验的问题。因此，我把北极光和地中海俱乐部看作是同样真实的，因为它们的存在已经得到很好的证实，尽管它们在我的生活中不扮演任何角色。

当我们把真实事物与诸如数字和理论这样的理想客体相比较时，当研究它们本身——独立于对它们进行思考的人类——的时候，我的定义的重要性就变得更清楚了。一个具体对象，比如，一个人或者一个商业公司，变化遍及它的存在；然而一个理想客体，比如，一个数学图形或者一个社会学理论，则是不变的。如果一个构想要改变的话，它将变成一个不同的构想。总而言之，我提议下面这个约定：“对于所有的 x：x 是*理想的* $=_{df}$ x 是不变的。”注意：我并不是主张观念的自主存在——远非如此。我只是主张一个与我应归于“理想的”这个概念有关的一个约定——或者相当于归于*理想的*这个词语的意义。

如果第一个定义被承认的话，那么*真实性*或者所有真实事物的集合就被证明是与所有可变事物的集合完全相同。但是要注意，集合不同于聚合体和系统，它们是概念上的，不是真实的。因此，尽管真实性是由所有真实的事物构成的，但它自身并不是真实的（同样，运动并不移动，语言并不说话，历史并不发展进化）。然而，一个聚集体或者一个聚合体的成员资格，和一个集合的成员资格不一样，是随着时间变化的。因此“真实性是可变的”这个表达是模糊不清的：它要么表示“每一个真实事物都是可变的”，要么表示“真实事物的集合是可变的”。两者都是哲学命题，并且两者我们都主张。

总而言之，每一个适当事实都包含着某种具体事物或其他，并且它要么存在于处于一种给定状态的事物之中，要么存在于正在经历状态变化的事物之中。此外，所有事实科学尤其是社会科学的对象或者所指，都是可变的并且同样也是真实的。

第四节 模　　式

模式是规律性或者一致性。它们可以是概念上的也可以是真实的。一个数学定理是一个概念模式，某种概念满足于它。与之相比，一个自然的或者社会的规律是一个真实的模式，是实际事实或者可能事实中的一种法则。如果是真实的或者客观的，那么一个模式就可以是空间的、时间的或者时空的。它也可以是自然的、人造的或者混合的。例如，遗传学规律是自然的，法典是人造的，在一些社会中，性别比例也是半人造的，因为自然比率由于杀戮
27 女婴而被扭曲。此外，模式或许是明显的，就如地板砖的铺砌及一个野战排的形成一样，或者它们可能是察觉不到的，就像一件商品的生产阶段或者一个社会的分层。

存在着客观模式，这些客观模式固有存在于有关事物之中，这种论点属于科学实在论。关于模式主要的可选择观点是唯心主义和实证主义。根据唯心主义，模式都是外在于事物的观念，事物服从或者违反模式的方式如同一个公民遵守或者违反国法的方式（主观唯心主义者声称不相信外在世界，客观唯心主义者未必相信现实是合乎规律的）。实证主义者认为，所有的规律都是对经验规律性的描述，由此所有隐藏的模式都被他们所忽视。因此，无论是唯心主义者还是实证主义者都不承认，我们通常称为“规律”的规则（或多或少精切地）表示客观模式。只有实在论者在一个模式与它的概念化之间——即在一个规律和相对应的规律陈述之间，做出了区分（更多关于此的讨论见第四章第四节）。

我区分了四种真实的或者客观的模式：规律、趋势、统计相关性和规则或者规范。一个*规律*是一个稳定的模式，独立于人类知识和人类意志之外：它固有地存在于事物之中。因此它是被发现的，而不是被发明的。一个规律可能是时空无限的，与基本的物理学规律一样。或者它可能是受时空约束的，和生物学规律一样，只是在大约三百万年前才开始在我们的星球上存在，连

同第一批陆生动植物及伴随着社会而逐步形成的社会规律。一个客观规律不能以像违反一个法律规范那样的方式被违反；它也不能屈膝成为人类行为的结果。规律在事物的本质之中：它是某种事物的本质属性。因此，发现规律——自然科学研究的最高目标——实际上是发现事物的本质。

规律是事物的复杂属性，这可以用两种方法得以证明。一个是要注意，远非在事物之上徘徊盘旋，事物应该满足（“服从”）规律。另一个程序是揭示任一客观规律的概念化也就是一个规律陈述的指称对象。考察一个规律陈述的最简单的可能的例子。让我们假设 A 和 B 表示某种事物 K 的两个质属性，并假设拥有 A 就意味着拥有 B：“对于种类 K 的每一个 x 来说：如果 x 是一个 A，那么 x 是一个 B”。用标准的符号表示就是 $(\forall x)[Kx \Rightarrow (Ax \Rightarrow Bx)]$。引入缩写“$L=(A \Rightarrow B)$”，规律陈述图式就能被写成 $(\forall x)[Kx \Rightarrow Lx]$。简单地说就是：种类 K 中的每一个事物都具有属性 L，或者相当于满足规律 L。甚至有可能把 K 定义为所有具有属性 L 的事物的自然类；也就是 $K=\{x|Lx\}$（Bunge，1977b）。

无疑，自然可以说是遵守规律的。不论是否存在社会规律，并且如果存在社会规律的话，哪些规律在所有的社会中都有效，以及哪些只特定地适用于某种类型的社会，这些问题引出了我将在这本书的姐妹篇（Bunge，1998）中集中讨论的哲学—科学问题。一言以蔽之，不是所有的规律都是普遍通用 28
的，就它们在任何时候任何地方都有效的意义上说。如果有人要求，就如许多人要求的那样，所有的规律都要是时空普遍有效的话，那么显然社会科学将不能发现任何这样的规律。物理学、化学和生物学命运相同。液体规律及化学反应的规律在这个星球形成之前并未出现过。同样，化学反应的规律在对于产生化学反应这样的过程，温度过高或者过低的地方也不存在。生物学规律的情况也一样（Marshall，1920［1890］：631）。

因此，承认社会规律存在的可能性应该是没有任何困难的。此外，考虑到所有的社会都拥有某些共同的特征，那么存在一些普遍的社会规律也是可能的——例如，“一个社会系统的惯性与它的成分数成正比，与它的凝聚力成反比”“直到它的一些成员的基本需要已经被满足时，高等文化才会在一个社会中出现”。而且，考虑到社会系统的多样性，可以想象社会规律以同样多的种类出现；此外，假定所有的社会系统的寿命都是有限的话，那么它们的规律必定同样是有时限的——例如，“采集狩猎社会是平等主义的”“在所有的资本主义社会里，当失业率上升的时候摆脱失业的可能性下降”。

*趋势*是一种临时模式，就如陈述“资本和技术专业知识变得越来越全球化——人和商品并非如此”所描述的那样。尽管一种趋势大概起因于合乎规律的事件，但它自身并不是一个规律。人们能颠倒趋势，却不能颠倒规律。例如，生育力展示了这个世界不同地区的不同模式。在一些地区它是增长的，在另一些地区它保持不变，还有一些地区它是下降的。因此，任一给定的人口统计学曲线都是一个趋势，不是一个规律。GDP 曲线作为一个时间函数，收入不均曲线作为一个工业化函数，也是一样的。虽然不是一朝一夕的，但趋势是能够改变的，因为往昔行为的一些影响在今天仍旧能够感觉得到：存在着一些像社会惯性一样的事物，由此时滞是存在着的。

尽管趋势不是规律，但它们或许可被解释为带有可变参量的规律。例如，一个人口曲线的每一个弧度都能被同一个方程式所涵盖，但在每一个时期使用的都是不同的出生率和迁徙率。这些值是经验的，不是基于深一层的规律陈述而进行计算得出的结果。然而，人们希望可以用环境术语、经济术语、政治术语或者文化术语最终解释这样的参数变化。例如，众所周知，当生活水平上升时，出生率和死亡率下降，尽管有一些时滞。

*统计相关性*是两个变量的共变，每一个变量都代表某种事物的一个属性。相关性，无论是真实的还是伪造的，都能是正的或者负的、直接的或者间接
29 的（通过第三变量）、持久的或者临时的、强烈的或者微弱的。即使暂时是强烈的，一个关联也可能是伪造的——偶然的或者是一个人工制品的产物，而不是系统的。只要人口总数的一个短周期或者从总人口中选择的一个部分被研究，或者如果这个样本不是任意选取的话，这样一个人工制品就可能出现。例如，一方面——疾病与另一方面——教育水平之间的正关联已经被观测到了。事实上，发生的情况是，仅仅一小部分生病的人向医疗保健中心报告，而且那些向医疗保健中心报告的人通常都比那些不向医疗保健中心报告的人经济条件要好或者受过更好的教育。当人口总数被仔细认真地加以研究时，却发现了负相关。

迄今为止，社会科学中对模式的研究主要是对统计相关性的研究。这种研究已经通过计算机及可获得的社会重大信息量的剧增而变得非常便利。但当然只有强烈的、持久的关联才有价值。它们指明可能的潜在规律，尤其是因果律。然而，不存在从一个相关性推断出一个规律的方法和技巧：除了最简单的规律之外，所有规律都必须先被猜测，然后被检验（见第三章第四节）。

最后，*规则*或者*规范*，是人们建立的一种社会约定，或者是自发建立的、或者是有意建立的，并且在某种社会系统乃至整个社会中都有效。每当一个新类型的社会系统出现时，一套新的规范就会在其内部建立。这些规范调节这个系统的运行方式：它们为这个系统构建某种使用说明。不同于规律和趋势，规范能被批判、违反甚至突然被废除。这就是社会改革和社会革命的全部内容：改变某些人造规律以及他们控制调节的社会系统。

一些人类活动能够根据明确的规则而得以贯彻实施，但是它们中没有任何一个完全是规则导向的。通常还存在一些不言而喻的诀窍、直观和判断。例如，科学方法的第一条原则就是要从明确提出人们感兴趣的问题开始，但是却不存在发现问题或者陈述问题甚至澄清他们构想的规则。这些主要是好奇、洞察力、经验，甚至是口味问题（附带说一下，这就是为什么计算机永远不能代替原创型思想家的主要原因）。

尽管规范都是被制造的，但是如果留心观察的话，它们也不能完全是任意的，而是必须与相关规律相兼容。尤其是，建立或者管理一个社会组织的规范必须与这个组织成员所满足的规律相符合。例如，一个要求人们戒绝能耗或者环境污染的规范将没有可能被遵守。社会生活不能逃避自然规律。此外，这是公开的意图：许多进步的公共政策与法规都是为了改进社会条件，以便使之对于人们来说有可能满足内在于正常的生物模式和心理模式的需要。

有时候人们被告知“一切皆有可能”。这相当于断言存在着不合乎规律的 30
事件，如超常现象和奇迹。科学的态度是要与这种信念做斗争的：科学家在所有的事实中寻找模式。如果他们没有发现这些模式，他们推测要么是（a）暂时对模式的研究是失败的，或者（b）他们面对的是拥有极低概率的任意事件，或者（c）我们一直着眼于一系列异质事实或者收集异质事实，尽管个别是合乎规律的，但却未能呈现出集体规律性。简而言之，科学家心照不宣地遵守*合规律性原则*。因此这种哲学假定可被表述为：每一个事实都满足某些规律或者能被分析成合乎规律的成分。

（因此，合规律性原则可以根据状态空间概念被重新阐述。一个事物真正可能的状态都被限制在一个小盒子之内，里面是所有可想象的或者逻辑上可能的状态的集合。这个小盒子或许被称为与之相关的这类事物的一个*合乎规律的状态空间*。例如，在社会结构研究中，一个共同体的瞬时状态可能被解释为它的人口在这个共同体中的各种职业群体中的分布状况。如果有 n 个这样的群体被区分，那么这个状态空间将拥有 n 个轴线，而且相对应的合乎规律的职业状态空间将会是一个 n 维盒子，见附录一。）

每当一个新的模式被发现时，合规律性原则就会被证实一次，但是它不能被决定性地证明。每当我们不能发现一个模式的时候，合法性原则并不被否认，因为我们经常能够断言，进一步的研究一定能够成功。这个原则是固有地存在于每一次科学努力中的科学信仰。它成了嘱咐我们在每一个相关事实的集合中寻找模式的科学方法规则的基础，并鼓励我们在未能发现这样的模式时不要放弃。

合乎规律性不可以被误认为是一致性。*一致性*原则规定，规律遍及宇宙并且自始至终都是一样的。在一个更强一点的版本中它规定，同一事件在任何地方都能重现。均变论用于社会科学是显而易见的：所有的人和所有社会群体——现在、过去和将来——都满足同样的规律。如果这个论点正确的话，那么将不存在进化和历史。事实上，个体行为和集体行为的模式都是可变的，因此，均变论在社会研究中和它在自然科学中一样，也是错误的。

第五节 因果关系

因果概念或者因果关系普遍存在于调查和行动领域中。我们使用它，例如，当我们说某某如此这般，或者说一个事物导致另一个事物的时候；当我们问新教徒是否导致了资本主义还是恰恰相反的时候，或者问贫穷是否源于无知还是恰恰相反的时候。确实，已经有很多关于因果关系在现代物理学中

死亡的讨论，但是这已经被证明是一个讹传（Bunge，1959）。正确的是，有 31
时候因果关系与概率结合在一起出现，比如人们计算或者测量一个光子撞到原子中的电子的概率时。这也是正确的：一些系统，比如，放射性原子、自激神经细胞及非常原始的人，在没有外部输入的情况下也有一些产出：它们逃脱了因果关系。

一方面，有人说，当且仅当 C 的发生对于 E 的发生是充分的时，事件 C 是事件 E 的原因（例如，严重的干旱导致作物减产，它反过来导致食品短缺）。另一方面，当且仅当对于 E 来说 C 是必要而非充分的时，我们说 C 是 E 的一个原因。（例如，食品短缺对于提高食品价格来说是必要而非充分的，并且后者对于造成食品骚乱来说也是必要而非充分的。）一个必要而非充分的原因经常被叫作*连带*原因。即便不是全部，大多数社会事实都有多重的连带原因。

因果关系连接*事件*，而不是事物、属性或者状态。即，只有变化才能被因果地联系起来。例如，在工业化社会中，失业率的增长经常造成犯罪率的增长。当我们说事物 A 导致事物 B 做 C 时，我们的意思是，事物 A（“作用者”）中的某个事件使得“受动者” B（可能是 A 的一个部分）的状态中产生了一个变化 C。

不同于诸如时空关系等其他的事件中的关系，因果关系不是外在于被关系者的：每一个影响都以某种方式通过它的原因产生。换句话说，因果关系是事件产生的模式（因果高效的信息流，诸如那些穿过非正式的社会网络和社会组织的，依赖于诸如声波或者电磁信号等物理过程。不存在没有某种物质基础的信息这样的事物）。

我们区分两种类型的因果机制：类型 1，包含着*能量转移*，就如手工作业中那样；类型 2，包含着一个*触发信号*，就像下命令开枪或者开除一个员工一样。在第一种情况下，能量转移的数量是关键性的，然而在第二种情况下，很小的能量转移或许就能引发一个包含着很大能量的过程。换句话说，在类型 2 过程中，原因与效果可能是“不成比例的”，即一个非常小的原因或许就能引起一个过程而造成灾难性的后果。在一个不稳定的系统中，比如，在一个依赖于一个强有力的领导人及基于高压政治而不受欢迎的政府这样的社会系统中，情况就是这样。在这些情况下，除去一个非常有影响力的人或许就会导致整个系统的崩溃。这两种类型的因果机制都是在现实的各个层次上发现的，但是类型 2 的机制在生物层面和社会层面尤其重要，因为生物体和社会系统都是不稳定的。

因果关系有时候能够在数学函数概念的帮助下被精确化。然而，函数关
32 系并不能立即就表达因果关系。实际上，形式为 $y = f(x)$ 的函数关系或许只是表明，由变量 x 和 y 所表示的两个属性之间有伴随关系或者恒常联结关系，就如一个国家的人口和地区一样。假定一个既定的函数关系表达一个因果关系，是一个单独的假设。此外，诸如 $y = f(x)$ 这样的一个公式并不适合于这个目的，因为如上所述，因果关系是事件（在属性方面发生改变）之间而不是属性之间的一种关系。然而，讨论中的这个公式限定继承 $dy = f'(x) \cdot dx$，用因果关系术语这个公式或许会被这样解释：dy 的变化与 dx 的变化是成比例的（例如，在低于某一水平的情况下，收入的增加导致消费的增长）。这就是对本体论上中立的数学公式 $y = f(x)$ 的因果解释。并且这样一种解释是假定的，如此以至于包含着一个主动变化 dx 及测量相对应的 dy 的一个实验或许反驳了因果假设。

在社会科学中，对因果关系的研究通常始于寻找一个连接（伴随、关联或者共变）。因此，众所周知，高薪酬的劳工一般要比低薪酬的劳工效率更高。问题是，高的劳动能力是否是高工资的原因，还是说恰恰相反？这个既定观点问题的正确答案是二者皆是，即这是一种循环因果的情况（并且，尤其是前馈情况）。也就是说，要雇佣能工巧匠，就必须提供高薪水，而且只有得到很好的待遇的工人才将获得高效率工作所必需的幸福和积极性。同样，投资最终导致储蓄，储蓄反过来恩惠投资。一般来说，如果两个或者更多的社会变量相关联，它们很可能是*相互依赖的*而不是单方面地依赖。由于这个原因，在社会问题中，线型因果链是例外而不是普遍情况，而因果循环才是常见的和普遍的。

仅仅观测到伴随或者恒常联结可能会提出错误的因果关系。拿一个发现作为例子，这个发现是：在所有的西方工业社会中，精神病人数量的增量与罪犯的数量之间的比值大致不变。一个世纪之前，达尔文主义者很容易

得（猜测）出结论说，精神失衡是犯罪的原因。最近的研究已经证明，失业是心理失调和犯罪二者的来源（用不言自明的符号表示就是，$dC/du=a$，$dM/du=b$，在这里 a 和 b 都是正实数。用第一个等式除以第二个等式就得到了 $dC/dM=a/b$，这是一个经验发现）。寓意：两个变量的恒常联结或许是两个隐藏的因果关系的结果。推论：在把因果关系等同恒常关联这一点上，休谟是错误的。因果关系满足模式（规律和规范）而不是任意的或者反复无常的。也就是说，存在因果律和因果规范，或者至少存在着具有一个因果关系范围的模式。然而，并不是所有的规律都是因果的，而且不是所有的互联事件都是因果地关联的。因果关系仅仅是一种决定模式，还伴随着自我决定（或者 33
自发性）、可能性和目的（Bunge，1959）。此外，这四个范畴类别经常是相互纠缠的，尤其是在人类事务上（例如，为了达到某个目的，我或许会利用某些手段，同时相信既定原因有达到预期效果的非零的可能性）。因为存在着一些决定范畴，并且这些范畴可能相互纠缠，因此决定论应该宽泛地得以解释，而不是以一种狭隘的、因果论者的方式来解释。

行为主义是因果律在心理学和社会学中的黄金时期。实际上，环境论者或者刺激—反应（S-R）模式及无条件反射确实具有因果关系的属性，尤其是因为他们忽略了一个有机体的内部状态。但当然，这种疏忽导致了错误的结果：有机体的内部状态——我，确实很重要，因为这是同一个刺激在不同时期引起不同反应的原因。换句话说，S-R 关系仅仅与 S-I-R 关系粗略相似［如果这个关系是函数的，那么将会是形式 $f: S\times I\rightarrow R$ 而不是形式 $g: S\rightarrow R$。见 Bunge and Ardila（1987）］。

尤其是，一个人有可能在不同时期（因此处于不同的状态）有区别地感知和评价任一既定（物理的或者社会的）刺激。同样，不同的人有可能对同一个外部项具有不同的认知和评价。换句话说，我们倾向于根据我们对它们的认知和评价来对外部事件做出反应，而且这些还被我们自己的经验、兴趣及期望着以颜色。这就使得它很难——尽管不是不可能——是客观的，尤其在影响着我们的事件中。这也部分地解释了为什么科学，尤其是社会科学，在人类进化中到来如此之晚的原因。而且它还暗示着，对社会进行的科学研究，对于理解社会事件并保持这些事件处于控制之下来说是必需的。

在一个给定时间，一个有机体的状态不仅取决于它的环境，而且还取决于部分记录在其记忆中的它的历史。在人类和其他动物中，当下的内部状态还取决于这个有机体自发的心理过程，这不是由先前的环境刺激引起的。在大脑功能的阶梯上我们爬得越高，我们就越能发现，内部状态和非刺激依赖型过程是很重要的。最后我们遇到了情感的、观念的和意志的过程，这些过程可以延迟或者扭曲“正常”反应达到完全抑制和约束它们的程度。

智能动物特有的因果箭头的另一个方面是：它可能包含着期望值。即，一个非智能生物的现状只被它过去和现在的情况所决定，而一个智能生物的现状还部分地由它的期望值所决定。例如，一只狗的当下行为部分地取决于
34 它对之有期望的膳食或者爱抚。一个商人的当下行为在某种程度上取决于他或多或少的、与自己公司及整个经济有关的合理预期。两种行为在某种程度上都是目标寻求行为。

一些心理过程是自启动的，而不是由感官刺激诱发的［潜在的神经机制似乎是神经细胞的自发放电和自组装：见 Hebb（1949，1980）；Bindra（1976）；Bunge（1980）］。自发的心理过程当然不是完全无前因的；但问题在于，它们不是对外部刺激的反应。由于对心理功能及相对应的内部神经过程越来越关注，心理学很快抛弃了行为主义，并因此抛弃了因果主义，尽管广义上而言并未抛弃决定论。

机遇和设计在人类事务中始终存在。若不是它们的话，我们或许就能够准确地预测我们的社会系统的未来。然而，因果关系仍旧是一个需要认真对待的因素，并且很可能会保持这样，因为当做某事的时候或者当试图影响其他人的时候我们所有可指望就是这些因果关系。例如，社会流动能被加速或者减慢；社会凝聚力能够被加强或者削弱；经济增长可被增加或者减少；以及政治参与可被鼓励或者劝阻，都可以通过使某些事件发生同时阻止其他事件的发生，也就是说通过控制战略变量来达到。

这不是说，我们总是知道相关的因果关系并因此能够调整相关的变量，以便得到预期的效果。事实上，经常是我们忽视了它们之间这样的变量和关系。这种疏忽（希望越来越少）不仅仅是我们居住在由这些因为太庞大而不能直观觉察、控制和理解的系统所组成的复杂社会中所付出的代价。而且也

是我们曾追随休谟、康德、孔德、马赫，将研究局限于可观察现象——尤其是，恒常联结和恒定序列——的描述上，并且拒斥“形而上学”任一揭示固有地存在于社会系统中的深层因果机制的尝试，所付出的代价。然而，当被任一这样的哲学审查时，因果思考只是转入地下秘密活动。因此，在区别不同种类的通货膨胀中，比如，由需求引起的通货膨胀和成本性通货膨胀，以及在公开指责自动涨价、工资推动、官僚主义或者军国主义中，我们心照不宣地指向不同的通货膨胀原因（因此也是种类）。

幸运的是，描述主义在社会科学中即将灭亡。因此，人类学家和考古学家寻找原始社会和古代社会兴衰的可能原因；社会学家集中于相互作用，把它当作社会系统维持和发生变化的来源；经济学家对发现增长和停滞的原因感兴趣；历史学家试图揭示社会运动的先决条件和触发条件，以及阻碍变化的障碍。在所有社会科学中都很重要的是，给定任意两个伴随物，我们确定 35
它们中的一个是否是原因以及另一个是否是结果。总而言之，因果关系——尽管不是因果决定论——回到了社会科学［对于社会科学中的因果分析，见 Blalock and Blalock（1968）；Franck（1994）］。

一旦一个因果关系被确定，如果一个人掌握了它，那么他就能使投入与产出的期望值相适应。例如，工业产值可以通过升级劳动力或者其他一些生产要素而改变。相反地，一旦工业产出水平被选定的话，那么相应的投入也能被确定。这仅仅是因果知识的实践重要性的一个例子。

前面提到的是单向因果关系，它的运行是从原因或者输入到结果或者输出。除了单向因果关系之外，还存在着循环因果关系（或者回馈循环）。在这种情况下，部分输出（随后）要回馈到这个系统，这要么会增加它的输出（前馈），要么会消减它的输出（负反馈）。因此，工业社会学家们已发现，工资上涨伴随着生产率的增长。但是反过来，后者能被工会用来要求高薪水。

社会科学中的一些争论是在因果关系箭头之上的。例如，是边缘化导致犯罪行为，还是相反呢？一些社会学家可能会选择前者假设，而一些人或许更喜欢后者。当然二者都是正确的，尽管没有超越整个过程的同一部分。实际上，在大多数情况下，人们开始偷窃是因为他们没有其他的方法来满足他们的基本需要，更别说他们的欲望了。但是一旦他们成为职业的罪犯，他们就发现自己已经被边缘化了。

最后，关于原因与理由之间的关系提醒一句。激进的理性主义者，如笛卡儿、斯宾诺莎和莱布尼茨，把原因等同于理由，并要求理由先于存在物或者发生之事物。因此莱布尼茨最珍爱的假定就是他的充足理由原则，根据这个原则，“没有一个充足理由，什么都不会发生”。他把本体论的因果原理与要求我们对我们的信念和行动给出一个理由或者做出辩护的程序规则混为一谈。

理由必须与原因区别开：前者是构想，而后者是真实事件；哲学解释援引理由，而只有科学解释才可能援引原因。例如，理由而非原因，可以是有效的或者无效的；并且，原因而非理由，才能改变这个世界。然而，有区别不应必须分离。实际上，原因和理由既参与思想又参与行动。事实上，从生理心理学的观点看，提出和检验理由的过程部分是因果的（并且在一定程度上是随机的）。而且无论何时我们从事理性行为，都始于之前提出的做（或者
36 忍住不做）这件事的理由，并且以理性地讨论我们行动的结果为结束（更多讨论见第十四章第七节）。

理性行为以及对它的理性讨论，包括在那些把社会和自然区别开来并因此区分了社会科学和自然科学的特征之中。然而，这种区分不应过度，因为没有因果关系的理由是无效的，就像没有理由的行动很可能是无效的一样。考虑到理性选择理论的普及，这种警告是必要的，因为它低估了因果关系以及客观概率的能力。

简而言之，因果关系是一种重要的改变机制。尽管不是唯一的一个，但它因为最容易被理解和控制而成为每个人的最爱。概率是完全不同的且更难以处理，因此它值得单独用一部分进行讨论。

第六节　概率和混沌

除了因果关系之外还存在概率，有时候它与因果关系结合。但是*概率*这个词是模糊不清的：它既表示偶然意外（或者巧合），又表示随机性（如随机过程）。当意外或者巧合独一无二或者极其罕见时，就像谚语说的，适当的人

在适当的时候在适当的地点出现，它们不符合任何模式。但是当它们多次反复出现时，就像车祸和自杀，它们确实显示出模式。这些模式是概率性的或者统计的，如钟形曲线。在这种情况下，有人谈到了随机性，尤其是谈到了一个属性的值的随机分布。

随机性可以是基本的或者不可约的，就像放射性衰变，或者它可能在最初独立的因果线的交叉点出现，就像基因重排（或者洗纸牌）或者把具有不同生活史的人集合起来，比如那些新生班的人（基本概率的概念并不存在于社会科学中）。随机性可以是自然的，就像白噪声；或者是人为的，就像随机抽样，并且在两种情况下它都可能突然出现或者随着时间逐渐出现。

一个随机过程是在其中每一步（状态或者事件）都具有一个明确的客观概率的过程。随机过程中的每一步（状态或者事件）的概率，或许取决于前导事件的概率，或许不。如果不的话，后续继承的步骤可被说成是统计上独立的；否则的话就是统计上依赖的。在后一种情况下，如果 m 和 n 标示一个过程中任意两个连续的步骤，给定 m，n 的概率就等于一个确切的大于 0 而小于 1 的实数 p。用符号表示就是 $P(n|m)=p$ ，这里 $P(n|m)=p$ 叫作 n 的“条件概率”，m 既定。如果 p 随着时间改变的话，那么通常会假设这样的变化是合乎规律的，也就是说，p 的变化率是某些变量的一个精确函数。

随机性或者概率，可能固有存在于事实本身之中，存在于我们对它们的 37
选择（也就是随机抽样）之中，或者存在于二者之中。但是它必定存在于某处，以使我们有理由使用概率概念。事实上，概率潜伏在任何地方，在各级事物之中或者在它们之间，从电子到基因到有机体再到社会。下面的细目清单足以证明这一点：漫射、传染、流言的传播、测量的偶然误差、随机抽样和保险统计表。鉴于概率的普遍存在，人们有充分的理由怀疑，没有“决定性的”（更好的：纯因果关系的）理论能够捕获任一实物的所有特征。

随机性概念是通过概率演算在数学上精确提出的。这是纯数学的一个分支。但是，当被用于科学或者技术中时，概率用事实术语得到解释（这里没有循环：精确化与直观概念有关，而事实解释则与形式概念有关）。因此，对于条件概率来说，在等式 $P(n|m)=p$ 中，m 和 n 命名状态或者事件，这个概率的值 p，等于这个相关事物从状态（或者事件）m 跳向状态（或者事件）n

的趋势强度。如果 $m=n$，那么对应的概率可以测量这个事物处于（或者保持在）状态 m 中的趋势。这就是实在论者对概率的解释，根据他们的观点，后者是一个客观量级，独立于我们的知识状态。这种解释，在 1837 年被泊松引入，被物理学家、生物学家及其他人所使用，并且被波普尔以“倾向理论”这个名称加以普及，它与主观主义者或者贝叶斯定理的解释是敌对的，根据他们的观点，概率只不过是不确定性度量（见十三章第六节；Du Pasquier，1926；Bunge，1988a）。

例如，在社会流动性的概率论中，$P(n|m)$ 测量给定社会的任意一个成员从社会地位 m 移向社会地位 n 的趋势，而 $P(m|m)$ 测量的是一个人停留在群体 m 中的趋势。第二个例子是：在特定人群中如果在年龄 t 时观测到的死亡率是 $m(t)$，那么随意挑选一个年龄为 t 的个体，他在 Δt 这个区间里将会死亡的概率就是 $m(t)\cdot\Delta t$（注意，在这种情况下，概率是从一个比率中推出的）。第三个例子是：在年龄 t 的预期寿命是在特定人群中随意挑选出一个年龄是 t 的个体，该个体从 t 这一刻开始可能活的时间量。在所有三个例子中，随机性条件是本质的：*没有随机性，就没有概率*。然而，随机性或许固有地存在于事物本身之中，或在我们对它们的选择中，或在二者之中。

上面出现的短语“随机挑选”告诉我们，在那些特殊情况下，随机性包含在抽样过程中，无论属性自身是否是随机分布的。一般来讲，一个相对频率或者一个比率，连同某种随机选择或者随机化程序，让我们能够推出一个概率或者测量它。心理学的似然性和不确定性概念并不出现在前述情况中：
38 在科学中，概率测量现实的可能性，不是知识或者信任（相信强度）的状态。心理学家尚有待于弄清楚如何概念化和测量信任。从量子物理学、遗传学和其他学科，以及从对我们自己的生命史的仔细考虑中，我们应该知道，概率往往是真实的，而不仅仅是我们对真正原因无知的一个称呼。显然，客观主义者或者实在论者对概率的解释，与主观主义者（或者贝叶斯主义者）对概率的解释是敌对的、不一致的。现在足以声明，主观性在科学中，除了作为心理学研究的一个对象之外没有立足之地（更多讨论见十三章第七节）。

概率也不能和真理相混淆。不能说命题是可能的或者是不大可能的，因为它们不是随机分布的（这对于一个假说演绎系统的成分来说尤为如此）。能代替这种说法的是，要么说一个命题是*部分真*的，要么说它“看起来”是真的，也就是说，根据某种知识体，似乎是*貌似真实可信的*或者*好像是真的*。因此，现在世界的人口等于五十亿这个命题是近似地真；即，它受一个微小误差的影响。而且世界人口将继续增长直到 21 世纪中期这个假设貌似是真实可信的或者好像是真的，但却不是可能的，因为它不能被指定一个概率。

真理概念逻辑上先于（比……更基础）概率概念。实际上，我们需要前者来评估概率性陈述的充分性［例如，如果 a 和 b 是相互独立的事件，那么 $P(a\&b)=P(a)\cdot P(b)$是真的］。因此，试图根据概率来定义真理，尤其是近似真理，就倍加错误了，就如许多哲学家曾经试图做的那样。这是不正确的，因为真理先于概率，并且只有状态和事件能够随机发生并因此可被指定概率。说一个命题是可能的，正如把它归于一个区域范围那样是错误的。

概率概念并不作出推断；它也不能用因果关系的概念代替——尽管有一个被撒普斯（Suppes，1970）系统化的受欢迎传统。原因是，因果关系的概念在逻辑上先于传统的概率概念。实际上，如果在公式 $P(n|m)=p$ 中，m 和 n 命名连续可重复的事件，并且后来事件 n 一律依赖于早前事件 m 的话，那么 m 可被称为一个（连带）原因，n 可被称为相应的结果，p 可被称为它们之间的关系强度。如果 $0<p<1$，那么原因 m 的出现会导致可能的、而不是必然的结果 n（具有关系强度 p）。换句话说，假定另一个事件已经发生了，那么一个事件的条件概率概念将包含着原因和结果概念。一些随机序列或多或少算是弱的因果链条。被广泛用于社会科学中的马尔科夫链，就是一个恰当的例子。事实上，在这样的序列中，每一个事件的概率仅仅取决于直接的前导事件——一个具有非常短的“记忆”，或者弱的因果关系的情况。在连续的硬 39
币抛掷中不存在这样的联系：这是一个纯随机性或者统计独立性的情况，既不包含“记忆”也不包含因果依赖。

另一个庸俗的错误是，相信概率和规律是互相排斥的。这种信念是错误的，因为存在着随机定律。随机定律有两种：在概率论中发现的普遍规律和在各种科学中发现的具体的概率性规律陈述。普遍随机定律一个众所周知的例子就是大数定律，而平均寿命表就是著名的具体概率性规律。简言之，在现实世界中，概率或者随机性就是存在和发生的合乎规律的模式。

概率有时候能通过对应的相对频率来估算，但是这两个概念是不同的，而且它们中没有一个是依据另一个才可以定义的。首先，概率是处于人口总体中或是处于随机事件序列中的个体的属性。相比之下，频率是集体属性，即使在没有随机机制在场时，总统选举的频率通常就是这样。其次，频率概念是经验的，而概率概念是理论的。换句话说，频率起因于观察，而概率是假定的或者计算的。

然而，在简单情况下，这两个概念是关联的，如下所述。首先，*假定*人口总量 P 中的一个随机样本 S 中种类为 E 的事件的*频率* f_s，那么在人口 P 中随机挑选种类为 E 的一个个体事件的概率则接近 f_s。其次，*假定*人口总量 P 中类型为 E 的一个随机事件的*概率* p，那么 P 中类型为 E 的任一事件的长期频率则接近 p（注意：根据这个理论，概率或许不仅仅从频率中推出，同样也可从另一些变量中推出。因此，就如我们上面看到的那样，在人口统计学和保险精算数学中，一些概率是从比率中推出的。在统计力学中，它们是从某些诸如能量和温度等的热力学变量中推出的，在量子力学中它们是从状态函数中推出的）。

最后一个我们必须提防的庸俗的错误是认为存在一种不同于普通逻辑的概率*逻辑*这个观点。事实上，潜在于（以其为先决条件并在其中使用）概率理论之下的逻辑学就是普通逻辑，如同通过公理化这个理论所能看到的那样。一些或者所有概率推理的前提是概率性的，但是这个推理本身，如果是有效的话，满足的是普通逻辑而不是随意的存在。

最后，该说一说“混沌理论”了。这个名称是倍加不幸的。首先，不存在统一的“混沌”过程的*理论*，只有引起非线性函数、有限差分或微分方程兴趣的快速增加的混乱，它们通常容易写出但却难以解决和解释［它们中最简单且最流行的是逻辑斯蒂方程 $x_{n+1}=rx_n(1-x_n)$，其中 n 是一个自然数，调
40 整参数 r 是一个介于 1 和 4 之间的实数。当 r 大于 3 时，混乱或者无周期性就会出现］。迄今为止，只有很少一些过程似乎被发现满足这样的方程式。事实上，混沌理论在很大程度上仍旧是寻找现实脖子的一个数学宝石项链。其次，“混沌”用词不当，因为这些方程式被期望表示客观的即使表面看来似乎是无规律的模式，因此和混乱的（不合乎规律的或者任意的）事件或者过程完全

相反。“模拟随机性”或许是一个更为恰当的称呼。就说这么多吧。

在当代，混沌已经作为概率的一个严肃的潜在对手而出现，因为在没有附加信息的情况下，混沌动力学和随机性都能产生任一给定的、看起来似乎是无规律的（尤其是非周期性的）发展。换句话说，这样的数据是模糊不清的：裸眼看上去似乎是随意的一个时间曲线，或许事实上起因于一种混沌动力学，也就是说，它通过非线性微分或者有限差分方程式进行描述。这是一个提示，即数据不会为自己辩护。这也是一个警告，以提防把混沌行为归入一个系统这种流行的趋势，比如政体和股票市场，这样的系统展示了暗示着不稳定性的不规则行为。

混沌理论的科学潜能是巨大的，因为它能处理系统中的内生波动和不稳定性——由正反馈而不是由外部冲击所造成的结构不平衡引起的不稳定性（如 Glass and Mackey，1988）。因此有人提出，混沌理论应适于表示社会危机，甚至适于管理商业组织。然而，当前流行的在社会研究中对混沌的谈论大多数都是文字叙述。实际上，这样的谈论很少包括用社会科学术语解释的非线性方程。例如，罗西瑙（Rosenau，1990）在世界政治中非常受人欢迎的关于“混乱”的研究工作，就不包含方程式；它完全是散漫的，并且以“行动流动”（如资金“流动”）与液体流动之间，以及政治动荡与液体湍流之间表面而肤浅的类比为中心。同样，斯泰西（Stacey，1992）很受赞扬的关于“管理不可知”的著作是非数学的，据称是受到了混沌理论的帮助。此外，虽然 C. 布朗（C. Brown，1994）确实写了一些方程式，但是这些方程式包含着两个核心变量——公众关注的水平及环境破坏，他未能成功定义它们，所以这些方程式仅仅是装饰性的。词语不能代替方程式，类比不能取代理论，并且未解释的数学理论没有描述现实的工具。除非一个理论被明确表述和解释，否则它是不能接受检验的，更不用说被断言为真了。

任何一个严格的对社会不稳定性的谈论都要求建立、分析及检验一个用社会术语解释的数学模型。这样一种研究包括考虑包含在方程式中的调整参数，来检查当参数超过某些值直到系统行为变得混乱（或者无模式）时，增加的周期性循环在事实上是否会出现（通常在调整参数中这样的变化都只是 41
在电脑上被模拟。但是它们也应用实验方法被制造出来）。而且，关键状态函数或者时间序列应该因其不稳定性（或者初始值中任何一个小偏差的快速指数增长）而受到统计学检验。然而所有这样的工作，尽管是必需的，但对于得出不稳定性这样一个结论来说是不充分的，因为不稳定性可能是这个模型的一个特征，而不是它的指称对象的一个特征。实际上，不稳定性或许取决于这些特征，比如，参照系的选择及稳定解与摄动解之间的距离被明确的方法（Zak，1994）。因此我们面对一个自相矛盾：没有不包含方程式的对不稳定性的严肃讨论，也不确定数学上的不稳定性是否具有一个实在对应物。

最后，混沌理论模型应该与它的概率竞争对手相比较，来确定它们两个哪个更符合数据且具有更强的解释能力。遗憾的是，即便有也只是极少数经济学中的混沌理论模型采取了这些预防措施。因此，“混沌行为在真实的经济学时间序列中存在的证据迄今为止远不能引人注目”（Baumol and Benhabib，1989）。需要更多的工作来确定混沌在社会中的作用（Brock，1990；Brock and Dechert，1991）。

任何关于由混沌特性造成的社会系统不稳定性或者社会过程不可预知性的谈论，都应因此被推后，直到精确的模型被发明出来，并且精确的、令人信服的经验证据已经产生时。目前，把观察到的不规则性看作罕见的巧合或者互相加强的情况的结果，或许更加富有成效，比如，一次经济繁荣（或者经济萧条）的出现伴有一种政治权利真空，或者一些其他的*竞争情况*。

总之，我们或许不得不连同因果关系来处理混沌及概率。这远非限制决定论，这只能充实它。只有在合规律性和卢克莱修的原则——“无物能由无中生，无物能变成虚无”——都失败时，决定论才将处于危险中（Bunge，1959）。

第七节　现　　象

*现象*是对一个人的知觉显现。这在词源学上讲是正确的，并且是这个词语的哲学用法。然而，在日常用语和在事实科学中，“现象”通常是作为“事实”的一个同义词（错误地）使用的。然而在同时，表象也经常与现实形成对比。因此，太阳似乎只有单脚跨那么大；情感似乎位于心中；一些政治家

表现出来的似乎不是他们的真正样子。

因为我们的感知能力是有限的，所以现象知识也是有限的：它是肤浅的。例如，社会地位象征的展示并不总显示这个主体卷入其中的实际的社会关系：实际上，它经常掩饰后者。毕业典礼并不展示学习过程的投入（努力工作和 42
金钱）或产出（社会公益和社会公害）。换句话说，一组表象仅仅是事实集合的一小部分。而且因为不同的动物永远不能处于相同状态并且永远不能接受完全一样的观点，如果真的发生这样的事情的话，一个事实对于不同的动物或者对于在不同情况下的同一个动物来说，也一定会显得不同。总之，表象和事实之间不存在一一对应。

*现象主义*是一种哲学流派，它认为，科学家应该只研究现象——表象。存在两种现象主义：本体论的和认识论的。*本体论现象主义*认为只有现象存在：一切事物都是某人的表象的集合，一切变化都是人类经验。*认识论现象主义*认为，只有现象能够被认识——由此，关于除了现象之外，是否存在事物本身的问题就变成一个不可判定的问题。显然，第一种现象主义蕴含着第二种。穆勒、阿芬那留斯、马赫、哲学阶段的威廉·詹姆斯、年轻时期的卡尔纳普、波尔和古德曼既是本体论现象主义者也是认识论现象主义者。与之相比，托勒密、休谟、康德、孔德、兰格、尼采、杜亥姆和费英格都仅仅是认识论现象主义者。后者既不否认也不主张物自身的存在（独立于研究主体而存在）：他们只否认认识它们的可能性。

在每一个版本中，现象主义都与现代科学乃至与常识不一致。实际上，现象或者知觉表象，都仅仅是事实调查的起点。即使在日常生活中，我们也区分现实和表象，就如撑场面和找出其他人闪光背后的真实情况或他们的修辞之下的真实意图。

科学研究寻求表象之下的真实情况，因为表象是表面的和以主体为中心的，而科学知识的目的是要深奥的和客观的。此外，表象是相当混乱无序的，依赖于观察者的转移能力、机遇、兴趣和情绪。模式只能在表象之下被发现。而且寻求模式就是科学研究的一切。这种寻求使我们超越知觉而进入概念，尤其是进入理论之中。有时候我们依据假定难以察觉的事物或者过程的假设成功地解释了表象。众所周知的例子有哥白尼对行星表面轨道的解释，对金属物体发光的原子论解释，对某些表型特征的遗传学解释，对外显行为的神经生理学解释，对某种社会行为的心理学解释，对某些经济过程的社会学解释，
43 以及对某些政治事实的经济学解释。总之，现象主义与科学不相容。

现象主义的替代选择是*实在论*，或者认为存在着难以察觉的事实且认为这些事实中的一些是可知的观点——尽管当然不是知觉上可知，而是概念上可知。存在两种实在论：唯心主义的和科学的。*唯心主义*（或者形而上学的或者柏拉图主义的）*实在论*把实在等同于永恒理念及它们具体有形的、但却模糊的移动的影子。前者被假定在它们自己的一个领域内永远存在，而具体的事物则是它们粗糙的、短暂的复制品。因此，一个圆形桌面只是一个可怜的、对完美而永恒不朽的几何圆的复制。这种富有独创性的本体论的一个麻烦是，柏拉图的理念领域是达不到的；另一个麻烦是，我们所知道的唯一理念出现在某些活体的大脑中。

与之相比，*科学实在论*把实在等同于所有具体事物——在某方面或者其他方面能够变化的事物——的集合。根据科学实在论的观点，理念远非是自我存在的，它们是发生在一些动物大脑中的过程。因此，思维能力能够被科学地研究，而且理念（或者倒不如说，对应的大脑过程）在它们指导行动的范围内对社会行为产生影响。此外，不仅仅是真的理念而且假的理念也具有社会效力。这种观点尤其适用于把表象误以为是现实的理念。因此，科学实在论者不仅对客观事实的研究感兴趣，而且也对我们知觉它们的方式感兴趣。这在社会事实这种情况下尤其重要，因为我们通常是对它们向我们呈现的方式而不是对它们究竟是什么做出反应。例如，我们不会问政治学家我们应该把票投给谁。但是政治学家都应透过政治上的华丽辞藻看到政治现实。因此，远非忽视表象，科学家们尝试去解释它——当然用的是实在论的术语。

于是，尽管科学实在论者并不把自身局限于表象，但是他们也没有摒弃它们。相反，他们经常从它们开始并试图依据极其细微的事物和过程来解释它们。这一点在社会科学中尤其重要。就如帕累托（Pareto，1935［1916］：sec. 149）写的那样："每一个社会现象或许都是根据两个方面被考虑：当它在现实中时，以及当它向这个或者那个人的思想呈现它自身时。我们称第一个方面为*客观的*，第二个方面为*主观的*。"社会科学家必须把这两方面都考虑

进解释中，因为当没有从事科学研究时，人们对能感知到的或者表面上的社会刺激而不是对刺激物本身做出反应。例如，我们或许会把一些手势“解读”为友好的，而实际上它们是相反的、有敌意的。

在科学实在论和柏拉图主义实在论之间我们如何选择呢？这个回答取决于我们想要的哲学种类及我们期望它所起的作用。如果我们只关心思辨哲学并因此把哲学放在象牙塔上的话，我们或许会满足于唯心主义实在论，因为它对理念认真对待，它是简单的且内在一致的，并且它鼓励数学发明。但是 44
如果我们想使哲学在我们对理解这个现实世界的追求中起一些作用的话，我们就应该接受（并丰富）科学实在论，因为它假定外部世界的自主存在并承认我们在很大程度上对它是无知的，因此鼓励我们更进一步地探索它（更多的讨论见第十三章）。

总而言之，我们必须认真对待表象（现象），但是我们切不可把它们看作是不能分析的，更别说把它们看作是建造这个世界的基石了。相反，我们应该尝试用出现在大脑中的真实事件去分析它们，有时候是自发地，有时候是由外在于它的事件引起的。

第八节　社会事实

大多数社会科学家承认社会事实的存在，同样也承认他们理应去研究那些事实。然而，关于这样的事实究竟是什么却没有一个共识。例如，社会生物学家把社会事实看作是一种特殊的自然事实，而唯心主义者（尤其是诠释学家）把它们置于自然自上。此外，根据个人主义者的观点，任何一项社会行为，如排队等候或者向陌生人点头，都是社会事实。但是，因为他们否认拥有自身属性的超个体实体的存在，他们也否认对集体事实进行研究的合法性——或者更确切地说，他们声称所有这样的事实都只是个体行为的集合。与之相比，整体论者仅仅把那些外在于个体或在个体之上并以某种方式约束他们的事实看作是社会的。

我在这里接受的是*突现唯物主义*，根据这种观点，社会事实是超生物学（尤其是超心理学）的，尽管它们包含着生物过程。例如，产子、杀戮、进食及产生一个想法，都是自然事实，而洗礼、谋杀、购物和交流思想，都是社会事实。尽管是有区别的，但这两个类别是通过下面这个原则而关联的：每一个社会事实都包含着一个自然事实，反之则不然。例如，政治学的国家概念预设了地理学的领土概念及生物学的人口概念，但并不是所有的地区和人口都能构成国家。

我还接受*系统论*，它是个人主义和整体论二者的一个替代选择（见第四节）。因此，我称*社会事实*是一个社会系统的一个状态或者是状态的一个变化；在社会系统之外或者之上不存在社会事实。例如，对某种行为的刑事定罪或合法化判定是一个全国性的社会事实。与之相比，一个法官对某人的行为的评价，同根据国家法律判定他有罪或者无罪一样，是一个受限制的社会事实。

依次，一个*社会系统*或许可被定义为由至少两个同物种的动物，以不同
45 于物理的、化学的或者生物的方式相互作用而组成的一个系统。社会事实发生在社会互动的过程中，如合作或者竞争、交换信息或者货物、参加宗教仪式或者玩游戏，这些社会互动有助于建立、维持和改变某个社会系统。它们是集体的：它们包含两个或者更多的个体。与之相比，个体行为不是社会事实，即使他们是嵌入社会的并且他们的目标是社会的，比如为慈善做贡献、驾驶公共汽车、捡垃圾或者大声喊出一个政治口号。诚然，所有的社会事实和它们存在其中的系统只有凭借个体行为才能存在。然而，社会事实具有它们自己的特性：突现属性。例如，没有一个个体能够独自制造一个大型喷气式客机；公用事业公司给予的商品和服务没有一个单一个体可以提供；一所大学产生新的知识和毕业生，这些工作和任务没有一个学者能单独完成。

即使如布东和布里科（Boudon and Bourricaud，1986：xiv）这样如此坚定的方法论个人主义者都明确地注意到："尽管社会事实必须被作为系统或者行动过程或者相互作用的产物，但它们也不应被简化还原为人际关系，而是必须总是被当作突生现象或者也可以说是合成物来对待。"例如，尽管在一个商业公司工作的每一个人都根据一个几乎不需要任何监督的固定例程来履行他的职责，但就整体而言，商业活动是一个社会过程。简言之：远非仅仅是个体的聚合体，公司是社会系统，并且就其本身而论是突现的。学校和宗教

团体、俱乐部和政党、军队和警察机关，以及更多其他类似的机构也是如此。

当然，存在着多种社会事实。几乎每一个社会研究的流派都以其他的事实为代价来强调某种事实的重要性。例如，唯心主义者强调观念和决定的作用；传播论者强调模仿与借用的作用；交换论者强调交换的作用；地理决定论者强调环境约束的作用；马克思主义者强调阶级斗争的作用；涂尔干主义者强调团结的作用；理性选择理论者强调计算选择的作用。我持这种观点：既然所有这些及许多其他的事情确实发生了，社会科学家就必须研究它们全部。此外，根据我对社会系统的看法，我把社会事实分为以下几类：

——源于*环境的*，比如，由水土流失、干旱和洪灾引起的饥荒、迁移和政治变化；

——源于*生物的*，比如，由高出生率连同农业剩余及公共医疗卫生引起的人口过剩；

——*经济的*，比如，农业或者工业的蔓延和衰退；

——*政治的*，比如，政府更迭或者福利立法的通过或者废除；

——*文化的*，比如，著作、新的人工制品、艺术品、科学发现或者哲学观点的引入和传播。

我将平等对待这五类社会事实。根据定义，我主张，所有的宏观社会事 46
实都具有这五个方面，尽管它们中的某一个可能比其他的更加突出。然而，我承认，在任一特定的情况下，上述类别中的一种事实有可能是剩余四种事实的基础。例如，一个新的栽培品种或者一项新的农业技术的引入可能会引起食物过剩，这可能导致人口激增；这转而有可能恩惠都市化，都市化有可能使政治改组成为必需，并促进文化的变迁。环境、生物过程、经济、政治和文化依次轮流在整个社会中引起改变。这种五角观点与五个单因果或者单因子的观点是冲突的、不一致的，那些观点是地理决定论、生物决定论、经济决定论、政治决定论和文化决定论（更多讨论见我即将出版的《争论中的社会科学》）。

总之，社会事实是包含两个或者更多个体的客观事实。尽管它们源于个人主体，但是它们存在于社会系统之内或者社会系统之间，并且具有一些超个体特征：想一想拥堵、短缺、工业化或者民主化。

*事实*这个词语标示锚定在具体事物或者物质事物家族上的概念家族中的任一个和所有成员：一个事物的属性和状态、一个事物中的事件和过程，以及一些其他的东西，比如对某些动物的现象或表象。当一个品质上为新的事物形成时，人们连同它的典型特征或者突现属性一起来谈论这个事物的出现。任何新生事物的出现通常都伴随着某种旧事物的湮没。

事实必须与过去经常描述它们的观念区别开来，尤其因为观念可能是错误的，也就是说，它们或许与讨论中的事实不匹配（注意：被认为是过程不是它们本身，观念是事实——也就是大脑过程）。遗憾的是，这种区分有时候是模糊不清的，比如，当有人（粗心地）说，命题 p 是事实，不是理论，虽然想要说的是 p 对于事实来说是真的。然而，对命题及其他种类的观念的检验应归于下一章。

第二章
观　　念 47

观念的概念非常广：它包含知觉、心理表象、记忆、概念、命题、理论、推论、问题、建议、说明、计划及更多。大多数观念都能用符号表示，如口语和书面语、图画或者数学公式。所有的符号都是约定。同一个观念能够用许多不同的方式符号化。尤其，在声音和意义之间并不存在必然的关联。因此，要理解一个文本或者一个工程图，我们需要知道符号与观念之间配对的传统代码。特别是，理解一个科学文本需要实质性的知识也需要语言知识。为了反驳流行的、声称文学评论家和符号学者能够理解科学文献这种断言，这个陈词滥调必须被阐明。

观念能在它们自身之中或者作为事实被研究——也就是说，作为与社会过程一样的心理（或者大脑）过程。逻辑学家、数学家和哲学家从事于第一种研究，而心理学家和社会科学家主要对作为心理过程的观念感兴趣。社会科学家对刺激或者抑制思维能力的社会条件，对思维能力指导或者误导社会行为的方式，以及对人们交流的方式特别感兴趣，简而言之，他们主要对思维过程及它们的社会输入与输出感兴趣，而逻辑学家、数学家和哲学家只对这样的过程的最后产物——观念本身——感兴趣。例如，一个演绎推理能通过下面三种方式中的任何一种方式进行研究：作为一组前提和一个结论之间 48
的一种关系，作为一个大脑过程，或者作为一个对话——一种社会互动。

当然，这几种研究是相互兼容的，而且还是互补的。因此，为了研究一种政治观念刺激或者抑制一个公民的方式，我们必须不仅研究认知—情感—

行为之间的关联，而且还必须理解正在谈论的这种观念。然而，这种相依关系是不对称的，因为要找出一个概念的逻辑形式或者意义，一组命题的逻辑一致性，或者一个科学假设的充分性（真理程度），并不需要心理的、社会的或者历史的研究。简而言之，对观念本身的研究在逻辑上和方法论上是先于观念的心理学、社会学及历史学研究的。因此，不理解指导他所观察的社会行为的观念的科学社会学家或者技术社会学家，都是在浪费他和我们的时间。

在研究观念本身时，询问它们从何处来或者它们居于何处是毫无意义的。只有在被认作是过程时这些问题才有意义。并且在这种情况下，关于它们的所在这个问题，存在着三个主要的可选回答。计算机狂热者把观念等同于表示它们的符号，坚持认为观念存在于信息—处理系统中，无论是自然的、人造的或者甚至是幽灵般的。他们不停地问是谁发明了操作相关符号的规则或者程序，或者问是谁发明或者评估由这些符号标示的观念。整体论者认为，观念或者存在于“集体心理”中，或者存在于社会团体中，尤其存在于诸如科学共同体这样的“思维群体”中。他们忽视了只有个体的大脑才能够思考的事实，而且他们混淆了思维过程与它的社会决定因素。最终，哲学唯物主义者和生理心理学家达成一致意见：观念存在于大脑中，并且根据新的神经系统的自组装来解释新的观念（Hebb，1949；Bindra，1976）。他们承认，因为个体在社会中生活和学习，他们的心理过程受到自身的社会环境的影响。然而这里并不是讨论思维过程乃至各种精神哲学的地方（关于这个，见 Bunge and Ardila，1987）。

在这一章，我们将研究观念本身。也就是说，我们将假想观念能与思想者及他们所嵌入的社会系统分开。这不是一种本体论的论点而是一个方法论约定，这个约定能使我们研究观念的结构、内容和有效性，不管碰巧思考正在谈论的观念的那些人。

对观念本身的研究是逻辑学、语义学、数学及哲学的任务。下面我将结合这四个领域从事某种精确的哲学思考。这不是说逻辑学和数学足以研究这个世界或者我们关于这个世界的知识。所有被理性主义传统所强调的清晰性、
49 严格和方法，对于任一认知努力的成功来说都是必要而非充分的。被非理性主义传统，尤其是被浪漫主义所颂扬但却没有被研究的激情、想象和直观，

也是需要的。这个创造过程绝不是规则导向的：事实上，它多少是有点模糊的、凌乱的和难控制的。但是如果它要取得科学知识、技术知识或者人文知识的资格的话，它最终的结果必须是精确且有序的。总而言之，在所有原创性研究领域中，激情为理性提供燃料，理性训练和扩张想象，并清理整顿和详细描述直觉（见 Bunge，1962b）。

第一节　概念和命题

概念，诸如人的概念、工作的概念和含义概念，是意义单位，因此它是理性对话的基础构件。我们用概念形成命题，正像我们把复杂命题分解成简单命题一样，这些简单命题依次被分解成概念。一个命题或者陈述“言说”了某些与一个或更多项目有关的事情：它是一个断言或者一个否定。即使可能性陈述和怀疑性陈述也都是断言（注意，命题不应被误认为是建议，如“让我们走”）。命题是可检验性和不可检验性的承载者，也是真理和谬误的承载者。即，只有命题能进行真理检验。概念不能被这样检验，因为它们既不断言也不否定任何事物。因此不存在真或者假的概念：概念只能是精确的或者模糊的、合适的或者不合适的、丰富的或者贫瘠的。

在科学论述中，每一个核心概念都应该被阐明。看上去无辜的“是”（is）就是一个恰当的例子。在传统逻辑中，比如在“亚里士多德是一个人”中，“是”被称作“系动词”，并且它被当作一个独立的逻辑概念。它的功能据说是连接或者粘合谓词（如“人”）和主语（如“亚里士多德”）——一个明显但却模糊的观念。数理逻辑区分了看上去无辜的词语 *is* 及它的同源词（are、were 等）背后的五种不同的概念。它们是同一性（=），比如在“1 是 0 的后继”中；是相等性（:=），比如在“90 度的正弦是 1”中；是成员资格（∈），比如在“这个人是个自由主义者”中一样；是类包含（⊆），像在“社会科学是科学”中；以及断定（Px），比如在“西尔维娅是聪明的”中。

表断定的“是”与一个如可错性这样的谓词或者定语一起出现，比如在“是易犯错误的”中。因此，命题“亚里士多德是一个人”可用符号表示为“Ha”，分解成两个概念，而不是三个（另一方面，等价陈述“亚里士多德属于人种”实际上是由三个概念组成的，其中“属于”这个概念对于传统逻辑来说是未知的）。这个例子证明了，现代逻辑划破语言的表面，来揭露潜在的基本概念和命题，如果有的话（换句话说，深层结构等于逻辑形式）。

语言学家和文学评论家听到或看到术语、短语、句子和谈话（或文本），而逻辑学家则寻找由这些符号所表示的对应的概念、命题和系统（如
50 理论）——有时候他们一个也找不到。例如，海德格尔的句子“Die Welt welter”（“世界世界着”）仅仅是一个和“大脑大脑着”一样的无意义的词语并置。但是至少它是一个可译的废话，这和在他著名的《存在与时间》中大量存在的其他句子不一样。以此为证，“Zeit ist ursprünglich als Zeitigung der Zeitlichkeit，als welche sie die Konstitution der Sorgestruktur ermöglicht”（Heidegger，1986［1927］：331）。任何声称已经把这个句子翻译成英语，或者甚至翻译成可理解的德语的人，都在欺骗他自己或者其他人。

非逻辑的概念可被分成个体，如“法国”；个体的聚合体（集合、类或者种），如“人类”；以及谓词，如“工作”。一个谓词可以是一元的，如“工作”；二元的，如“相互作用”；三元的，如“调解”等。一个一元谓词表示个体的一个属性（简单的或者复杂的）；一个二元谓词表示两个项之间的一种关系；一个三元谓词表示三个事物之间的关系；等等（实际上，分析经常证明，谓词远比它们初看起来的要更加复杂。例如，“交易”看起来像二元的，比如在“a 与 b 交换”中，但是它能被分析成四元的，比如在“a 用 b 与 c 交换 d”中）。

数学函数，通常被称为“二元方程”，是一种特殊的关系：它们将一个类中的每一个成员与另一个类中的单个成员相匹配。更精确地讲，一个从集合 A 到集合 B 的*函数*，为*集合* A 中的每一个元素都分配了集合 B 中的一个元素。人们写作 f：$A \to B$，以及 $y=f(x)$，其中 x 在 A 中，根据 f，y 是 x 在 B 中的映像。A 被叫作 f 的“定义域”，B 被叫作 f 的“值域”。例如，年龄是从事物（尤其是有机体）集合到正数的一个函数。如果 B 中的任意一个元素 y 是一个数字，或者是一个 n 元数字，人们就称它为一个“变量”。一般来说，一个应变量 y 可能是一些自变量的一个函数：即，$y=f(x_1, x_2, \cdots, x_n)$。例如，一个社会的生活质量取决于那个社会中的平均寿命期望值，在学校中度过的年

份的平均值，平均的可支配收入，以及其他这样的集体变量（但是关于这种依赖性的精确形式，也就是精确函数，仍旧没有一致意见。）

最简单的函数当然是常值函数，而次简单的就是线性函数。对应的表达式是：“对于所有的 x，$f(x)=a$”以及“对于所有的 x，$f(x)=a+bx$”。在这里常量 a 和 b 都是某种数，通常是实数（实数当然像任意其他的数学对象一样也是虚构的）。如果一个所谓的常量从一个观察到下一个观察，或者从一个问题到另一个问题都各不相同的话，那么它被叫作一个“参数”。例如，出生率和死亡率对于短时期内给定的人口总体来说是常量。我们知道，当生活水平上升时出生率下降，但是我们忽略了这种函数关系的精确形式。一个模糊的形式为“变量 y 是变量 x 的一个（迄今为止未指明）函数”的假设——
在这里 x 和 y 是众所周知的，或许可被叫作一个“程序化的假设”。这是一个 51
初步发现，它可能会刺激和引导进一步的研究。

在社会科学中，诸如平均值、模式和方差这样的统计参数都是特别重要的，因为它们代表着合体的属性，比如，共同体、社会阶层或者商号联合会。因此，收入分配模式能鉴别出典型的财富所有者；峰态（或者最高峰值）测量财富的集中情况；基尼系数测量财富分配不均。所有的统计参数都是二阶变量，因为它们都是从诸如年龄和收入这样的一阶变量的值中通过计算获得的。换句话说，一个整体的统计属性源自它的个体成分的属性（例如，如果一个社区中所有的家庭都拥有大致相同的财富的话，那么相应的基尼系数接近 0；反之，如果财富集中在少数人手里的话，它就接近 1）。这种陈述，看起来似乎是哲学上无害的，但却足以驳倒整体论的原则：整体不能依据它们的部分来理解（更多讨论见第九章）。

从一种认识论的或者方法论的观点来看，存在着两种变量和三种函数。变量能表示可观察的或者不可观察的属性。函数或许与可观察变量有关，诸如一个系统的输入和输出；或许与不可观察的属性有关，诸如社会凝聚力或者政治稳定性；或者与不可观察和可观察的变量有关，诸如意图与行动。第三种函数连接理论和数据。它们中的一些起着指标假设的作用（关于这个，更多讨论见第六章第二节）。

就如我们刚才看到的那样，谓词和主语之间是断定关系或者*归属*关系。

谓词归因于个体、一对、三个或者一般而言，*n* 元（个体不必因此是不可约的：它们中的一些或许可被分解为集合）。把谓词 *F* 归于个体 *b* 的结果是命题 *Fb*，简称“*b* 是 *F*”。把谓词 *G* 归于有序对偶 ⟨*a*，*b*⟩ 的结果是命题 *Gab*，把谓词 *H* 归于 *n* 元 ⟨*a*，*b*，…，*n*⟩ 的结果是 *Hab*…*n*。换句话说，命题 *Fb* 是函数 *F* 在 *b* 点的值；同样，*Gab* 是函数 *G* 在 ⟨*a*，*b*⟩ 的值，等等。一般而言，一个谓词或许可被解释为一个从个体到命题的函数。

个体和集合之间是属于关系 $\in$ 。例如，命题“西班牙是一个国家”能被分解成“西班牙属于（是……的一个成员）国家这个类”，或者简称为 $s \in N$ 。成员资格概念在集合论中被阐明，在那里它以一个原始（未被定义的）概念出现。但当然我们在任何地方都使用它。尽管如此，一个警告仍然是适当的。在数学中，“集合”（set）和“集合”（collection）是同义词，而且每一个集合（collection）都有一个固定的成员资格。在事实科学中并非如此，在这里
52 人们经常用可变的成员资格比如人口来研究集合（collection）。在任何给定的时间，一个可变的集合（collection）都是一个适当的集合（set）。在不同的时间，它或许包含着不同的成员——或者一个都不包含。

谓词与类之间的关系是这样的。每一个谓词都决定一个类，叫作这个谓词的“外延”。这就是个体（或者一对、三个等）的集合，它碰巧具有这个相关谓词指明的属性。例如，一元谓词“耕种”的外延，和它出现在命题“彼得耕种他的土地”中一样，是农民的类（用明显的符号表示就是 $\mathscr{E}(F)=\{x \in P | Fx\}$；也就是，*F* 的外延就是集合 *P* 中的个体的集合，集合 *P* 中的人具有属性 *F*）。二元谓词“阅读”的外延是有序对偶〈人，文本〉的集合（简称：$\mathscr{E}(R)=\{\langle x, y \rangle \in P \times T | Rxy\}$，在这里 $P \times T$ 是有序对偶〈人，文本〉的集合，叫作 *P* 乘以 *T* 的“笛卡儿乘积”。一个笛卡儿乘积的例子：［0，1］×［0，2］是底为 1 高为 2 的一个矩形）。三元谓词“介于”的外延，比如在“纽约介于波士顿和费城之间”中，是有序三元组〈地点，地点，地点〉的集合。四元谓词“交换”的外延，就像在“*a* 用 *d* 与 *b* 交换 *c*”中，是所有四元〈人，商品，商品，人〉的集合。一些谓词有一个空的外延，意思是它们确实什么都没有：例如，“幽灵”“集体心理”“天定命运”（当一个谓词 *F* 的外延为空时，人们写为 $\mathscr{E}(F)=\varnothing$ ）。

谓词的另一个重要的属性是它的*引用类*，或者谓词关涉项的集合。例如，“社会秩序”涉及整个社会。涉及这个概念在社会科学中尤其重要，在这里有很多关于社会科学是什么的激烈的争论。个人主义者认为，社会科学是关于个体的，整体论者认为它们涉及社会整体，系统论者认为它们关心的是可分析成相互关联的、共享一个环境的个体的社会系统。为了以一种理性的方式解决这样的争论，而不是求助于权威，我们需要一种指称理论。这样一种理论将在第二节简略地描述。

一个谓词的外延必须与它的引用类相区分，这个区分对于大多数哲学家而言是未知的。因没有现实对应物（也就是说，有一个空的外延）而批判灵魂概念的心理学家，当把它看作是一个虚构时，指的就是灵魂。推测一个至今仍未被发现的物体的存在的科学家，给一个非空引用类分配了定义谓词，即使承认迄今为止对应的外延已被证明为空。

一个谓词的外延和引用类之间主要的区别是这些。第一，外延概念预设真理概念，而引用类概念并非如此（实际上我们只将那些它适用的项计入一
个谓词的外延中）。第二，一个二元谓词的外延是一个有序对偶的集合（并且 53
一般而言，一个 n 元谓词的外延就是一个有序 n 元集合），而对应的引用类是个体的一个集合。第三，外延函数对于否定、析取、合取及其他的逻辑连接词是敏感的，而引用函数不是这样的。例如，“不分层的”这个谓词的外延是谓词“分层的”在社会这个类中的外延的补集，而这两个谓词的引用类是一样的：即全部社会（现在、过去和将来）的集合。此外，析取谓词“P 或者 Q”的外延是并集（逻辑和），合取谓词“P 和 Q”的外延是 P 和 Q 的外延的交集（逻辑积）。但是这两个复合谓词的引用类是相同的，即部分的引用类的并集。我们将在下一节转向论述引用。

第二节　形式与内容

大多数社会科学家并不十分尊重逻辑学：一些人是因为相信只有事实发现才是研究，还有一些人是因为他们把理论化看作仅仅是词语的排列。对于后者我们不会浪费唇舌，但是前者应该知道，轻视逻辑可能会导致比模糊性

和不一致性更糟糕的后果，即同义反复（概念上的陈词滥调）。例如，某些政治科学家最近已经表明，那些重视言论自由和决策参与的人倾向于支持民主政治。一天一剂逻辑学就能脱离平凡和废话。

形式（或数理）逻辑研究概念、命题、命题系统（尤其是分类和理论）和演绎论证的形式。关于构想的内容逻辑学什么都没有说，那是语义学的事情。从一种逻辑学的观点看，命题可以是简单的（原子的）或者复合的（分子的）。包含着一个或者更多逻辑算子——如“和”与“非”——的命题，可以说是复合的或者是分子的，例如，排中律：“A 或者非 A”，或者缩写为 $A \vee \neg A$，在这里 A 是任意一个命题；无矛盾律：“不存在（A 且非 A）”，或者缩写为 $\neg(A \& \neg A)$。两个定律在普通逻辑或者经典逻辑中对于任意命题都是有效的，不管他们“言说”了什么，也不管它们是否为真。这对于演绎的基本规则也同样有效，*演绎推理*：“如果 A 那么 B，从 A 推出 B”，缩写为 $A, A \Rightarrow B \therefore B$。

排中律和无矛盾律是*重言式*——根据其形式为真的命题——的模范，它们在普通逻辑中有效，不管世界的状态如何。因此，重言式绝不同于数学的、化学的或者社会学的真理，它们中的每一个都取决于其指称对象的性质
54 和语境（所有的重言式都是形式真理，但并非所有的形式真理都是重言式。例如，“12+1＝13”在数论中是真的，尽管在时钟算术中不是真的，在那里“12+1＝12”——但是它并不应归入不涉及数字的逻辑学）。

重言式什么都没说，尤其是关于现实什么都没有说。然而，我们需要它们正确地和非平凡地来推理任何事。实际上，逻辑学——有效推理的标准——是由无穷多个重言式连同少量的推理规则构成的。逻辑学的一个主要用途就是作为识别逻辑上的陈词滥调——重言式——以及它们的否定——矛盾和逻辑错误——的工具。一个逻辑错误要么包含一个自我矛盾的谓词，要么包含一对相互矛盾的命题。“民主专政”是前者的一个例子，“社会腐化与社会纯净［在同一方面］”例证了后者。因为是逻辑上错误的，所以不需要通过观察来拒绝它们。同样，“箭头在每一个瞬间既在某处又不在某处”这个陈述明显是矛盾的。然而，芝诺并不因它是假的而立即拒绝这个陈述，而是把它作为证明变化是不可能的证据。与之相比，黑格尔和他的追随者们把同样

的陈述看作是可变化事物是内在矛盾的——辩证法的核心——的证据。寓意：尽管逻辑学不足以建立哲学，但它足以反驳它们中的一些。

并不是所有的重言式都是明显的：一些是隐秘的。我将这些称为“隐蔽重言式”。“每一个梦的内容都明显地或潜在地与性有关”“所有的人类行为都是理性的，要么是客观理性的要么是主观理性的”，都是隐蔽重言式，因为当分析它们时，发现它们例证了排中律（A 或者非 A）。因此它们关于这个世界什么都没说，并因此在经验上是不能被证明的。同样，“所有在同一发展阶段的文化都拥有许多共同的特征”（在一篇人类学论文中）是重言式。实际上，它例证了同一律“$A=A$”，因为两个文化被定义为处于同一发展阶段，如果它们共享许多特征的话。同样，命题“群体越团结，利己主义的表达就越不占优势”，按照*团结*这个词语的定义，这是一个隐蔽重言式。社会研究到处散落着这样的伪假设。忽视逻辑学的后果由自己负责。

最大的普遍性和独立于主题是逻辑学所特有的。其他学科没有一个能具有如此的宽度——或者因此具有如此浅度。这就是为什么逻辑学能被用于分析所有的话语方式的原因。而且这也是为什么出现在社会研究中的，诸如“选择逻辑”“决策逻辑”“行动逻辑”及“情景逻辑”等表达式被误导的原因。逻辑并不处理选择、决策、行动或者社会情景，与它并不处理地震或者瘟疫问题一样：它是无主题的。

逻辑学是理性对话的基本理论：它是对概念、命题、理论及演绎论证的形式的研究。它教导我们从错误的论证中辨别出正确的，而不是如何去探索
这个世界，更不用说如何去改变它了。纯数学同样是轻便地跨越所有的研究 55
领域，不致力于任一事实主题。简而言之，逻辑学和数学都不是关于这个世界的。但当然，它们是理性的、精确的关于这个世界的谈论的基础。

如果一个观点公认与逻辑学不一致，那么它就不能被理性地讨论，因为那会自动取消任一试图中肯地讨论的资格，无论是支持它还是反对它（同样：把任一对精神分析的批判解释为情感上对它的抵抗的心理分析策略）。存在主义、解构主义及非理性主义在女性主义理论、环境保护论及科学社会学中的搁浅，情况就是这样。如果它们不能理性地讨论某事的话，为什么人们应该相信它们的论点？

尽管是必需的，但是逻辑学对于现实的研究来说是不充分的。这是不够的，因为它是一门关于形式和推论的先验科学，因此它不受观察、测量和实验的影响。如果社会科学摒除经验研究的话，那么它们关于社会生活将不会有任何发现。然而经济学家冯·米塞斯（von Mises，1949）和德布罗（Debreu，1991）曾声称，他们的理论是先验的，因此经验证据是无可反驳的，这个断言暴露出对逻辑学和社会科学二者在本质上的基本误解。

还存在其他对逻辑学使用不当的情况。例如，米尔顿·弗里德曼（M. Friedman，1953）、马克卢普（Marchlup，1955）和格拉夫（Graaff，1967）曾经声称，在经济学中，假设无论真假都没关系，只要它们的推理正确就行。考虑下面这个推理："所有的人都是蔬菜。所有的蔬菜都终有一死。因此，所有的人都终有一死。"这个论证在形式上是有效的，而且它的前提相互抵消，因此它蕴含一个真的推论。但是这种练习除了阻止对理性真理的研究之外还有什么意义，还要将经济政策的设计建立在此之上吗？

有关观念的形式的讨论到此为止。现在让我们看看它们的内容或者意义。*意义*一词是在日常语言和社会科学中最被滥用的。流行哲学论及人生的意义，而精确哲学仅把意义赋予构想和它们的符号，因此人生既不是有意义的也不是无意义的。在社会研究中也存在着关于一个行为的意义粗心大意的讨论，既涉及这个行为的目标也涉及这个行为的效力。我将避开这样模棱两可的话，只承认构想作为意义的承载者。而且我将会把意义分析为含义（内涵）和指称对象（外延），或如关于什么说了什么。让我们从指称对象开始。

一个形式为"b 是 F"或者缩写为 Fb 的命题指涉什么？显然，Fb 是关于 b 的；它把谓词述语 F 归于个体 b。现在，我们在第一节看到，Fb 或许可被解释为函数 F 在 b 点的值。但是个体 b 属于一个或者更多的集合，比如，所有人类的集合或者所有学校的集合（尤其是，这个集合可能是单元素集合，也就是说，它或许包含单个元素。但是单元素集合 $\{a\}$ 和它的单一元素 a 是
56 不一样的。在任何情况下，谓词 F 都可能被解释为一个函数，这个函数把一个个体集合 D 映射为所有形式为 Fb 的命题的集合 P。缩写为 $F: D \to P$。回想第一节）。

一方面，我们规定，一个（一元）谓词 F 指涉（关于）它的领域 D 中任

一个或者所有的成员。换句话说，谓词 F 的*引用类*等于它的领域 D，或者缩写为 $R(F)=D$ 。例如，能量概念的引用类就是所有现实的和可能的具体事物的合集，贫穷的引用类是人种。注意，因为事实上所有具体的事物都拥有或交换能量，“能量”的外延和引用类完全一致。另一方面，因为并非所有人都是贫穷的，所以“贫穷”的外延包含在它的引用类中。

诸如“烹调”（二元）、“居中调解”（三元）和“交换”（四元）这样的高阶谓词怎么样呢？为了找出它们的引用类，我们必须确定它们各自的域。因为是人（或者他们的代理）在烹调，而且因为他们烹调的东西是某种食物，所以谓词“烹调”（C）适用于有序对偶〈人，食物〉（用专业术语来说就是，函数 C 的域是人的集合 P 乘以食物项的集合 F 的笛卡儿积。我们规定 C 的引用类是因素 P 和 F 的并集：即，$\mathcal{R}(C)=P\cup F$ 。一般来说，一个领域为 $A\times B\times\cdots\times N$ 的 *n 元谓词 F 的引用类*就是 $\mathcal{R}(\mathrm{F})=A\cup B\cup\ldots\cup N$ ）。

然后我们规定，一个命题或者谓词出现其中的任何其他构想的引用类就是成分谓词的引用类的并集。例如，命题“每一个公司都有一些客户”的引用类就是公司集合和客户集合的并集。注意，给定命题的否定也拥有相同的引用类。同样，“A 和 B”的引用类与“A 或 B”、“如果 A 那么 B”，以及与其他 A、B 的组合和借助于逻辑连接词的它们的否定的引用类是一样的。简而言之，引用函数 $\mathcal{R}$ 对于逻辑连接词是不敏感的。

最后我们规定，一个命题系统——如一个理论，其引用类等于所有出现在这个理论中的谓词的引用类的并集。因为，当制作一个理论时，人们或许要引入和所需一样多的谓词，所以寻找这个理论的引用类的任务乍一看是开放式的并因此是没有希望的。实际上，对于杂乱的理论来说情况确定就是这样。但是如果一个理论已经被公理化，那么人们就能很容易地确定基本谓词或者定义谓词的集合，它是所有出现在这个理论中的谓词集合的一个小子集。这就使得我们可以从一开始就确定这个理论的引用类。当试图找出社会科学中的假设和理论的指称对象时，前述的语义学假定迟早会派得上用场。而且它们应该足以埋葬这个稀奇古怪的解释学教条：“词语*只*涉及其他词语”（Bloom，1990：9）。

现在让我们转向意义的第二个成分，即含义。一个构想的含义或者内

57 容就是关于它的指称对象它“言说了”什么。但是一个命题也能够以间接的方式“言说”某事物。例如，因为一个命题“孕育”（蕴含）着许多逻辑推论，所以这些推论就必须被看作属于它的完整意义。我们把这叫作这个命题的“含义（import）”。此外，除非这个命题碰巧是一个初始假设（一个公设或者公理），否则它就只能在与蕴含（引起）它的命题的关系中获得完整的含义了。我们称呼一个命题的生产者或者逻辑祖先为它的“意旨（purport）”。最后，我们规定一个命题的*完整意义*是这个命题所蕴含的或者蕴含这个命题的所有命题的集合——它的意旨和它的含义的并集。注意：任一给定的公式或许在不同的语境中具有多少有点不同的意义（或者没有意义）（例如，一个关于失业率的命题在纯数学中就没有任何意义）。因此当模糊性威胁来临时，就应该明确地指出语境。

明确了任意构想的含义和指称，我们现在就可以介绍语义学上的意义概念了。我们规定，一个构想的*意义*是它的指称对象或外延，连同它的含义或者内涵。以明显的符号表示就是，$\mathcal{M}(c) =_{df} \langle \mathcal{R}(s), \mathcal{S}(c) \rangle$（注意，真理概念并不存在于这个定义中）。我们进一步规定，每一个构想都有一个意义：即，一个非空（尽管可能是无限的）引用类和一个含义（即使仅仅是部分已知）。依次，我们规定一个记号或者符号是*有意义的*，假如它要么指定一个适当的构想，要么表示一个现实事实或者可能事实。否则的话，这个符号就是无意义的。

根据新实证主义者的意义理论，一个构想只有在它是可证实的时候，才是有意义的。这种约定通常被称作“意义的可证实理论”。现在，可证实性确实是命题有意义的一个充分条件，但它不是一个必要条件。因此，“躯体死后灵魂依然存在”在神学语境中非常有意义，尽管它是不可检验的。此外，不同于命题，构想拥有意义，但它们是不可检验的，并因此既不具有也不能获得一个真值。例如，问题“垄断是什么？”和规范“我们一定不能贪婪”都是完全有意义的，尽管它们不是命题并因此是不可检验的。因此，我们反过来解读实证主义者的意义可证实理论：如果一个命题是可检验的，那么它是有意义的。换句话说，有意义对于可检验性是必需的。但它不是充分的，因为检验需要检验手段，如指标和某种观测设备（换句话说，谓词“可检验的”

是二元而不是一元的，因为它出现在形式为“p 可以通过方法 m 来检验”这样的命题中）。

第三节　模糊性与精确性

讽刺的是，智力不成熟与智力颓废二者共享一个特征：也就是，概念上的不精确。证据的一方面是前苏格拉底哲学家，另一方面是新柏拉图主义者。然而，对于前者模糊性是新颖性的指标，对于后者它却是精疲力竭的迹象。在现代学术界中，模糊性是故意放弃理性的一种表示，而且有时候甚至是奇 58
幻思维的一种迹象，如果不是欺骗的话。无论在哲学还是在社会研究中，官样文章不仅泄露了疲弱的思维，有时候它还用来恐吓天真幼稚者。因此，除了是精神错乱的产物之外，官样文章还是智力上的不诚实。这是给那些易受骗的人谈论骗子。

现代性之祖之一拉伯雷，嘲笑经院学者们的晦涩及他同时代的人的迷信。弗朗西斯·培根和伽利略，两位现代性之父也这样做过。笛卡尔，另一位现代性之父，叮嘱我们只承认“明晰和清楚的观念”。诗人和文学评论家布瓦洛说，只有构思清楚的才能被说成是明晰的。启蒙运动加强和普及了明晰性和真理的研究并谴责了空虚迂腐，并把它加入了公民自由扩张运动中。因此它为随后几个世纪根本性的科学创新、技术创新和政治创新打下了基础。

反对启蒙运动之理性主义、科学主义、普遍主义和自由主义的浪漫主义反应恢复了对模糊性的喜爱，实际上，是恢复了对蒙昧主义的喜爱。尤其是，康德、费希特、黑格尔和谢林成功地劝服了他们的读者，认为模糊晦涩是庄重与深邃的保证。此外，黑格尔发现，混乱、矛盾和悖论在智力上是值得尊敬的，当被称为“辩证的”时。即使在反对黑格尔的唯心主义并从事于革新性的社会研究时，马克思和恩格斯还是采纳了许多黑格尔的模糊性，尤其是在哲学问题中。同样，尽管赞扬和实践着理性，但在写作哲学著作时就是另一回事了。韦伯是模糊不清的并从事于新康德主义的直觉主义。尽管如此，与存在主义和它的继承者——解构主义相比，黑格尔主义和新康德主义的晦涩模糊性微不足道。这些流派中的典型句子是如此的晦涩以至于使翻译成为不可能，或者如果喜欢，它们能以许多互相非等值的方式被翻译。在很大程度上，现象学、诠释学及常人方法论的原则同样也可以这么说。

哲学蒙昧主义常常误导社会科学家。事实上，社会研究中包含着大量具有哲学关联的模糊概念，比如，一个行为的意义和解释、理解、辩证法、剩余范畴、效用、理性预期、自由、总体性、功能性、意识形态和文化——举不胜举。然而，社会科学中的大多数专业术语都没有明显的哲学关联，但它们还是非常模糊的——例如，“功能”“制度”“社会阶层”（尤其是中间阶层）、“社会力量”“社会结构”“权力”“状态”“概念框架”“理论”及“模型”。显然，任何依靠这样的模糊概念的社会观点本身都将是模糊的，并因此是无休止的空洞争论的来源。

59 波普尔（Popper，1962［1945］，2：19-20）对科学造成了伤害，在他声称所有的定义和阐明（或者意义的澄清）问题都是微不足道的，都是“口头的和空洞的经院哲学”的标志时。他曾经的弟子费耶阿本德（Feyerabend，1981，1：ix）走得更远并且赞扬“富有成效的不精确性”，据推测大概是因为大多数富有成效的观念都诞生于多少有点模糊的思想中。这种观点在社会研究中是特别有害的，在其中，即使著名的学者也反复再三地使用并未费心定义的术语，比如“意义”“解释”“社会结构”和“社会力量”，甚至无意义的表达式，如“存在与时间”。言语的不精确暴露了模糊性，而且还缺乏提高言语精确性的兴趣，这就培养了模糊性并因此培养了蒙昧主义。它也促进了无休止的、徒劳的、关于某某作者“究竟是什么意思”的哲学争论。这不是说意义和定义的澄清应该取代经验研究和理论构造。而毋宁说，这三个任务应该齐头并进，如同将在下文中所讨论的那样。

当且仅当一个构想拥有一个精确的意义时，即拥有明确的指称对象和明确的含义时，它才能被说成是*精确的*；否则的话，它将被称作*不精确的*或者*模糊的*。例如，市场、价格和占有概念都是相当精确的，而效用、理性和信息概念则不是（注意：精确性与数值精度是无关的。例如，尽管“π =3”只是近似地真，但却包含着精确的概念）。

刚刚我只提到了*效用*、*理性*和*信息*作为无所不在的模糊性词语的例子。我将在第八章中处理效用，在第十四章中处理理性。至于*信息*，它是如此地含糊不清以至于被用于如此迥然不同的领域，比如，数学、电机工程、遗传学、心理学和社会科学，在每一种情况下它都有一个不同的意义。事实上，这个词语能够代表意义、知识、遗传物质的结构、信号和由脉冲编码信号所携带的消息，并且能够在惯用信号的协助下代表知识或者情感之间的交流。这样的含糊不清使得人们在没有精确说明什么是被指定的流动，被指定的流动在哪里，或者无论什么如何成为被指定的流动等情况下，就能勾绘出“信息流程图”。它也使得将前生物心理学翻译成为信息语言成为可能。

信息（或者交流）时尚已经侵入了社会研究，在那里它已声称，“社会系统……是由沟通并且仅仅是由沟通而构成的，不是由人类，也不是由有意识的心理状态，不是由角色作用，甚至不是由行为构成的。它们用有意义的沟通的指称对象生产和复制沟通”（Luhmann，1987：113）。这种唯心主义的无人社会概念容易遭受以下反对意见：沟通和所有的关系一样是一种关联，在没有被关系者的情况下它是不能存在的，在这种情况下碰巧是诸如人这样的动物；除非存在着有能力制造、编码和将传达信息的信号进行解码的动物（如人），否则的话什么都不能被交流；而且社会科学应该处理真实的人，而不是空洞无实质的实体。

婴儿不能操作尖头铅笔，但经济学家和金融分析师们则被期望使用它们。
但是，不精确性对于社会研究和人文科学仍旧是一种疾病。然而，它不是不 60
能避免的。事实上，不精确性能通过概念分析、数学化和理论构建减少。的确，原始构想自发地出现和成长：不存在创造它们的规则，最多存在创造艺术品的规则。此外，构想天生都是不整洁的。但是一旦形成，它们能够——不是必须——以各种方式被分析：逻辑的、语义学的或者方法论的。并且如果被推进得足够远的话，分析能产生新的、比原始直观概念更精确的概念。也就是说，远非反对概念的形成，概念分析可被制作成概念形成过程的一部分。

不精确性对于分类是一大障碍，这至少是我们能从对任一对象集合的系统研究中预料到的。实际上，无可救药的模糊谓词，比如“小”“重”“许多”“年轻”和“变秃”，产生模糊集合——也就是带有边界元素的集合。模糊集合的一个特征是，它并未与它的补集相分离：因此同一个事物可能既是某个集合的一个元素同时又是它的补集中的一个元素。这就使划分事物集合变得不可能了（关于分类，见第四章第二节）。更糟的是，容忍临界个案或许会导致矛盾，比如“她是贫穷和富有的”。这种矛盾只有通过抛弃或者精确化产生它们的那个谓词才能被避免。在一个特殊理论（模糊逻辑）中容纳模糊的谓词，就是要击败逻辑学的那个非常目的：保持思想清晰。

至于理论构建，它也有助于阐明概念和命题，通过把它们关联起来。实际上，一个构想的完整意义就是它的逻辑先祖和逻辑后裔的集合：回想第二节。此外，属于一个理论的一个构想可以根据这个理论的其他构想被分析，同样也能从外部被分析，即根据属于其他理论的构想，尤其是逻辑的、语义学的和数学的。因此，最清晰的概念是那些嵌入理论（假设演绎系统）中的概念。出于同样原因，一个概念越是孤立，就越模糊。伪科学的核心概念可为之作证，例如，“本我”“通道作用”和“光环”，实际上它们与科学系统是不相容的。

精确性几乎和一切别的东西一样，是能被伪造的。做到这一点最简单的方法就是在日常语言中规定一个定义或者一个猜想，然后用字母或者其他符号来替换这些词语，并且神奇地希望这些符号将会指定精确的概念，如数值函数。例如，我们或许可以假设，越多的需要（N）和欲望（W）被满足，快乐（H）就越大，而且在这个过程中体验到的痛苦（P）就越少。一个看起来简单的表示这种观念的等式是 $H = N \cdot W | P$ 。当然，这个公式的问题是，独立“变量”不是数学上定义的：它们是字母而非概念。我们甚至不知道它们
61 的大小，更不用说它们的单位可能会是什么了。因此甚至也不能保证这个所谓的等式的两边是否具有相同的大小。简而言之，这个公式是非良构的。因此它没有精确的意义，所以它不是经验上可检验的。我们会说，在这里我们获得了一个“伪定量”个案。

在社会研究文献中有很多伪定量。例如，最近被提出的，我们把生活质量测度为生活水平、受到的服务及所遭受的经历的总和，或者简写为 $Q = L + S + E$ 。但是，因为关于如何估算和测量 L、S 和 E，科学并未给出任何提示，所以我们被留在一个伪精确性个案中（见附录四，一个更严重的过错）。即使是索罗金（Sorokin，1937：162），当代社会学的创始人之一及很早就对伪精确性提出批评的人，有时候也沉湎于后者之中。例如，他把一

个个体的自由定义为他的希望总数除以他用以满足它们所采用的方法总数的商。但是他并没有用一种数学上正确的方法来定义希望和方法；他仅仅“划分”了词语。总之，他的符号仅仅是直觉概念的速记法。当然，如果他把自己限制在商品中的话，他就能用美元来计算希望和方法了。但那时他将定义的是金钱的力量而不是自由（更多关于社会科学中伪定量的讨论，见 Bunge，1995c）。

最后，让我来提议下面的*精确性十诫*。

E1. 精确化不仅仅是符号化的问题，也是用逻辑上和数学上明确的构想来替换不精确的观念。

E2. 任一直观（不精确的）的但合理可理解的观念都能够被精确化。

E3. 给定任一精确的观念，构造一个更精确的观念是有可能的。

E4. 最好的分析是综合，也就是说，把正在被研究的东西嵌入一个理论中。

E5. 能够被一种精确的方式联系到一起的观念的数量越多，以及它提出的新观念越多，一个观念就变得越重要。

E6. 永远不要指望一个单一的精确概念、命题、规范或者理论能解决你的所有问题。

E7. 一个好的想法，即使多少有点模糊，都比一个精确的但无意义的或者错误的想法要好。

E8. 不要用精确化来恐吓和欺骗人民。

E9. 不要为了精确性而追求精确性，或者以牺牲物质为代价来追求精确性。

E10. 不要为你所获得的任一精确化洋洋自得，因为它可能会被证明达不到更高的精确性标准，或者更糟的是，它或许被证明是空洞的。

第四节　形　式　化

当然，*形式化*一个构想就是赋予它一个精确的逻辑形式或者数学形式。例如，并集概念形式化了直观的、两个的或者更多集合的“总数”概念；半 62

群运算的概念形式化了直观的、诸如词语等个体的联结和并置概念；数学概念或者概率形式化了可能性概念；除了别的之外，直观的、人口中一个特征的多样性或可变性概念，被方差概念形式化了；*除了别的之外*，两个属性之间的关联想法还能通过函数和统计关联的概念被形式化；一个系统的成员之间的相互独立的直观想法能被形式化为一个矩阵，比如，列昂惕夫的投入产出矩阵；一个直观的、关于一个过程要么增长要么衰退的想法，能通过一个速率方程或者它的解决方案被数学化；等等诸如此类。一旦这样的形式化被接受，就很难放弃它们了，因为普通知识和科学研究的原初阶段都具有构想模糊的特征。

上面例子中的前两个涉及定性数学，或者确切地说，集合论和半群论。它们的意图是要揭穿所有的数学都是定量的这个流行神话，以便揭穿形式化相当于定量的神话。事实上，数学中包含着很多非定量的理论，如集合论、抽象代数学和拓扑学（尤其是图论）。此外，论证得出，社会科学家在转向数值函数和微分方程之前，应该更集中地使用这些形式工具。但仍然有很多社会属性，如人口、人口密度、产品和价格，本质上都是定量的，因此对它们的一个适当（正确）的、精确的表示就需要使用量化概念。进一步讲，所有的定量构想都包含着（比……更具包含性）相应的定性构想。因此，“A 的人口等于 a，在 a 大于 0 的情况下”必然是“A 是有人口的”。而且“A 的人口等于 a，B 的人口等于 b，在 a 大于 b 的情况下”必然是“A 比 B 有更多人口”。既然量化陈述与相应的定性陈述相比是知识中更丰富的那一块，为什么满足于不那么丰富的定性陈述呢？既然人类群体和他们生产、交易、消费和浪费的东西都是定量的，即使是可变的，但为什么忽视它们呢？这只是从顺从唯心主义者的幻想——人类是一种精神存在且精神是不能被量化的，到精英主义者的论点——量是质的反面，再到知觉论者的教条——精确性是洞察力的敌人，或者到“女权主义理论者”，据其观点量化是以男性为中心的？

值得注意的是，在社会世界中有多少特征可根据时间被量化。因此一个家庭的整合程度或许可通过它的成员在一起做事的时间来估计；其收入水平可以通过购买一个食品篮所需的劳动的时间单位来判定；其投资水平可以通过投资者还贷所花费的年数来测定。能量和金钱是其他一些中意的基本概念。

另一方面，一个产品或者一项服务的质量经常难以量化。因此，管理绩效和 63
组织效力也是这样。但尽管如此，没有人能证明这些是无法衡量的东西。无法量化常常是个人自己的失败。

作为一个通过量化而精确化的例子，让我们考虑社会（经济、文化和政治）边缘性概念，它对于任何严肃的关于民主和分配公正的讨论来说都是核心概念，然而至今为止仍然以一种直觉的方式处理，并因此被社会统计学所忽略。社会边缘性能够通过下述方法进行测量。从它的对偶即归属感或者参与开始。如果一个社会团体 G 中的所有成员都是一个社会系统 S_i 中的成员，那么我们说 G 被包含在 S_i 中。如果 G 中只有一些成员在 S_i 中，我们说两者部分重叠。这个重叠的大小就是 G 和 S_i 的交集中的人数，即 $|G \cap S_i|$。根据主机组 S_i 中的人数把这个分开，我们得到了 G 在 S_i 中的参与程度：$\pi_i(G,S_i)=|G \cap S_i|/|S_i|$，一个介于 0 和 1 之间的数字。如果我们现在取所有在社会 S_i 中的社会系统的参与指数的平均值的话，我们就以 G 在 S 中全部参与的一个指标结束：$\pi(G\ \ S)=(1/n)\sum\pi$ 。最终，我们把边缘性定义为参与与 1 的补集：$\mu_i=1-\pi_i$，$\mu=1-\pi$。

每一个成功的定量都构成了精确性上的进步。尽管如此，人们也不应从事于数量崇拜，因为一个深刻的、富有成效的定性观念是优于一个微不足道的、空洞的量化观念的，而且量化研究常常是肤浅的，尽管与任一所谓的量化工具的内在局限性相比，更多时候它是因为缺乏理论想象。

赞扬了精确性之后，让我赶快发出警告：这是远远不够的。实际上，一个逻辑的或者数学的公式并不能俘获一个科学构想的完整意义。这是因为形式化并不能提供正在讨论中的这个构想的引用类，意思就是说它只能提供其意义的一部分。这将通过几个例子来阐明。第一个例子，“事件 E 的概率等于 0.2”这个陈述在数学上是精确的，但并不具有启发作用，除非随附着一个命题来告诉我们这个事件 E 的种类——这不是数学家要言说的。为了发现这个命题的全部意义，我们必须把它置于它适当的语境中——物理的、生物的、社会的，等等。

第二个例子是：菲尔丁的《汤姆·琼斯》中的一个人物角色声明，“承诺最多的主人履行的最少”。在没有更多信息的情况下，这个格言能用许多种方

64 法形式化，它们之中有 $P+A=$一个常量及 $P\cdot A=$一个常量，其中 P 表示承诺的数字，A 表示相应行动的数字。这两个公式都抓住了这个格言的量化方面，但是都没有阐明承诺和履行的概念，这大概会在一个行为理论中被阐明。只要这个阐明不是即将到来的，那么上面的公式最多就是研究项目。

第三个例子是：一个倒 U 曲线，对应于公式 $P(t)=-at^2+bt+c$，可能形式化地表示一个给定社会中的人口一开始增长然后衰减的人口趋势。显然，只有这个曲线的一部分——上象限的下降部分——对于人口统计才是有意义的；下象限部分对于人口统计来说是没有意义的，因为它包含负的人口。在这种情况下，语义约定执行着两个功能，根据这个语义约定，$P(t)$ 表示这个社会在时间 t 时的人口。它把一个代数公式转变成一个人口统计学公式；并且通过限制这个函数的范围，表明它的真理域。

这些例子的要点是证明数学公式本身不能表示任何事实。为了使一个数学公式能够表示一个事实，它必须与一些或者更多的*语义假设*相结合——确定谓词应该表示的意指对象及其属性的陈述。对一个公式适用，对于一个理论的整个数学形式体系就都适用。一个正确形式化了的事实理论——例如，数理经济学中的一个理论——包括一个形式体系或者数学框架，加上一套语义假设。简而言之，$T=F\cup S$。因此通过改变对 F 的解释 S，人们得到一个不同的 T。换句话说，同一个数学形式系统或许可用不同的方式得以解释。这种缺少对任何特殊事实问题的承诺，有助于解释数学的普遍存在性。

在经济学之外，形式化在社会科学中从未如此受欢迎。关于此，其中一个原因是，传统上大多数社会科学家都来自一个人文主义背景。第二个有关的原因是，他们中的一些都曾受到唯心主义哲学家——比如，康德和黑格尔——的影响，相信数学在所谓的人文科学中没有容身之地。第三个原因是传统经验主义的影响，根据他们的观点，只有数据是重要的。

最近几年来，三个进一步的因素促成了社会科学中形式化兴趣的下降。一个是产生于 20 世纪 60 年代中期的非理性主义浪潮，更多关于此的讨论见第十一章和第十二章。另一个是由许多社会科学中的数学模型的肤浅性乃至不相关性所造成的失望。这种不相关性在一定程度上是指责那些转向社会科学的数学家们制造了许多不切实际的模型——即使形式上是复杂的。这些模

型中的一些仅仅是智力游戏。第三个导致社会研究中数学建模在过去几十年 65
里衰落的因素是计算机是理论的替代物这个神话，然而事实却是，没有理论的计算只不过是缺少解释能力的数据处理。

然而，尽管从来就不是充分的，但形式化对于发展科学和技术超越初始阶段来说却常常是必需的。它是必需的，是因为数学精确化、系统化，而且是最强劲的演绎引擎。数学不仅仅是一种速记法形式及压缩和分析数据的工具——尽管它确实做这些事情。在事实科学和技术中，数学的主要功能是磨炼概念和命题并提出新的概念，以及把系统中的观念组合起来并搜寻出它们的逻辑结论。

这种磨炼和系统化附带产生的一个结果是可检验性的增强。因此，线性函数和幂函数，以及其他的单调递增函数和单调递减函数，不仅仅精确化了“某个变量连同另一个变量一起增加或者减少”这个模糊陈述。这样一个精确的陈述反过来需要一种要求更高的检测，既是直接的又是间接的。它是直接的，因为不是无穷多的单调递增函数中的任意一个，而是这个给定的函数在受审，因此它与相关数据之间的任何差异都将迫使人们改变对函数的选择（不然就是改变对数据的选择）；它是间接的，因为对一个理论中其他公式的证实（或者反驳），将加强（或者弱化）给定公式的真理要求。

不幸的是，数学——或者倒不如说是符号论——曾经不仅用来发展社会科学，而且还用来恐吓不懂数学和科学的人，以及用来传递模糊的、未经检验的乃至错误的被当作科学真理的假设。对于包含着不明确的效用函数的理性选择模型来说，情况就是这样（见第十四章和附录四）。任何包含着未详细说明的生产函数的经济学理论与之命运相同。

空洞的或者不正确的符号论的另一个例子是经常出现在社会科学中的一套维度上非齐次的公式。因此，一个著名的社会学家提出了公式 $Q=a+v$，其中 Q 表示每个工人的产出，a 表示在一个流水作业线上的工人的平均等级，v 表示后者的速度。这是一个不规范的公式，因为三个变量有不同的维度，因此是用不同种类的单位来测量的：这就像为了获得克而给秒数加上米（与之相比，运动学公式“距离等于速度乘以时间”，简写为 $s=vt$，它就是维度上齐次的，因为 v 的维度大小就是 LT^{-1}，所以 vt 和 s 具有相同的维度大小：

$LT^{-1}T=L$）。一个不完整的公式甚至比一个错误的公式更糟，因为仅仅通过否定后者，人们就能获得一个正确的公式。

66

第五节 理想类型

科学概念和科学命题的形成包含着理想化（或者程式化），它是简单化的一种形式。因此，尽管不存在完全相同的两个人，但是我们彼此之间全都类似，这足以保证谈论人类。换句话说，我们通过集中于某种类似性及从个体差异中进行抽象形成人种概念，这些类似性中，从人种看我们具有共同祖先。

为了形成一个自然种类，人们从在某些方面比较两个或者更多的个体开始。如果个体 a 和个体 b 拥有一个共同属性（或者属性群）P，我们说它们就 P 而言是等*价的*，或者 P 等价，写作 $a \sim_P b$。所有这样的个体基于 P 构成了一个等*价类*。因此 a 的 P 等价类，也是 b 的 P 等价类，被指定为 $[a]_P$。例如，所有的水管工，不管它们的能力和诚信怎样，在都从事管道工作这个范围内他们是等价的。

一个相关的等价关系允许我们把任一集合分解成互不相交的齐次等价类。例如，"同性"关系把人类分解成三个互不相交的补充类：M、F 和 I（双性人）。这种分解或者*划分*因此表明为：$P=H/\sim=\{M,F,I\}$，等于"同性等价关系把人类（H）分为男人、女人和双性人"。这三类是互不相交的，即 $M\cap F=\varnothing$，$M\cap I=\varnothing$，$F\cap I=\varnothing$。此外，不存在第四种性别，这就是说这个划分是详尽彻底的：$M\cup F\cup I=H$。我们将在分类理论中使用这些概念（见第四章第二节）。

虽然一些理想化由于是合理真实而富有成效的，而一些则不然，因为它们包含着严重的扭曲。在社会科学中，第一类概念通常被叫作"理想类型"（Menger，1969［1883］；Weber，1922；von Mises，1949）。例如，"封建社会"是一种理想类型，因为即使在领主—农奴关系占支配地位的社会中，也存在着自由农民、自由手艺人、自由交易者等。资本主义也是相同的（Dahrendorf，1988：4）。至于"奴隶社会""完全竞争""政治民主""官僚主义"和"军国主义"，以及被韦伯区别开来的三个基本的理想统治类型——理性的、传统的及魅力型的，也大致相同。实际模型是“不纯的”，也就是说，实际模型是理想类型的混合物（Mann，1993）。

理想类型不是模糊的谓词或者因此是模糊集合。正相反，它们都是定义明确的概念。但是它们只是近似地与它们的实际对应物相匹配。也不存在社会科学所特有的理性类型。规则的几何图形对于木匠来说就是理想类型，他们能生产的仅仅是近似圆形或者方形的桌子。理想气体、无摩擦的齿轮、无重量的轴杆、自由电子、平面波和纯物质（除了极少量之外），都是这样的。因此韦伯强调社会科学家们忽视个体特质，坚持主张集中于共享特性和相伴 67
随的集中趋势，在这一点上是正确的。但是在相信这个程序是社会科学所特有的这方面，他是错误的，因为事实上，它被用于所有的科学中——自然的、社会的或者混合的，这一点有利于支持科学统一的论点。

另一个常见的理想化是依据连续函数而产生的非连续函数的近似值，诸如作为一个时间函数的人口。这种近似对于一个村庄来说是不合理的，但是对于一个国家来说是合理的。另一方面，把消费者的集合表示为一个实线区间，是完全不切实际的，因为这样一个区间是一个无穷集合，并且还是一个不可数集。然而它有时候被用于经济学，仅仅是因为它很有吸引力及数学上的便利性。

理想类型并非空洞的幻想，而是具体事物粗略的概念草图或者模型，伴随着以获得理论化为出发点的唯一宗旨被引入。只有在需要时复杂化才会被添加进来，也就是说，在模型与现实之间的差异出现并变得严重时。随着科学的发展，它的后续理想类型也越来越精确地表示它们的实际指称对象（事实上，这个陈述是一个隐蔽重言式［第二节］，因为根据定义，科学过程包含着用更现实的模型来取代不那么现实的模型）。因此，古典主义经济学和新古典主义经济学的经济人，正逐渐被一个更为现实的包含着情感的、政治的和文化特征的模型所代替。

关于理想类型的性质和功能，存在许多错误的想法。不久前我们就遇到了它们中的一个：相信理想类型是社会科学所特有的，然而事实上，它们从一开始就已经固有地内在于所有的科学和技术中了。第二种错误就是经验主义者对没有在每一个细节上都与数据相匹配的构想的偏见——仿佛在所有复杂性程度上表示它们的指称对象的精确理论，一口气就能被精巧地制作出来一样。这种经验主义者的错误有一个理性主义的对应物：对任何优雅的数学模型不加批判地信任。这样一种信任在主流的数理经济学中得以蔓延。例如，许多学者都很重视所谓的冯·诺依曼技术，一种经济增长模型，它包含一个假设，即每一个生产流程都需要每一个商品作为一个投入、一个产出或者两者（换句话说，它假定，在一个经济体的里昂惕夫投入－产出矩阵中，没有一个细胞是空的）。这个假定在数学上是便利的，但是在经济学上是不合理的：它远离了事实。

之前所述将解决这个流行的被“人文主义者”接受并扎营于社会研究中的错误观念，即认为社会问题太复杂而不能被模型化。这种观念忽略了一个重点：那就是，在这个世界上不存在两个事物是完全相同的事实，并不能阻
68 止我们把事物分成等价类。它还忽略了这个事实：根据定义，模型化涉及对给定物的一种简化，这反过来允许我们区分本质的和偶然的、合乎规律的和特质的。除了别的之外，这一点已经被李嘉图、马克思和韦伯充分理解。

第六节　定　　义

阐明一个概念或者标示它的符号的一种方法就是定义它。但并不是所有的概念都是可定义的：有一些必须做定义这项工作。例如，同一性概念被认为是未定义的或者原始的，而且它有助于定义它的对偶——不相等概念。起决定作用的或者基本的概念被认为是*原始*概念。事实上，在任何语境中都最重要的概念就是原始概念，恰恰是因为它们有助于定义所有在同一个语境中的其他概念（但是在一些给定语境中起决定性作用的概念结果可能是在另一个语境中被定义的：可定义性是语境的）。

例如，在经济学中耐用品被定义为一种能持续很长一段时间的商品。在这种情况下，起决定性作用的概念是在经济学的其他地方被定义的商品概念，和借自物理学的时间概念。更多被社会科学从自然科学乃至哲学中借来的概念有性质、事物、事实、事件、系统、能量、有机体、人类、行动及心理过程——仅举几例。用这种方法，社会科学受惠于自然科学和哲学，乃至以其

为基础（回想导言第一节）。逻辑学是唯一一门没有（逻辑上）建立在任一其他学科之上的学科，尽管它与数学积极互动。

就逻辑形式而言，存在着两种主要的定义种类：显式的和隐式的。*显式*定义是那些形式为 $A =_{df} B$ 的定义。符号 $=_{df}$ 读作“根据定义是同一的”，只扮演一种方法论角色：它表明 A 是被定义概念或者*被定义者*，B 是定义概念或者*定义者*。从一种严格的逻辑观点来看，显式定义是恒等式，就像皮亚诺很久以前就已指明的那样——如此以至于，从这种观点出发，A=B 与 B=A 是一样的（与之相比，等式不是对称的。因此“行星的数目等于 9”与“9 等于行星的数目”不一样。第一个命题可被形式化表示为 $|P| := 9$，其中 $|P|$ 标示 P 的数量表征，$:=$ 是“等于”的缩写）。

至于*隐式*定义，被定义概念（被定义者）不能依据其他概念被表达：它出现在与其他构想的结合中。例如，逻辑蕴含的“如果……那么”概念，或者 $\Rightarrow$，或许被这样定义：对于任意命题 p 和 q，$p \Rightarrow q =_{df} p \vee \neg q$。同样，社会阶层的概念在语境中是可定义的，因此也就是：一个人类团体 C 是给定社会 S 中的一个*社会阶层*，当且仅当（a）在 S 中存在另一个社会团体 C'，它要么支配着 C 要么在某些方面被 C 支配，（b）处于支配地位的团体的成员以 69
其会员资格从中获得的好处多于被支配团体的成员从中所获取的益处。

未定义的不见得就是模糊的：只有反过来才是正确的。在一个构造合理的理论中的未定义的或者原始概念，都是通过公理——初始命题——定义的。有时候是直接这样做的，在其他时候是间接地做的。在前者的情况下，人们构造一个公理化定义，形式为“A 是（或者被叫作）一个 F，当且仅当 A 满足下面的公理：……”例如，在完全竞争市场理论中，把后者定义为满足所谓的市场规律——在寡头垄断和高压统治的现实世界中很少能见到——的社会团体是可能的。在大多数情况下，当制定一个公理化定义时，人们不会挑出给定数量的一套原始概念，但是会同等对待它们，通过具体说明它们必须满足的条件（公理）。

定义都是规定或者约定，不是假设。它们根据约定为真，不是根据证明或者凭借实验证据为真。诚然，事实科学中的定义拥有真实的指称对象：它们过去曾被叫作“实在”定义，并因此有点像事实真理（例如，社会系统 $=_{df}$

由通过某些纽带结合在一起的动物组成的系统）。但是，即使这样的定义也都是约定。实际的情况是，我们或许变得如此惯于使用定义性概念以至于我们认为它们“是自然的”。原则上，只有实际的便利性阻碍了改变一个事物、属性或者过程的惯用名称的道路。事实上，这样的改变一直发生着。因此，用美国的政治行话来讲就是，“工人阶级”“国家”和“反动分子”已经分别被“中产阶级”“政府”和“保守派”代替。

遗憾的是，定义（一个约定）和假设（一个易错的断言）之间的差别并不总是被注意到。例如，“在一个守恒系统中，流出与流入相等”，尽管有时候被标榜为规律，但事实上它是一个伪装的“守恒系统”定义。并且许多经济学家相信，一个公司的生产力的定义是一个经济规律（谈论中的这个公式是$E = P / \pi h$，其中E表示雇佣工人的数量，π表示生产力，h表示每周的平均工作时间。为了解决π，人们意识到这个公式根据可测量的量定义了一个不可见的东西π。）

定义是只与概念或者它们的符号有关的约定，与事实无关。除了定义它们，我们能够用具体事物做很多事情。如果有人说，人性通过制造工具、语言、理性等被“定义”，那么他的意思必定是，他把这些属性都看作是人性独具的或者特有的。而且，这些属性的结合或许被当作辨别人类和非人类的一个*标准*或者*检验*，和石蕊试纸能被用于酸性检验几乎一样。

70 有人说过，无论多么方便，定义在原则上都是可有可无的。但这仅适用于处理精确概念的逻辑学和数学；并且即便在这里它也仅适用于显式定义而不是公理化定义，因为这些定义引入了新的概念。而且，定义在事实科学中是重要的，尤其在社会科学中，作为增强精确性的一种手段，并因此为理论化打下基础。但是，就像一些社会科学家和哲学家做的那样，相信一个理论仅仅是一个定义集合，这是错误的。关于X的一个理论是一个关于X的假设的集合，不是一个与概念或者词语的使用有关的约定的集合。

关于适当定义的论述就到此为止。最后，谈谈说服性定义：它们的作用和功能不是阐明而是掩饰。两个恰当的例子就是主流经济学中使用的合理性和增长概念。“合理性”常常被定义为自身利益，或者更确切地说，被定义为效用（或者利益）最大化。用这种方法，自私自利被塑造成看起来是善良的。

同样，“经济增长”常常等同于生产或者消费中的增长，而不管贫困和失业率。用这种方法，一个保守政府就能吹嘘自己有助于“经济增长”，即使贫困和失业率也在增长。寓意：定义是很重要的，尤其在接近于意识形态的知识领域。尽管如此，假设更重要。

第七节　假　　设

推理引导从一个命题集合（假设）到另一个命题集合（结论）。它或许是富有成效的或者是贫瘠空洞的，透明的或者不透明的，正确的或不正确的，演绎的或者非演绎的，有说服力的或者没有说服力的。不管其结果如何，只有演绎推理受规则的支配：其他推理类型可能或多或少貌似是可信的，但从来不是规则导向的，因为它们取决于命题的内容和语境。每一个正确的演绎推理行为都始于一些前提并产生某个结论，遵循约定的推理规则。一个论证的前提可能是数据、定义或者假设，要么是试验性的要么是充分确证的。在这一部分，我们将检验具有实际指称对象的或者简称为*事实性假设*的假定，比如，“自动化减少了工作机会。”

事实性假设集合的第一种分类就是分为隐式的（或者默示的）和显式的。一个隐式假设或者*预设*，是一个未被注意的或者被视为理所当然的前提，并且无论如何是不经常被检验的。在导言的第一节中我们看到，科学研究基于许多哲学预设行进，比如，我们必须诉诸理性和经验。除了这种借自于哲学的一般预设之外，每一门社会科学都使用来自其他科学的特殊的预设。例如，所有的社会科学家都认为能量守恒的物理学原理是理所当然的，而且他们都 71
承认人类行为在某种程度上是通过环境刺激而形成的心理学原理。大多数预设只有在公理化者或者元理论者的镜头下才会完全浮出水面。并且只有当它们确实浮出水面时，它们才能受到批判性的审查。否则它们或许会带来无尽的伤害。

显式的事实性假设主要有三种：数据、经验概括和假说。一个*数据*是一个单一（非一般性）命题，表示经验研究——一个观察、测量或者实验——的一小块成果（例如，“美国独立战争发生于1776年”）。一个*经验概括*是一个汇总数据并始于“一些”“大多数”或者“所有”的陈述（例如，“大多数政治革命都是暴力的”）。最后，一个*事实性假说*，无论是特殊的还是一般的，都或者在广度上或者在深度上超出了手边的数据。也就是说，它断言或者否认实际发生或者可能出现的某种最多只是部分已知的事实（例如，“所有的政治革命，都是在它们所针对的政权势力的某些成员的默许和纵容下发生的”）。

或许称呼数据为“假设”似乎有点奇怪，因为它们常常被误称为“事实”，这更奇怪。但它们是假设，因为在原则上它们都是可改正的。事实上，对任一数据集合的详细审查可能都会发现，它们中的一些多少有点不精确乃至是完全错误的——在社会科学中情况常常如此。这就表明，不像这个词语的词源学所指示的那样是被*给定的*，数据是调查研究的产物，而且调查研究和任何其他的人类行为一样，是易错的。但是它也是可完美的，因为知识中的错误，不同于一些实际上的错误，它们是可改正的。因此，一个正确的方法论将是社会向善论者而且也是可谬论者，而不是教条的或者激进的怀疑论者。

从数据出发，人们或许会立即做出经验概括或者归纳概括，比如，“所有的人都是易犯错误的”。即使从几个例子出发进行概括也是没有问题的。我们一直都是这样做的，并且通常的结果是发现客观模式。有问题的是在没有进一步详细审查的情况下使用这样的概括，因为毕竟很多受欢迎的迷信都是草率的或者未经检验的归纳的产物。而且，相信归纳是能使一般知识合法化的唯一方法是错误的。这种通常被叫作“归纳主义”的经验主义者的论点是错误的，因为归纳导致新的命题而不产生新的概念——也就是说，概念并不存在于数据库中。而且，这样的非经验概念的出现是深度的标志（尽管不是必然真）。

因此，从单一命题 Pa, Pb, …, Pn 至经验概括“对于所有的 x：Px”并未引入一个新的谓词，除了非经验的（逻辑的）前缀“对于所有的”之外。同样，每一个统计表都是用个人数据建立起来的。诚然，它或许包含新的（集体的或者统计的）谓词，比如“平均”“模式”和“变量”。但这些都是根据关于个体的数据构造的。如果我们需要全新的概念，我们就必须发明它们：
72 仅仅是观察、聚合或者统计分析，并不能提供它们。而且如果我们想要解释数据的话，我们确实需要不在数据中的概念——例如，依据武装力量、配置情况、可能性、需求弹性、经营策略、阶级斗争、动态趋势等，它们中没有一个是直接可观察的。

归纳是可机械化的。事实上，计算机能够被注入任何曲线—拟合技术。因此，它们能够从数据集合中进行概括，从一个点集（在一个平面上或者在一个更高维度的空间中）跳至一个连续曲线（一个包含着一个或者更多变量的多项式）。与之相比，不存在发明问题、概念、假设或者方法的规则和方法，尤其是算法。特别地，除了人脑之外不存在自我程序设计系统。根本性的（即非合成的）发明无法成为机械化的：这是自然智能的特权。因此，虽然经济统计主要是归纳的，但经济学概念和理论的建立需要创造性发明。

经验概括的方法论地位在一些方面不同于高阶假设的方法论地位。第一，经验概括是已知单数的综合，而假设则包含了对数据库的想象扩张。更为适度的假设是数据之间的插值或者是根据数据得出的推断：它们在于使一个连续曲线符合一个数据集合，尽管有很多，但却是有限的。第二，和经验概括不同，根据定义，高阶假设包含着并不出现在与它们有关的数据中的概念，比如，亲属结构、社会凝聚力、价格弹性、经济衰退和政治合法性。第三，经验概括汇总的仅仅是过去的发现，而高阶假设指向未来，因为，如果能够激起兴趣的话，它们就有可能指导未来的研究——首先是目的在于检验它们的研究（例如，“社会凝聚力与参与成正比”）（我们将在第三章第四节回到假设问题上）。

一个理论最初的或者基本的假设被称作它的“公理”或者“公设”。这样的假设，常常伴有辅助性假设和数据，蕴含着许多定理。公理化的最大优势是它展示了大多数前提，即便不是全部，因此能够促进对它们的批判性检验；并且通过促进新定律的发现及伪定理的根除促进演绎。

遗憾的是，公理常常要么被误认为成不证自明和无可争议的真理，要么被误以为成令人窒息的教条。例如，主流经济学的虔诚信徒把他们的公理看作是毫无疑问的，而他们的一些批判者则声称，这样的经济学的主要麻烦在于它是以一种公理化格式铸成的——它是从公理出发演绎地行进的。但是公理既不必是明显的真理也不必是使人麻痹的教条。在事实科学中，一个公

理只不过是一个假设，因此它是可改正的，但是由于某种原因如普遍性，把
73 它置于一个假说演绎系统或者一个理论的基础位置是便利的。主流经济学的问题不是它其中的一些问题已经被公理化，而是它的大多数公理都是过时的（Bunge，1998）。

第八节 规　　则

在任何时候在各行各业，我们都需要并制造假设，但是只有它们还不够。我们还需要处理事物、观念和符号的规则。除了别的之外，我们还需要做事情的规则、行为规则及从假设到结论的规则。而且我们还需要清楚地知道规则的性质及它们的基础，如果有的话。我们尤其需要知道的是，这些规则是否能为真，或者说仅仅是有效的，而且还要知道如何设计相关的和有效的规则——那些帮助我们达到目的的规则。

一个*规则*就是对用事物、过程或者观念做某事的一个明确说明（特别地，事物或者过程可能是词语、图画或者声音）。一些人类活动是规则导向的，一些则不是；并且甚至那些规则支配的活动也并不总是遵循明确的规则：存在着诸如隐性知识这样的事物。尤其是，存在着推理规则，但是它们只包括演绎。类比和归纳并不属于规则，因为它们依赖于内容。换句话说，不存在类比逻辑学，也不存在归纳逻辑学，尽管关于这些幽灵过去曾经写了很多。

它们是说明不是命题，规则不能为真或者甚至不能为假。一方面，规则能够（与被考虑的目标）是相关的并在某种程度上是有效的。从最简单的规则的一般形式来看，这是显然的：为了达到目的 G，使用方法 M。这种形式的规则的一个例子将是有效的，只要存在着对下列形式之一的一个规律陈述："M 后面跟随着 G，M 导致 G，或者 M 使 G 成为可能。"（更确切地讲，"给定了 M，G 的概率明显大于 0。"）对这些种类的任一规律陈述都将可以说是构成了正在讨论中的这个规则的"科学基础"，而讨论中的这个规则将被说成是拥有了一个"科学依据"。如果规则是有效的（"起作用"）但我们不知道是为什么的话，它将被说成是一个"经验规则"，或者一个经验法则。

我们刚刚制定了一种*元规则*（*meta-rule*，MR），或者规则的规则，即：

MR1. 每一个技术规则都应该建立在一个科学的规律陈述的基础上。

因此一个规则的基础可能不是足够有效的，我们或许可以尝试第二个：

MR2. 改进一个技术规则的有效性，取代潜在的规律陈述。

如果这种反复尝试失败的话，我们应该尝试第三个元规则：

MR3. 如果给定目标被证明是难以达到的话，就用一个不同的目标代替它——要么是更保守的要么是更有野心的。

前科学技术与科学技术之间一个主要的区别就是，前者只使用经验规则， 74
而现代技术则主要使用建立在科学规律之上的规则。然而，在规则集合与规律集合之间不存在一一对应。首先，因为许多科学规律（比如，那些高能物理学中的规律）还没有发现实际应用；其次也是更重要的，因为每一个科学规律都是*两个*技术规则实际的或者潜在的基础，一个是做好某事的技术规则，另一个是规避它的技术规则。事实上，考虑最简单可能的规律陈述：条件形式之一“如果 M，那么 G”。这个单一陈述是下面这一对规则（rule，简写为R）的基础：

R1. 为了得到 G，做 M（或者让 M 发生）。

R2. 为了避免 G 的出现，放弃做 M（或者阻止 M 发生）。

我们会说，这样的规则是相互对偶的。以这个充分被确证的普遍化概括为例：失业趋向于冻结或者降低工资。这个命题或许可被重申为：“如果失业率上升，工资不会增长”。对此，建议以下两个规则：

R1. 为了使工资下降，把失业率推上去。

R2. 为了使工资增长，创造就业机会。

第一个规则是被保守派所建议的，他们认为，在一个健康的经济体制中，存在着失业的“自然”比率，尽管他们没有说它是百分之 2、4、6、8 或者 10 中的哪一个。第二个规则是被其他人建议的。

一方面，与基础科学的道德一元性相比，技术规则的这种二元性是技术的道德矛盾的认知根源。实际上，规律陈述是描述性的、解释性的或者预测性的，因此它是道德中立的。另一方面，技术规则是对理性行为的描述。它或许描述了一个道德上正确或者错误的行为。因此，如果目标 G 是道德上值得的，并且为了达到它所使用的方法 M 不是邪恶的话，那么定律“如果 M，

那么 G” 就是道德上正确的规则 “为了获得 G，做 M” 的基础。另一方面，如果目标或者方法在道德上是令人反感的话，那么第一个规则在道德上就是错误的，我们就必须使用它的对偶。

科学知识或者技术知识并不是事实的堆积，而是关于事实的观念的集合。因此，在一般意义上研究观念的学科——尤其是逻辑学和语义学，与理解科学和技术是相关的。例如，它们教导我们，虽然命题能够为真或者为假，但是概念、建议、说明和规则既不能为真也不能为假。它们还教导我们，虽然定义在精炼和关联概念方面很重要，但是只有假设和它们的逻辑结论才能
75 言说关于真实世界的任何事情。此外，逻辑学和语义学有助于发现和改正概念上的混乱、不精确和错误。这就是它们被那些——例如，浪漫主义者和它们的继承人——谴责严密性、颂扬“疲软思想”并且喜爱故事小说而不喜爱研究报告的人们毁谤、蔑视的原因（如 Featherstone，1988；Harvey，1989；Agger，1991）。

第三章
探　　究 76

我们都想知道某些事物，而且有时候我们也想理解它们：这就是我们探究各种各样的事物的原因。在一些情况下，我们需要用知识来解决实际问题；在其他一些情况下我们需要用它来满足纯粹的好奇心。单独集中于实际需要导致了哲学上的实用主义，而夸大的认知需要则导致了哲学上的唯心主义。两种趋势在知识的社会学和历史中都存在，也在哲学中存在。与如此多的其他问题一样，全部真相就是这两种极端的综合。这种论点的证据是人们所从事的探究类型的多样性：日常的、科学的、技术的和人文主义的。

我们通过思考它们来认识和了解思想观念，通过感知、构想或者操纵它们来了解具体事物。所有这些都是认知过程，至少部分上是，而且它们的产出就是一些知识。传统上讲，有三种知识的来源：知觉、概念和行动（经验主义只承认前者，理性主义只承认第二个，实用主义只承认第三个）。一方面，神圣灵感和所谓的超常能力，比如超感知觉、预知和心灵遥感，在科学或者技术中无立足之地。另一方面，要求对神秘事物和超常现象进行科学研究是正当合理的且在社会上是重要的，而且偶尔是很有意思的。

认知与知识之间的差异是过程—状态之区别的一个实例（见第一章第三节）。认知是一个过程，它是神经系统科学家、心理学家、动物行为学家及社会科学家们的主要兴趣点。知识——认知的最终产物，吸引了所有人的注意，77
但只引起了哲学家们特别的兴趣（回想一下在第二章一开始就描绘了的，作为大脑过程的观念与观念本身之间在方法论上的区别）。但是科学哲学家及方法论者在认知方面的兴趣几乎和他们对知识的兴趣差不多，因为知识必定是持续不断地更新、深化和扩张的。

然而，在这一章我们将集中于最后的结果而不是过程，固然我们承认在现实中不存在知识本身，也就是，除了发生在高等脊椎动物大脑中的认知过程之外。我们还将在某种程度上忽略认知的社会投入与产出，它们是知识的社会学家和历史学家们特别感兴趣的。此外，这不是因为，我认为对认知主体来说，它存在于一个社会真空或者存在于历史之外是可能的，而是因为必须有人研究认知过程的产物的形式和内容，而且在传统上这个任务就落在了哲学家们的身上。

知识可以是感觉运动的（如散步）、感知的（如听到呼喊声）或者概念上的（例如，了解一些关于人类或者与我们关于人类的知识有关的东西）。但是区别并不必须分离。事实上，这三种知识经常是结合在一起的，就像在社会互动、钳工工作、绘画和写作中一样。

知识可以是关于自我的知识，或者是关于其他事物的知识。但再一次强调，两种知识可能相结合，比如当我们通过站在他们的角度想象我们自己而试图猜测其他人的心理过程时。知识可以是亲知的（通过我们个人的经验）或者描述的（概念上的）。例如，我拥有一些关于我自己的心理过程的直接的（内省的）知识，也拥有某种关于其他人的心理状态的知识。所有的科学知识都是描述的知识，仅仅感觉或者感知事物，无论多么强烈或者明显，都不能取得科学知识的资格。然而，科学心理学家却不得不用内省来调查研究其他人的主观经验。

知识可以是一手的或者二手的。但因为我们必须经常使用某种由他人获得的知识，所以这两种知识是相结合的。知识可以是隐性的，在这种情况下它被称作“知其所以然”，或者是显性的，在这种情况下它被称为“知其然”（或者说明的）。“知其所以然”的隐性知识几乎是不能被分析的：我们只能通过它的成果来判断它。尽管如此，专业的知识追求包含着学习某些不能完全被明确地描绘、并因此在说明书中找不到的技能：它们必须通过模仿或者反复试验、不断摸索才能学到。如果是显性的，知识可以是私人的或者公共的。但是私人（或者享有特权的）知识的范围正在萎缩，因为新的大脑成像和检测方法正在被发明。

知识可以是普通的或者是专业的。然而，今天的专业知识可能会变成明天的常识的一部分。知识可以是一般的（例如，关于模式的知识）或者特殊 78
的（例如，关于个别事实的知识）。但是所有对特殊知识的科学研究都使用了一些一般观念；而且一旦一项特殊知识被获得，它就可能会引起一个一般观念。知识可以是关于事实的或者关于观念的，关于自然事物的或者关于人工制品的，关于实际的人类行为的或者关于技术的、道德的或者法律规范的，等等，诸如此类。它可以从完全的真到彻底的假，也可以从实际的无用到有用。最后，知识和误差之间庸俗的敌对是错误的，因为我们关于事实的许多知识最多只有些许的真理。误差是真理而非知识的对偶和补充。

知识也不是真的信念，尽管它经常被如此定义。首先，一些真知识在一开始可能几乎是不可信的。其次，相信、不相信和怀疑都是能被经验地研究的心理过程，而知识本身是哲学探究的一个主题。此外，社会心理学家们知道，有时候我们实际相信的东西和我们所说的我们相信的东西之间存在着差异：有时我们欺骗别人或者欺骗我们自己，尤其是关于道德问题和社会问题。这就是为什么问卷调查，除非以机敏的方式设计，否则就不完全可靠的原因。

不存在孤立离群的信念，所有的信念都应进入集群或者系统中。信念系统，无论是个体的还是集体的、世俗的还是超自然的，都被心理学家和社会科学家从经验上进行研究。哲学家应该戒绝建立先天的“信念逻辑”（信念的逻辑学），但却应该鼓励对信念系统的科学调查。他可以这样做，通过强调和经过深思熟虑的知识本身不同，相信和怀疑都是心理（或者大脑）过程。他还能帮助消除整体论者相信社会团体持有信念的信仰。他可以这样做，通过指出相信是一个大脑过程，而社会团体是无脑的，因此“团体 G 持有信念 B”应该改写为“所有的或者至少大多数团体 G 的成员持有信念 B”。

最后，了解些许数学和科学的哲学家能够批判流行的相对主义者的论点：不存在普遍的或者跨文化的真理，并且无论如何，重要的是人们所持有的信念，不管它们是否为真或者为假。这种关于信念的信仰是倍加错误的。首先，科学家对于查明某些信念是否为真是非常感兴趣的，这是对他们的工作描述的一部分。其次，一种错误的信念或许被维持，只要它不去接受检验。新的情况可能产生并使一个信念去接受检验。如果这个信念被检验证明无效而人们却还坚持它的话，他们可能会发明*特设性*假说来拯救它。但是这种补救常常都是短命的。例如，一个萨满巫师的能力或许不会被质疑，只要他相伴的部落成员不去接触携带有他们不能免疫的病菌的陌生人，这是发生在美洲被欧洲人征服之后的两个世纪期间的事情。当这样的传染病确实发生并且这个部落几乎灭绝时，人们对萨满巫师治愈能力的信仰必然会衰减。相对主义者
79 不能解释萨满教的衰落，因为和幻想破灭的部落成员不同，他并不在乎真理而且也不相信别的人会在乎真理。他因此变成了自己虚假信念系统中的一个受害者（更多关于相对主义的讨论见第五节和第十三章第四节）。

第一节　探讨和范式

每一次探究都始于知识体中的一个缺口——一个问题，如果是成功的话，那么它以一个解决方案结束，通常被叫作一个“发现”，即使它是被发明的而不是被发现的。如果有人发现这个解决方案是有趣的或者是有用的话，它可能会促使他问一些新问题，比如，如何改进这个解决方案。事实上，科学探索和技术探究的一个特点是，它们的问题—解决方案序列是分支的、自持的和开放式的。

问题是研究项目的开胃菜，但它们并不是突然出现的，而且至少在科学和技术中，它们没有以一种即兴的方式被解决。问题在某种背景知识体中出现，而且它们以某种方式或者其他的方式被处理。一方面，背景知识的概念是比较清晰的，它是被发现分散在最新的技术报告、专业刊物和高级读物中的现有知识。另一方面，探讨概念或者设法解决问题的方式多少是有点模糊的，所以我们应该阐明它。

一种*探讨*可被分析为一个*背景知识体* B 连同一个问题集 P（*问题群*）、一个*目的集*或者目标集 A 及一个方法集 M（*方法群*）。简言之，$\mathcal{A}=\langle B,P,A,M\rangle$。这个四元素集合中的所有成分都被认为在一个给定的时间。这些成分的顺序是明显的。人们常常以一个知识体开始：正是在这里人们发现了一个突破口，这个突破口是我们这个四重式的第二个成分。然后人们带着某个目的从事对

这个问题的研究，或许是认知的目的或许是实际的目的。最后，这个目的决定了解决这个问题的方法——科学的、技术的或者人文主义的。让我们看一下探讨科学问题的方式。

*科学探讨*具有以下成分特征：

B 等于大多数相关的科学知识和它的潜在哲学；

P 等于一个认知（不是实际的或者道德的）问题集合；

A 等于获得关于一个事实领域的客观知识；

M 等于科学方法加上一些特殊的、可理解的技术。

让我们从检验*背景知识* B 开始。我们需要的仅仅是先前知识的大多数而不是其全部，因为没有单独的一个人能获得它的全部，它的一部分或许正在受审中，而且也没有一个研究项目所需要的知识比所有可用知识相当小的一
部分多。B 包含科学研究预设的哲学原则，这在导言的第一节中已经提到过， 80
比如，外部世界的存在性、合规律性和可知性原则。

在科学探讨中面对的*问题群*是一个纯认知问题集合，实际问题是技术领域和道德领域所特有的。例如，关于土地占有制的研究应归入科学，而一项合理的土地改革计划应归入社会技术。

科学探讨的*目标*是要获得新的、无私公正的、客观的关于某些真实的或者推定为真实的事实的知识。第一个特征新颖性或原创性，当然是一个程度的问题。我们将在下一节处理研究和例行问题之间的差别时讨论它。第二个特征无私利性，将基础科学（和人文科学）与其余科学区别开来。第三个特征客观性，它是科学与技术所特有的，而主观性是艺术、神秘主义和伪科学所特有的。一种探讨方式被认为*是客观的*，如果它将主体（研究者、评估者、行动者）和他的客体对象相区别，因此将表象和现实相区别，并且忍住而不把他自己的特性归于他的客体对象，除非他的研究对象碰巧是和他自己非常像的某人时。一个客观的解释只包括不限制同行检查、批评和评估的命题或规则。

最后，一种科学探讨的*方法群*是由所有相关的、可理解的程序组成的，也就是所有产出客观知识并能够在理论上也能在经验上证明其合法性的规则—导向程序。例如，试错法（不论成败）不是一个适当的方法，尽管它偶

尔是成功的。对于一个“起作用”的方法来说，它也是不够的：在我们授予它是“科学的”之前，我们必须解释它如何“起作用”。例如，解释学派的成员声称社会问题必须专门使用领会（洞察力或者“解释”）来研究，而不是用科学方法。但是因为没有人以一种清晰的方式描述过那个程序，所以没有人知道它如何起作用，更不用说它如何能够被精炼了。因此人们有理由怀疑，如果有人，如马克斯·韦伯，声称用领会提出了合理可靠的发现的话，他很有可能从事于受学习和天赋辅助的普通的科学研究（更多关于此的讨论见第五章第五、六节）。

对于同一个问题，不同的探讨方式很可能导致不同的解决方案。例如，人性问题会收到不同的回答，如果以一种神学的、生物学的、心理学的或者社会学的，又或者以一种多学科的方式来研究的话。另一个例子是：对社会问题的意识形态和人本主义的探讨方式，对于精确的、适当的社会系统的构建——一个典型的科学任务——来说，毫无立足之地。而且，一个采纳了个人主义者探讨方式的学者，将会错过系统的突现属性，正像整体论者不能甚至不愿意根据它们的成分之间的相互作用来解释系统的形成和崩溃一样。

一个相关概念是“思维模式”的概念，由弗莱克（Fleck，1979［1935］）
81 引入，并被他的仰慕者库恩（Kuhn，1962）重命名为“范式”。这个虽然是模糊的但却流行的概念或许可以被阐明如下。就如我们上面所看到的那样，一种探讨方式仅仅是一种“看”事物的方式，也就是一种研究它们的方式。如果用一些特定的实质性假设来充实的话，一种探讨方式就变成了一个模范或者范式，如果被认为是成功的话，它就会被反复再三地接受（例如，理性选择范式、功能主义范式、马克思主义范式和系统论范式）。于是，这个一般性概念或许可被定义如下：一个*模范*或者*范式*，$\mathcal{P}$ 是一个背景知识体 B 连同一个特定的实质性假设集合 H，一个问题群 P，一个目标 A 及一个方法群 M；即 $\mathcal{P}=\langle B,H,P,A,M\rangle$。当在 H 或 P 中或者在二者中发生一个根本的变化时，*范式转移*或者观念转变就会发生。例子：①古典经济学（价值就是劳动）→新古典经济学（价值在旁观者的眼里）；②犯罪作为一种原罪是要赎回的→犯罪作为反社会行为是要被阻止或者改正的。

让我们更进一步看看这个问题，尽管问题是引起研究的触发器，但在哲学文献中它却常常被忽视。

第二节　问　　题

在科学、技术和哲学中，没有什么是显而易见的，并且没有多少是最终决定性的，几乎所有东西都能成为一个问题的对象。我们将实际问题或者议题与认识问题或者适当问题区分开来。而且我们区别个人问题和社会问题。一个诸如是否去研究社会学这样的个人问题，只与个人有关；一个社会问题，比如，贫困或者一种传染病，则影响相当多的人。着手处理一个问题的决定会提出一些问题或者智力挑战，比如，如何搜集信息、精炼概念、检验假设或者设计政策。正像一个实干家的价值可以通过他曾成功解决的问题的量（数量和难度）来测量，所以一个科学家或者哲学家的价值可以通过他曾发现或者解决的与认知有关的问题的量来判定。

在每一个人类认知或人类行为领域，我们都必须区分常规问题和研究问题。一个常规问题的形式是适定的，它的探讨方式是明确的，而且它的解决方案是可被预见的，至少可以被概括地预见，因为它所需要的仅仅是已有的知识及或多或少努力的工作。按照图式，一个*常规*问题的解决过程按照这个序列：*构想→分析→研究→解决方案→检查解决*方案。

一个*研究*问题起初多少有可能会有点模糊，在其中致力于研究问题的探讨方式也是那样，因此，一个研究问题引发的第一个难题就是如何正确地表达它。此外，即使它的解决方案只是概括地也不能被预见，因为它需要新的知识而且经常形成新的问题。按照图式就是，一个研究过程主要在于这个序 82
列：原问题→探讨方式的分析选择（或者发明）→在这种探讨方式中问题的再形成→初步研究→研究计划→研究→候选的解决方案→检查→检验可能对背景知识造成的影响→鉴别由这个解决方案引起的新问题→……

在每一门学科中，我们都能够区分以下几种研究问题：*关涉*问题，比如，社会科学是关于什么的：个人还是社会系统？*问题群*问题，比如，这个问题是适定的吗？*形式背景*问题，比如，这个方程组有唯一解吗？*特定背景*问题，比如，经济学家能够忽视所有其他学科吗？*知识储备*问题，比如，关于虐待儿童中正在增加的现有数据有多少是可信的：因为公开性和敏感性的增强，更多的报道是否可能？*目标*问题，比如，所有的社会科学家都应该处理社会问题吗？*方法论*问题，比如，历史事件的节奏如何能被测量？*哲学*问题，比如，这种理论或者那种方法的本体论和认识论预设是什么？

如果被发现是有意思的，一个问题或许会引起一项调查探究，尤其是一个研究项目。存在着几个探究类型。大多数都是问题—解决型的，他们处理给定框架之内产生的问题或者能够用已知方法解决的问题（例如，查明一个给定社区里的收入分配情况）。但并不是所有的研究问题都是这种类型的。当一个给定的框架或者方法被发现不适当时，找到一个替代框架或者替代方法的问题就产生了。例如，对新古典主义经济学不满意的经济学家就面临着建立一个更好理论的问题，一个能够解释真正的社会经济学问题的理论。

关于它们的关涉，有两种社会科学问题：实质性的和方法论的。*实质性的*问题涉及社会事实，而*方法论的*问题是关于研究社会事实的方法的。原则上，每一类社会事实都既产生实质性问题又产生方法论的问题。例如，民族主义运动产生描述问题、分类问题、解释问题和预测问题。我们想要查明它们是什么、它们如何出现与发展、为什么它们在一个越来越相互依赖的世界里没有衰落、它们是否有可能存在，以及如果是这样的话，能存在多久。而且，当我们设想从事于这些问题中的任何一个时，我们会问我们自己如何才能最好地解决它们：是在政治科学之内还是在一个更广阔的语境中，以一种纯经验的方式还是理论上的方式，等等。尤其是，许多科学问题要么是被忽视的，要么是被假定已经解决了，而且许多假设和方法都被看作是理所当然的而不是被质疑——它们应该偶尔被质疑一下，因为关于事实知识没有多少是最终确定的。

正如对事实的反思引起实质性问题和方法论问题一样，研究这些问题产生了元理论（或者哲学）问题。例如，对任何社会事实的研究产生了选择最
83 适当的探讨方式的问题：个体主义的、整体论的，还是二者皆不；人文主义的还是科学的；历史的、共时的，还是二者皆有；学科内的还是跨学科的，等等。任一社会探究也一定需要阐明某些核心的哲学概念，比如，系统、过程、社会问题、规则、真理、理论、证据和证实。只有那些狭隘的、戴着有

色眼镜的专家（或者古典实证哲学家）有能力承担无视这个事实：对任一社会科学问题的仔细检验必然会惹上一系列麻烦的元理论问题。但是狭隘的专家只看到了他准备看到的东西：只有通才才有可能发现大问题。

有没有按照困难度顺序把问题进行分级的客观方法呢？不同于夏洛克·福尔摩斯计算管道数目的方式：在偶然发现正确的解决方案之前必须抽烟？一个问题包含的自变量越多，它们之间的相互关系越复杂，它们越是难以接近，相关的先前知识越贫乏，它周围的哲学迷雾越厚，这个问题就变得越困难。让我们看 一下环绕在问题周围的哲学迷雾。

阻碍科学对待社会问题的一个哲学神话是，相信对诸如社会这样一个系统的研究，必然比对其成分的研究更难。这种信念是错误的，有两个原因。首先，如果我们决定从表面上看一下自己感兴趣的事物的话，我们的任务将是相当简单的，不管它们实际的复杂性。只有在我们想要深度的时候，我们才会遇到非常复杂的问题，即使是研究如电子或者光子这样的简单事物（顺便说一下，这些事物的任一理论都远比任一已知的社会理论要复杂得多）。其次，存在着许多全局性的或者系统的规律性，在成分层级它们并不出现（例如，平均寿命、每一个家庭中小孩的平均数及在任一社会中罪犯的男女比率，与大量的个体差异相比，都大致是不变的）。

问题可以是正的或者逆的。*正*问题的一个例子是：给定一个系统的成分、环境和结构，弄清它的行为。相应的*反*问题是：给定一个系统的行为，“推出”（猜测）它的成分、环境和结构。这个问题比前者更难，因为不同的内在机制可能会产生相同的外显行为，想一想机械表和电子表，或者考虑下受到不同刺激的、执行同一个任务的人们。通常，反问题与它们相应的正问题或者对偶相比更加难以解决。

除了一些非常复杂的数学问题之外，适定的正问题在原则上都是可解决的，即使仅仅是近似可解。与之相比，反问题几乎没有唯一解。这就是行为主义不能成功地——实际上是不愿意——解释动物行为和社会系统的一个主要原因（第二个主要原因是它拒绝调查行为的来源，也就是，中枢神经系统。第三个主要原因是它的反理论立场）。它也是领会这种方法的生产率非常低的主要原因，因为它确实存在于想象动机中，尤其是激情和兴趣，它们驱 84

使人们按照他们实际上的样子去行动。如果我们知道主体的动力是什么的话，我们就能解释和预测他的行为。但是如果我们只知道他的行为而继续下去的话，就像通常的情况一样，我们最多只能猜测他的动机，而且在没有特权信息的情况下，你的猜测和我的可能几乎一样（更多讨论见第五章第五节和第六节）。

是什么引导着研究问题的选择呢？让我们把我们的讨论限制在社会科学领域。在这个领域，选择是由这个学科的状态——尤其是由其他人指出的开放性问题——和研究者的好奇心、能力、理论视角及对人类困境的敏感度共同决定的。第一个因素明显来自那个把研究问题解释为我们先前知识中的一个空白的非常定义。人们无疑会思考一些需要一个至今为止都不存在的知识体的问题，但是在缺少必需的知识的情况下没有人会继续从事于它们。第二个和第三个因素——好奇心和能力——更为明显。只有第四个和第五个因素需要评论意见。

一方面，如果研究者的理论视角是狭窄的或者肤浅的，如果他对人类的痛苦漠不关心的话，他将会更喜欢像巴厘人的斗鸡或者在一个对话中已经被理解但却搁置不提的东西这样安全的主题。另一方面，如果他的理论视角是广泛而深入的（尽管不一定是正确的），并且如果他具有道德上的敏感性，他就有可能处理宏观问题，比如，公民自由问题（如穆勒）、社会不平等问题（如马克思）、失业率问题（如凯恩斯）、种族歧视问题（如缪尔达尔）、国家依赖问题（如普雷维什）或者发展问题（如赫希曼）。

尽管如此，即使是一些最有深度和最敏感的社会思想家都曾对他们那个时代主要的社会问题视而不见。例如，穆勒、涂尔干、帕累托、韦伯和齐美尔，关于性别歧视、殖民主义或者军国主义，什么都没有说；而且，涂尔干和韦伯，关于民族主义、帝国主义、种族主义和环境恶化，什么重要的东西都没说。因此他们的著作不能帮助我们理解法西斯主义，它是民族主义的、种族主义的、殖民主义的和性别歧视的，也是军国主义的。或许他们是被他们理论视野中的严重缺陷所蒙蔽了，尤其是关于所谓的社会力量。

最后，除了数学之外在其他任何领域中都存在着顽疾吗？这是一个。

第三节　数　　据

没有经验数据就没有*事实*科学，但是如果没有能使我们区别相关与不相关信息的一些数据过滤器，尤其在我们这个信息过载的时代，事实*科学*也同样不能存在。这样的过滤装置就是哲学和理论，二者都告诉我们应该收集或者生产哪种数据。用这种方法，它们可以节省我们徒劳的辛苦及附随的额外成本。例如，经验主义者和方法论个人主义者必定会盲目和过量地收集微观 85
数据，并且非必要地详细分析它们，在不发挥他们想象力的情况下，希望理性能够推出规律。

在哲学与数据收集之间的相关性上提出我的主张之后，让我转向对数据这个非常概念的分析。一个数据或者给定的事实是一个特殊的（与一般的截然相反）知识项。在数学中，*数据*这个词标示一个问题中的特殊假设，比如，一个直角三角形两个边的值。在日常生活中，许多数据准确地说都是给定的已知事实或前提条件，这些是记忆数据、知觉数据和传闻数据。它们并不是必须寻求的，而且它们通常（尽管经常是错误地）被看作是真的。此外，在日常语言中“数据”和“事实”常常是可交换使用的。这种用法是不正确的，因为数据是命题而不是事实。因此数据或多或少可以为真，并且如果不太真的话，也是可改正的，而事实可以是真实的或者是想象的、令人愉快的或者令人痛苦的，等等，但是既不为真也不为假。

在事实科学中，所有的数据都是*经验的*，它们是关于诸如个人或者社会系统这样的具体事物的观察、测量或者实验的结果。因此，它们是被制造的，不是给定的或者收集的。它们被寻求并被详细检查，它们是研究的结果且可能是进一步调查研究的对象。因此它们是有错误倾向的，而且它们一经获得就可能会被质疑。只要想一想获得关于地下经济、拥有大财团的政客的纵容、社会事业的效能，乃至获得诸如实际（不同于报道的）成本与收益——尤其在服务部门中——这样微不足道的经济学变量等可靠数据的困难度就知道了（见 Morgenstern，1963 关于大多数经济数据似是而非的精确性的讨论）。

造成这种困境的一个主要原因当然是，宏观社会事实不是直接可观察得到的，它们必须经由并不总是可靠的指标才能获得（例如，失业人数是由职业介绍所提供的部分数据的聚合，它并不包括许多已经失业但不再找工作的人）。尽管如此，精炼社会数据在原则上是可能的，尽管事实上它们中的一些变得越来越难以捉摸（Griliches，1994）。毕竟，核子和原子事件远不及社会事实这样直接可观察，但是核物理学与原子物理学却遥遥领先于社会科学。

经验数据可以是客观的或者主观的。客观的经验数据提供关于外在于观察者的这个世界的信息，而主观数据提供关于一个主体的感觉、认知、欲望、意图等的信息。例如，“某某人是失业者”是一个客观（尽管或许是错误的）数据，而“我觉得没用”是一个主观数据。主观数据在自然科学中是不被允许的，然而它们在心理学和社会科学中是允许的，实际上是不可或缺
86 的。例如，我们需要知道的不仅仅是一个给定的政府是否诚实，而且同样还需要知道它是否是被普遍“感知到的”。我们还需要知道这种“感知”是否是正确的，也就是说，这个主观数据是否是真的。这就需要进一步的实证调查。例如，在一个人说他觉得冷的情况下使用温度计，以及检查受到怀疑的行政官员的支出。所有这一切听起来是显然的，但有时候是有争议的。例如，实证主义者尤其是行为主义者拒绝所有的主观数据。另一方面，诸如哈耶克（Hayek，1955）和林奇（*apud* Spaulding，1988：266）这样的唯心主义者曾宣称，社会科学中的所有数据都是主观的。因此，实证主义者无从获得蓄意行为的主观起源，而唯心主义者没有可能指导科学研究。

无论是客观的还是主观的，经验数据都可以是原始的或者派生的，取决于它们是从源头获得的还是数学（例如，统计）处理的结果，综合数据和统计参量通常就是这样。例如，在一个时期内，一个国家向另一个国家出售的粮食总量，是通过把各种各样的出口公司的销售额加起来（“合计”）所获得的二手数据，而每吨粮食的价格是原始数据。一种信息处理器将会把这些数据转变为交易量，它是对双方都有用的第三个知识项。如果生产、运输和交易成本增加的话，就能得到第七个有用的信息项：利益。这个七个命题的集合就是能够声称一个人拥有关于正在谈论中的粮食交易的足够知识所需要的最低限度。它们中的五个是数据，另外两个是在两个定义的协助下被推导出来的。算上后者，我们的集合包含着九个命题。如果数据在一个用数学语言

镶铸的理论的帮助下被处理的话，那么所包含的命题总数可能会上升到几百个，而且它们中的大多数将会包含一些缺少观察对应物的概念。

社会科学家用多种方式获得他们的原始数据，比如，个案研究、问卷调查、抽样调查、民意测验、资产负债表、人口普查和媒体报告。这些中的一些是微观数据——也就是关于个体或者关于非常小的社会系统的数据，而一些是宏观数据——即关于大的社会系统的数据。一些宏观数据，如平均值和方差，都是加工处理微观数据的结果。其他一些宏观数据，也就是那些关于宏观系统的状态或者状态变化的数据，是不可化约为微观数据的（例如，“欧洲经济共同体诞生于 1958 年”和“经济衰退变得越来越频繁”）。

个案研究与统计学研究相比已经失去众望，因为是特质的且不能被概括归纳，它们已经失去信任。然而，个案研究对统计学研究而言是一个不可或缺的补充，当后者难以获得或者当我们希望根据个人特征来解释大众行为时。例如，没有关于地下经济的精确统计，恰恰是因为那种经济的非法性质。此 87
外，如果我们想要解释为什么这个非正规的经济部门即使在工业增长期间都没有减少，我们就必须采访包含在那个部门中的一些个体。顺便说一句，这样研究的一个结果是，那些开始他们自己的非正规（或许是秘密的）生意的人，期望增加他们的收入，或者已经厌倦了被告知要做什么，或者希望在社会阶梯上再往上爬一阶（Portes and Sassen-Koob，1987）。

第二个例子是，统计数据清楚地表明，接受福利救济者很可能是惯犯，他们申请福利越频繁，他们就越可能变成永久失业者。保守主义者用这样的数据“证明”，工人都天生懒惰且倾向于滥用社会事业，所以他们建议消除后者。自由派人士用同样的数据来“证明”，失业者没有机会学到新的、这个越来越复杂的工业所要求的技能，所以他们建议再培训计划。两种解释和相应的建议都与正在讨论中的统计数据相一致。只有大量的个案研究才能解释这个给定事实。而且只有包含着被编入再培训计划的人群（就业者和失业者两者）和相应对照组（没有再培训）的实验，才能评估这样的计划的效能。

个案研究包括直接观察、询问法或者二者兼备。方法论者会警告我们注意每一个方法中的陷阱。例如，乍一看回答起来最简单的问题是自传式的，例如，过去十年里你都做过什么工作，每一次换工作的原因是什么？然而，共同的经验却是，我们在回答这样的问题时常常有困难。记忆的不可靠性引起对所有包含询问的研究技巧的怀疑（Bradburn et al.，1987）。然而，这并不意味着询问法应该完全被抛弃。它只是建议通过这些技巧所获得的数据应该用另外的技巧进行检查。

除了原始的或者直接的数据之外，还存在源于前者的通过统计或者其他技巧所获得的二手数据。当数据大量出现时，它们可能——实际上是必须——受支配于计算机辅助的统计分析，为了找到百分比、平均值、模式、与平均值的偏差、关联系数及其他把人口描述为一个整体的统计参量。在先进科学中，理论决定了哪些是相关的统计参量：它们是这个理论能帮助我们计算的那些参量（例如，在量子力学中，人们通常计算状态和事件的概率，也计算物理属性的平均值和方差）。在不那么先进的科学中，统计通常是独立于理论的，经常是因为缺少它。因此，存在着大量的没有理论对应物并因此未经解释和被忽视的统计数据。

88 数据显示的方式对于理解它们来说是重要的。例如，与表格相比图表更具启发性。然而，图表能通过操作被用来掩饰或者增强某些事实。例如，一个对数图对于曲线拟合来说是便利的，但它却使所有东西都变得单调。尤其是它把乘法表示为加法，而且把指数增长表示为线性的，它让付出与收获都变得呆滞无趣。因此，一旦曲线拟合的任务已经完成，明智的做法就是回到原始变量。

在欠发达的研究领域中的科学家们花费了他们大多数的时间和精力在通常被称为“事实发现”的事情上面，即收集和生产数据。这个工作确实是不可或缺的，但是它应该被看作一种手段而不是一个结束，因为事实并不会为它们自己“说话”。实际上，在科学中，数据只有作为某种有能力提供理解的大脑的输入信息才是有用的。此外，就像达尔文所指出的那样，有趣的数据只能根据有趣的假设被收集。而且他们的收集包含方法论上的复杂性和精心策划（如 Rossi，1988）。此外，在这个大量信息处理的时代，这或许是中肯的：切记相关性和可靠性比量和速度更重要。

数据被不同的科学哲学做出了不同的评价。*先验论者*，尤其是唯心主义者相信，理论是无所不能的，而数据要么是无用的，要么是单从理论就可推导出的。尤其是，先验论者不珍视不利的数据（回想一下黑格尔对某人发现他的一个理论与事实相悖时的反应：“对于事实来说更加糟糕”）。他们乐见关闭所有的实验室、天文台和人口统计局。显然，先验论者是错误的。如果他们费心去分析科学理论的话，他们就可以避免自己的错误了，因为所有这样的理论都包含着参数和常量，如原始群体或者失业率，这些参数和常量必须被经验地决定，因为没有任何理论有计算它们的可能。毕竟，我们没有构造这个世界。

另一个极端是数据崇拜者，或者*天真的经验主义者*，他们不加选择地搜集和处理原始数据。他们的工作通过电子计算机已经变得非常便利，计算机有能力处理大量的、对任一古典社会科学家来说都是难以想象的数据。遗憾的是，这种非凡的工具有时候被认为摒弃了原创性思维，尤其是理论化。但显然，大量的数据不能替代与假设有关的数据，这些假设能够解释被数据提及的事实。一方面，数据的确能提出假设，但却没有什么能保证这些假设将会是有趣的，因为一些最强大的概念，例如，稀缺性、意识形态、法律和民族，没有知觉相对物。另一方面，有趣的假设则能暗示人们应该寻找的那种数据。例如，只有在犯罪行为中及破产数量中的变化率而不是绝对数，才是衰退或者繁荣的指标。

一个相关并且最受欢迎的观点是经验主义的一个成分——*归纳主义*。根据这种观点，数据本身是有价值的，生成和评估假设及理论的方法本身也是
有价值的。但是这种观点在几个方面都是错误的。首先，直接观察仅仅是肤 89
浅的，因为大多数事物和过程都要么太小或太大，要么太隐蔽而不能被察觉。世界的这个特点迫使我们发明关于不可观察事物的观念，比如，个人的倾向和意图，以及社会结构和趋势。和经验概括不一样，理论假设包含着表示不可观察事物或者属性的判断（见第一章第七节）。因此，数据不足以提出高阶（或者深层）假设。例如，数十年的经济分析未能交付一个单一的经济规律。

其次，如前所述，观察并不是从零开始的，而是由一些问题引起并且由一些假设指导的。后者常常是计划性类型的，也就是说，它们都是关于哪些变量是相关的并因此值得关注的猜测，而且一些这样的变量对于直接观察来说必定是达不到的。简言之，归纳是必需的，尤其在探索新领域或者面对

假设和证据时。但是它从来都不是充分的，因为它仅仅总结了经验：它是肤浅的并且不能提供理解，更不用说预测能力了。因此古人知道水往低处流及太阳每天早晨“升起”，但是他们并不知道为什么，他们也没有任何保证，将来有一天水不会往上流或者太阳不再“升起”。只有 17 世纪的物理学给出了正确的回答，把那些归纳知识转变成从牛顿的运动定律和万有引力定律导出的结论。同样，它把通过观察所获得的不确定知识转变成更加明确的知识，这些知识包含在形式上精确的、被无数测量支持的、并且有解释能力和预测能力的理论中。从那时起，归纳主义变得不可信，即使对诸如惠威尔（Whewell，1847）和皮尔士（Peirce，1958［ca. 1902］）这样的学者们来说，也只是在口头上承认它。

现代理论物理轰动性的成功激发鼓舞了*演绎主义*。它的观点是，能力在于演绎而不是归纳，除了假说演绎系统（也就是理论）不存在科学。演绎主义的一个极端版本是*驳斥主义*，根据这种观点，数据唯一的功能就是反驳假设和理论（如 Popper，1959［1935］）。根据这种观点，数据在实验设计或者在对进一步的数据的控制中不起任何作用。这种观点在几个方面都是错误的。首先，科学家对直接证据或者确证感兴趣，而且也对反驳感兴趣：如果有的话，他们希望知道自己的观点有什么经验支持，因为他们正在寻找的是最大程度真的命题。其次，任一有独创性的经验操作的设计都是根据假设乃至理论做出的。这些辅助观点在给定的语境中都被看作是真的，不仅仅在原则上是可反驳的（例如，任一可信的民意测验的设计都需要一种关于随机抽样的统计理论）。再次，一个经过多次试验证明的理论可能会建议拒绝某些数据，因为它们是难以置信的。

90 我主张，现实的科学实践既不与归纳主义相符也不与演绎主义相符，它反而采取了一条中间路线，用归纳法建造低级别概括并评估假设与事实之间的匹配，而且用演绎法从概论和更多的细节中推出特例（Bunge，1960，1967b）。此外，科学研究接受了科学实在论，根据它，数据与理论之间的关系是多重且交互的。事实上，①数据可能启发（从未自己产生过）提出低级别概括，即仅仅包含出现在数据库中的判断谓词的概括；②数据“激活”理论，通过供给它们所需的信息来执行包含在对事实的解释或者预测中的演绎操作，根据图式：普遍化概括 & 情况 ⇒ 表示被解释的事实的命题；③数据可能证实或者弱化假设和理论，假如这些一开始就是可验证的，而且是用附加数据充实丰富的；④理论有助于评估数据，尤其是，它们建议丢弃无关的数字；⑤理论有助于经验操作的设计，也有助于人工制品的设计和行动计划的设计。

数据有时候是稀少的，有时候是丰富的。在前者的情况下，研究者努力生产附加数据，在后者的情况下，他必须挑选数据。在两种情况下，他都需要假设的指导，这些假设暗示着要被寻找的或者要被抛弃的数据类型。这些假设中的一些可能如此地普遍以至于应被划分为哲学的。例如，一个唯物主义人类学家永远不能获得关于繁殖与生产的足够数据，而他的唯心主义同事永远不能获得关于神话和言语的足够信息。

最后，关于术语学的一点。正如我们区分数据和事实一样，我们必须区分数据和证据。*证据*是与某个命题有关的一个数据，就其本身而言，不存在证据这样的东西。此外，证据可能是弱的或者强的。因此，间接证据几乎总是弱的，而实验证据却可以是强的，当然，这依赖于实验设计和实验执行，以及附随的推论。如果是弱的话，证据将是非决定性的。如果是强的话，它将会是肯定（有利）的或者否定（不利）的，只有在特殊情况下它才是决定性的。

第四节　假　　设

在社会研究中，数据是丰富的（尽管常常是不充分的），新观念却是缺乏的，而且与相关数据匹配的观念甚至更缺乏。这部分归因于哲学上对假设的一种偏见。实际上，人们普遍认为，所有的科学知识要么是数据（给定的）要么是得自数据的一般化概括，也就是一种归纳综合。这种归纳主义的观点，是反对理性主义的经验主义的核心，尽管通常是错误的。这种反对意见是错误的，因为收集、分类、加工处理和解释数据都是概念上的并因此是理性的操作，即使是有计算机辅助的。 91

归纳主义具有某种经验支持。实际上，我们都是从实例中学习，也就是说从关于特定事实的数据中学习。例如，一个正常的婴儿从接触言语片段开始学习语言。尤其是，他从听到的例子中学习或者形成语法规则，远远早于他在学校中被教授语法。但如果乔姆斯基是正确的话，那么这个小孩通过学习或者发明这样的规则所完成的事情，就是形成了某些关于语言用法的假设。此外，他很快得知存在着一些关于他的假设的反例，尤其当正在讨论中的这种语言和英语一样不守规矩时。当长大后，这个小孩学会了进行推测而不是归纳概括，例如，他的父母对他有一些期望。

数据“不会为它们自己说话”，除非被置于一个知识体中并被适当地“解释”，否则的话它们什么也不会告诉我们。例如，一个微笑本身并不表明什么，但是它对于我来说“意味着”一些东西，假如我猜测这个笑着的人对我持友好的态度，或者希望赢得我的好感，或者正在经历一种愉快的感觉。一般而言，对一个数据集合的“解释”只不过是接受和采纳某个包括它们的假设。换句话说，数据只有在被证明是一个普遍化概括的实例，或者被解释为是由一个普遍化概括连同进一步的数据导出时，才“有意义”。例如，如果我们知道 X 人口中很大一部分人是非常贫穷的，并且知道 X 的政府曾经终止所有的粮食补贴，那么“X中曾发生暴动和抢劫”这个新闻是“有意义”的（或被解释）。正在讨论中的普遍化概括就是，“当受到饥饿威胁的时候，人们就会叛乱”。显然这是一个假设，而且就其本身而论，是易错的。事实上，极端贫穷可能会引起漠不关心。

尽管不是全部，但人类知识的大部分是推测的并因此是易错的。因此，我们基于他人的外显行为来推测他们的感觉、态度和意图（但当然，我们的推测经常被证明是错误的）。在过马路之前，我们假设我们所看到的即将到来的汽车移动得不够快不足以撞到我们（但是有时候我们算错了）。在研究人口趋势时，我们假设它的到来将会持续几年（但是一次经济衰退、一种瘟疫或者一场战争可能会打破这个趋势）。在研究一个社会系统时，我们假设它是通过一些纽带结合在一起的（但是我们可能会发现这些纽带正在被内部冲突所削弱）。在审查被一些有能力的历史学家用过的历史文献时，我们假设它们是真实的并与我们的问题有关（但是它们可能被证明是伪造物，或者被证明包含着错误，或者被证明集中于不重要的细节）。简言之，人类生活，尤其是一个科学家的生活，离开假设几乎是不可能的。

假设的核心作用在理论自然科学中是众所周知的，而且它曾被许多哲 92
人科学家强调（例如，Herschel，1830；Whewell，1847；Peirce，1958［ca. 1902］；Poincaré，1903；Duhem，1914），并被一些哲学家普及推广（例如，Popper，1959［1935］）。然而，那种作用在社会科学中常常被忽视。对假设的低估其主要责任在于至今仍然主导着教学的经验主义者（或者实证主义者）的哲学。当然，经验主义者的教条是，只有数据才是重要的，经验是知识的唯一来源。如果这是真的话，那么所有的推测都将为假，数学将成为一种速记法（就如马赫认为的那样），而且我们应该尝试去最大化信息而不是理解。

对假设如此的不信任以至于它们常常被误称为“推论”（尤其是“结论”）和“解释”。例如，古生物学家、史前学家和考古学家常常说，他们从在发掘物中发现的史前古器物和骨头中“推断出”我们的远古祖先的行为和思想，犹如存在着一种从数据中推导出猜想的逻辑。受到诠释学哲学家们影响的人类学家、社会学家和政治学家（政治科学家），有可能说他们“解释”或者“解读”人类行为或者它的痕迹，好像他们是文本似的。对*推论*和*结论*这两个词语的错误使用常常是由经验主义者（特别是实证主义者）的信条所引起的，这个信条是，科学家们仅仅收集、分类及总结数据。至于*解释*一词的错误使用，它是由唯心主义者的这个信条所引起的：社会全部都是精神的，对社会事实的理解直觉多于理性，而且主观多于客观，并且在任何情况下都完全不同于对自然的研究。

事实上，上面被提及的两个例子是假设或推测人类行为的情况。实际上，一个几乎没有数据的集合能都正当有效地推测和推断（一个特定的个体是一个 P 这个数据，意味着只有一些个体具有属性 P。并且在一个人口样本中观察到的所有个体都具有 P 属性这个数据，暗示着但并不能证明这个人口的所有成员都具有属性 P）。仔细考虑一件古文物的可能起源或者用途的考古学家，不会按照推理规则从一个命题集合到另一个命题集合，他进行猜测，不多也不少。但是，远非依赖于他的直觉，他通过制造这个古文物的一个复制品并将其投入使用及置于语境中，来检查他的猜测。

关于对人类行为的“解释”，严格地说，只有人工符号（也就是象征符号）才能被解释，然后只有假设我们知道或者至少我们能猜测出正在谈论的编码规则和解释规则。当我们基于我们的经验及我们对他的外显行为的零星观察，把一种意图或者某种其他的心理过程归于某人时，我们所做的实际上就是做出一个猜测，也就是一个假设。无论如何，谈论中的这个假设都有可能受到挑战。而如果发现是可检验的并且值得检查的话，迟早它将通过更多
93 的观察来接受检验，并且如果可能的话，也要根据某种理论来检验。此外，如果是有价值的话，它就值得嵌入一个理论，要么作为一个公设要么作为一个定理（更多关于此的讨论见第四章）。

另一个被诠释学派传播的流行的错误是，在社会研究中我们应该更偏爱类比或者隐喻而不是假设。这种观点吸引着那些并不在乎客观真理的人，而且它使他们免于发明理论及为追求真理而检验它们的辛苦。这种观点是错误的，因为尽管隐喻可以是富有成效的，却也可以是误导性的，它们永远不能为真或者为假。这就是只有艺术和流行哲学才用隐喻说话的原因，寻找真理包含文字论述。新颖的观点也不是那样的。因此，自古以来，社会都被认为是一个有机体。这个隐喻能释放出一种意识形态功能，就像它在拉方丹寓言中所做的那样，国王是有机体的头，平民是它的四肢。最近的一个例子是自然选择与社会选择的类比，被用来证明消除经济上的弱者是合法的。

有机体隐喻构成了人类学和社会学中机能主义的一个根源。它近代的一个分支是卢曼（Luhmann，1984）的观点：社会系统是“自我再生的”（自组织的），“自我指涉的”（天生具有反馈回路），而且是自主的，或者是不受外部刺激影响的（“自我指涉”的表达借自语义学，在那里它标示诸如“这个命题是错误的”这样的命题）。所有事物尤其是社会事物都迷失于这种隐喻文本中。设计（或者重新设计）及组织（或者重组）有缺陷的正式的社会系统，其整个主旨也是这样。而且保守的意识形态被加强，因为这在设计或者干涉据称是自主的且自我运行良好的事物中没有任何意义。

尽管如此，另一个在社会研究中已经变得相当流行的类比，就是在社会与一个封闭的服从热力学前两个定律的系统之间的类比。这个类比是不正确的，并因此是无益和误导性的，由于以下原因：首先，在社会科学中唯一可利用的热力学变量就是能量，其余的变量，特别是压力、温度和熵没有社会

的类似物（有人也许会认为，社会秩序或者社会均衡的度类似于熵，但这个类比是行不通的，因为一个热力学系统当它获得最大的熵时才达到均衡，而社会混乱是一种不均衡）。其次，社会是开放系统，它们与自然之间以及它们自己之间相互作用（顺便说一下，孔德、瓦尔拉斯和帕累托偏爱机械比拟而且无节制地偏向静力平衡。这种迷恋及伴随而来的对变化的忽视，在当前的主流经济学理论中依然是明显的，而且这也是它没有解释现实的可变性的一个原因：见 Bunge，1998）。

然而，在近代社会研究中最流行的类比是那些社会系统或社会过程与市
场之间的类比。因此人们听说过婚姻市场、犯罪市场、教育市场、政治市场、 94
甚至是精神市场（如 Becker，1976 和 *Rationality and Society* 期刊）。乍一看这貌似是有理可信的，假定商品化是资本主义社会所具有的特征。但是这个类比是误导性的，而且它所建议的研究策略也是误导性的。实际上，它把研究者的注意力从社会转向了市场，市场仅仅是社会的一个子系统。因此，它会使社会科学枯竭。其次，它加强了方法论个人主义的一个消极方面，即它认为人仅仅受物质利益所驱动。因此，市场方法对非经济活动来说，不能解释他们的非功利主义特点。再次，它要求所有的社会学家都模仿经济学家，犹如后者在构造严格意义上的市场模型上已经完全取得成功一样（更多关于“经济学帝国主义”的讨论见 Swedberg，1990 和 Bunge，1998）。

在科学中类比的主要功能是形成事物或者事件的自然类，或者种类（见第二章第五节）。偶尔，类比提出假设，但是它们不能取代假设，因为它们既不为真也不为假。此外，类比能造成危害，通过将注意力从理论构建中转移开来（比如把大脑和社会仅仅看作信息处理器，以及把经济、政体和文化看作一棵树上许多相互缠绕的分枝）。因此后现代主义对隐喻的迷恋，尽管就文学而论它被证明是正当的，但就科学而言它是不可原谅的。

第五节　真　　理

在后现代亚文化群中，真理出去了，隐喻、神话、约定、共识、权力和协商进来了。无论怎样，我们都在日常生活中寻找真理，因为我们是好奇的

并且希望继续生存。当然，那些从事于认真研究的人，无论是科学的、技术的或者是人本主义的，都在寻找真理，或者毋宁说是事实真相，无论是多么局部的，而且每当他们提出原始事实时，都对共识造成了挑战（见 Rescher，1993 关于共识崇拜的讨论）。这就是所有与研究有关的一切。不是所有的真理都是完全和精确的，并因此是最终的，这无关紧要，因为很多研究都努力尝试改进已知的局部真理。

如果真理是不可企及的，交流将会是无意义的，因为每一条消息都传达、假定或者引出某种真理（或者谬误）。这不仅对每一条信息都有效，而且对非信息性的交流也有效。例如，大声求救预示着某人正处于困境中。一个问题预先假定，对话者可能提供或者帮助找出该问题的一个正确回答。一个提议预先假定被提议的行动是可行的和合适的这个命题的可能真值。一个将要做 *A* 的承诺（或者威胁）在预期的接收者中引出对命题“*A* 将要被做”将成为现实的希望（或者害怕）。任何真诚地声明真理是一个海市蜃楼的人都相信这
95 个命题是真的，由此他反驳了自己。简言之，真理概念在各行各业都是不可或缺的，甚至在某种类人生命中。因此对真理可能性的否认——激进怀疑论，以及主张所有的真理都仅仅是约定的断言，充其量是学术游戏，最坏的情况是号召以神话为生。

真理通常在语义学和认识论中被研究。我们应该了解的关于*真理*一词的第一个真相是，它至少指定了两个非常不同的概念：艺术的真和科学的真。前者的一个例子是“奥赛罗怀疑黛丝狄蒙娜是错误的”。然而，这里不是检验艺术的地方，我们应该只关注科学真理。存在着两种根本不同的科学真理：形式真理和事实真理，分别是关于纯观念的和关于事实的。前者的居所是数学，而后者的居所是事实知识——日常的、科学的、技术的或者人文主义的知识。第一次对这种区别明确的和强有力的描述来自莱布尼茨（Leibniz，1981［1703］），这一区分常常被否认。让我们看看为什么我们应该坚持它。

*形式*真值被赋予那些缺少任何实际指称对象的命题，比如，“如果 $a=b$，那么 $b=a$”及“$1>0$”。这就是为什么形式真值总是通过纯概念的方法被指定和检查的原因：演绎（尤其是计算）和发现例外。与之相比，*事实*真值都是赋予那些关于可能的或者现实的具体事物的命题。这就是事实真值都是用

经验操作来检查的原因。因此，数学是自足的，而事实科学和技术依赖于这个世界，也依赖于理性。因此，没有任何数学定理受到大的政治变动的威胁，而一些关于苏联的、在它 1991 年解体之前做出的真陈述，都不再是真的或者甚至不再是相关的了。只有用事实术语解释的数学公式才对经验数据敏感。

既然我们将兴趣集中于事实的社会科学，我们就应该集中于事实真理概念。我接受事实真理所谓的符合论（或实在论）。根据这种理论，一个命题在实际上为真，如果它“符合”或者“匹配”它所涉及的事实，也就是说，如果它与它的指称对象“符合一致”。无可否认，这是一种模糊的认识。下面是一个更为精确的定义：*一个断言事实 f 情况属实的命题是真的，当且仅当 f（实际上，事实上）确实如此*。例如，一个断言“*存在着无国家的社会*”的命题是真的，当且仅当事实上（真实地，实际上）存在着无国家的社会。一个关于虚假的真理的例子是：断言每一个社会都拥有一个集体记忆的命题是假的，当且仅当事实上至少存在着一个没有集体记忆的社会。注意上面这个定义包含着三个不同的项：一个事实 f，一个关于 f 的命题 p 和一个断言 p 为真的（元）命题 Tp（更多关于真理的讨论见 Bunge，1974d，1983b）。

前面关于事实真理的定义仅适合于普通知识和简单的科学数据的情况。 96
高级假设，也就是对包含着没有知觉相对物的概念的推测，只能通过有关数据，以一种间接的方式和事实相比照。例如，我们不是根据商业公司，而是根据关于这样的公司的投入与产出的数据，来检验收益递减“规律”的。也就是说，我们将观念彼此进行比较，正像在数学中一样。差别是，在事实科学情况下，数据和假设二者都涉及事实，而且数据都是通过研究事实获得的。然而，在事实假设及在数据的情况下，命题的一个语义学属性——真理，完全取决于现实性，其虚假则取决于非现实性。存在着什么决定着什么为真什么为假。科学家和技术专家提出，由现实决定。

普通知识充满着完全但却微不足道的真理（和错误）。与之相比，完全的真理在事实科学或者技术中并不那么容易被获得。在这些领域中，通常我们必须满足于*局部*真理或者*近似*真理。例如，我们不能精确地知道任一国家的 GDP，但是我们能得到关于它的一个相当好的估计。有时候我们能够估计内在于一连串观察之中的概率误差或者与真理的偏差（这对于偶然误差尤为有效）。但是绝大多数时候，误差就如我们所寻求的完全真理一样是未知的。这是个坏消息。

好消息是，发现观察误差并且通过改进我们对观察的设计或者执行来减少它们通常是可能的。适用于数据保持的东西，加以必要的变通，也适用于假设和理论，如果发现是错误的话，我们可以塑造和尝试替代选择。此外，如果一个科学理论包含着一个含有数值函数的数学形式体系的话，我们就能使用近似理论来计算更好的解决方案。因此，实在论的方法论是可谬论和世界改良论的混合。

在科学中，无论是数学的还是事实的，都使用真理收敛概念（在数学中甚至存在着逐次逼近正确的解决方案的方法，比如，阿基米德计算圆的面积的“穷举法”）。而且，一些研究发现基本上趋近完全真理或者几乎是完全真理，是一种科学信仰。因为可能存在暂时的挫折，所以正在谈论的这个收敛并不是始终如一的。此外，一个逐次逼近的过程可能会因失去兴趣而中断，人们或许会转向完全不同的问题，例如，因为原初的指示物已经消失了。

科学和技术充满着近似真理，而且持续不断地寻找更真的数据、假设和理论。然而，在哲学家中还存在激进的怀疑论者、相对主义者、建构主义者、约定论者、虚构主义者、实用主义者，以及其他否认发现任一事实真理可能性的人。让我们快速浏览一下这些无真理的认识论，它们类似于文化（尤其
97 是道德）相对主义，根据这种观点，不存在跨文化的价值和规范。

*激进怀疑主义*或者认识论上的虚无主义，是原教旨主义的对偶，它否认发现任一事实真理的可能性。这种怀疑论要与*方法论上的怀疑主义*区别开来，其基本观点只不过是我们应该在接受观点之前检查它们。激进的怀疑主义，也许在古代被证明是正当的，当时已知的东西没有多少，现在可被看到是错误的，就如大量关于自然和社会的知识体所表明的那样。诚然，这种知识仅仅是近似真并且很少是最终确定的。但它远非是一堆观点（见 Bunge, 1991d，关于两种怀疑论之间的不同：温和的或者方法论的，激进的或者系统的）。

*认识论上的建构主义相对论*认为，不存在客观真理，因此也不存在客观真理的准则或标准。对于任一事实集合而言，存在着许多真理，它们中的每

一个都是对这个世界的一部分的一种建构，而不是一个表示。而且，没有一个是优于其他的，“怎么都行”（Feyerabend，1975）。尤其是，从这一观点来看，科学并不优于神话、意识形态或者伪科学。事实上，在科学与非科学之间并没有差别，因此试图在它们之间建立划界标准是没有意义的。这种奇怪的观点不能解释为什么一些人经历漫长的科学学徒期，或者为什么它们投入如此多的智力、时间和金钱来进行研究，或者为什么那些发现新的重要真理的人常常得到他的同事们的奖赏。

建构主义相对论分为两种，即个人主义的和集体主义的。*个人主义的建构主义相对论*或简称主观主义，拒绝主客观之区别，因此拒绝实在论者的假设，即每一个认识主体都被一个先于他存在的自主世界所环绕，这个世界或许是他试图描述和理解的。尤其是，女权主义理论家福克斯·凯勒（Keller，1985）在没有提供任何证据的情况下声称，主客体之分仅仅是男性的一种性别歧视。主观主义者还认为，真理和美丽一样，在观看者的眼里：那是你的真理，这是我的真理，这两个从不会缠绕交织。一个明显的反对主观主义的意见是，它推崇的仅仅是观点，而科学家们不信任观点并设法获得由他们决定真值的命题，通过可被他们的同行评估（因此要么被证实，要么受到挑战）的经验的或者概念上的操作。

第二种是*集体主义的建构主义相对论*。最近流行的观点是，真理是社会建构或者社会习俗，因此每一个社会团体都有它自己的真理集。于是，真理与共识同延：一致同意制造真理，而不是真理引起一致同意。因此，关于任一主题都存在女性真理对男性真理、工人对资本家、黑人对白人、雅利安人对犹太人、东方真理对西方真理，等等。所有这些真理都具有相同的等级， 98
因此试图确定它们中谁是最真实的没有任何意义，因为不存在理性或者经验证据的通用标准。

建构主义相对论与全世界的科学家和技术专家们都接受的普遍性理想是相悖的。它也与这个共同经验不符，即能干的科学家通常有能力独立复制或者挑战最初由不同性别、不同民族、不同社会阶层或者不同国家的同行们所制造的观察或者计算。而且，当他们不能获得类似的结果时，他们常常根据相同的基本观念比较它们，并在同一个标准的帮助下评估它们。事实是，科学在某些领域和群体中与其他的相比是更为先进的。有时候意识形态影响了科学研究，这也是事实。但是这种影响能够被发现，通过在所有工具中最普遍因此承担义务最少的逻辑学的帮助。

*虚构主义*认为真理是不可企及的，但是这不要紧，只要我们能够按照这个假设行事：事物看起来*似乎*如它们是的那样。换句话说，整个人类知识体，或者至少所有关于人类事务的知识，是一个虚构的集合。虚构主义的一个主要根源是现象论，其观点是，我们只能够接近现象或者表象，决不能接近真正的事物或者事物自身（回想第一章第七节）。换句话说，所有事物都具有一个密封装置或者黑盒子表象，其内部结构将被我们永远忽视。我主张，现象论及伴随它的虚构主义首先会被现代天文学反驳，当它拒绝行星系统的地心说观点而支持日心说观点时，更多的钉子被力学、化学、电动力学、原子与核物理学、遗传学、生理学、心理学和社会科学钉进了现象论和虚构主义的棺材板上，它们都假定贯穿现象的事物，而且有时候甚至通过指标操纵它们（见第六章第二节）。

最后，集中于行动的*实用主义*哲学断言只有效率最重要：我们把任何有助于生存和成功的东西都称为“真的”。这种观点为尼采和詹姆斯共享，它在日常生活中是站不住脚的，在这里人们被迫区分有利可图的谎言和无用的自明之理。更不用说实用主义适合于最终目的是要发现和完善真理的科学研究了。而且它对于技术而言同样是不适当的，技术在设计有用的人工制品时大量消耗科学真理。

反实在论的主要种类将在第十三章中更彻底地被分析。目前让我们只注意那些支持反实在论的人：①在声称他们的无真理观点是真的时反驳了他们自己；②忽视科学家们在刺穿表象面纱方面的成功，并忽视技术专家们在使用科学真理方面的成功；③对为建立更真的对世界的表示而探索这个世界没有贡献，因为如果真理是不可企及的，那么追求它就没有任何意义了。因此，
99 激进的怀疑主义和教条主义一样，会造成研究的瘫痪。只有方法论上的怀疑主义有助于真理的研究。它是科学实在论的一部分，更多讨论见第十三章第八节。现在让我们转向一项建设性工作。

如果一个已被接受的公认的假设，出现了一个例外（反例），该怎么做

呢？当遇到这样一个反常时，我们对它的反应很大程度上取决于谈论中的这个假设的过往记录，也取决于它相伴随的情况。一方面，如果过往记录并不突出，而且这个假设并不被更多的普遍化概括所支持的话，我们应该毫无疑虑地抛弃它，然而如果它是有意思的话，我们或许想要在我们思想的背后保持它。另一方面，如果这个受到怀疑的假设的过往记录是突出的，而且它符合其他得到充分证实的猜想的话，我们就应该尝试构造一个能够说明矛盾原因的特设性假说，通过解释消除反常，而且我们应该准备好让拯救者独立地接受检查。

一个保护性的特设性假说在科学上是可接受的，只要它能独立地被检验，就如当我们推测这个观察异常是一个源于错误的观察或者计算的“人工制品”时，一个不可靠的来源，或者一个能被客观地确定的外生冲击，事实上解释了这个矛盾。在这种情况下，当这个保护性假设能独立地被检验时，我们将会说，它是一个*善意的*特设性假说。反之，一个不能独立地被检验的，而且被引入的唯一目的就是拯救谈论中的那个普遍化概括使之于免于被反驳的假设，被称为*恶意的*特设性假说。

众所周知的善意特设性假说的两个例子是毛细血管的存在（Harvey，1628）和海王星的存在（Leverrier，1846），这两个实体，尽管用肉眼是不可见的，但最终被发现了。恶意特设性假说的一个明显例证是声称利他主义实际上是利己主义的，因为它带来了快乐。这是诡辩，它唯一的作用是要保护效用原则，根据它，我们所有的行为都是为了最大化我们的预期效用。另一个恶意特设性假说的例子是弗洛伊德的压抑学说，它唯一的作用是保护恋母情结假设和类似的关于隐藏性征的假设（如果你是一个男性并且碰巧喜欢你的父亲，这仅仅证明你坚决地压抑了你对他的憎恶。如果你最近一个梦没有性内容，或者如果你对你父亲在你童年时期对你实施性虐待没有任何回忆的话，这仅仅证明你在压抑自己的可耻记忆方面具有超我能力）。但是休息时间结束了。

第六节　批　　判

试图证实我们的信念是很自然的。只有受虐狂者才会希望其他的。然而

100 理智上的诚实——其中包括对真理的关注——表明，这种自然冲动要受到批判检验。独断教条是意识形态的本质，而在科学和技术中几乎所有的事情都能成为被批判的对象：数据、假设、推论、理论、技术、工具、价值、问题选择及全部的探讨方式（并非所有的事物都是可疑的：存在着强有力的发现，比如，所有的原子都包含质子，新陈代谢对于生命来说是必需的，社会处于一种不断变化的状态）。这样是因为错误能悄悄混进任何地方，我们想要我们的命题能最大程度为真，而且我们想要我们的技术和工具最大化地适合于追求真理或效能。我们还想要全面性和深度。

观念不是唯一可能的被批判对象。所有具体实在的人工制品，尤其是组织和社会过程，都必然是有缺陷的或者变得有缺陷，为了效率、公平或者二者，需要修补和替换。这就是自由批判在社会问题中就如在科学、技术和人文科学中一样是至关重要的原因。实际上，批判是每一个深思熟虑的修正机制的一部分，因为只有发现一个缺陷，我们才能努力去理解和修复它。

然而，负责任的批判，无论是社会的、技术的还是科学的，都是理性的并且基于最好的现有知识。尤其，负责任的社会批判依赖于社会科学。但是人们不能同时批判一切事物。实际上，要使任何观念接受批判检验，根据定义，就是尝试找出错误，通过临时把某种知识体看作是理所当然的。这就是为什么我们每次只能批判一项的原因。因此，即使在科学、技术和人文科学中最深刻的创新，也必定仅仅是局部的。关于社会改良乃至社会革命也大致一样，它们中没有一个可以是全部的，由于这个简单的原因：它们必须使用现有资源，而且根据定义，根深蒂固的习惯不会在一夜之间改变。

一个构想可能由于具有以下缺陷中的一个或者全部而被批判：它与手头上的这件事*无关*；它有某种*内在固有的*缺点，比如，模糊性及就公式来说不是良构的，就定义来说是循环的，就理论来说是不一致的；或者某种*系统内*缺陷，比如，当所谓的一些前提的一个结论实际上并不是从它们中推出时；或者*系统外*错误，比如，要么与大多数背景知识不相容，要么与可用的经验数据不相容。

最后提到的这种缺陷值得评论。一个与大多数得到充分证实的知识相矛盾的理论几乎不值得注意，因为真理的一个指标恰恰就是要与背景知识相容。

至于数据，那些与相关标准理论不符合的都被认为是异常的。根据经验主义，数据比理论更可靠，因此任一反常都能指控相关的理论。这种策略在关于“硬”数据的新的试用理论的情况下确实是合理的。但是在新的数据挑战了已经做出杰出贡献的理论的情况下是不合理的。在这里它被用来检查反常，因为可能的情况是它源于有缺陷的观察和计算。

如果一个科学观察、假设或者技术受到了批判，这个批判有可能遇到论 101
证或者新的数据。与之相比，意识形态的批判及心灵学、精神分析学和其他伪科学的批判，大多经常被忽视或者遭到人身攻击。因此它们并不会做出很多转变，它们仅仅警告尚未被这样的信念系统所捕获的人们。批判能够改变信念，仅当被明确地认为是一种发现真理的工具时。当被认为是敌意的表现、意识形态的背叛、反抗“领袖”或者一个自后现代前期的思想中遗留的障碍时，批判可能会加强信念，正如预言的失败加强了宗教狂热者的信仰一样（Festinger et al.，1956）。

对于任一理性行为来说，批判是必要的，但却是不充分的。创造力甚至更为重要，因为没有它的话，批评家将什么也得不到。创造力的一个形式是建设性批评，也就是提出修复或者替换一个已经被发现有缺陷的项的方法。建设性批评并没有破坏性批评频繁，不仅仅是因为它更难，还因为它需要公平和友好，这两个品质在用追逐权力代替追求真理时迷失了。

破坏性批评可以是理性的或者非理性的。理性的破坏性批评在于展示不一致性、不相关性、与经验发现或者与健全理论的不相容性。它不提供替代选择，但是它扫清了道路。至于非理性的破坏性批评，它分为几种。其中之一是简单的拒绝，没有提供任何理由。第二种就是人身攻击，就如在“愚蠢的唯物主义者”中。第三种是基于对当权者奴性的诽谤性归责的拒绝。这种有时候被叫作“揭露”的非理性的破坏性批评是福柯的典型特点，他是短语“另一个政权，另一种知识”的发起人。它也出现在一些建构主义相对论科学社会学家，以及一些所谓的女权主义者和环境保护论哲学家的著作里，他们在其他所有人看作是政治中立的诸如逻辑学和力学这样的学科下面看见了黑暗力量。但是，作为非理性主义者，他们对证据置之不理。最终，存在着被德里达和其他自封的后现代文学评论家称作“解构”的东西。我不会对这种操作加以评论，因为在我看来它藐视可理解的描述。

简言之，根据定义，非理性批判是无理由的，并因此是不正当的。与之相比，理性批判是发明和发现过程的必要补充，它有助于选择和磨炼新观念。这就是为什么它是科学方法的一部分的原因。

第七节　方　　法

我已经区分了研究问题与常规问题并提出，研究问题对于常规问题就如发现之旅对于汽车旅行一样，无论多么危险，不存在已知的发现的规则或者
102 发明任何全新的事物的规则、方法和努力工作无法取代创造力。因此所谓的发现的逻辑、理论构建的技术和创造性的计算机程序，都是如此多的海市蜃楼。包含在发现有意思的问题，偶然发现新的解决方案，或者发明新的理论或者程序之中的创造力，可以被训练或者被阻碍发展，但是它不能被规划，因为相应的心理过程不是规则系统的。如果它们是的话，那么所有的问题都将成为常规问题，而且将不再需要原创性研究或者新思想。不可能存在古怪反常之事物的手册指南。

然而，存在着研究战略与战术，这就是方法论的全部内容。这就是伯纳德（Bernard，1952［1865］）和涂尔干（Durkheim，1988［1895］）在他们的经典著作中写到的东西（注意：方法论是对方法的研究，实际的研究使用的是方法而不是方法论）。方法在普遍性方面存在不同。因此，原则上实验方法能被用于处理所有我们范围内的事实的学科之中。其他方法，比如，随机抽样法和逐次逼近法，是较为专门的方法。还有一些，比如，那些用于考古遗址的方法或者在设计社会调查和评估社会事业时所使用的方法，甚至更为专门。

对于研究科学、技术或者人文科学中的问题来说，最一般的策略就是*科学方法*。这或许可被总结概括为以下步骤序列：

> 选择一个研究领域→调查那个领域的背景知识→鉴别出一个知识问题→对这个问题精确表达或者再描述→检查背景知识，寻找

可能帮助解决这个问题的项→选择或者发明一个试验性的、看起来很有希望的假设→对这个假设进行概念上的检验，看看它是否与大多数关于那个问题的已有知识相容（因为或许它是胡乱推测而不值得继续进行）→得出关于这个假设的一些可检验的结论（通常在辅助假设和数据二者的帮助下）→对这个假设或者它的一些结论进行经验（观察的或者实验的）检验的设计→对这个假设进行实际检验，寻找有利的和不利的证据（例证和反例）→对数据进行批判检验，并且在必要时候，对数据进行统计处理（例如，清除无关数据并计算平均误差）→根据它与背景知识和新的经验证据的相容性，对这个假设进行评估→然后，如果检验结果是不确定的，设计和执行新检验，可能使用不同的特殊方法→如果检验结果是确定的，接受、修改或者拒绝这个假设→如果这个假设被强有力地证实，检查下关于它的接受是否强迫背景知识做出了一些改变（丰富或者修正）→鉴别和处理由这个证实了的假设引起的新问题→重复检验和复查 103
它对已有知识的可能影响（精度上无变化、增加或者损失、全新的结果，等等）。

引入和检查新的程序的情况类似，除了在这里是可靠性和精确度而不是真理处于危险中之外。引进和试验诸如机械或者组织等新的人工制品的情况时也是这样，除了在这里检查是为了效率和公平之外。

除了通用的和专门的方法之外，还存在一些启发式的指导方针，比如，从回顾有关的文献开始，但是不要让你自己被它淹没；把正在考虑中的项置于它的语境或者系统中；区分问题的各个方面，但不要分离它们；确定前提和未知事件；从简单的观念和方法开始，仅根据需要复杂化它们；始终处理不可预见之事；每当必要时要修改研究计划（Pólya，1957）。这些启发式格言连同通用的和专门的方法一起，促进了研究进展，但不能取代原创力、胆量见识、勤勉和诚实。

方法规则和启发式格言的主要作用是帮助寻找真理。我们要区分事实科学中的三种方法规则：发现事实的规则，关于事实的命题（数据和假设）的真值的评估规则，评估这些规则的功效的元规则。因此一个测量仪表的使用说明书包含着第一种规则。这样的规则是具体的，它们依赖于这个测量仪表的详细设计和相关的测量对象。因此，方法论关于它们几乎什么都没说。

方法论处理的是其他两种类型的规则。这些包含着核心的真理概念和功效概念，它们必须与相应的标准区别开。实际上，一个真理标准就是评估某种命题真值的一个规则，因此它预设了真值概念。同样，一个效率标准就是一个评估规则、程序或者人工制品效能的规则，因此它预设了效能概念。现在我将列举和简述一些最常用的评估事实假设和理论的真理标准。

完构性。标示正在谈论中的命题的句子应该遵守句法规则（语言的或者数学的）。如果它们包含大小量级（数值的谓词），等式和不等式在维度上应该是其次的。

精确性。判断应该尽可能精确，也就是说，应该使不好的模糊性减到最小，容忍无害的模糊性。

104 *意义性*。在更进一步的命题尤其是语义假设的帮助下，命题的指称对象和意义应该被明确确定（例如，“*K* 表示这个领域的承载能力”）。

内部一致性。一个理论应不包含明显的矛盾，而且如果这样的矛盾被发现，它们应通过重铸或者放弃引起它们的假设被移除。

外部一致性。命题应与大多数背景知识相容。

可检验性。命题应该是可证实的（通过有利的例证），而且在大多数情况下，也是可（被反例）予以驳斥的（可反驳性条件的例外情况是被善意的特设性假说所保护的任何假设，以及某些复杂的物理理论的最高水平的公理，尤其是变分原理，见 Bunge，1973b）。

拟合优度。一个依据经验数据直接可检查的假设，应该相当好地与它们相符。

根据实证主义，最后一项是唯一的真理标准。但是我主张，它应该仅仅被看作七个中的一个，即使仅仅因为一个良好拟合，总是能够通过假设这个函数是一个足够高阶的多项式并且通过适当地调整系数而获得（关于拟合优度在计量经济学中的不充分性，见 Hendry and Richard，1982）。

总之，存在一个处理知识问题的最优策略——科学方法，而且存在着和研究领域一样多的策略。

第八节　知 识 问 题

传统上称呼的“知识问题”实际上是一整个问题系统。这个系统的一些成分是知识是什么？什么可以认识：心灵、大脑、计算机还是社会团体？我们能认识所有事物、一些事物还是什么都不能呢？人们如何认识：根据经验、理性、行动中的一个，或者两个或者三个的结合，还是它们中没有一个是？哪一种知识是最好的——最真实的、最全面的、最深奥的，以及最可靠和最丰富的？这五个问题构成了认识论的核心问题，或者知识的“理论”，它仍然会变成一个严格意义上的理论。

如何能够最好地探讨这些问题呢？传统的认识论以一种先验的方式处理它们，它不用知识的科学——认知心理学、知识社会学、科学史和技术史。我持这种观点，即认识论问题位于哲学、科学和技术的交叉点，因此它应该依据由这三个研究领域提供的背景知识来研究。

事实上，这是我们在前述事项中如何继续进行的问题。拿第一个问题知 105
识是什么为例。我们曾经把每一点知识都看作一个认知过程的终止状态，认识过程反过来说是一个大脑过程。我们曾经因此把知识和认知区分开，尽管没有分离它们。此外，我们还曾说过，事实知识就是一种对现实的表示，越真实越好。

这引导我们进入第二个问题，即什么能够认识？因为认知过程只在头脑（或大脑）中发生，所以集体主义者的论点——认知主体是一个社会团体或者一个通信网络——是错误的。但是传统的孤独的认识主体的观点，甚至更糟的，柏拉图、波尔查诺、波普尔和其他人所持有的唯心主义者的观点——在没有认识主体的情况下可以有知识——也是错误的。调查探究不是在一个社会真空中引导进行的，它和交易与政治一样，是一种社会性事业，包含着一种传统（一个背景知识体），也包含着改变主体的相互作用。

第三个问题我们能认识什么可想到的有三个回答：所有事物、一些事物和什么也没有。第一个回答是原教旨主义者——宗教的和哲学的、政治的和经济的——的观点：某些文本，假如它们能被正确解释，则包含着所有人类能够或需要知道的东西。这种论点是错误的。例如，我们知道，我们永远无法获得过去的甚至现在的详尽彻底的全部知识，因为大多数事实都从未被记录，一些文档被破坏了或者丢失了，一些是伪造的，而且还因为当代编年史家或多或少有点目光短浅和部门性。无所不知教条的对偶，即认识论上的虚无主义和无政府主义（或者激进的怀疑主义），也是错误的，因为事实上，我们确实拥有一个相当大的和扩展的数学的、科学的、技术的和人文主义的知识体。仅仅提及逻辑学、物理学、化学、生物学、历史学、工程学乃至医学都足以为证。

于是剩下温和适度的怀疑论回答，即我们能认识一些事物。不是所有事物，因为我们的来源是有限的（例如，我们的档案不是完整的），我们的资源（尤其是人类的资源）常常是贫乏的，我们的好奇心并不总是足够强烈的，我们的大脑并不总是胜任的，而且有时候还受到某些哲学神话的阻碍。一个这样的神话是为维科、狄尔泰、韦伯、哈贝马斯及一些实用主义者所持有的这样一种观念：人们能够理解的仅仅是他们自己制造的东西，尤其是工具、观念和社会制度；自然，作为与观念和目的不相容的存在，对于人的理解力而言是难懂的。这是错误的，因为事实上，（a）我们所知的关于自然的认识比关于社会的认识要多得多，而且（b）自然科学对于了解社会主体和人工制品（无论是物理的还是社会的）如何运作是必要的（尽管不是充分的）。

这个双重的哲学神话是，我们可能永远不能认识和了解其他人是如何感
106 觉或者感知的，因为主观经验是私人的。这是知识就是经验这个经验主义教条的一部分。这个原则是错误的，因为除了亲知知识之外，还存在着比如描述的知识这样一种东西。尤其是，我们能够获得关于主观经验的概念知识，这就是心理学的全部内容。诚然，我不能和你以完全一样的方式来感觉、感知或者思考。但是我可以大致了解你是如何感觉、感知和思考的，因为所有正常的人类大脑和所有基本的人类经验都是相似的。无论如何，科学探索的要点不是再体验其他人的经验，而是理解它们中的一些，以及对于经验来说难以达到的事实。

人们如何认识这个知识的第四个基本问题，已经被一些哲学家认定是不

重要的，如波普尔。然而，你如何认识 X 这个问题的要点是，确定事实或者命题 X 曾被适当地检查过，而不是想象的。这是一个任何严肃认真的方法论者都无法回避的方法论问题。事实上，这个问题已经被直觉主义、理性主义、经验主义和实用主义认真对待并加以回答。

直觉主义声称，存在一种特殊能力（冥想、内光照明、洞察力、领会或者胡塞尔的本质直观）能毫无错误地告诉我们一个命题是否为真或者为假。激进理性主义认为，理性对于认识任何事物都是必要和充分的；激进经验主义认为，只有原始经验，即未被理性加工处理的经验，提供了某种知识；实用主义认为，行动是所有知识的来源和标准。让我们快速浏览一下这些学说，它们将在第十二章中被更彻底地检验。

虽然各种各样的直觉都是真实的，但直觉主义对于知识的进步而言是一个障碍。实际上，它是一种非理性主义的、永无过失主义的哲学，它不在意论证或者检验，因此是与科学态度不符的。与之相比，理性主义至少为纯数学效力，这不足为奇，因为这是*那种*先验科学。但是理性主义在其他任何地方都失败了，因为和观念不一样，自然事实不能被发明。激进的经验主义在任何地方都不起作用，因为为了从经验中学习，我们需要反思它，反思包含着不是来自纯经验的观念，比如，检验观念、真理观念和一致性观念。这就是为什么没有激进的经验主义者留下的原因：所有的逻辑经验主义者（或者新实证主义者）都承认需要非经验的尤其是逻辑的观念。至于实用主义，它显然与普通知识和手工艺性知识有关。但是它与数学和基本科学是不相关的，其相关知识中没有一个是关于实际问题的。它甚至不能公平对待集中地利用数学和基础科学的现代技术。

结果就是，虽然理性主义、经验主义和实用主义每一个都拥有些许真理，但是它们中没有一个对所有的调查探究现实世界的领域给出一个真实的说明。我们需要一个综合，在包含这些传统认识论中的正确成分的同时又超越它们。107
这个综合是科学实在论，它将在第十三章第八节被阐述和辩护。

第五个和最后一个基本的知识问题是什么种类的知识是最好的，也就是说，哪种知识是最真实的、最广泛的、最深奥的、最可靠的和最丰富的？这不是一个适定的问题，因为对它的回答依赖于知识的领域和我们的目标。因此，如果我们寻求语言知识的话，我们将不会从事于天文研究；而如果我们面对一个管理问题，我们将不会从事化学研究。一个更为合理的问题是，什么类型的调查探究最有可能产生相关的、真实的、广泛的、深奥的而且经常是可臻完善的、对于某某领域中的问题的解决方案？我主张，如果正在谈论中的这个领域研究的是自然或者社会的话，那么答案就是，科学探索最有可能产生真实的、更普遍的、深奥的（尽管很少是最终确定的）回答。这或许可被称为*科学主义*的论点。几乎没有任何疑问的是，科学主义在对自然的研究中取得了胜利。问题是，它是否能在社会研究中起作用。我将在这本书剩余部分的不同地方论述它。

所有的高等动物都探索他们的环境。这样的调查探究认为，存在一个能够被探索并且值得探索的外在世界，这是理所当然的。然而，只有人类有能力引导被叫作“科学研究”的这种特殊的调查探究，而且这仅仅是从公元前5世纪前后才开始的。这种调查探究的目的是形成、检查及精炼清晰的、可检验的和有时候是近似真的关于现实的观念。科学家们通过把理性与经验和直观相结合来完成这个任务：通过做出有根据的推测和产生数据，而且还通过检查假设和数据。解释这个程序及其部分的成功的那种认识论就是科学实在论，根据科学实在论，存在着独立存在的事物，它们至少能被部分地和逐渐地认识，而且通过科学研究能获得最好的了解。简言之，科学共同体是终极真理小队。

第四章

系　统　化 108

当被授予一个有趣的新的事实数组时，我们通常会尝试解释它们，通过形成一堆相当模糊的，甚至可能互相不一致的观念，简言之，一种混浊状态。对这样一种浑浊状态的批判性反思，或许能成功地将它转变成一个模型，或者相当精确的系统，表达清晰的观念。这反过来或许有助于我们深入地再考虑下那些促进我们建模工作的事实。这二次探查有可能建议改进我们的模型，或许形成一个完全不同的模型。这种在观念和事实之间的之字迂回可能会继续，直到有人偶然发现一个足够真的模型，要不然就是在临时的绝望或无聊中放弃。

观念系统尤其是模型，不仅需要用来表示一些现实，还需要用来理解观念。事实上，为了理解任一给定的观念，我们必须把它与其他观念关联起来，一个孤立的观念将是无法理解的，因此它根本不会成为一个观念（类似：一个孤立的词语不属于任何语言，一个孤立的音符没有任何音乐地位）。这就是为什么所有的观念都成簇地出现的原因。但并不是所有这样的簇群都是组织有序的。例如，一个地理或者历史数据的清单就是不成形的和不整齐的，因此难以被理解、记忆和扩展。理想的观念群集是一个概念系统，也就是一个具有清晰的逻辑结构的构想集。在这一章，我们将检验一些出现在科学和技术中的概念系统类型。

有深度的假设、准确的定义、精确的数据和明确的规则都非常好，但是
如果单独拿来用的话，它们并不会帮助我们理解、预测或者控制任何事。为 109

了理解、预测或者控制任何事实，我们必须系统化我们的数据并对它们进行推测。因此，我们理解一个公司中经理的作用，如果我们得知他在一个组织系统图中所占的位置的话。我们理解类人猿与人相似，如果我们回想一下我们拥有共同祖先这个假设的话，这个假设在我们的系谱树中被表达，它反过来在正在谈论的这个人类物种序列中被表示。我们解释和预测一个国家 *A* 到某一时间将会耗尽它的自然资源 *R*，如果我们知道 *R* 的当前贮备和 *R* 被利用的速度，以及政府 *A* 关于保持甚至增加那个速度的（愚蠢）政策。在第一种情况下，我们求助于一种分类，在第二种情况下，我们求助于一个微型理论。二者都建立在假设和数据的基础上。让我们分析概述概念、分类概念、模型概念和理论概念。这样的分析对社会科学来说尤为重要，因为除了经济学之外，它们都不是以概念的清晰性和系统化为特征的［拉斯韦尔和卡普兰的 *Power and Society*（1952），默顿的 *Social Theory and Social Structure*（1957），以及科尔曼的 *Foundations of Social Theory*（1990）是例外］。

第一节 概　　述

我们关于事实问题的大多数知识都是零星的斑点，它包含着少量仅仅通过它们共同涉及某种事物而结合在一起的数据和猜测。简言之，事实知识常常是概略性的。我们规定一个*概述*或者*概要*，是概括某种事物突出的已知特征或者推测的特征的命题集合（或者图表）（特别的是，这个集合是一个单元素集）。如果这些命题是共同宣称的，那么这个集合就变成命题的一个结合。概述或者图解以不同的复杂程度出现。最简单的就是正在谈论中的这个事物的突出属性的一个清单，例如，“巴纳尼阿是一个小的不发达的生产经济作物的热带国家，它是被一个由美国政府支持的军事执政团所统治的。”

更为完整的概述都是更复杂的，此外还包含着事物的结构和环境。因此，在一个给定的时间，一个具体系统 s 最简单的概述或者概要，就是这个有序三元组 $m(s)=\langle C(s), E(s), S(s)\rangle$，它的组件分别代表 s 的成分、环境和结构。我们应该经常使用这种定性概述或者 CES，当谈论个人主义、整体论、系统论和相关的问题时。

概述可以是文字的、图表的、数学的或者是混合的。例如，把一所大学描述为一个致力于研究和教学的社会系统，就是第一种。图表、方框图和流程图阐明了第二种。投入 - 产出矩阵就是数学概述的例子。

一个图表就是关于那些被认为是一个系统的突出特征——它的成分，这 110
些成分之间的关系，系统（或者它的代表）与它的环境之间的关系——的图示。一个图表实际上就是一个命题系统的图形显示。但它不是一个理论（一个假说 - 演绎系统），因为这些成分之间的关系都是因果的，而不是逻辑的。例如，在一个组织结构图中，节点表示单位（如个体），连接节点的边或者线可能表示报告或者供应关系。在许多情况下，图表便于被矩阵取代。一个例子就是一个经济体的投入 - 产出矩阵，在这里“单元数据（cell）”M_{ij} 表示工业 i 对工业 j 的投入。

一个影响了各种真实事物表示法——从简单的概述到复杂的理论——的问题与细节有关。假定我们只能知道这么多，或者我们只能花费这么多的时间和能力，我们的表示法应该多么详细呢？它应该仅仅包含指称对象明显的重要的特征？它应该仅仅表示外部特征，还是也表示成分和结构呢？这是与替代表示相对应的黑盒子问题。

一个概念上的*黑盒子*只包含外生变量，比如，刺激和反应。另外，一个概念上*半透明的盒子*包含着表示内部状态及它们与外生变量之间关系的内生变量，因此它描述的是内在机制，据推测它解释被表示的事物的外显行为。一个*灰盒子*既包含着外生变量又包含着曾被称为“中介变量”的东西，即不表示任一真实属性但却执行一种计算功能的变量（例如，自动机理论中的次态函数）。

在三种概念盒子中进行选择，是由可用信息的数量及理论家的哲学立场决定的。如果我们的知识是不足的，我们就没得选择，只能构造一个黑盒子模型或者一个灰盒子模型。这种类型的表示法曾经被实证主义者、约定论者和其他反实在论者喜爱和赞成。对黑盒子模范独有的依恋，阻碍了知识的进步，而且严重限制了它的实际应用。实际上，如果我们忽视了引起事物运转的东西，即它的内在机制是什么的话，我们将不会在改变其行为上取得成功，更谈不上改善它的行为了。简言之，尽管黑盒子在一个研究计划的开始是不可避免的，但实证主义者的黑盒子主义哲学是消极主义否定论的。

图式的构建引发了一些更有意思的方法论问题和哲学问题。这里是它们的一个简短清单。第一，给定关于一个真实（或者推定真实）事物的一些信息，就必须对它的（真实的或者推测的）特征中哪些要包含在模型中及哪些要忽略做出选择。这个决定对理论家的想象力和哲学立场的依赖程度不少于
111 对可用信息和目标的依赖程度。这个问题不存在唯一解，因为不存在制作模型的方法或者规则。

第二，对某个事物给出两个或者更多的表示法，查明它们是否相等是必要的。因此有必要检查，例如，两个图表或者一个图表和一个矩阵，是否用不同的方法表示了同一个系统。同样，给定两个明显不相等的模型，有必要调查一下它们是否在不同的精确程度上表示同一个事物。

前述的两个问题都是技术性的。其他问题则具有更多的哲学性质。这里有一些例子。首先，每一个概念表示都必须与它的指称对象类似吗，即它必须是一个类比模拟吗？不是的。只有一些黑盒子是图标的或者形象化的。最复杂的表示都是迂回的或者象征性的，因为它们包含着不可见的然而据推测是真实的实体或者属性（考虑下心理学、经济学和历史学）。其次，一个真实事物的概念模型能够是完美的吗？不能。建模包含着简单化，一开始就丢弃了细节和特质。尤其是，不同的项在一些方面被同等对待，并且这些等同物被犹如它们是同一的一样被对待（回想第二章第五节）。由概念表示的构建引起的更多问题，将在下一节被处理。

第二节　分　　类

一旦我们已经概述了有兴趣的事物，我们可能需要把它们分组。归类一个给定的个体集就是把它分成类，即把各项目以这样一种方式分组以使每一个个体都加入或者分配到一个单一类中。例如，关于职业，一个社会的成员可能被分成食利者、雇主、雇员、个体经营者、半失业者和失业者。与之相比，剥削者—被剥削者之分并不引起一个详尽的区分，因为它并没有给失业者或者剥削他们的人让出空间，比如，独立的专业人员、工匠、商人和农民

等加班工作却没有雇佣任何人的人。

分类始于形成类——共享一个或者多个属性的个体的群。考虑一个项目集合体 C 并且称呼 A 为一个定语（谓词），它表示 C 中一些成员的一个属性 P（记住，任一给定属性都可能用可供选择的方法被概念化，见第一章第一节）。在集合体 C 中所有归于谓词 A（并因此假设拥有属性 P）的个体集合是 $\mathscr{A}=\{x\in C|Ax\}$。单一属性 A 及其对偶非 A，导致一种二分法，即做出非黑即白形式为“b 是一个 A”和“c 是一个非 A”的陈述。换句话说，我们得到两个类，A 和它的补集非 A，例如这样的类：私人货物和公共货物，民主政治体 112
制和独裁政治体制，进步的历史时期和非进步的历史时期（这样的二分法常常太过粗糙，因为许多属性是分程度出现的，这是正确的，但却是离题的）。

如果我们挑选两个属性 P 和 Q，分别用谓词 A 和 B 来表示，那么同时归于两个属性的个体集合将是 $C=\{x\in C|Ax \,\&\, Bx\}$，反过来它可以被证明等于两个相关类的交集。包括给定谓词的对偶非 A 和非 B 在内，现在我们能形成四种陈述：“c 是 A 且是 B”“c 是 A 且非 B”“c 是非 A 且 B”“c 是非 A 且非 B”。换句话说，两个谓词把一个集合分成四个互不相交的类。一般而言，n 个谓词的结合引起划分成 2^n 个类别。

不同的谓词引起不同的分类。这似乎证实了唯名论者的论点，即所有的类都是任意的。但是并非所有的分类都同样是自然的，并因此是富有洞察力和有意思的。只有被重要的属性所引起的分类才能产生重要的分类，即与自然发生的类相匹配的分组。这不是说这样的（自然）种类是真实事物。只有它们的个体成员才是真实的。无论是自然的还是约定的种类都是概念。因此，工人阶级是一个自然种类，不是一个任意的团体，因为存在着诸如工人这样的事物，并且工作是一个重要的社会经济学类别。然而，“工人阶级”是一个概念，不是一个具体的事物，比如，一个个体劳动者或者一个公会。因此，把诸如一个意识或者一个目的这样的心理学属性归于工人阶级，或者归于任一其他的社会团体都是错误的，这是概念的具体化。

不论是自然的还是任意的，一个严格意义上的分类都满足某些形式要求。很值得明确地列出它们，因为它们在社会科学中经常被违反，在那里许多类型（类型学）的不完全枚举被认为是一种分类。个体集合的一种分类需要满足以下形式条件：①原始集合的每一个成员都被分配给一个单一的基本类或者种（或者最低级的分类单元）；②每一个基本类（种）都由原始集合的一些成员组成，并且没有由子类组成的类；③每一个类的成员资格由一个谓词或者谓词组合决定；④每一个类都清晰地划分界线，即不存在临界个案，这通过只使用明确的或者精确的谓词，避免用诸如“年轻”和“好”这样的模糊谓词来保证；⑤任意两个类要么是互不相交的，在这种情况下，它们据说属于相同的等级（或分类单元），要么它们中的一个包括在另一个中，在这种情况下，它们属于不同的等级（或分类单元）；⑥只涉及两种关系：成员资格关
113 系（$\in$），它在原始集合的个体与第一等级类之间有效，以及包含关系（$\subseteq$），它关联不同等级的类（例如，种与属）；⑦所有等级高于第一（种类）的类都等于紧接之前等级的一些类或者所有类的合集（例如，每一个属都等于它的种的合集）；⑧一个给定等级的所有类都是两两不相交的，所以在原始集合中没有一个项属于不止一个的同等级类；⑨给定等级的每一个划分都是详尽而彻底的，在一个给定等级中，所有类的合集等于原始集合；⑩任一违反上述条件中的任何一条的分类都必须被纠正或者被放弃。

第三节　理论和模型

很少有概念曾在社会科学中遭遇比在理论中更糟的情况。就这一点而言，最坏和最流行的错误如下：理论是关于普遍性的论述，无论多么模糊和不连贯；理论是不可动摇的事实的对立面（一种庸俗的信念）；理论是无用的，只有数据和行动才是有价值的；理论是总体定向或一般探讨方式；理论与假设一样（如波普尔）；理论是定义的合集（例如，约定论者和帕森斯）；所有的理论都是观察事实的一般化概括（归纳主义）；存在关于人类行为的先验理论（如 von Mises，1949）；理论的公理都是无争论地真（常识观点）；每一个公理系统都是抽象的，即无解释的（如 Debreu，1959：x）。让我们检验一下这些古怪的观点。

我们始于这个基本观点，任何一个理论都是一个一般性论述，就如在“精神分析理论”“批判理论”和“女权主义理论”中。这不是这个词语如何

在逻辑学、数学、理论物理学或者任一其他高级学科中使用的问题，在这些领域中，*理论*一词标示着一个假说—演绎系统，即一个命题系统，这些命题中的一些是被假定的，剩下的都是从前者中推断出来的。接下来是理论与事实的对立。理论与事实相对是错误的，我们因此必须在它们之间做出选择也是错误的。正确的是，一些理论并不符合它们声称所表示的事实，因此它们是错误的或者不相关的。也不是所有理论都不如数据有用，正确的是，在传统社会研究中，大多数“大理论”过去一直是推测性的，因此是未经检验的甚至是部分不可检验的。此外，理论不是探讨方式，一种探讨方式不多不少恰好是一种查看和处理事物、问题或者数据的方式（第三章第一节），因此它或许至多提出一种类型的理论。理论不是假设，而是假设的系统。它们或许包含定义，但是远远不能归结为约定的集合，理论关于它们的主题内容做出明确的断言。和严格意义上的假设一样，和经验概括不一样，理论包含着可能不在与它们相关的数据中出现的（高阶）概念：它们不是数据包（例如， 114
一个根据可见的参与解释不可见的社会凝聚力的理论）。然而，这并不意味着科学理论化可以是先验的，即免除数据，数据是理论应该解释的和指导寻找的。公理也不是超越批判的，它们必须通过产生真的或者至少是貌似可信的结论来获得它们的地位。最后，认为每一个公理化的理论都是抽象的也是错误的，这只在逻辑学和数学的抽象分支如集合论代数学中才有效。简言之，上面列举的十种关于理论的思想观念都是错误的。

那么，理论*是*什么？就如在片刻之前回想的，在科学研究的所有主要领域中，*理论*一词都标示一个假说演绎系统，即一个假设系统，有效论证在其中（如演绎链）能够被构造，例如，谓词逻辑和图论、经典力学和量子力学、化学动力学和化学键结理论。显然，辩证法（无论是黑格尔的还是马克思的）、现象学、精神分析学、常人方法论等，都没有取得严格意义上的理论的资格，它们仅仅是陈述组成的群，而且还不是非常清晰的陈述，另外它们还与事实不符。

所有的理论在形式上都是相似的，它们都是假说—演绎系统。但是，鉴于纯数学中的理论是先验的，而任一声称描述事实的理论都必须为事实信息腾出空间，以便可被检查是否违反事实。事实理论的每一个公理都是一个假设，并因此要经受经验数据的可能的反驳（通常是通过一些定理，也就是逻辑结论）。只有抽象理论如逻辑学、集合论、布尔代数、群论和一般拓扑学的公理，才是无解释的。所有其他的数学理论都用数学（如数字的）术语加以解释，事实科学中的所有理论都是用事实术语解释的。因此，存在于微积分中的函数都与具体的集合如实线的子集合相关联，而与像在集合论中出现的难以形容的集合无关。出现在数理经济学理论中的函数，都是用诸如数量和价格这样的经济学术语解释的。因此（如 Debreu，1991）宣称所有的公理化理论，即使在经济学中都是纯数学的一部分，这是错误的。公理化影响一个理论的成分（假设、定义和定理）的逻辑次序，而与它们的内容无关。因此所有的科学理论都是可公理化的（Hilbert，1918）。但是一些公理化是形式的（也就是说，它们从内容中进行抽象），而其他一些却不是形式的（Hilbert and Bernays，1968［1934］，1：2）。

显然，理论并不是生来就充分发展的。它们开始就像是相当混乱的、包含着或多或少模糊概念的、多少有点松散地连接在一起的命题集合。如果情况果真如此的话，这样的胚胎，是通过补充和选择、例证和概括、概念精炼
115（尤其是精确化）及倚靠经验数据的检验，发育成长的。但是大多数理论胚胎都从未达到成年期，要么因为它们被经验数据扼杀了，要么因为处理它们的人不知道如何培养它们，或者因为他们处理的问题不再是有意思的了。

理论化的主要优点如下：①一个理论统一了很多先前散乱的假设。②这样的综合使得它有可能基于其他假设证明（或者推断）某些假设。③这些推论中的一些可能是新的，即在理论被提出之前是未知的。④理论成分之间的相互支持使它能够更加容易地根据其余成分批判地检验它们中的每一个。⑤对理论中每一个成分的证实都直接加强所有其余的成分。⑥理论中一个成分的每一个反例都会引起对其余成分的怀疑。显然，组织有序的即公理化的理论在最高程度上拥有所有这些优点（Bunge，1967a，1973c，1983b）。

理论化进一步的优点在于，一个孤立的假设或许可通过将它与一个特设性假说连接而免于反驳，但这样一种策略是几乎不可能的，如果这个假设是一个假说—演绎系统中的一员的话。在这种情况下，那个特设性假说必须作为一个新的假定并入，其结果是导致一个全新的具有新的推论的理论，它们

中的一些或许是不可检验的或者错误的。一个好的理论将会检查对经验数据“解释”的增殖扩散。就如我们在第三章第四节中看到的那样，任一这样的解释实际上是综合了可用数据的一个假设。但是，只要相关的这个假设不是某个理论的一个成员，那么对于能够解释相同数据的备择假设的数量就没有任何限制。这样的增殖扩散能够转变成为弗里兹和罗克奇（Freese and Rokeach，1979）曾经称谓的“可供选择的解释工厂”，它的工人利用别人获得的数据来制定他们自己的备择假设。

包含这种扩散的唯一有效的方法就是接受如下规则：①检查给定的假设是否与背景知识相匹配；②尝试将给定假设嵌入一个现有理论；③如果这失败了，尝试把这个假设扩展为不仅包含着原始数据而且还包含着关于其他种类的事实的数据的一个理论；④使用这个理论（与其他的理论一起）重新设计原始观察，而且也设计新的观察；⑤根据这个理论和新的数据，重新评估原始数据集合。

我们的下一个主题将是理论模型的性质问题（我加上限定词“理论的”是因为*模型*这个词语众所周知是模糊不清的，现如今几乎任何对一个具体事物的表示法都叫作一个模型）。一种给定事物的一个*理论模型*就是一个特定理论，即一个窄范围的假说演绎系统。这样一个模型详述了指称对象的一个梗
概（见第二节）。例如，它以一种精确的方式规定了一个具体系统的成分结合 116
在一起的方式。然而，即使最好的理论模型也必然会漏掉它的指称对象的一些特征，由此它有可能至多也只是部分为真。理论的模型都是平整的，但现实是参差不齐的。只有纯数学中的理论才能是无瑕疵的。

关于构造模式，我们区分两种理论模型：自由的和受约束的。一个*自由模型*是从零开始建造的，而一个*约束模型*是对一个一般理论的具体陈述，或者是把一个一般理论“应用”于一个领域，这个领域包含在这个一般理论的引用类中。在生物学、心理学和社会科学中，其大多数理论模型都是自由的，因为这个简单的理由，即在这些科学中，都缺乏真的一般理论。与之相比，在物理学和化学中，大多数模型都是受约束的，它们起因于用具体说明感兴趣的事物的性质的辅助假设集 S 来丰富一个一般理论 G 的基本假设（公理）集 A（换句话说，一个约束模型 M 等于 A 和 S 并集的逻辑结论的无穷集

合)。例如，一个行星系统最简单的模型产自用这个系统的一个概述和牛顿的万有引力定律来丰富经典力学。在任一科学中，一个雄心勃勃的研究计划都是为了建立一个一般理论并通过制作一些约束模型来检验它。另一个研究计划是为了处理反问题，通过找出一些自由模型的共同核心来设想一个一般理论。

许多社会学者尤其是理性选择理论家，相信一个单一的一般理论或许可解释一切社会事物。但这是一种方法论上的谬误，不存在不用再费周章而足以描述它的推定为真的指称对象 R 的一般理论 G。实际上，为了使 G 解释 R，我们必须用概述了那些事物的辅助假设集合 S 来丰富 G（例如，对于一次粗略近似来说，社会可能被概述为一个由在公民社会之上的国家组成的系统，对于二次近似来说，它可能被大概描绘成一个由经济、文化和政治这三个相互作用的子系统所构成的一个系统)。通过连接 G 和 S，人们获得了一个具体的理论或者理论模型，事物 M 被解释。一个供选择的概述 S'，当与 G 结合时，将会产生一个不同的理论模型 M'，M' 要么是相同事物的模型，要么是同种类的不同实体的模型。在没有 G 的情况下，即当一个事物从头开始进行建模时，M 是一个与 S 相一致的自由模型。由于 M 的成分 S 是感兴趣的事物的一个理想化，M 或许被说成是直接描述了一个模型对象并且只有它的真实指称对象 R 居于中间。此外，因为任一概述 S 都是 R 的一个理想化图片，虽然 M 精确地描述了 S，但它也只是近似地描述了真实指称对象 R（图 4-1，其中 $\mathcal{R}$ 代表指称关系)。

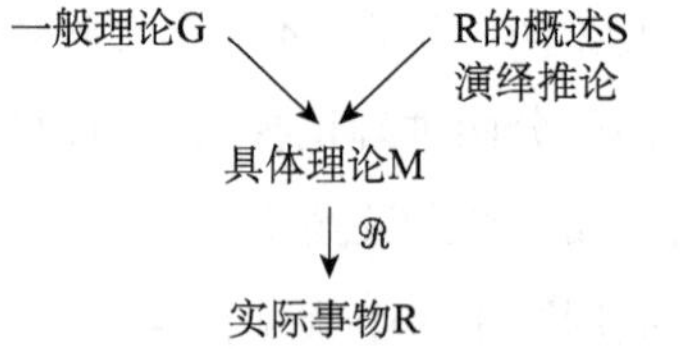

图 4-1 一个一般理论及对感兴趣的事物的概述共同产生了关于后者的一个具体理论

如果具体理论 M 被证明不是令人满意地与它的真实指称对象相匹配的话，那么 G、S 或者它们二者都必须进行修正。如果 G 有一个好的过往记录的话，
117 S 将被怀疑，而一个不同的概述 S' 将被试用。否则的话不仅 G 而且 S 都可能必须被改变。如果一个理论模型 M 对于目前的目的来说被证明是足够真的话，

那么它通常会被说成是“映射”它的真实指称对象的，或者说模型和指称对象是“同构的”。然而，这些表达都是隐喻性的而不是原义的，因为同构关系仅在集合之间才有效，虽然 M 是一个（陈述的）集合，但它的指称对象 R 不是一个集合，而是一个具体事物。因此辩证唯物主义者、青年时期的维特根斯坦及一些同时代的哲学家们，如范·弗拉森（Van Fraassen，1980），他们所坚持的“知识的反映论”是错误的。只有镜子才能反射，集合只能映射集合。隐喻能够很容易地把实在论转变成虚构主义或者“好似”谈论（回想第三章第五节）。

理论和理论模型的构建引起了一些有意思的哲学问题。它们中的一些对于概述的构建而言是共同的问题，并在第一节中谈及。另一个有意思的问题是，自由市场这样的“理论实体”，是真实的还是虚构的？答案是二者都不是，这是一个构想拙劣的问题。实际上，根据定义，所有的实体都是真实的或者至少是推定为真实的事物。正在讨论中的“理论实体”实际上是出现在科学理论中的一些构想。正确的问题是，这样的构想是否*涉及*真实的实体或者属性，并且如果是这样的话，它们是否适当地表示了它们。而且，这些问题几乎不能用纯粹哲学的资源来回答，它们还需要经验的检验。

第二个有意思的问题涉及理论的真。假设我们一致认为对于一个命题来说意味着要事实的真，我们能用这种观念推断包含着无限多命题的一个理论吗？显然是不可以的，因为我们不可能检验所有这些假设。然而，如果这个理论是可检验的话，而且如果我们已经成功地发明了适当的指标，并且成功地实施了好的观察或者实验的话，我们将有能力检验这个理论：①是否与我们的大多数背景知识相容；②是否做出了没有明显错误的断言；③是否包含一些在同一知识领域中得到充分证实的概括；④是否做出一些新的和（足够）真的预测。

因此，“真理论”这个表达应该被理解为，“包含着（充分）真的且没有（明显）虚假陈述的一个实体集合的理论”。注意在前述句子中术语“实体的”和“充分”的模糊性。前者的模糊性是不可避免的，因为在无穷命题集合的情况下，所有被检验的命题，不管它们的数量，构成了一个微小子集。但是 118
后者的模糊性是可以通过详细说明可接受的误差而被避免。即使如此，我们还必须准备好容忍包含着一些不精确的陈述的理论。但是在科学中，当误差被发现并且当它们与有意思的问题有关时，可能会刺激进一步的研究。

第三个经典的问题关系到简单性的作用。通常都会认为，我们应该更喜欢与一个给定的数据体相符合的所有理论中最简单的那个。此外，约定论者（如 Goodman，1958）声称，简单性在理论评价中是决定性的。但是他们既没有告诉我们“简单性”的意思是什么，也没有告诉我们为什么我们应该更喜爱它而不是真实性、解释力或者深度。事实上，*简单*一词标示着许多不同的概念。例如，一个理论或许在数学上是简单的，但却难以解释并因此是难以检验的。或者它可能在语义上是透明的，而且形式上也是简单的，但却是如方框箭头类型般肤浅的。寓意是显而易见的，即虽然各种各样的简单性是可取的，但它们不应是必需的。知识的历史是一系列的连续并发症，不是简单化。人们从简单的问题、假设或者实验设计开始，是因为人们在开始的时候只知道一点点。复杂的现实通常迫使我们复杂化我们最初的想法和程序。因此简单性可能是错误或者肤浅的指标，或者是二者共同的指标（Bunge，1963）。

第四个和最后一个问题涉及由库恩提出（Kuhn，1962，1991），由费耶阿本德（Feyerabend，1975）附议，并且受到后现代主义艺术家们欢迎的“不可通约性”论点。根据这个论点，竞争的科学理论是互相“不可通约的”（不能比较的），由此在它们中的选择要么是一个约定问题，要么是一个信仰行动。这个论点从分析上和历史上讲都是错误的。从分析上讲，因为根据定义，两个理论是相互竞争性的，当且仅当（a）它们是对大致相同的事实领域的不同解释，（b）它们在一个或者更多方面是可比较的，例如关于覆盖范围、精确性、预测能力或者深度。只有关于不相交领域的理论，比如价格理论和进化论，才是互相不可通约的。而且不可通约性论点从历史上讲也是错误的，因为竞争性理论向来都是在至少一个方面进行评价和比较的。尤其是从爱因斯坦和玻尔开始的理论物理学家，明确地使用对应原理，它规定，一个关于某种事实的新理论应该比旧理论更广泛，而且应该以某种限制或者其他限制，例如远远小于光速的速度，简化还原为后者。总之，不可通约性论点是完全错误的。因此它不支持非理性主义，也无助于解释理论变化，*更不用说*解释科学的历史了（更多讨论见 Bunge，1973c，1974c）。

第四节　理 论 规 律 119

一个理论的概念允许人们阐明一个规律陈述的概念。正像在第一章第一节中我们把属性与定语或者谓词区分开一样，我们现在将要把模式与描述它们的命题区分开。这对于规律、准规律、动态趋势，默许的（内在化的）规范来说，都是有效的。这种模糊性并不影响明确的人类行为规范，比如，那些被立法机关通过的规范。

模式—陈述之分的一个理由是，它允许我们解释一种典型的科学家的事业活动，即试图揭露隐藏的规律。客观模式是被发现的而不是被制造的，但是它们是在发明的帮助下被发现的，比如数学观念和测量仪器。同样的区分有助于把一部分好的科学史解释为一系列近似于对客观模式的正确表示。事实上，同一个客观模式或许可用不同的精确程度和深度来认识。

在一个客观模式和它的概念化之间进行区分的第二个理由是，它有助于解决关于实在论的争论（Ampere，1843：28）。主观主义者、约定论者和实用主义者声称，通常被称作“自然规律”的东西都是建构乃至约定。这个断言部分源于*规律*一词的模糊性及相应的一个客观模式或规律性与表示它的公式的合并。一旦这些观念没有融合，很显然的就是，虽然模式内在于事物本身，但表示它们的陈述的确是建构的。然而，它们不是随意的建构，这些假设被称为“规律”，只要它们属于某个理论并且被充分证实。*这是*一种（语言学的）约定（不久就会有更多关于此的讨论）。

规律陈述、趋势陈述和规范陈述，可被集体称作“模式陈述”。模式陈述可以采用多种形式，不仅取决于它们涉及的事物，而且取决于科学知识的状态，甚至取决于提出它们的科学家的数学能力和目标。一些是口头陈述，其他一些是数学公式。在后者之中我们发现了很多种类的等式和不等式，代数的、函数的、微分的、积分的，等等。

最常见的规律陈述是两个或者两个以上的变量之间的函数关系，比如，“如果所有剩余的相关变量都维持恒定，那么 $y = f(x)$”。这个条件命题的前件被称作*其他条件不变从句*，一个在所有科学中都能被发现的附带条件（见

第六章第一节，普遍错误地相信，这是只有社会科学才具有的特性）。明确的
120 警告的出现指向了这个事实，即正在谈论中的知识是有限的。一种改良的相关模式的知识，将会用一种复杂得多的函数关系来表达。对获得这样的改进的可能性的信仰被叫作“世界改良论”，正像意识到在任一逐次逼近法中出现误差的可能性的信念一样，被叫作“可谬论”。

迄今为止，社会科学中的大多数模式陈述与那些在物理学和化学中的模式陈述相比，在数学上都是相当保守的。更糟的是，我们关于社会事实的知识是如此原始，以至于大量数学“武器”的使用常受到怀疑，简直就像装饰外表，尤其因为可用数据远不是精确的。见证了主流数理经济学形式的精炼，它没有能力解释大多数经济事实是显而易见的（Bunge，1998）。

（模式陈述可以根据在第一章第三节中介绍过的状态函数的概念来定义。*模式陈述*是对某种事物的状态函数的约束。更确切地说，它要么是对一个状态函数成分的可能值的限制，要么是两个或者两个以上这样的成分之间的一个关系。合法的状态存在于状态空间中的一个盒子之内。）

从方法论的观点看，模式陈述可以被分为两种：经验的和理论的。一个*经验*模式陈述或者*准规律*，是一种经验概括，即对一种规律性的表达，这种规律性已经在观察、测量或者实验的帮助下被获得，但尚未被嵌入一个理论中。一个*理论*模式陈述，当然是某种状态函数已经得到充分证实的理论条件。这个条件在规律陈述和趋势的情况下是自然的，在规范的情况下是一个人工制品。

我将规定，一个理论模式陈述应被叫作“规律陈述”，当且仅当它满足以下条件：（a）它属于一个事实理论；（b）它或者它的一些逻辑关系词（前提或者结论）已经被经验地证实；（c）这个理论与大多数相关知识相容。条件（a）把理论规律和经验概括或者准规律区分开来。条件（b）考虑到了讨论中的这个陈述尚未被经验证实的情况，但是却很享受其他在这个理论中被充分证实的公式的间接支持。外部一致性条件（c）是识别和根除无根据的推测尤其是伪科学的工具。迄今为止，社会科学已经提出了极少数满足三个条件的概括。大多数它们的概括都是准规律，比如，“一个制度越古老，它的分布就越广阔。”

如果我们发现了一些似乎不能归入某种模式的事实，我们应该怎么做？我们可以试试这两个策略中的任一个：消除无规律性，假定它们是由测量误差或者外部干扰造成的；或者它的对偶，寻找因隐藏机制而产生的“好的结构”。但是任何一个假设都必须是真实的，即它必须能够被独立地检验。 121

假使所有试图解释观察异常的尝试都失败了将会怎么样？我们应该放弃并宣称这个未知的东西是不可知的，或者甚至是神奇的吗？这样做的话终将会放弃科学的世界观，因为这种观点包括（a）*合规律性*原则［每一个事实都满足某一（些）规律］，（b）*可理解性*原则（现实是可知的，至少是部分可知或者逐渐可知的），（c）*可解释性*原则（所有的事实在规律的帮助下都可以被解释）（更多讨论见第七章第一节）。因此，如果人们不能在大量的某种事实中发现任何模式的话，人们应该继续下去，希望进一步的努力终将会发现这样的模式。这是一种信念，是激励研究的一种信念。

第五节　理 论 种 类

理论——假说演绎系统——可以就主题、范围、深度或者组织被分类。*主题*（或者引用类，或者论域）可以是形式的，就如在纯数学的情况下那样，或者是事实的，就如在一门社会科学的情况下那样。它是二者中的哪一个，取决于明确地或者心照不宣地伴随着形式主义（如果有的话）的解释（或者语义）假设，如果有的话。例如，一个关于社会网络的理论包含着用两个语义假设丰富了的数学图论的碎片：图表的节点表示个体（或者社会系统），连接图表节点的边表示社会关系，如从属关系（如果这个图表是有向图的话，即边线都是箭头）或者交换关系（如果这个图表不是有向图的话）。

事实理论的领域或者论域可以被分成三大类：自然的（如生物学的）、社会的（如经济学的）和社会—自然的（如生物经济学的）。考虑到人类在很大程度上是人造的（被制造的，尤其是自我制造的），必然期盼在社会领域和社会—自然领域中的理论，将至少在一个方面——人造物方面——不同于那些自然科学中的理论。现在，与自然物相反，诸如符号、工具和正式组织这样的人工制品，是为了某个目的而设计的。因此，目的论或者最终的因果关系，在物理学、化学或者生物学中没有地位，但确实在社会科学和社会—自然科学中占有一席之地。如果仅仅是由于这个原因的话，提出正确的人类行为模型是很难的。但是，在描述性和预测性的理论失败的地方，规范性或者规定性的理论或许会成功。也就是说，与描述或者预测人们实际上所做的事情相比，在为了达到某些目标从而规定我们应该如何做这方面，我们或许会更成功。

一个理论的*范围*当然是它的普遍性程度。关于范围，我们应该区分四种
122 理论：狭窄的、中级的、宽泛的和巨大的，或者分别是模型、一般理论、超一般理论和支架理论。更确切地讲，我们拥有如下几种。

类型 1：*特殊理论或者理论模型*，比如，一个单摆模型，一个给定社会的亲属结构，某种商业公司，或者一个特殊的社会过程，如人才外流。它的语义特征是：①这个理论所有的具体概念都有一个事实内容，即它们涉及事实项；②引用类是一个清晰的且相当狭窄的种类，这个种类的成员都被认为是在至少一些方面被这个理论表示或者模式化。它的方法论特征是：①概念上是可检验的，即能够用大多数先前知识或背景知识来检查它的一致性；②经验上是可检验的（可证实的或者可驳倒的），倘若它用数据得以充实丰富的话（也就是说，受到检验的不是 T 本身而是 $T \cup D$，在这里 T 表示理论，D 表示与 T 有关的数据集合 D）。

类型 2：*一般理论*，比如，质点力学、经济学中的凯恩斯模型和社会学中的参照群体理论［这些就是默顿（Merton，1957：9）所称呼的*中层*理论，与“宏大的”——模糊的，因此几乎不能被检验的——概念图式相对立，它在社会学中曾一直流行直到并且包括帕森斯时期］。它的语义特征是：①和类型 1 理论下面那个一样；②引用类是一个属（而不是一个种），它的每一个种都可用类型 1 的理论表示。它的方法论特征是：①它是概念上可检验的；②它是经验上可检验的，倘若它用辅助假设（例如，关于成分的数量及它们之间联结的种类）及指标假设来丰富自己，以便它能成为类型 1 理论的一个理论模型（也就是说，受到检验的是 $T \cup S \cup I \cup D$。和前面一样，在这里 T 和 D 分别表示理论和相关的数据，而 S 和 I 分别表示辅助假设和指标假设）。

类型 3：*超一般理论*，比如，连续介质力学、综合进化论和新古典微观

经济学。它具有与类型 1 和类型 2 相同的语义特征，但是它的引用类是一个科或者目（而不是一个属），它之中的每一个属都可用一个类型 2 理论来表示。它的方法论特征是：①它是概念上可检验的，即可用大多数背景知识来检验它的一致性，尤其是用相应的类型 2 理论；②它是经验上可检验的，如果用把它转变成类型 2 理论的辅助假设和指标假设充实的话。

类型 4：*支架理论*，比如一般（经典或者量子）场论、博弈论、统计信
息论、一般系统论、网络理论、通用机器理论、自动机理论、历史唯物主义、
文化唯物主义，以及所有理性选择模型共有的假设。它的语义特征是：①一
些符号可能没有赋予其任何明确的事实解释，即这个理论可能仅仅是半解释
型的；②引用类是一整个界，它的每一个科都可用类型 3 理论表示。它的方 123
法论特征是：①它是概念上可检验的；②它单独在经验上是不可检验的，尽
管基于具体陈述它或许能成为间接可检验的，借此它可能变成类型 3 理论，
因此它是（间接）可证实的但却是不可反驳的；③它为窄范围理论的构建充
当支架。

有关理论范围的讨论到此为止（更多方面见 Stinchcombe，1968）。现在让我们检验理论*深度*这个概念。首先是一些例子。固体量子理论要比刚体力学更深，因为它根据原子组成和原子间的力解释了固体的宏观属性。分子遗传学要比古典遗传学更深，因为它根据基因突变和基因重组解释了基因型的变化。生物心理学习理论要比行为主义学习理论更深，因为它把学习解释为神经连接的形成和强化。动态的社会学、经济学或者政治学理论要比相应的静态理论更深，因为它解释了社会变化。

一方面，一个肤浅的理论把它的指称对象当作具有不可见的内部结构的黑盒子对待。它通常被叫作“现象学的”，因为它被认为是仅仅表示现象（表象）。但这是一种用词不当，因为即使科学和技术中的现象学理论也包含着表示察觉不到的属性的概念，比如，能量、熵、热力学情况下的温度、现象学理论的典范。因此，“黑盒子”“空盒子”或者“整体论”是更好的名字。另一方面，*半透明盒子理论*是一种解释了它的指称对象的构成成分、结构和动力的理论。最后，*灰盒子理论*是以概要图解的方式表示其指称对象的内部结构（它们的“工程结构”）的理论。社会系统的网络模型就是这种。它们表示

社会系统的构成成分和结构，并且把微观层面（个体）与宏观层面（社会）关联起来。但是，因为它们是静态的，没有描述任何内部机制，而且忽略了系统的环境，因此这样的模型不能解释增长和衰退，更不用说解释任一组装过程和分解过程了。

半透明盒子与黑盒子之分在不同的研究领域以不同的名称出现。例如，宏观经济学模型和计量经济学模型分为*结构上的*和*简化的*。前者包含着展示每一个因变量与不同层次自变量之间关系的公式，而相应的简化模型则展示了因变量与最终自变量之间的整体关系。例如，一个结构上的经济学模型或许可归结为这样类型的公式

$$z = f(x, y) \quad (1a)$$

其中，依次是

$$x = g(u),\ y = h(v) \quad (1b)$$

124 将（1b）带入（1a），人们就得到了相应的简化模型：

$$z = \varphi(u,\ v) \quad (2)$$

注意以下（1）和（2）之间的方法论差异。首先，（1b）“解释了”据推测大概表示正在考虑之中的这个系统重要的真实特征的中介变量 x 和 y，而（2）甚至就没有包含它们。换句话说，（2）与（1）相比更肤浅也因此更简单，因为它跳过了一个层级。其次，（1）蕴含着（2），反之则不然。也就是说，从结构模型到简化模型这个任务仅仅是计算的（因此是演绎的），而走另一条路这个任务，即从简化的或者描述性的模型（2）到结构上的或者解释模型（1），是一个反问题，因此这个问题有无限数量的解决方案。与发明更丰富的模型相比，解决这个问题有可能获得更多的独创性。其寓意是，将你的才能用于建造结构模型，而将简化模型留给计算机辅助的曲线拟合。

一个*有深度的*理论是一个在较低的组织层面上假定一些机制的理论，与现象学的一级理论相比，它是一个机制的多层级理论。这个机制不必是机械的，它或许是电磁的、化学的、生物的、经济的、政治的，或者诸如此类的。在大多数情况下，“工程结构”都是察觉不到的，所以在被发现之前它们必须被猜测。但当然，如果这个理论是科学的话，那么这个机制必须是实验上可接近的，无论多么间接。一个有深度的理论不仅告诉我们发生了什么（部

分），而且还告诉我们是什么使其发生，它包含某种因果的、随机的或者混合的机制。因此它具有解释力（更多讨论见第五章第二节）。此外，它可能被证明具有实践旨趣，因为如果我们知道是什么使某事物运转，那么为了我们的便利性，我们可能会改变它的机制。

最后是*理论组织*问题。大多数理论都是以一种不整洁的方式阐述的，结果留下这个问题：人们想知道前提（公理和定义）及它们的结论是什么。此外，形式成分常常与语义假设混在一起。这样的不整洁仅仅在一开始是自然的。它反映了这个理论产生、培养、被应用或者被教授的方式。但当然不整洁是有代价的。首先，它可能会妨碍我们区分重要的和次要的、定义和假设及假设和它们的结论。其次，如果这个理论失败了，它使我们很难找出有问题的成分是哪些。与之相比，如果一个理论是组织有序的话，就比较容易认出它被驳斥并因此需要修改或者丢弃的部分。最后，不整洁增加了记忆细节的负担，这些细节在逻辑学或者数学的帮助下可以很容易地被重建。

一个组织有序的理论是一个明确地展示了它的假说演绎结构的理论。这样一个理论是一个公*理化理论*。我们接受希尔伯特的规则：任一不整洁的但 125
却相当精确的理论，无论关于什么主题，都是可以被公理化的，即以公理—定义—定理的格式再形成。在公理化一个理论的过程中，人们从鉴别它的原始（未定义的）概念和基本假设（公理，基本条件）开始，接着去制定定义。这种鉴别是通过收集出现在典型定理演绎中的前提来执行的。这个任务的执行有可能显示出一些先前隐藏的前提。而且对所有（或者几乎所有的）前提的明确展示，为抽取它们的逻辑结论提供了便利，达到了产生先前未知的定理的程度（参见 Bunge，1967a，1973c 关于公理系统的性质和优势）。

为了澄清前述事项，让我们检验一个关于军备竞赛的社会经济学定性模型，一个在我写作的时候仍然在继续的过程，尽管 1991 年冷战已正式结束。这里简单地说就是：军备竞赛破坏经济并降低生活质量。通过从民用制造业的复兴、公共医疗卫生和教育服务的维持，以及从消费中转移人口资源和金融资源，它导致了上述两个后果（如果需要经验证实，到处看看即可）。关于这个直观的想法，一个可能的公理化如下。

公理 1：对于任一财政年度而言，民用投资和军用投资的总数是一个常量。

公理 2：技术革新的比率是对研究与开发投资的一个渐增函数。

公理 3：商业竞争力是技术革新的一个渐增函数。

公理 4：生活水平是民用投资的一个渐增函数。

以下是这些前提的一些逻辑结论：

推论 1：军费开支越大，民用开支越小（从公理 1）。

定理 1：当民用投资相对于军用投资减少时，技术革新的比率下降（从推论 1 和公理 2）。

定理 2：随着军用支出的增加，商业竞争力下降（从定理 1 和公理 3）。

定理 3：随着军用支出的增加，生活水平下降（从公理 1 和公理 4）。

我将用关于*元理论*这个概念的一些评论来结束这一节，这个词语在社会科学中被多少有点松散地使用。严格地讲，元理论是一种关于理论的理论，不是关于现实世界的，它包含着元陈述（字面上类似于叙述与元叙述之分）。
126 一个元陈述是关于其他命题或者这样的命题集合的一个命题，例如，“历史陈述是关于过去事件的”。元理论和理论之间的差别是很大的。关于某个事实领域的一个理论并不被期望详细说明关于它自身的任何事，即它是关于事实的。因此，科学理论和技术理论是通过让它们面对事实（更确切地说是数据）来检验的，而元理论是通过让它们面对理论来检验的。如果一个理论与相关的事实相匹配，那么它就很有可能成为真的。如果一个元理论叙述或者一个元理论符合它涉及的理论的话，它就是真的，即使后者是完全错误的。如果不是的话，它就是错误的，即使它涉及一个真理论。

一个元理论可以是描述性的或者是规定性的。也就是说，它声明了在某一领域——如社会学——中的理论是什么或者应该是什么：它们的逻辑结构、内容和目的是什么或者应该是什么，以及它们要求或者应该喜爱什么类型的证明，概念上的还是经验的。迄今为止，严格意义上的元理论仅仅存在于数学和形式语义学中。在社会科学中通常被叫作元理论的，不是一个关于理论的假说—演绎系统，而是一堆松散地结合在一起的元理论命题，即关于一般理论化的性质或者目标的陈述，或者关于一个特定理论的一些陈述的陈述。

第六节　还　　原

在科学哲学中，还原被理解为一种分析，既与构想（如概念和理论）有关，又与它们的指称对象（事物或者它们的变化）有关。这种练习的结果是，被还原对象（构想或者事物）被推测或者被证明依赖于逻辑上或者本体论上先于它的一些其他对象。概念还原的例子有：所有的定义，从动力学中推出静力学，“经济学帝国主义”。物质还原的例子有：热是随机的分子运动；心理过程都是大脑过程；社会事实起因于个体行动，或者相反。让我们仔细看看还原操作。

如果 A 和 B 二者是构想或者具体实体的话，那么把 A *还原*为 B 就是认为 A 等同于 B，或者把 A 包含进 B 中，或者断言所有的 A 要么是 B 的一个集合、一个组合或者一个平均值，要么就是 B 的一个表示或者一个映像。它断言，尽管 A 和 B 好像是彼此完全不同的，但它们事实上是一样的，或者断言 A 是 B 属中的一个种，或者所有的 A 都以某种方法起因于 B，或者更含糊地讲，A “归结为” B，或者 “归根到底”，所有 A 的都是 B 的。

有三种构想或许可被还原：概念、命题和理论。把一个*概念* A 还原为概念 B 就是根据 B 来定义 A，其中 B 涉及一个事物、属性或者过程，在与 A 的指称对象相同的或者稍低（或者稍高）的层级上。这样一种定义或许可被称之为“还原定义”（在哲学文献中，还原定义通常被叫作“桥接假设”，大概 127
是因为最初它们经常被当作假设提出。没有分析的历史可能是误导性的）。

我们可以区分一个概念的三种还原定义：（a）*同水平的*或者 $L \rightarrow L$；（b）*自上而下的*或者*微观还原的*，$L \rightarrow L-1$；（c）*自下而上的*或者*宏观还原的*，$L \rightarrow L+1$。第一种（$L \rightarrow L$）的例子，“历史事件 $=_{df}$ 社会变化”。第二种（$L \rightarrow L-1$）的例子，“政府收入 $=_{df}$ 个人税收的总和”。第三种（$L \rightarrow L+1$）的

例子，“盲从因袭 $=_{df}$ 听从流行的价值观、规范或者习惯”。有关概念还原就到此为止吧。

一个*命题*的还原起因于用一个还原定义的定义者来替换出现在它之中的至少一个谓词。例如，心理学命题“玛丽正在讲话”可还原为神经生理学命题“玛丽的韦尼克区和布洛卡区是活跃的”，凭借还原定义“讲话 $=_{df}$ 韦尼克区和布洛卡区的特定活动”。这个给定的命题据说是已经被还原的（更多讨论见第五章第二节）。

理论还原的分析是稍微复杂的。称 T_1 和 T_2 为两个理论（假说演绎系统）。假设它们共享一些指称对象；称 R 为一个还原定义的集合，称 S 为不包含在 T_1 或者 T_2 中的辅助假设的一个集合（然而，这些辅助假设必须用起因于两个理论语言的结合而产生的一种语言来表达，如果它们要与后者混合的话）。我们规定：① T_2 *可完全（或者强）还原为* $T_1 =_{df} T_2$，逻辑上是由 T_1 和 R 的并集推导出的；② T_2 *可部分（或者弱）还原为* $T_1 =_{df} T_2$，逻辑上是由 T_1、R 和 S 的并集推导出的。

光线光学可被强还原为波动光学，通过还原定义“光线 $=_{df}$ 垂直于光波阵面”。与之相比，气体分子运动论只能弱还原为质点力学，因为除了压力概念和温度概念的还原定义之外，前者还包含着分子混沌态（或者位置和速度的随机初始分布）的假设。同样，量子化学、细胞生物学、心理学和社会科学都只能弱（部分地）还原为相应的较低级的学科。即使量子力学也包含着一些经典概念（例如，质量概念和时间概念），而且还包含着关于宏观物理学边界（边界条件）的假设，因此它并不会引起一个完整的微观还原。如果这对于原子有效的话，就更加有理由说它对人类也有效。事实上，在一个社会真空中，个别的人类行为不能被描述，更不用说被解释了。因此我们中的每一个人都在一个特殊的社会中出生和成长，伴随着它与众不同的且有助于塑造我们的经济、政治和文化特点。即使仅仅由于这个原因，社会科学也不能还原为心理学。因此，集体名称——“行为科学”，对于心理学和社会科学来说，是不恰当的。

128 解释某事就是说明它是如何运作的。为了描述任何一种系统如何运作，我们需要把微观还原与宏观还原相结合。原因是，一个系统不仅仅以它的成分为特征，而且还以它的环境和结构为特征（第一节）。微观还原论集中于成分，而宏观还原论集中于结构。换句话说，微观还原论的论点是，如果我们找出它是由什么“制造”的，我们就认识了一个事物，而宏观还原论的论点是，如果我们弄明白了它在“事物格局”（也就是说，更大的系统）中的位置，我们就了解了某事物。但当然我们需要双方的一些知识。因此，系统 A→B→C 和系统 C←B→A 是不一样的，因为尽管它们拥有相同的成分，但它们在结构上是不同的。与之相比，系统 A→B→C 和系统 D→E→F 具有相同的结构，但它们的成分不同（更多讨论见第五章第四节）。

第七节　还　原　论

还原不可以与还原论，或者与主张无论是微观的还是宏观的，还原是唯一合法的研究策略的论点相混淆。流行的还原论例子是，声称遗传学（或者环境）解释了人类行为的所有特点，以及声称所有社会事物，包括婚姻、唠叨和乐曲，都以计算预期效用为先导并受其指导。

还原论初看之下是很吸引人的，因为其简单和统一，因此它是经济的。它对于人们假装无论做什么或者放弃做什么都是追求效用最大化来说，可能是方便的。这就将所有的社会变量还原为一个，即效用（最后又增加了概率），而且把所有的原则都还原为最大化预期效用原则。用这种方法，所有的社会科学似乎都可还原为在两个世纪之前概述过的功利主义心理学。但是激进还原论与现实的冲突表明，这个世界不是那么简单的。通过注意到自然科学使用无数的变量，这个还是能够被预测到的。

还原论的错误变得明显，基于认识到每一个事物和每一个观念要么是一个系统要么是一个系统中的一个成分，系统以它们的成分、环境和结构为特征，它们符合 CES 概述（第一节）。因此，集中于成分而忽视结构和环境，就倍加错误了，这种方法是微观还原论所使用的。

微观还原论始于古代的原子论，它在 19 世纪复兴并在相当大的程度上被加强。与宏观还原论的整体论特点相对照，它是一种前科学宇宙论。各种各样的现代还原论中最流行的是物理主义、生物主义、心理主义和社会学主义。

129 根据*物理主义*，所有的事物——即使社会系统——都是物理的，由此所有的科学都应该最终还原为物理学。关于社会研究，*生物主义*认为，社会行为都是由遗传决定的，所以生物学是社会科学的关键（原始生物主义和古代生物主义声称，所有的事物都是活着的，即使是作为整体的宇宙）。现代*心理主义*声称，所有的社会事实都必须用心理学术语解释，尤其要依据经济“理性”原则或最大化效用原则。最后，现代*社会学主义*是心理主义的对偶或者补充，它是宏观还原论的一个例子，它认为个体行为只有通过参考社会才能被解释。宏观还原论的两个例子是计算主义心理学和文本主义。前者声称，所有的行为，即使是原始生物的行为，都是根据明确的算法计算的结果；而后者（激进的哲学诠释学）认为，一切事物都是一个文本或者对话，于是这个世界组成了一个图书馆。让我们检验这些观点。

物理主义是错误的，因为生物体碰巧是活着的，而且物理学只能解释生物的物理成分及生命过程的物理方面。例如，物理学告诉我们双离子钙是什么，但没有告诉我们它是一个神经递质。同样，化学揭示了基因的成分和结构，但是因为这些生物学功能只在活细胞中释放，所以遗传学不能完全还原为化学。同样，没有可还原为生物学乃至心理学的社会科学，因为只有社会系统的成分才是活着的并拥有精神生活，社会系统甚至不是死的或者哑的，除了隐喻意义之外。此外，一个社会系统团结在一起，不仅仅通过生物学的（如性的）联结，而且还通过经济的、政治的和文化的联结；而且，它还具有一些没有一门自然科学能解释的特殊功能（如制造、贸易、公共运输、教育或者高压政治）。最后，社会科学拥有与生物学和心理学不相容的概念、假设和方法。例如，这些科学不需要贸易平衡的概念，不需要技术革新带来经济变化的假设，或者不需要会计技术。关于最流行的宏观还原论观点就到此为止吧。

现在，让我们迅速浏览一下上文所述的三种宏观还原论的观点：社会学主义、计算主义和文本主义。社会学主义是错误的，因为社会环境刺激和抑制行为，但却不能取代本能过程和心理过程。此外，我们的一些观念和行动中是反潮流的，而且一些观念和行动在改造社会结构方面取得了成功，我们从来都不是完全被动的。关于计算主义，即使在数学中它也是错误的，因为只有数值函数才是可计算的，而且它们也没有穷尽数学。在心理学上它也是错误的，因为我们并不计算我们的情感、运动、观念或者回忆，只有行星才计算它们的轨道（Bunge and Ardila，1987）。最后，文本主义——唯心主义的 130
一种，是错误的，因为它把语言表达式与它们的指称对象相混淆，因此怂恿科学家、技术专家乃至非专业人员都从事物和工作转向词语。

我们断定，激进的还原论是无效的，因为还原很少是完全的。换句话说，一切科学都有一个它自己的不能还原的核心，即一组特有的观念和方法。正确的策略是*温和的还原论*，它的口号是，在不强迫立即做决定的情况下尽可能地还原，即不要忽视伴随新属性的出现和湮没的系统的形成和崩溃。当在社会研究中讨论整体论和个人主义时（第九章），我们将返回到这一点上。

各种各样的激进还原论计划的失败并不蕴含着，每一门科学都是与其余的人类知识分离的。相反，一切真正的科学都是与其他科学部分重叠的，而且所有的科学都共享逻辑学和数学（这种部分重叠是科学所特有的，伪科学的一个特性就是孤立性）。这不可能会是其他的，因为科学著作的划分在很大程度上是人为的。存在着诸如光线发射这样的纯物理事实，但在物理层级之上，所有的事实不但有非物理方面而且还有物理方面。尤其是，不存在纯粹的社会事实，因为每一个社会事实都包含活着的人，他具有生物学特征，他依次还具有化学特征和物理特征。这是我们需要诸如神经语言学、社会心理学、生物经济学和历史社会学这样的交叉学科的原因之一。

因为所有的高级系统都由低阶成分组成，所以任何研究高级系统的科学都必然使用研究低阶成分的科学的一些发现。例如，社会科学使用某种心理学，心理学反过来使用某种生物学（及大量神经科学），在没有某种化学的情况下生物学将不能被理解，而化学反过来又需要某种物理学。

因此，在一门科学学科与它的邻居之间存在着两种概念上的关系：水平的部分重叠关系和垂直的依赖关系。前者就如一个玫瑰花结一样是可视的，后者就像一个金字塔。就像我们在刚才所看到的那样，这种双重的认识论顺序根源在于事物的性质。如果这个世界是一个实心方块（整体论）或者是一个离散原子的集合体（原子论），或者如果科学不去尝试建立这个世界理论模式的话，单一科学就足够用了。

第八节 合 并

还原的局限性建议我们尝试双重策略，即两个或者两个以上的理论的合并，甚至全部学科的合并。这种策略迟早到处都需要，因为一切事物都是一
131 个系统或者是某个系统的一个成分，而且一个系统不仅仅是它的成分的集合（回想第一章第二节）。这种整合策略是相当见成效的，如同从最初独立的理论或者研究领域的大量合并所取得的成就中所看到的那样，比如解析几何学、天体力学、统计热力学、电磁学理论、综合进化论、生物地理学、神经心理学、生物工程学和社会经济学。

让我们分析两个或者两个以上理论的合并或者混合概念。最简单的情况是仅仅两个理论（或者毋宁说，相应的公式集）的合并。但当然不是每一次理论的合并都产生一个理论。例如，没有一个理论是由把力学与一种社会网络理论合并在一起而产生的。使合并构成理论的一个必要条件是，创始理论共享指称对象并因此共享具体的概念（变量、函数）。天体力学和综合进化论就是成功的理论合并的两个明显的例证。

在大多数情况下，创始理论必须用与两个理论中的一些概念有关的附加陈述胶合在一起。例如，解析几何学的构建不仅需要它的两个先驱者——代数学和欧几里得几何学，而且还需要假定欧几里得几何学的 *n* 元空间里的点与 *n* 元组实数是一一对应的。我们称呼任何这种额外的假定为“胶合公式”。

胶合公式的不同选择产生了可供选择的合并（例如，如果笛卡儿的胶合公式中的复数都可用实数替代，那么一种非标准的解析几何学便产生了）。在纯数学中，一个胶合公式只需要以作为结果的合并的能力证明其正当性。与之相比，事实科学中的胶合公式与真实事物所拥有的属性有关，所以它们必须是经验上可检验的。例如，如果我们希望缩小经济学和政治学之间的差距，我们就必须设想并最终检验胶合经济学概念和政治学概念的假设，例如曾经为真的马克思主义的假设：每一个政党都代表着一个特殊的社会阶级的经济利益。

一般而言，我们会说一个事实理论 T 是事实理论 T_1 和 T_2 的*合并*，当且

仅当：① T_1 和 T_2 共享一些指称对象和一些概念；②存在一个（可能是空的）把 T_1 中的一些概念与 T_2 中的一些概念关联起来的一个（胶合）公式集合 G；③ G 中的（胶合）公式都是经验上可检验的。对于理论的合并有效的东西，加以必要的变更，对研究领域的合并也是有效的。

整合与还原在科学的统一中是同样重要的因素。它们伴随着专业化并且弥补后者的狭隘性及其分离主义趋势。整合在诸如多细胞生物和人类社会这样的宏观系统的研究中尤其重要和显著，由于它们的多重维度和它们跨越的几个组织层次。这使得社会科学当下的分裂更加凄惨。 132

所有概念和命题都只在某种语境中才有意义，即在与其他知识的关联中。尤其，概念和命题最好被理解为如分类、概述和理论这样的概念系统的成分。概念的系统性与现实的系统性质相同，在这里没有单子，没有孤立的属性，也没有孤立的事件，尤其没有孤立的社会事实。

前述断言不可以被误认为是宣称信仰整体论，因为整体论对分析是怀有敌意的，尤其对还原怀有敌意。我的观点是系统论的。系统论的要点在于，不仅仅存在具有它们自己（突现）属性的、概念上的和具体的整体，而且更确切地讲，远非一个块体或者密封的单位，整体是一个可以根据它的成分、环境和结构（CES）进行分析的系统。这对于科学尤为有效，如同将在第十章中讨论的那样。

一点也不奇怪，科学进步的一个显著特征是系统化的进步，尤其是理论和跨学科的增加。理论的发展有很多方法：通过发明根本上新的理论或者修正现有的理论；通过在现有的理论中得出新的结果或者精炼（尤其是系统化）它们；通过具体化和一般化；通过还原和合并；最后但同样重要的是，通过元理论分析、批判、净化，或者根据数学、经验数据或者哲学原则进行重组。

这样的概念上的进步是多方面激发的。在一些情况下，学者是由希望在大量的经验数据中发现模式的愿望推动的，在其他一些情况下是由相互关联或者概括现有观念的动力驱使的，还有一些情况是由导出新的检验一个理论的预测的需要激发的，或者是由想要试验一个新的数学工具的愿望激发的。他的动机可能是实践的，就如在建立或者具体化有助于设计人工制品（如组织）或者过程（如经济增长）的理论的情况下一样；它或者可能是概念上的乃至是美学的，就像当移除不一致或者精炼和系统化一堆混乱的直觉观念时一样。

考虑到进行理论创新工作的各种动机及实现理论创新所凭借的各种方法，只偏爱其中一种将是心胸狭窄和目光短浅的。概念的多样性和生物的多样性一样重要，但却有一个重要的差别：虽然我们应该保护野生动物，但我们却应该阻止疯狂的猜想，就像阻止明显错误的事实信息那样地强烈。这可以通过批判地检验理论的成果，即解释、预测和提出新的观察或实验，得以最好地完成。现在我们将继续检验所有这三个。

第二部分

第五章
解释和预测 135

社会事实可以被制造或者预防，它们中的一些可以被发现、描述、分类、解释、预测或者评估。在这一章中，我们将只研究解释事实的主要方式，即描述、解释和预测。这一研究要先于用理性的方式制造或阻止社会事实等实际问题的研究。尤其是，客观描述应该先于一切别的东西，因为只有对社会情境的一个（充分）真的描述才使我们有资格提出解释性假设、识别社会问题，以及为了解决社会问题设计有效的政策或者计划。

第一节 描 述

我们从科学研究中所期望的最少应该是对某种事实的一个描述，即对它们引起的一些问题的一个回答，比如，那是什么？发生了什么，何时何地？但是在描述一个事实之前，我们必须相当确定它已经发生或者至少能够发生。也就是说，我们必须从发现或者推测正在讨论的事实开始。当事实可感知时这个任务是相当容易的，如同在暴动或者军队调动的情况下，但是当它是难以察觉时这个任务就困难了，就像一个决定、一次商业收购，或者一个人口趋势或者一次文化思潮。在后面这些情况下，我们需要远远超越普通知识的特殊技巧和假设。尤其是，我们需要统计分析和指标（即，可观察—不可观察的假设）。但是，在任何情况下都不存在发现事实的规则。如果确实存在，136
我们将几乎从来不会参加关于某种所谓的事实是否已经实际存在的争论——

社会科学家和政治家们最喜爱的一种娱乐消遣。

一旦一个事实已经被发现或者被推测出，我们通常不会鲁莽轻率地解释它。反而，我们通过权衡它来决定它是否值得详细描述。现如今这种评估尤其重要，既然我们所有人都遭受信息过载和预算削减之苦。显然，我们归于任一事实的重要性或者“意义”取决于我们采用的探讨方式，取决于我们的背景知识和哲学，取决于我们感兴趣的问题、我们的目的及我们已经掌握或愿意去学习的方法（回想第三章第一节）。

例如，一些历史学家几乎把全部注意力都集中在政治事件和军事事件上，其他一些集中于文化事实，还有一些集中于经济过程。只有几个人接受了系统论的观点并研究所有的相关事实：环境的、人口的、生物的、经济的、政治的和文化的。但是，即使是最狭隘的专家也必须在一大堆杂乱的事实中做出选择。这个选择依赖于评估，后者反过来依赖于研究者的哲学。如果他是一个唯心主义者，那么他将集中精力于文化和政治，如果他是一个唯物主义者和非系统论者，那么他将集中于再生产和经济，等等。

描述可以用日常语言或者科学语言镶铸，更不用说伪科学术语了。日常语言描述对于日常目的来说足够了，但是对于科学或者技术目的来说是不充分的。科学和技术添加了它们自己的词语和符号来指定它们的特定概念或者专业概念，它们中的一些涉及实体、属性和事件，这些对于日常检查来说是无法达到的，或者用普通知识的术语是无法解释的。遗憾的是，在社会科学中，用高调夸张的伪技术术语而且有时候甚至用贫乏的英语（或德语或法语）表达的琐事，屡见不鲜。例如，这是哈罗德·加芬克尔（Garfinkel，1967：11）描述他的脑力劳动产物的方式，即常人方法论：它是“对索引式［语境依赖］表达式和其他作为因情况而异［?］不间断产生的有组织的、巧妙的［?］日常生活实践成就的实际行动的理性［?］属性的调查研究”。

最精确的（尽管不必是最真实的）描述是*理论*的描述，即用一种精确的真正科学的语言进行的描述。例如，变化可以被精确地描述，通过投入产出矩阵、微分方程或者其他数学形式，连同赋予出现在这些公式中的一些谓词以事实意义的语义假设。

尽管如此，无论多么精确，没有任何描述能熄灭我们对理解的渴望。例

如，一个社会流动表格或者矩阵或许是一个精确的描述，它告诉我们发生了 137
什么。但是它并没有告诉我们为什么它会发生。如果我们希望了解是什么使其发生的话，我们就必须尝试去解释它，例如，根据机遇（如职位空缺）、关系、个人努力或者这些情况的任一组合。简言之，我们想要知道是什么使事物尤其是人运转起来。记账是必要的，但是它不能满足好奇心，只有解释才能做到。

第二节　解　　释

描述是必要而非充分的，我们想要知道为什么，而不仅仅是是什么、何时、何地、从何处来或者到何处去。例如，社会统计学揭示了犯罪率的上升与失业率的增长有（强相关）关联。这是因为人们喜欢犯罪不喜欢工作（就如保守党宣称的那样）？还是因为难以谋生的人们为了免于挨饿而被迫去偷（就如自由主义者认为的那样）？二者都是对给定数据的解释，而只有研究才能在它们之间做出决定。

不是所有的自然事物都需要解释。尤其是，根据科学世界观，宇宙的存在是不需要解释的，只有它的演化才需要解释。但是一切始于社会的社会事物，都需要解释。社会停滞需要它，考虑到人口的流动及他们的利益冲突；社会变化需要解释，考虑到学习的缓慢及制度惰性。现在，解释一个事实就是阐明它的潜在机制。例如，文化事物的传播、习惯和特质可以用各种各样的机制来解释，在它们之中有利益的实现、调节、模仿、教导和强制。

于是，解释一个事物就是展示它如何运作，解释一个事实就是说明它如何形成和存在。因此，我们用卵受精和细胞分裂解释怀孕、用未解决的婚姻冲突解释离婚、用移情作用和社会责任解释利他主义。我们用食品短缺解释饥荒，而后者反过来用干旱、沙漠化、人口过剩、农耕、囤积居奇、武装冲突等来解释。我们用利益分歧解释社会冲突、用对新土地或者新市场的贪婪解释殖民战争。我们用它们的部分来解释整体，反之亦然；用过去解释现在；用利益、选择和约束条件解释行动（或者不行动）；等等。

解释可能是正确的或者不正确的，科学的或者非科学的（尤其是，神秘的），深奥的或者肤浅的，等等。在所有情况下，我们通过援引一些机制或者其他可感知的或隐藏的、已知的或推测的*机制*来解释事实。简单事物的行为不需要解释，因为它们没有任何“活动机件”——使它们运作的机制。但是，只有物理学知道无任何部分的事物，即基本粒子、光子，等等。我们一旦研究系统，从原子到国家，我们就需要知道它们如何运作。我们很少会依然满
138 足于诸如黑盒子或者方框图这样的描述，无论它们可能有多么精确。我们想要解释，或是因为我们想要合理的理解，而不是某种模糊的直观或者隐喻，更不用说故事了，或是因为我们希望干预正在讨论中的那个事物。

笛卡儿和他的追随者们要求，所有的机制都是严格地机械的。两个世纪之后，场论、进化生物学、心理学、历史社会学和许多其他的科学学科都放宽了这个条件。我们现在明白，机制无须是机械的，它们可能是物理的、化学的、生物的（尤其是心理学的）、社会的或者混合的。它们或许是自然的或者人造的，因果关系的或者随机的或者二者的组合，普遍的或者特质的，等等。机制假设在现代科学或者技术中被重视的唯一条件就是，它是具体的（而不是非物质的）、合乎规律的（而不是神奇的）、可以理解的（而不是神秘的）。

这里有一些社会机制的例子。在战后时期未婚女性的不正常比例是由于男性战争伤亡的结果。在一些亚洲国家中不正常的男女人口比例是由杀女婴引起的，这反过来是由贫困及在经济上低估了在男性主宰的社会中女性的价值引起的。第三世界国家棚户区的快速增长是由以下原因引起的：（a）传统农业的衰落，反过来归因于以市场为导向的农业（经济作物）的增长或者畜牧场的扩张；（b）工业化；有时候还有（c）农村中的内战。在工业化国家里，失业是由工业退化、生产率提高或者政治变化引起的。随处可见的是，生活水平、生活质量尤其是生存都处于危险之中的信念促使人们把他们自己组织起来，因此互助社、工会、游说集团等的增殖扩散，以及组织机构尤其是教会的动员，最初都是为了不同的目的而创建的。

还原解释构成了机制解释一个重要的特例。一个解释被认为是*还原的*，当且仅当出现在它之中的前提至少有一个是还原命题时（回想第四章第六节）。例如，根据其成分的自组装来解释一个具体系统的形成是一种微观（或

者自上而下）还原。与之相比，根据它在这个系统中所占的位置或者它所扮演的角色来解释一个系统中的一个成分的行为，是一种宏观（或者自下而上的）还原。关于生命起源或者装配线的研究引起自上而下的解释，而汽车修理师和社会心理学家则典型地诉诸自下而上的解释。然而，最完整的还原解释是这两种基本类型的组合，比如，当一个政治事件被解释成一些个体对一个社会问题的反应的一致行动的结果时。

如果一个解释被发现是不正确的或者肤浅的，可以通过推测一个不同的 139
机制来完善它，这是科学家们心照不宣的信念。此外，如果没有发现貌似可信的机制来解释有争议的数据的话，比如，那些与奇迹、心灵感应、信仰疗法有关的数据，科学家或许会质疑这个数据，他或许会搁置他的判断甚至否认这个数据能描述任一事实。一个科学上貌似可信的机制是一个满足规律的机制，无论多么违反直觉（更多关于这个的讨论见本章第三节）。

一些最早期的对事物的解释是神话的、神奇的或者宗教的。最早的科学解释都是*因果*解释，即根据因果机制的解释。原始人不相信巧合也不知道概率。一个因果机制当然是由某种事件（原因）激活的那个机制（回想第一章第五节）。这个原因可以是外在的或者内在的，即环境的刺激或者内部过程。环境的原因可以是自然的、社会的或者二者的结合，比如，传递一个命令的声波。内部原因都是心理事件，比如，由意图激发所做的决定。在后一种情况下，原因通常被叫作“理由”。

原因和理由之间的差别是真实的，但是它不应该夸大唯心主义哲学家们做事情的方式。实际上，除了在数学论述中，理由都是据推测被理解的、并处于主体即时控制下的原因，比如，做某事的理由。因此，它们完全不同于超出人类控制之外的非理性的外部原因，如地震，或者非理性的内部原因，如饥饿。然而，从生理心理学的观点看，理由是大脑过程并且因此可能引起外显行为。于是，从这种观点看，用（有效的）原因所做的解释和用（充分的）理由所做的解释之间的差别，归结为外部原因和内部原因之间的差别。

有目的的或者目标导向的行动，没有一个能够逃脱普通的或者有效的因果关系。如果一个人为了达到目的 G 而做了 A，那么他做 A 是由他当前关于 G 的心理表征 C 驱使的，而不是由 G 本身驱使的。实际上，诸如目的这样不存在的事物，都是缺乏因果效力的。因此这个因果链是 $C \to A$ 而不是 $G \to A$。换句话说，传统上称作“最终因果关系”的只不过是具有一个看得见的效果（目标）的有效的因果关系。“理性的因果关系”或许是个更好的名称，若不是我们经常选择愚蠢的目标或者错误的方法这个事实的话。

前面的考量反驳了狄尔泰、韦伯、波普尔、戴维森、理性选择理论家、解释学家和日常语言哲学家们的争论点：①原因和理由被一个“峡谷”所分离；②不同于自然事件，人类活动只能用意图和理由解释，从来不用原因解释。

140 尤其，我们的结论是，理由可以是原因，这反驳了声称人类行为只能用所谓的情境逻辑来解释的断言。后者归结为下面的解释模式或者实践三段论：

> 在一既定情境中一个主体具有目的或者意图 G。
> 这个主体做出推论，通过执行行动 A 他可以最好地达到 G。
> 因此他做了 A。

如果这个主体如假定的那样是理性的话，他将有一些理由期待他做了 A 将*引起*（或者只有一些可能）结果 G。并且如果他消息灵通的话，他还将知道，他发现自己所处的情境至少部分地是自然或者社会*原因*的结果。简言之，这个理性主体将会把行动的理由（内在原因）和外部原因结合起来，而不是分离它们。

然而，因果关系是不够的。现代社会科学承认客观概率的存在，因此需要随机解释。当然，这些都是依据概率或者概率分布的解释。但是它们并不允许我们免除因果分析。我们需要这种分析来区分相关性和因果关系，也需要区分来源和征状。拿无家可归为例。早前已知，在美国大多数无家可归的人都有一些使他们不能居住在正常家庭的问题，比如，药物成瘾、酗酒、精神病、有前科或者没有朋友。相关性是很强的，但它是因果关系的一个征状吗，并且如果是的话，原因是什么及结果是什么？保守派认为只有个人残疾才导致无家可归，而自由主义者则归咎于这样的“结构”情况，比如，贫困、失业和经济适用房的缺乏。一个正确的解释需要结合个人情况和结构情况，不是这样吗？无家可归包含两个因果箭头，一个自下而上或者微观到宏观，另一个自上而下或者宏观到微观，不是这样吗？（更多关于微观与宏观之间关系的讨论见第四节。）

这是另一个需要因果解释的相关性。众所周知，健康和社会经济状况是直接相关的。通常，与穷人相比，富人活得更久且更健康。这个关联已经持续很久了，尽管医学上取得了极大的进步。为什么会这样？我斗胆提出下面这个解释纲要。社会经济状况连同生物学（尤其是遗传和心理）因素，决定了一个人的环境和教育，这反过来决定了他的生活方式，又反过来决定了他的健康状况。在疾病过程中直接的医疗干预，当负担得起时，常常是来的太晚了，并且无论如何它能做的只有那么多（Evans et al.，1994）。

我们还需要因果分析来解释不同的过程如何能有大致相同的结果——*可供选择的多重因果关系*的情况。想一想财富积累的不同的可能来源：土地所 141
有权、领土征服、战争、偷窃（尤其是殖民掠夺）、工业、交易、银行业，等等。或者想想对于国家发展的不同阻碍：自然资源的缺乏、人口过剩、依赖性、土地所有权、教权、缺少熟练劳动力、官僚主义，等等。

重要的社会事件通常有*联合的多重原因*。通货膨胀就是恰当的例子，这是为什么它很难用诸如信贷限制这样的单一措施控制的原因。例如，20 世纪 70 年代中期和 80 年代后期之间工业国家所遭受的通货膨胀，已被认为是下面相互独立的机制的操作所为：需求膨胀（由广告推进）、成本膨胀、减税、军备竞赛及发行国债来为渐增的财政债务筹措资金。当然，这只是对一种解释的大概描述，并且和任一其他的描述一样，是容易受到批评的。但是问题在于，给定现代社会的复杂性，对大规模社会事实的*单因果*解释是难以置信的。由于同样的原因，部门的社会改革是必定失败的，尤其当它们仅仅探讨社会问题的症状而不是它们的原因时。

对分配不均（标准偏差）的因果分析是解释的另一种情况。例如，什么能解释几乎无所不在的收入的巨大差异（差距）？通常承认的是，性别、种族和年龄（或者更确切地说，性别歧视、种族歧视和年龄歧视）解释这个差异的一部分，教育和年资解释另一部分。然而另一部分可能归因于机遇或者运气，即对于个人来说在适当地点和适当时间可得到的。无论如何，对差异的分析是找出在一个数据集合中有多少差异可以归于不同原因的标准的统计方法，例如，就人类能力来说，是先天形成的还是后天培养的。

另一方面，所谓的*变量解释*并非如此。考虑两个变量 x 和 y，x 在集合 X 中取值，y 在集合 Y 中取值（换句话说，x 是 X 中的任意一个成员，y 是 Y 中的任意一个成员）。人们通常会说，变量 x 解释变量 y，当且仅当存在一个单一函数 f，它把 X 映射到 Y 中，也就是说，$y=f(x)$ 对于所有在 X 中的 x 都是正确的——尽管或许是在某个误差范围之内。然而，这是*分析*的一个情况而不是适当的解释，因为这里面没有涉及机制更不用说涉及一个因果机制了。

我们对解释的看法与描述主义和历史主义都不一致。根据前者，固有地存在于经验主义中，从托勒密到休谟，从孔德到马赫，我们应该避开解释，反而集中于给出最精确和最完整的描述。描述主义的基本原理是，只有现象
142 （表象）和它们的相互关系才能进入观察，剩下的都是推测并因此是某种要回避的东西。如果这种对不可观察事物的偏见被丢弃的话，它或许会承认，描述（尽管不是描述主义）在它包含着对机制的描述的范围内包含着解释。

关于历史主义，无论是黑格尔和狄尔泰这样的唯心主义者，还是马克思和德国历史学派这样的唯物主义者，它认为解释任何事就是把它置于一个发展或者历史线路中。它的基本原理是，所有的事物都是可改变的，因此一个事物的当前状态在不提及其过去的情况下是不能被解释的，而且它的未来也是这样，即使一种目的论观点作为额外增添被扔进来。这是正确的，但仅仅是这个故事的一部分，有两个原因：首先，在尝试描述 X 的历史之前，我们必须对 X 略知一二；其次，如果我们是好奇的，我们将会想要找出改变机制，即我们将会想要解释变化。这样历史（尽管不是历史主义）就可以被拓展从而包含描述和解释二者。

我们对解释的分析不同于标准解释。根据标准解释，解释一个事实就是把它纳入一个普遍化概括之中。因此，人们解释约翰的必死性，通过援引普遍化概括“所有的人都终有一死”及约翰是人这个数据。事实上，这仅仅是一般对特例的*包含*，它是一种逻辑运算，不能回答这些问题：“是什么（机制）使约翰终将一死？”，“为什么约翰最终必须死？”接下来是更多关于解释的逻辑的讨论。

第三节　逻 辑 形 式

考虑一个社会事实，比如，1990 年左右苏联和东欧当时的共产主义（事实上是国家社会主义）的解体。这个事实可被解释为民众不满意的一个结果。但是这样一个解释预设了民众不满的普遍化——到处和始终——引起了民变。我们将在下文看到，这种普遍化概括太简单而不可能是真的。目前的问题是，我们已经心照不宣地使用着似律陈述。此外，通过分析“东欧和苏联当时共产主义的陷落是因为民众不满意”这个简洁的解释，我们得到了下面的论证：

普遍化概括：每当人们不满意一种政治体制时，他们反抗它。

数据：东欧和苏联民众不满意当时实行的共产主义体制。

结论：东欧和苏联民众反抗当时实行的共产主义体制。

不管前提是否为真，这是一个逻辑上（形式上）有效的论证（事实上，这是基本的推理规则或者演绎推理的一个例子）。前提被称为*解说项*，结论被 143
称为*待解说项*。当然，后者是描述将要被解释的那个事实的命题。因此，从一个纯*逻辑的*观点来看，解释一个事实就是从一些解说项前提中推出相应的待解说项，至少它们中的一个必须是普遍的，另一个必须是特殊的。后者或许可被称为一个“辅助数据”。用符号表示，最简单可能的解释性论证的逻辑结构就是：对于所有的x，如果x是一个F，那么x是一个G。现在a是一个F，所以a是一个G。用符号表示为：$(\forall x)(Fx \Rightarrow Gx)$，$Fa \therefore Ga$ 。关于解释的标准或者“覆盖率模型”到此为止，它被波普尔（Popper，1959［1935］）详细说明，并被亨普尔（Hempel，1965）详尽阐述。

对于正确的或者充足的解释来说，逻辑有效性是必要但不充分的。正确或充足的解释要求解释前提至少大致为真。简言之，我们规定，一个解释取得*正确的*资格，当且仅当它是从（充分）真的前提推出的逻辑上有效的论证，解释前提中至少一个是普遍的。现在，并非所有对动物（尤其是人类）行为的解释都满足有效性和真理的条件。事实上，我们经常提供一些解释，它们的前提至少是可疑的。当习惯和条件作用可能足够用时，当我们把意图和合理性归于其他人或者归于类人动物时，尤其如此。这样的归因是推测的，而且在我们能够声称它们正确地解释了观察行为之前，它们是需要检验的。

这一点在自然科学中是显然的，但在社会科学中是有争议的。实际上，许多社会研究者声称，他们的理论不必是真的，它们使得他们可以“理解”感兴趣的事实，这就足够了。但是这种放弃对真理的承诺，相当于承认对社会的研究不必是科学的。实际上，如果人们还继续满足于在不解释任何事的情况下“理解”一切事物的话，那么人们或许也会容忍任何神话，例如，发生的一切事都受到超自然的、非物质的或者外星机构的影响。科学理解是在真的普遍化概括的帮助下通过解释获得的。

在科学中，一个普遍化解说项要么是一个规律陈述（或者至少是一个经验概括），要么是一个社会规范。辅助数据是一系列观察、测量或者实验的结果。换句话说，一个*科学解释*就是一个从规律（或者规范）和条件到待解说项的逻辑论证。这个方法论条件连同逻辑有效性，对于一个解释取得科学的资格而言是必要的。根据标准的或者实证主义的观点，它也是充分的。在我看来它不是，因为它没有包含这个条件，即这个解说项必须描述正在讨论中的事实借以形成并存在的那个机制（回想下上一节）。

表明了一个待解说项是从某些解说项前提中推断产生的，此时所有我们要做的就是把前者*归入*一个普遍化概括中。这相当于把给定的特称命题嵌入
144 一个模式。换句话说，我们表明谈论中的这个事实是一个规律或者至少是一个经验概括的一个实例。例如，我们解释某个女人挣的比她的男性同事少，通过表明在那个给定的组织或者社会中，所有的女人都是像那样被对待的。但当然这不能解释所有事。而且，它在某种程度上证明了讨论中的那个习惯做法的合理性。与之相比，我们确实得到了一个适当的解释，当被告知在讨论中的那个组织或者社会中，女人是性别歧视的对象，而且这种歧视对于处于掌管者位置的男人来说是一种有利可图的剥削方式。

换句话说，不同于仅仅的包含，一个适当的解释看起来像是这样的：

一般的解说项前提：包含关于一个机制的一个普遍化概括。

特殊的解说项前提：与那个将要被解释的事实有关的一个辅助数据。

待解说项：与那个将要被解释的事实有关的一个数据。

我们称呼这个为一个*机制解释*或者一个适当解释的逻辑形式。物理学中的经典范式是：运动方程 & 初始条件或者边界条件 ⇒ 刚体弹道或者场传播。在生物学中是：基因变异 & 环境条件 ⇒ 表型。在经济学中是：物价上升 & 预算限制 ⇒ 需求下降。

总之，一个解释必须满足三个条件才能取得科学的资格：①*逻辑的*：它必须是一些形式上有效的（非谬误的）论证；②*语义的*：它的前提中至少有一个必须涉及某个或其他机制；③*方法论的*：它的前提和结论必须是可检验的并且最好合理地为真。

更迫切需要的是，普遍化解说项不是解释一切的，也就是说，它们不应声称几乎解释了任何事实。换句话说，不存在普遍的解说项，即适合所有事物的单一机制。不管怎样，现实是非常富于变化的。这就是为什么理解它需要一个庞大的假设（尤其是机制种类的）集合的原因。因此，宣称解释了一切的经典例子，即那些关于人类行为的假设都是那些诉诸于命运、种族、效用最大化和阶级斗争的假设，是可疑的。

强调了一个解释的逻辑形式，我们不应忽略它的事实内容，这经常在哲学文献中被忽视。也就是说，我们应该谨记，我们是依据事实而不是依据命题来解释事实的。例如，我们或许会把普遍失业解释为人口过剩连同一些经济部门生产率的提高和其他部门盈利能力下降的影响。

第四节　向上和向下 145

社会科学中的解释所特有的，当然是它尝试解释社会事实了。为了能够做到这个，待解说项及解释前提必须包含一些社会谓词，即表示社会系统属性的谓词。在一些情况下，前提只包含这种谓词，也就是说，一个宏观－宏观联系被唤起。拿下面这个关于第三世界国家的普遍化概括为例：“偿还猛增的外债造成教育（E）和医疗卫生（H）的衰退”。这是一个真的宏观－宏观或者 M-M 类型的因果关系陈述。它可以根据另外两个 M-M 普遍化概括来解释，即：渐增的债务 ⇒ 在 E 和 H 上支出的减少，在 E 和 H 上支出的减少 ⇒E

和 H 衰退，$\therefore$渐增的债务 $\Rightarrow E$ 和 H 的衰退。

这个解释是正确的但却没有启发性，因为它没有揭示被前提提及的宏观事实的起因。这些原因不但有微观类型的而且还有宏观类型的。一个更完整的解释模式，除了包含宏观事实之外，还将包含个人的需要、欲望和决定。例如，考虑下面导出相同待解说项的因果链：国家的不发达→个体希望国家发达→人们选择专心致力于促进发展的政府→采取发展政策和发展计划→为了财务计划决定借钱→支出决策→非生产性投资、浪费和盗用→赤字→决定借更多→猛增的债务→决定向国际货币基金组织借贷→决定消减社会支出→消减社会支出→给教师、医护人员和穷人带来负面影响→教育和医疗卫生衰退。注意宏观－微观（M-m）、微观－微观（m-m）、微观－宏观（m-M）和宏观－宏观（M-M）的结合。

一般而言，因为社会系统是由个体组成的，所以我们常常必须问个人行动的结合是如何产生全局性效果的，以及这些全局性效果反过来是如何影响个人生活的。也就是说，在社会研究中我们问 m-M 和 M-m 的问题，还会问 M-M 问题，并把大多数 m-m 问题留给了心理学（涂尔干只能容忍 m-m 和 M-M 解释。马克思还承认 M-m 解释，但却低估了 m-M 解释）。

考虑另一个例子，我们前面公认的对近代苏联模式独裁政体的垮台过于简单化的解释（第三节）。我们的解释是，这些事件最终是由民众对当时这种政体的不满引起的。但是“民众不满”这个谓词应该用个人主义的术语分析为这个社会大多数成年人的不满。然而“制度”（或者“社会秩序”）这个谓
146 词不能被这样分析，因为它代表着这个社会的一个系统或突现特征。我早前已经警告过，这种解释是头脑简单的。实际上，它引起了关于为什么这个叛乱没有早点发生的问题。当两个明显分离的项——苏联经济改革和托克维尔关于革命条件的观点——结合在一起时，解释为什么叛乱会发生的线索确实出现了。让我们仔细看一看。

改革是 1985 年在戈尔巴乔夫的领导下从上层开始的。他们给予苏联人民一个机会认识到，这个直到那时未受到挑战的制度有什么问题，因此变得对其不满意并公开讨论它的缺点。利用他们新近接受的公民自由，他们最终在工作场所和大街上发泄他们的愤怒。现在来阅读一下托克维尔在 1853 年所写

的东西，由他对1789年到1848年之间发生的法国大革命的研究所引起："几乎从来不是当事物状态到最可憎的时候它才被粉碎，而是当开始改善时，它允许人们诉说、思考、与其他人交流他们的思想，以及用他们已经拥有的东西，估量他们的权利和他们的不满的范围和程度。尽管没那么重，但负荷在那时似乎更加难以忍受了。"（Tocqueville，1985：396）

方法论个人主义者会声称，托克维尔的解释满足了他们把集体事件还原为个人决定和行动的"总和"的要求。但这并不是托克维尔所做的。他的出发点是宏观社会的，即"事态"（或者社会状态）和它的发展。总的来说，这种新的社会系统状态就是能使它的成员更加自由地思考和行动，甚至用新的眼光去估判（社会制度的）"负符"。远非是个人主义的，这种解释模式乍一看似乎是典型地整体论的，它是一种自上而下的类型或者结构—主体类型。

但是经过更仔细的检查发现，这种托克维尔的解读结果和个人主义者的解读一样，是错误的。实际上，一旦受压迫的人们得到一个独立思考和独立行动的机会，他们就会组织起来，走上街头，并开始改变在没有他们政治参与的情况下已经开始好转的社会秩序。换句话说，一个群众运动现在开始了，通过改变社会结构而结束。对应的解释是一种自下而上的类型或者主体-结构类型。而且尽管仅仅是部分地，但这部分解释确实满足了方法论个人主义者的规则。但它仅仅在一定程度上是这样做的，因为激进的或者始终如一的个人主义者拒绝接受这个观点：个体之上存在着某种重要的事物。

简言之，到此时我们已经解释了最近的和最激烈的社会革命，通过结合两种不同的解释模式：自上而下的和自下而上的。前者实际上是向下还原，
后者实际上是向上还原。但是在社会问题中二者中没有一个可以单独满足需 147
要，因为所有个人行动都发生在社会背景中，而且如果有效的话，这个行动还将反过来改变这个社会环境。因此这两种解释（或者还原）模式是互补的而不是排它的。因此，整体论和个人主义都不能匹配科学解释的实践，但是系统论却可以（见第十章）。

在检验更多的例子之前，让我们阐明一下表达式"自下而上"（或者"向上"）和"自上而下"（或者"向下"）。我将从澄清微观事实概念和宏观事实概念开始，因为它们包含在对向上和向下解释的说明中。考虑某一层次的一

个系统和它的成分，例如，一所大学和在这所大学中工作或者学习的个体。*宏观事实*是在作为一个整体的系统中发生的事实。*微观事实*是发生在系统的特定层次上的一些或者全部成员身上的事实。例如，这所大学的重组是一个宏观事实，而它的成员做他们的研究或者家庭作业就是微观事实。

对一个宏观事实的*自上而下（或者微观）的解释*，就是从描述宏观事实出现于其中的系统成分中的（微观）事实的命题中扣除描述这个宏观事实的命题。对一个微观事实的*自下而上（或者宏观）的解释*，就是从描述在作为一个整体的系统中发生的（宏观）事实的命题中扣除描述这个微观事实的命题。现在，社会科学既研究微观事实（在它们具有宏观效应的范围内），也研究宏观事实（它们本身及它们对微观事实的影响）。因此，在社会科学中，我们既需要自上而下的解释，又需要自下而上的解释，这取决于我们是否想要分别解释宏观事实或者微观事实。

然而，自上而下（或者微观还原）的解释是不完整的，因为同样的环境压力或者社会压力可能以不同的方式影响不同的个体。因此，整体论者的马克思主义者们不能解释为什么只有一些工人反抗剥削，更不用说为什么其他一些人帮助和支持剥削者了。而且自下而上（或者宏观还原）的解释也是不完整的，因为每一个个人行动都发生在一个早已存在的社会背景中。因此，鼓吹方法论个人主义的韦伯，试图将 19 世纪末新教教派在美国的扩散解释为那些无所寄托的人们感到需要的结果，为了经商，他们最近离开本国移居到其他国家或者移居到这个国家的其他地区来获得体面。但是因为他认为资本主义框架是理所当然的，所以韦伯无法逃脱那些他声称十分憎恶的“集体”概念。

自下而上的解释和自上而下的解释二者的不完全性的原因就是这个。在两种情况下，明确和心照不宣地，我们从假设我们正在处理的是一个*系统*和
148 它的部分开始。唯一的不同点在于正在讨论中的*这个问题*：在微观解释的情况下，这个问题是用它的部分解释整体，而在宏观解释的情况下，我们设法解决相反的问题。一些源于自然科学和社会科学中的例子有助于澄清这个重点。

让我们从通常被认为是宏观解释的轰动的胜利开始。铁磁性是根据原子

自旋与它们关联的磁矩的同方向排列来解释的，然而有人从假设他正在处理的是诸如一大块钢铁这样的宏观对象开始。遗传学根据 DNA 分子解释遗传性，但是这些分子都被假定为细胞成分，而且是这个细胞的调节子系统的成分。生理心理学根据通过神经传导物质强化神经元间的联结来解释学习，然而它始于考虑大的神经细胞聚合体。所有的反馈系统都通过将它们分析成它们的成分来解释，它们中的每一个都只有作为一个系统成分才“有意义”。比如，酒后开车这样的反社会行为的医学模式认为，讨论中的个体存在于社会中是理所当然的。新古典经济学认为市场——一个宏观社会实体——是理所当然的，因此它并没有例证严格的方法论个人主义。同样，社会契约论与受到社会约束的个体有关，毕竟任一契约的一些条款必然涉及组织机构。这些都不是纯微观还原的情况，因此它们中没有一个支持严格的个人主义。

现在让我们回顾几个宏观还原或者自下而上的解释的例子。液体中一个分子的行为取决于它是否位于表面。深海生物的独特性在某种程度上是通过它们的隔离性及它们不得不承受的高压来解释的。一个家庭或者组织中每一个成员的具体作用取决于他或者她在其中所处的位置。因此一个母亲拥有一些一个无子女的妻子所没有的责任。一个教授的教学任务不仅取决于他的能力，而且还取决于“学院的需要”。同样，他的薪水不仅取决于他的能力，而且还取决于他的关系和这所大学的预算。这些都不是纯宏观还原的情况。

既然宏观还原和微观还原二者都是必需的，但二者中没有一个是完全令人满意的，那么我们就必须尝试把它们结合起来。布东（Boudon，1981［1979］）和科尔曼（Coleman，1984，1990）曾建议如何把 M-m 分析与 m-M 分析结合起来，以及如何把这些依次与 M-M 描述和 m-m 描述相结合（顺便说一下，这表明布东和科尔曼实践了系统进路，即便同时鼓吹一种个人主义者的探讨方式）。考虑一下通过在政治民主中投票选举所引起的集体决策，在其中，原则上个体的决定都是相互独立的。选民被提供一组替代选择。每一个公民都有自己的偏好顺序，做出决定并投出选票。选票被统计，选举结果被宣布。 149

宏观事实是提供给选民（M_1）的替代选择和选举结果（M_2）。M_1 包括这个公民的选择和决定（m_1），这反过来指导他的行动，即他的投票（m_2）。这些个人行动的结果的聚集导致了选举结果 M_2。在这种特殊情况下，这个聚集仅仅是做加法的。在大多数情况下，宏观事实是个人行动非相加性结合的结果，比如，两个或者更多的个体联结到一起来构成、维持或者改变一个社会系统。但是不论哪种情况，解释都符合被我们称作*布东－科尔曼示意图*的东西（图 5-1）。

宏观层次	M_1	→	M_2	描述
微观解释	↓		↑	宏观解释
微观层次	m_1	→	m_2	描述

图 5-1　微观解释（自上而下）和宏观解释（自下而上）的结合

对于事实有效的东西，加以必要的变更，也同样对描述它们的命题有效。也就是说，当被翻译成观点时，布东－科尔曼示意图就变成了一个至少有八个命题的系统：两个宏观社会学命题（关于 M_1 和 M_2），两个心理学命题（关于 m_1 和 m_2），一个更进一步的宏观社会学命题（关于 M_1-M_2 之间的关系），一个心理学命题（关于 m_1-m_2 之间的关系），一个社会心理学命题（关于 M_1-m_1 之间的关系）和一个心理社会学命题（关于 m_2-M_2 之间的关系）。

当数值变量可供使用时，这个示意图就变成如图 5-2 所示的那样。即，M-M 函数关系 $Y = F(X)$ 被分解成三个连续的关系——$Y = h(y)$，$y = F(x)$ 和 $x = g(X)$，简言之：$F = h \circ f \circ g$（Malinvaud，1991：157，用这个示意图来阐明微观经济学与宏观经济学之间的关系）。

		F			
	X	→	Y		宏观变量
g	↓	f	↑	h	
	x	→	y		微观变量

图 5-2　一个宏观－宏观函数关系分成宏观－微观函数关系、微观－微观函数关系和微观－宏观函数关系的分析

一些情况需要布东－科尔曼示意图链。在其它一些情况下，这个示意图将会更复杂。例如，考虑由洛兰和怀特（Lorrain and White，1971）提出的对社会流动性的解释。它首先区分了两种流动性，人的流动性和空缺的流动性。当人们进出劳动力市场时他们移动，当升迁、降职或者从一个部门或者分公

司调到另一个部门或者分公司时他们也移动。当职位被填补或者被剩下时，以及当新的职位被创建或者旧的职位被消除时，空缺“移动”。两个过程在微观和宏观层面上同时发生。无论如何，集体流动是由个体流动的聚集造成的，150
然而空缺的微观流动常常起因于宏观变化，比如，业务扩张或业务收缩。最终的社会变革体现在这样的变量上，比如，就业率、存款利率和贷款利率、社会支出。个体的生活质量不仅由这些宏观变量决定，而且还取决于他是否有工作社会阶层的高低，或者生活方式的改变。

简言之，从一种系统的观点看，对任一社会事实的一个令人满意的解释将包含两个或者更多的层级，最低限度要有整体和它的部分这两个层级。除了成分之外，这个解释还要把系统的环境和结构考虑在内，也就是说，它至少将调用一个系统的 CES 概述。包含所有这些的一个解释我们将称之为“系统的”。系统解释结合并包含自下而上的解释和自上而下的解释二者。在自上而下的解释中，待解说项涉及一个系统，解说项前提涉及这个系统的成分和结构；而在自下而上的解释中，待解说项涉及系统成分，而解说项前提涉及这个系统的结构或者环境。

第五节　领　　会

现在，让我们检验一下社会研究中一种典型的微观还原论者的或者自上而下的策略：根据什么，社会研究者应该集中于个体并使用一种特殊的叫做领会（理解、洞察力、领悟或者“解释”）的认知模式，以便弄明白他们行动的“意义”（目的）。这种策略在社会元理论中受到了唯心主义流派的支持和拥护：新康德主义、诠释学、现象学、符号互动论、常人方法论和维特根斯坦主义（如 Dilthey，1959［1883］；Weber，1988［1913］，1922；Schütz，1967［1932］；Gadamer，1975；Winch，1958；Dallmayr and McCarthy，1977；Mueller-Vollmer，1989）。

诠释社会学派声称，社会科学完全不同于自然科学。这个差别所涉及的不仅仅是主题问题和特定方法，就像除了极端物理主义者和社会生物学家之外任何人都将承认的那样。它还涉及理解模式。自然科学家根据规律（尤其是合乎规律的机制）通过说明来理解，社会科学家仅通过领会（领悟或洞察力）的方式理解，如今也被叫作“解释”或者“诠释学的理解”。

对*领会*一词存在着两种不同的解释，并且相应地存在着两种关于它在社会研究中所起的作用的观点。一个是狄尔泰的，它是主观主义和直觉主义的；
151 另一个是韦伯的，它是客观主义和理性主义的。对于狄尔泰来说，“理解”一个个体的行动相当于把自己置于他的位置；而对于韦伯，则是从它的目的的意义上推测它的“含义”。让我们仔细看看这两种解释。

狄尔泰——一个历史唯心主义者——认为，社会的原动力是个体的心灵或者精神（geist），而不是任何物质性的东西，比如，环境、经济或者生物性驱力。这就是他称呼社会科学为*精神科学*——精神的科学——及把它们与自然科学相对立的原因。现在，因为精神状态并不对公共检验公开，而且因为狄尔泰不可能预料到——更不用说希望——心理过程的生理指标的发现，所以他认为，我们能够猜测其他人的心理状态的唯一方式，就是尝试把自己置于他的情况下。换句话说，我能理解为什么某某人表现为他所做的那样，只有我可以想象我自己处在他的位置。简言之，领会等于共情理解。

狄尔泰没有认识到把自己置于其他人的位置是多么困难，尤其当这个人属于一个遥远的社会团体或者一个完全不同的社会时。他也没有预料到两个明显的、任一严肃认真的社会研究者都必定会提出来的异议：首先，忽视生物性驱力、环境限制、经济限制和政治限制的存在是愚蠢的；其次，一个依据信念和意图所做出的解释无论听起来多么地貌似可信，它都是假设的并且很少是可检验的。毕竟，大多数人类活动都可以通过备择假设来解释。这种不确定性的原因是：①几乎所有的人类行为或许都有一些可供选择的动机（需要、欲望、信念等）；②动机是不可观察的。如果我们知道动机的话，那么我们就能预测行为，这将变成一个正问题。但是“理解”社会学家处理的问题是前者的对偶问题或者反问题，而反问题拥有多个解（回想第三章第二节）。鉴于这些反对意见，狄尔泰的哲学诠释学在社会研究领域没有激发一个重要发现，甚至没有启发出任何富有洞察力的见解，就不足为怪了。

根据狄尔泰自己的观点及他的追随者们的观点，诉诸领会就是放弃客观性和理性，因此放弃严格意义上的科学（即使现象学家舒茨［Schütz，1967

（1932）：240］也谴责狄尔泰的非理性主义）。此外，因为这些学者中的大多数都是书呆子型的，尤其是文学评论家、思想史家、神学家或者哲学家，他们集中于文本和他们的解释，而不是直接研究人类行为。从狄尔泰过渡到胡塞尔，从后者的现象学到海德格尔及其解释学继承人，比如，伽达默尔和德里达，是自然的。对于狄尔泰来说，社会事实必须从（非科学的）文本中读出；对于他的继承者们来说，所有的社会事实实际上就*是*被解释的文本（或者“似文本”）。

现在，让我们从哲学诠释学转向社会科学，首先是马克斯·韦伯。现代 152
社会学的奠基人之一韦伯，普遍被认为是首次把狄尔泰关于领会的观念及他的唯心主义版本的方法论个人主义付诸实践的人们之中的一个。我主张，这种对韦伯的解读仅仅是部分正确的。诚然，韦伯关于社会行为的意义（*含义*、*释义*、*指称*）及有关它们的理解（领会）的方法论著作是如此的混乱，以至于初看之下它们似乎赞同直觉主义者和主观主义者的立场。然而，用原文而不是扭曲的英语翻译来阅读韦伯，而且在没有注意到他声称借鉴的哲学权威（狄尔泰、文德尔班、李凯尔特）和他的哲学诠释者的情况下，人们会得出一个不同的结论。无论如何，人们应该注意他唯一的学生亚历山大·冯·谢林（von Schelting，1934：370）的忠告：不要仅仅阅读韦伯的方法论著作，还要读一读他的实质性的著作，因为在这些著作中他完全没有紧密地遵循前者。

社会学家和历史学家韦伯，没有转向内心精神且没有沉湎于维科和狄尔泰的心理史学的幻想中。反而客观地调查他的主体和他们的情况，这些情况具有经济的、政治的和文化的特征。如果不按照这种标准的科学方法继续进行，韦伯将不能写到经济史或者官僚主义的客观特征，他将不能引导他关于易北河东部农业工人的经验研究，他就不会委任社会调查。就这一点而言，韦伯与他的对手马克思和涂尔干没有任何区别。他没有尝试“再体验”其他人的经验（体验），尽管偶尔他也会尝试猜测他们的行动的“意义”——只不过是他们的目的。此外韦伯警告说，即使是不言而喻的，但依据其“意义”（目的）对人类行为的解释和其他的解释一样，仅仅是一个将要被检验的假设（Weber，1988［1913］：437）。此外，与拒绝在社会世界中寻找因果关系的狄尔泰不同，韦伯寻找它们。尤其，他强调人们的利益*致使*他们以某种方式表现，而且除了别的之外，他还寻找古罗马衰败的社会原因。通过这样做，韦伯将他的社会研究维持在科学队伍之内（von Schelting，1934；Albert，1994；Stack，1989）。

科学家韦伯不能不是一个实在论者，尽管他口头上承认是反实在论的。而他还认识到自然主义者（或者行为主义者）探讨方式的局限性——忽视主观经验，尤其是情感、兴趣、意图和决定。如果不是以他那个时代沉重的、模糊的、冗长的德国学术术语来写作的话，韦伯或许会简单地说，对人类的一个客观研究必须包含他们的主观经验。如果没有文化限制，他或许就可以
153 简单地阐述这个伪重言式：要理解人，你必须理解他们（关于*领会*这一术语的含糊性我就演示到这里。韦伯也是如此，对于他来说，这个术语既表示一种方法也表示一个结果）。但是这听起来并不足够学术。以一种“理解的”（*领会的*）方式记述人类进程的“内部现状”及把握它的需要，是在当时由唯心主义和新浪漫主义主导的韦伯乏味的学术环境中要做的事情。

韦伯在关于领会的争论中所采取的立场或许可以被总结如下。第一，要“理解”或者“解释”（*领会*）一个人类行为，仅观察它是不够的，但是也不需要调用移情投射或者主体认同。反而我们必须尝试推测主体的动机或者目的。第二，研究者实现理解，当他成功地根据工具理性对可观察行为做出解释时，即通过假设主体将利用最合适的方法来达到他的目的。第三，因此，尽管他颂扬*领会*相比于*解释*（说明）的优越性，但是在他的实质性著作中韦伯将二者合并成了被艾伯特（Albert，1990）称作“*领会的解释*”（可理解的解释）的东西。第四，韦伯不是主观主义者。正相反，他经常强调需要一门客观公正的社会科学，甚至到了痴迷于价值中立的程度，代替假设（错误地）所有的价值判断都是主观的。第五，远非一个始终如一的方法论个人主义者，韦伯有时候强调社会结构对个人主体的限制。一个例子是《新教伦理与资本主义精神》（Weber，1920-1921［1904-1905］：203）中众所周知的一段，在其中他把工业资本主义比作一个铁笼子（*stahlhartes Gehäuse*）。他写道，后者以“无法抵抗的必然性”（*überwältigendem Zwange*）决定了每一个单独的个体的生活方式。关于韦伯袭用未经改变的狄尔泰的领会概念且是一个始终如一的唯心主义者（尤其是一个诠释主义者）和方法论个人主义者的神话，就

到此为止吧。

简言之，在促进一种“理解”的社会科学的发展中，韦伯的观点是，我们应该认真对待行为的内部来源，但远非要包含主观主义，我们应该以一种客观的方式来研究它们。确实，有时候他夸大信念和意图的重要性，而且出于同样原因他低估外部（物质）环境的重要性。但他是一个科学家，不是一个诠释主义者。而且他不是唯一一个在内在论者和外在论者的解释模式之间摇摆不定的社会科学家。因此，整体论者的马克思，详述了维多利亚女王时工业资本家的贪婪，详述了工人反抗工业资本家的动机，并且详述了路易·拿破仑平庸与狡猾的结合。一惯性是很难达到的。

第六节　领会的作用 154

我希望已经阐明了领会并区分了它的两个变体：狄尔泰非理性主义的领会和韦伯理性主义的领会，或者分别是 DV 和 WV。我们的下一个任务是查明它们在社会科学中所起的作用，如果有的话。我们始于承认，尽管是易错的，但 DV——共情理解——对于重建一个个体的传记是必不可少的。显然，在这种情况下，这个研究者必须与他的研究对象移情同感。但即使是在科学技巧和可靠数据的帮助下进行写作时，传记也只是非社会科学的历史学的一部分，这是狄尔泰和他的追随者们未能认识到的。传记至多提供了社会科学的原材料，而且还不是非常重要的材料，因为它通常只涉及非典型的而非“理想型”的个体。至于社会科学，它们没有什么是得益于狄尔泰，因为它们既是理性的又是经验的［哈里斯（Harris，1968）对人类学的讨论；博琴斯基（Bochenski，1987）对埃及古物学的讨论；艾伯特（Albert，1988，1994）对经济学的讨论］。

与之相比，WV——动机归因——与 DV 相比有一个非常广泛的适用范围，因为如果我们大致知道他们的环境的话，为了把某些意图归于他们，我们不需要知道讨论中的个体的任何传记细节。例如，如果我们知道 *X* 是一个商人，我们就能安全可靠地假定他喜欢自由交易；而且如果知道 Y 是一个工人的话，我们就有充分的理由假设他喜欢充分就业。然而，这一诀窍有可能在一些情况中失败。例如，知道某某人是一个资本家，我们也没有权利假设他将会投保守党的票；同样，知道某人是一个工人，也没有充分理由假设他会投左翼党派的票。换句话说，潜在于WV使用之下的一般性假设仅仅是一些迫切需要检验的推测。

不足为奇，根据韦伯重要的和最成熟的著作《经济与社会》(1992)来判断，领悟(理解力)社会科学的真正造诣是非常谦逊的。大多数著作(xxxiii+1247页)是非常博学的，但却是完全书呆子气的，它没有依靠直接的经验研究，而且它几乎不包含任何统计数据。它包含着大量的定义，它们中的大多数在形式上都是有缺陷的，还包含一些假设，但几乎没有解释，它是描述性的和历史性的，而不是分析的。它确实包含少量有价值的东西，例如，对现代国家、官僚主义和规划的一些深刻的洞察力，但它们被埋葬在冗长的模糊的段落中。总之，人们从它那里几乎没有获得一点*理解*，而人们从它之中确实获得的理解与领会没有一点关系。事实上，韦伯在前几页中口头上承认了领会，然后就忘记了关于它的一切。这使人想起马克思在《资本论》的一开始对辩证法的赞扬及随后对它的忽视。

155 和狄尔泰一样，韦伯似乎还没有意识到“理解的”社会科学家的任务的大小，尤其是自他明确地拒绝了心理学可能提供的任何帮助以来(Weber, 1988[1913]: 432)。实际上，在很多时候，社会科学家都无法获得他们的研究对象的信念和意图，他们能够了解的最多就是他们的研究对象的行为的一些结果。甚至公然宣称意图没有多大帮助，因为人们的真实意图经常被恐惧、虚伪、意识形态或者简单的自欺欺人所掩盖。因此，任何依据个体信仰和意图的社会研究(如一段历史)，都必定是推测性的。就如涂尔干(Durkheim, 1988[1895]: 188)所指出的那样，意图问题太主观以至于不能被科学地研究，除非我们等到一百年之后，它们被生理心理学家配备诸如PT扫描仪和微电极这样一些精神成像的工具所解决。

正如上一节所指出的那样，如果我们被告知一个主体的目标和方法及他的精神状态，我们或许有能力估算出他可能的行动是什么。然而，从已经观察到的行为或者它的痕迹中推测目的这个反问题，是没有唯一解的。事实上，即使那个正问题也不总是可解决的，这有两个原因。一个如上面提到的，我们很少——如果有的话——拥有关于一个主体的意图的可靠信息。诚然，韦伯和他的追随者们通过简单地假设，所有人无论他做什么其主要目的都是为了最大化他的效用，避开了这个问题。但是就像我们将在第十四章中看到的那样，大量经验研究都反设了这个假设。

另一个原因是，每一个个体都是若干社会系统的部分，因此他的行动经常是无意识的并且是以意想不到的方式与其他人的行动相结合的。只有一致行动的结果才是可预测的，尽管不总是。当行动不是协同的或者当它们是协同的但却遇到来自其他团体的强烈反对时，我们必须预料意外的结果，尤其是反常结果。简言之，关于目的的知识（或推测）不足以解释人类行为，尤其是在社会情境中，在这里人们经常南辕北辙地行动。

此外，就像涂尔干很久以前就警告过的那样，社会科学研究不必局限于寻找目的、目标或者功能，因为一些社会项是无用的，即使它们最初服务于一个有用的目的。"事实上，在社会中甚至存在着比在有机体中更多的幸存者。甚至还存在一些情况，在其中，一种社会实践或者社会制度获得一个新的功能，在本质上不做任何改变的情况下。"（Durkheim，1988［1895］：184）这就是为什么涂尔干建议动力因要独立于终极因或者终极功能寻找的原因。

对当代政治史中任一比较著名的片段的审查，都将充分说明依靠动机归因的局限性乃至危险性。因此，正如德军在 1941 年跨越苏联西部边境线时，斯大林不能相信他的耳朵，因为他武断地坚持认为，德国进行战争的唯一目的是从英国和法国手中抢夺殖民地。如果斯大林和他的奉承者们对世界政治采取一种批判的方式的话，他们就会认识到一个人是不能猜测出其对手乃至其盟友的真正意图和感觉的。一个科学上有头脑的政治家、政治分析师或者间谍，是不会贸然揣测思想的，而是会凭借客观指标进行判断，比如，战略计划、武器的类型和数量、军队的调动。现如今，他还可以依赖于监测，尤其是电子拦截和卫星跟踪。 156

尽管如此，不可否认的是，社会事实变得越来越可理解，当数据同或多或少不言而喻的、关于人类行为的一般性假设一起，来保证对个人动机尤其是对利益和信念的猜测时。然而，这样的动机并不总是理性的和可预测的，人们不仅仅从计算出发来行动，而且还从习惯、情感、偏见甚至迷信出发冲动地或者被迫行动。例如，当尼罗河三角洲的人口已经变得过于拥挤时，摩西从埃及迁徙或许可解释为许多奴隶想要种植他们自己的土地的愿望。但是冒险走出埃及进入沙漠或许不会成功，如果摩西和他的追随者们不相信他与耶和华签订的所谓的契约的话，它读起来像是一个土地租赁合同，凭这个契约摩西和他的追随者们被允许种植许诺之地，作为与耶和华独占崇拜权的交换。另一个例子是，穆罕默德的军事行动和十字军东征似乎最初是由贪求战利品、土地和政治权力所激发的。然而步兵表现出的对上天赏赐的坚定不移的信仰，解释了他在战争中的忍耐力和蛮勇。简言之，归因于个人意图偶尔是富有启发作用的。但它是推测的，不是一个绝对可靠的直觉问题。除非这个警告被牢记在心，否则人们可能会不加批判地接受心理历史学家想象的历史重构，如弗洛伊德的。

根据解释逻辑，韦伯的领会的推测性质可被很好地理解。考虑这个一般假设模式：所有具有动机 M 的个体，在 S 类情况下，从事 A 类行动。如果动机和情况被给定的话，行动便跟随而来，这是一个有效的论证。但是它几乎不是一个有用的论证，因为通常只有情况和行动是已知的，并且即使如此也仅仅是部分已知。热衷于领会的人声称，他能够从情况和行动中掌握动机。但这在逻辑上是谬误的，切记反问题没有唯一解。因此，他要求使用一种特殊的理解模式，这种理解模式不符合有效的解释模式，但却产生确定性。与之相比，具有科学思想的社会研究者承认动机归因是假设的，并因此是需要检验的。

157 此外，在大多数情况下，社会科学家处理社会系统是基于即使有也没多少的、关于它们的成分的个性的知识。例如，钢铁工厂的一个模型不会包含心理学变量。然而，这样一个模型或许是解释性的。因此，人们可能会把最近几十年工业化国家中钢厂数量的减少解释为，交通运输和武器中使用的钢铁减少，连同把一些这样的工厂输出到第三世界国家共同产生的影响。这个解释是宏观—微观类型的，它不包含关于在钢厂工作的个体的任何知识。它仅仅假定代表性的钢厂管理人决定当需求下降时减慢生产速度，这是一个生存问题，而不是利益最大化问题。

总之，WV 或者动机归因是有用的。但它是有限的和不确定的，因为：

①我们很少可以获得一个主体的真正动机；②一个主体的情况和方法与他的目的一样重要；③社会科学是关于社会系统的而不是关于个体的，个体是心理学的研究对象。此外，WV 对于推测来说是易错的，而且很少是可检验的。它可以是有用的，但仅仅是作为一个客观研究计划的软体部分，而不是代替它。主观性可以被容纳进科学，但是主观主义不能（更多讨论见第十三章第七节）。

第七节　预测和追算

预测或者预言当然就是推测什么将发生或者至少有可能发生。同样，追算或者倒推是推测什么已经发生或者可能已经发生。在日常生活中，我们始终在执行这两个操作。例如，我们计划，作为我们为从事理性行动做准备的一部分，我们尝试重建过去，为了理解什么正常运转或者什么发生了故障，并因此从成功或者失败中吸取经验教训。

在基本科学中，预测和追算有两个作用，它们分别帮助我们认识未来和了解过去，为了他们自己的利益及检验假设。例如，经济预测想象未来，或者毋宁说一些可能的未来，并把经济学理论和经济政策拿去接受检验。考古学和古生物学的追算是重建过去的一部分，而且通过告诉挖掘工人们在哪里找及找什么，追算检验某些假设。

除了具有认知功能之外，向前预测和反向推测还具有实践价值。预测在日常生活、商业、政治和技术中的主要功能是帮助设计行动计划，使我们为未来做好准备或者改变现在，以便它可能通向一个更加令人满意的未来（这就是为什么与得自不可预测性的不确定性——居于竞争之后——相比，没有什么让商人和政客更憎恨的东西的原因）。在行为领域，与预测相比，追算扮
演着一个谦逊得多的角色。但当被执行时，它的目的不仅仅是揭示过去，而 158
且还要从中吸取教训以便帮助塑造未来。

对人类行为的预测具有一种其他种类的预测所没有的实际效果。实际上，如果这样一个预测对于相关的行动者变得可知，那么它就可能会改变那个被预测的行为。这些就是自我实现预言和自我挫败预言的情况（Merton，1957；

Jones，1977），现在还归在多少有点误导性的自我指涉标题之下（Geyer and van der Zouwen，1990）。例如：①如果某人预测行动 A 可能具有效果 B，那些认识到这个预测并且喜欢 B 的人将会做 A，而那些不喜欢 B 的人将会忍住不做 A；②视某人为一个潜在领导者（或者罪犯或者诸如此类的）将会使其倾向于成为一个领导者；③在对失业的预测中，许多非裔美国人辍学，这就进一步减少了他们就业的机会。

迄今为止，我们理所当然地认为，人类行为在个体上和集体上都是可预测的，至少在某种程度上是可预测的。如果像非理性主义者们使我们确信的那样是不可预测的，将会怎么样？在这种情况下，我们不会承担任何超出满足我们当前最迫切需要的东西。如果未来完全是不可预测的，那么没有人会学习或者养育一个家庭、种树或者制造人工制品、接受一份工作或者雇佣员工、存款或者投资、加入一个组织或者创业。胡萝卜对我们的驱使在强度上不低于大棒对我们的驱使，如此以至于建设性的积极主动性，尤其是投资，在极端不确定的时期下降了。简言之，即使是有限的可预测性，对于蓄意行为也是一种诱惑。

话虽如此，我还是赶快承认，人类生活是相当不确定的，因为它充满着不可预测之事。我们经常碰到出乎意料的障碍和机遇、新的人们和新的社会发展、新的问题和新的信息。按照*不可预测*一词的定义，我们不能预测这样的事件，或是因为缺少知识，或是因为它们是偶然的。然而，一个明智的规划师会考虑到不可预测之事，例如，通过分配他的部分资源来处理它们。也就是说，他做出诚然不精确的但却有用的预测：意想不到的事情将会发生。

科学预测必须与直观的预测和预言区别开。直观预测是基于普通知识做出的，且常常被无理由的乐观主义粉饰，正如由三分之二的新商业都维持不过五年的发现所表明的那样。预言是无根据的和绝对的，它们不是基于可靠的知识，并且是无条件的而不是假设的。与之相比，科学预言都是基于现状的知识，并基于讨论中的事物所特有的规律、规范或者趋势。因此，它们的形式是，“如果 X 的现状是如此这般，而且 X 符合某一模式，那么 X 的未来
159 状态将会是某某”。如果未来正如预测的那样，那么包含在它之中的普遍化概括将被证实，因此它们将会在另行通知之前被继续使用（从 $A \Rightarrow B$ 和 B 中不

能有效地推断出任何结论）。如果未来事件没有证实这个预测，那么我们得知出现在这个条件句前件中的条件至少有一个是错误的（事实上，$A \Rightarrow B$ 和 $\neg B$ 共同蕴涵 $\neg A$）。因此，科学预测的失败正如它们的成功一样，在认知上是有用的。与之相比，从预言的证实或者证伪中什么都学不到，因为它们不是以条件形式镶铸的，它们没有检验任何假设。

成功的预测或者追算当然是一个重要的真理指标，但它不是唯一的一个。因此，公鸡打鸣引起太阳升起的神话允许我们预见黎明，错误的地心说假设允许托勒密在行星天文学中计算相当精确的预测。尽管是不充分的，但预测（或者追溯）能力对于任一被认为是真的或者大致上为真的假设或者理论来说，都是一个必要条件。尽管解释力非常令人满意，但却不能替代预测（或者追溯）的无效。毕竟，神圣眷顾的假设可以被用来解释任何事，但是它没有预测任何能被检验的事情。

在科学预测和科学解释之间不存在逻辑差异。二者都是形式为"$A \Rightarrow B$ 和 A，因此 B"的论证。它们之间的差别关系到内容而不是形式。事实上，与解释不同，预测不需要调用任何机制。例如，出现在一个科学预测前提中的规律性，可以是黑盒子类型的（比如，投入产出关系或者速率方程），甚至可以是一个趋势或者一个统计关联。因此，我们不需要知道任何天文学来预测日夜交替，或者不需要任何经济学来预测普遍失业将会削弱储蓄。

存在好几种科学预测和追算。最精确的依赖于理论规律。也就是说，它们是这种形式的：规律与条件，因此预测（追算）事实。事实上，理论规律涉及的是事实的属性或者特征，而不是整个事实。因此，这个模式是：属性 P 的规律和 P 的现值，因此 P 的最终（或者先前）值。更现实地讲，属性群 P 的规律和 P 成员的初始值，因此 P 的后来（或者早前）值。

包含在一个科学预测或者追算中的普遍化概括，可能但不必包含时间概念。前者的例子是人口趋势。不包含时间概念的规律陈述的例子有：如果出生率与生活水平成反比的话，那么后者的加倍将（最终）导致前者的减半。包含时间概念的规律允许我们预测*什么时候*一些事实将发生，而无时间的规律仅仅允许我们预测它们将要发生。

上述适用于诸如行星系统这样的稳定的动力系统。对于不稳定的系统是

不适用的，比如，放射性原子、未经调节的经济、联合政府、通过对立冲突
160 结合的国家。在这些情况下，将会有不同的可能的未来。因此，即使是一种完整的、精确的关于现状的知识也不能保证正确的预测。另外，如果一个过程是随机的并且我们知道它的概率规律的话，我们将能够为每一个可能的未来分配一个明确的概率（另外，我们将能够预测平均值和方差）。如果这个过程从非线性动力学的意义上说是混乱的话，就不是这样了。在这种情况下，分支或许会出现，而且因为潜在的规律不是随机的，所以不存在确定哪一个可能的分支更可能实现的方法。

对预测适用的不必对追溯也适用。实际上，在接近平衡状态的一个不可逆过程的情况下，同一个最终状态可能从不同的初始状态到达（考虑生命史或者考虑有多个可能原因的事件）。在这种情况下，追溯将是不可能的，然而预测是可能的，因为所有的或者几乎所有的轨道线将会聚敛到一个单一的最终状态。

有意思的是，如果我们知道一个过程的合乎规律的机制的话，即使在不能预测它的时候我们也可以解释它。例如，地质学和进化生物学进行解释但很少做出预测。同样，用后见之明，我们常常能够解释没有人能够预测的商业崩溃和政府危机，这证实了我们已经知道的、预测和解释之间的不对称，尽管它们具有共同的逻辑形式。

此外，尽管我们可以支持乐观主义的论点——所有事实都能被解释，如果不是现在，那么就是以后，但我们不能维持对任何事物的可预测性的信仰。和解释不同，预测实际上不仅仅是一个知识问题，一些过程固有地是不可预测的。正如我们前面所看到的那样，对于出现在本来就不稳定的系统中的过程及出现在正在经历混乱过程的系统中的过程来说，情况就是这样。在两种情况下，分支的源头是内部的，它固有地内在于这个机制本身。即使一个无所不知的存在也不能预测这样一个系统的未来。这样一个存在是否能够存在，并且如果存在的话，它的认知局限与大多数人有什么不同，就是一个学术的或者毋宁说是一个神学问题了。

无论不可预测性是源于缺少知识，还是说它是事物所具有的性质，我们都必须面对它，尤其是在研究人类或者社会系统时。每一个种类考察一个例

子，第三个是两种不可预测性的结合。众所周知，一些人类活动有一些意外后果，它们中的一些是“反常的”，也就是说与预期相反（如 Merton，1936）。这通常可以用无知愚昧来解释，比如，未能采用一种系统的探讨方式，因此把感兴趣的事物从它的语境中隔离；忽视了其他人的利益和行动；错误的计划，尤其是选错了方法；没有能力贯彻执行一个好的计划；等等。当个体基于不充分的信息或者以一种自私的方式行动的话，失败是必然会发生的，在这种情况下，其他人的干预便在意料之中。

发明是固有的不可预测性的经典例子。确实，凡尔纳、威尔斯和其他一 161
些人预言说某些机械将被发明。但是他们描述的仅仅是它们的总体功能，他们并没有设计它们。一个完全原创性的发明不能被预测的原因是，预测一个独到的见解就是拥有它。无论如何，如果存在知识演变的规律，却没有人知道它们的话，那么它们就不能被用来预测。然而，我们可以在知识领域做出一些总体预测。例如，我们可以预测所有的常规问题都终将会被解决（第三章第二节），假如它们都是有意思的并且已经提供了合适的方法。我们还能预测，如果某些被普遍认为重要的问题不是被科学地研究的话，它们将会交由江湖骗子。也就是说，文化憎恶真空，所以它立即被垃圾充满。

一方面，个人行为从来不是完全可预测的，因为人们是异变的、善于创造的，并且至少在一些社会中是流动的：他们更换朋友、工作、口味、习惯、目标或者效忠对象；他们发现或者发明新的问题；通过提出新奇的想法，他们常常遇到意想不到的挑战。一些这样的事件有可能符合模式，并且最终我们或许有能力发现这些模式。但是目前我们不知道它们，所以我们不能成功地预测个人行为。另一方面，我们有时候能够预测大众行为，这就是人口统计学家和精算师所做的事情。例如，尽管我们可能没有能力预测一对新婚夫妇将会有多少孩子——如果有的话，但是我们能大致地预测不久的将来一个国家的人口总量，通过使用从最近的人口普查表中获得的出生率、死亡率及迁移率，并把它们代入人口统计方程式中。

战争和革命例证了固有不可预测的过程与源自知识不足的不可预测性的结合。战争和革命二者在有些时候都随机地使一些不可替代的个体失去战斗力。二者都动员了一些个体，他们以前是消极的，现在可能意外地经历着态度上的变化并开始起积极作用。在战争和革命中，起初统一的领导层由于竞争或者在冲突进入新阶段时必然会分裂，例如，因为大败或者大胜，或者由于同盟的形成和解散。在这两种情况下，领导人都面临着意料之外的问题，这些问题迫使他们以一种临时的因此是低效率的方式来处理。如果冲突旷日持久，那么原本不可预测的新武器、新战略或者新的组织技术有可能被引入，并试图产生意外的结果。无论是在战争中还是在革命中，领导层必然会被消极抵抗甚至被诸如官僚机构这样的团体的破坏拖慢速度。在两种情况下，先前流行的价值和规范系统，在没有必要用一个新系统将其代替的情况下必然
162 会被破坏，因为行为中无法预料的改变可能会出现。最终，胜利者——如果有一个的话——可能不知道接下来要做什么，所以不可能获得任何好处。他们或者可能以耗尽的方式结束，或者以一些非常不同于最初驱使他们的那些目标而结束。

众所周知，社会预测的成功率很低（例如，没有人预测到经济大萧条，20 世纪 70 年代大量妇女进入劳动力市场，石油危机、苏联解体、南斯拉夫内战、工会组织的衰落，或者大约始于 20 世纪 70 年代美国人在饮食和抽烟习惯上的变化）。根据上述讨论，预测如此可怜的表现有一些可能的原因。一个原因是，一些过程是固有地不可预测的，因为它们存在于不稳定的社会系统中。第二个原因是，行为部分由学习和期望决定。第三个原因是，缺乏充分证实的社会理论及社会研究的碎片化。第四个原因是，社会预测者们采用的常常是错误的探讨方式。让我们看看这些因素。

第一个原因远非是显而易见的，但是目前喋喋不休地批评它将是徒劳的，尤其是考虑到第三个原因。实际上，我们不能确定一个系统事实上是不稳定的，除非我们拥有一个可检验的理论来解释为什么它是不稳定的。社会预测经常失败的第二个原因是，人类行为不仅仅受到这个人的当前状态和他的环境的引导，还受到他的期望值，尤其是那些关于他的行为的可能后果的期望值的引导，比如，抽烟对肺癌的影响。这就是心理学和社会科学不同于自然科学的一个方面（注意：是我们对未来的想象而不是未来本身影响着我们当前的行动。所有的科学都承认先行原则或者阻滞原则，根据它，每一事件都是由讨论中的这个事物的状态及始终先于感兴趣的这个事件的环境所决定

的）。上面给出的第三个原因将被那些相信我们能够用理性选择理论来预测人类行为的人所拒绝。然而，这些已被证明缺乏预测能力，由此据称它们只喜欢规范状态（见第十四章）。

现在，在缺少被充分证实的动力学理论的情况下，社会预测者常常依靠当前趋势进行推断。这样的外推法从短期来看可能是成功的，但从长远来看则很有可能失败。事实上，它们可能会导致谬论，比如，预测说药物消费最终将会超过食物消费，预测说在这个行星上将没有立足之地，或者正相反，预测说艾滋病流行将会导致人类物种的灭绝。然而，结合一些动态趋势或许就能提出正确的预测，比如，人口统计的、经济的和文化的。例如，自大约1970年以来西方国家普遍失业率的上升，尽管是未预见到的，但却可以从生育高峰波动的流逝、劳动力市场中妇女的大量参与和节省劳动力的设备的引
进中预测出来（Malinvaud，1984：72-73）。寓意：不要把未预见到和不可预 163
测等同起来。

被社会预测者们采纳的探讨方式，经常是推测性的、部门性的和有偏见的。胡乱的猜测在未来学家和股票经纪人之中尤其猖獗。它们不是科学的预测而是预言，它们属于科幻小说。与之相比，成捆出现的人口统计学的推测，都是从当前趋势出发而进行的严肃认真的推断。它们的作用之一，就是让人们意识到肆无忌惮的生殖的灾难性后果。这是所有预测性的未来学都能做的，即敲警钟。然而，这是下一节的主题。

对社会趋势的大多数预测的另一个缺点是它们的部门性或者非系统性。典型的是，经济预测很少把人口统计学因素或者政治因素考虑进去，并且反过来，政治预测常常忽视非政治因素。第三个共同的缺点是偏见，大多数未来学家都致力于憧憬乐观美好的未来。换句话说，他们常常从事于痴心妄想（然而，正如将在下一节看到的那样，当想象未来的时候，痴心妄想未必就是有问题的，因为在一定程度上，我们自己塑造它）。不管怎样，无论社会预测的缺点是什么，或许可以可靠地预测的是：社会预测服务将继续增加并将繁荣很长时间（如 *International Journal of Forecasting*）。

一方面，一些关心保护自由的人认为，我们不应试图提高我们预测人类行为的能力。其潜在的观念是，自由相当于不可预测性。但是这种观点是错

误的。实际上，根据定义，一个自由行动是主体出于自己的选择执行的，而不是外界强迫的结果，此外，这样一个决定有时候是在完全意识到后果的情况下甚至是依据当下趋势做出的。因此，远非是不确定的，自由行动是内部决定的因此根据主体自己是可以预测的（对一个行为后果或者影响的预测是另一个问题）。另一方面，冲动行为，即被强烈的情感所征服的人所执行的行动，和它们的结果一样是不可预测的。理性行为是由可靠的知识尤其是规律、规范和环境知识指导的行为。在一个不合乎规律、难以驾驭的世界里，自由将是不可能的，因为按计划的思考和行为将是不可能的。

迄今为止，我们已经处理了或许可被称为*消极*预测的东西，在其中，预测者不介入干涉改变事件的过程（例如，“你将会变老”）。在日常生活、政治和技术中，我们也进行*积极的*预测，它表达了一个主体做某种与事件过程有关的事情的意图，比如在“我将会帮助你”中。这样的预测包含在对未来的设计和塑造中，接下来就是更多关于它的讨论。

164

第八节 设计未来

把事情做好有两种方式，通过说或者通过做。前者是散播一个数据、一个谎言或者一个预言，期待有人相信它并按照它来行事。第二个就困难了，它需要资源、仔细规划、努力工作、从其他人那里获得帮助和运气。让我们简单检验一下这两种塑造未来的方式。

谣言传播的方式是这样的：一个个体持有、声明或者传播一个数据、一个谎言或者一个预言，它以这样一种方式更改他自己的或者其他人的行为——它引起设想中的事件的最终状态。例如，与乐观主义者相比，相信宿命论的司机和滑雪者更可能经常碰撞。对通货膨胀的预期支撑着通货膨胀，对战争的预期促进战争的开始，等等。所有这些都是*自我实现的预言*（见上一节）。*自我挫败的预言*是相似的。它们在于进行一些这样的预测，这些预测诱导人们以阻止预言事件的发生这样一种方式行动。例如，如果一个民意调查人员预言某个政党的失败，那么它的许多支持者将会改变效忠对象，所以它的失败将会比预料的更加糟糕。

据推测，自我实现预言和自我挫败预言的数量近年来急剧增长，在一定程度上是通信大幅增长的结果。起作用的那个机制在两种情况下是一样的。相信一个预言引导人们去行动以便证实它。只有少数人的反应是试图阻止预言事件的发生，他们是不符合惯例的人。

两种预言都突出强调了社会科学与自然科学之间的一个差别。仅仅对一个自然事件的预测并不改变这个自然事件，而对一个社会事件的预测可能会加强或者减弱这个事件现实发生的可能性。此外，天气预报和（未来）对自然灾害的预测，比如，飓风、水灾和地震，如果广播了的话将会影响人类行为。简言之，在社会科学中，我们必须处理信念（真的或者假的），因为不论好坏它都引导着人类行为。

第二个更有效的影响未来的方式是去做，尤其是要基于严密设想的计划行动。我在其他地方讨论了计划（Bunge，1998）。在这里接下来的评论就足够了。未来学可以是消极的或者积极的、神谕的或者科学的。也就是说，它可以预测或者设计未来，基于预测并根据一些迫切需要之物。例如，如果我们想要阻止某事的增长，比如，人口或者污染，我们就必须设计有效的方法来检查相关的过程。这需要揭示的不仅仅是当前的增长率，而且还要揭示增长机制，因为只有通过干预后者或许我们才有能力改变事件的发展过程。换句话说，设计未来不仅仅是一个精炼预测技巧的问题，而且还是一个解释究 165
竟是怎么回事的问题。简言之，计划包含着解释也包含着预测。

（更确切地说，如果 x_t 是变量 x 在时间 t 时的值，并且 x^*_{t+1} 是 x 在稍后 $t+1$ 时期望的可能值，那么技术专家的任务就是设计至少一个像 $x^*_{t+1}=f(x,y,t)$ 这样的函数 f，其中 y 是一个战略变量，即它是一个为了得到预期结果可以被操作的变量。显然，这样一个从*是*到*应该*的函数的设计，包含着解决一个预测问题。完成这样一个跨越是与应该之间的鸿沟的行动，取决于行动中的男人和女人——工人、经理或者政治家，或者他们的人工代理，而不是技术专家。）

自相矛盾的是，成功的计划把不可预测之事计算之内，比如，环境中出乎意料的变化和人类行为模式的突然转变。当然，并不是说我们能够预测这样的变化，而是说我们必须为它们腾出空间，因此为我们计划中相应的变化腾出空间（尤其是，任一合理的预算都包含着为无法预料的意外费用预留位置）。简言之，成功的计划是适应性强的。

最后，在这个一些全球性问题威胁着人类生存的时代，关于未来最重要的问题，不是它将会怎样，而是我们人类是否能够挣得一个。因此，为了补充消极的社会预测，关注于设计一个适宜居住的未来的积极的未来学是需要的。我们不可能知道未来，但是我们至少能够在某种程度上塑造它，这就是智能管理和政治学有关的一切。

描述、解释和预测的逻辑、认识论和方法论，在所有自然的、社会的和混合的科学中都是一样的。在它们所有之中，根据数据以及与这个事实相符合的假设，人们尝试客观地解释真实事实或者至少推定为真的事实。关于描述、解释和预测，社会科学和自然科学之间唯一的区别是，前者必须把信念、利益和目的（“意义”）考虑进去，因为这些指导着人类行为。所有这样的设想都是假设，而不是“解释”。因此，对社会事实的科学研究远远超过了文本解释，文本解释只有在可理解的文本是可得到时才偶尔是可能的。

然而，因为关于其他人的主观经验的假设难以检验，所以在社会科学中任一包含着它们的解释都很可能多少有点不可靠。这个特征致使这些科学比天体物理学更具推测性。尽管如此，它并未引起它们的主观化，因为：①那些精神状态（倒不如说处于这样状态中的大脑）都被假定为真实的；②远非任意的幻想，相应的假设都被设计为可检验的，而且与数据和心理学是相容的。然而，检验问题值得单独用一章来讨论。

第六章
经验操作 166

任何关心真理的人都应关心真理检验，因为可靠的真值分配只能建立在真理检验的基础之上。当然，所谓的启示真理可免于这样的检验，一些由于是不可检验的，其他一些是因为被声称是教条：它们是流传下来的或者强加的，而不是被提出的。与之相比，被数学家、科学家、技术专家、人文学者和普通民众提出的猜想，则被认为是可检验的。而且，如果是有意思的话，可以预料的是，它们最终将被拿来接受检验。

因为数学猜想涉及数学观念而不是具体事物，所以它们是以一种纯概念的方式被检验的（但是，因为所有的检验都是通过人类或者他们的人工代理执行的，所以他们可能会使用一台计算机，以及传统的铅笔和纸）。与之相比，科学和技术猜想涉及真实的或者至少推定为真实的事物，因此他们必须依据真实事物进行检查核对，以便查明它们是否符合。然而，这说起来容易做起来难。

对一个事实命题的真理检验在于使它“面对”它所涉及的事实，以便检验它是否“符合”它们，这是什么意思呢？这个问题看起来容易，但却不简单，因为面对和符合这两个概念都取自普通知识。人们可以实际检验一只手套的符合度，因为在这种情况下，符合度在于比较两个具体事物。而且，人们可能“面对”两个观念，比如，一个方程式和它的解。但是，人们如何使
一个观念与它描述的事实面对面是不清楚的。此外，为什么上文所述的经验 167
检验是*一种*真理检验而不是*唯*一这样的检验呢？

这些问题和其他一些哲学问题将在本章中被研究。指标在检验中的关键作用将被强调，尤其因为它们被科学哲学家们系统地忽视。然而，我们将跳过大多数技术的方法论问题，尤其是统计学问题，比如，符合度检验和相从变动分析，因为存在大量适当的关于它们的著作（如 Blalock and Blalock，1968；Blalock，1974；Boudon，1967）。

第一节 可检验性

什么时候我们说关于事实 *f* 的命题 *p* 是真的？当 *f* 就是如 *p* 所描述的那样的情况时（对于更多关于这个的，事实真理“符合论”，见第三章第五节）。但是我们如何检验 *p* 是否适当地亦即真实地描述了 *f* 呢？我们求助于经验操作——观察、测量或者实验。但是，当正在讨论的这些事实对于观察或者实验而言不是直接可得到时——大多数社会事实通常就是这样，这些经验操作如何帮忙呢？我们求助于指标。让我解释一下。

我们不能直接进入外部世界。我们只有通过经验和理性来把握它。沉湎于隐喻，经验——知觉和行动——发生在我们自己和我们的外部世界之间的界面接口处（你的外部世界包括我，我的外部世界包括你）。知觉和行动介于这个世界和我们关于它的观念之间，为我们提供想象和推理的原材料。作为结果的详细阐述就是各种观念的一个集合：想象、概念、命题、图表、示意图、分类、模型和理论。我们检验这些关于实在的观念，通过将它们与经验数据而不是与这个世界本身作对比。尤其是，我们不让一个关于事实 *f* 的命题 *p* 面对 *f* 本身，而是让其面对关于 *f* 的一些数据（或一个数据）*e*，一些支持或者反对 *p* 的证据。我们能够这样做是因为 *p* 和 *e* 二者都是命题，而 *f* 不是。

此外，正在被研究的事实无论何时都不是直接可观察的，我们求助于进一步的中介，即指标或者诊断标志。一个国家的经济状况和经济本身一样，是感觉不到的。因此，经济学家们通过这样一些指标来估量它，比如，GDP、通货膨胀率、收支平衡和失业率。物理学类比：一个液柱的高度是一个温度指标；化学类比：*王水*是黄金的一个指标；生物学类比：任一“生命特征”，如心跳；心理学类比：反应速度。我们通过指标“看到”了隐藏的事实。借由一个或者更多的指标而可观察的任一事实项（事物、状态、事件），据说是*间接可观察的*（更多关于此的讨论见第二节和第三节）。

然而，在奔赴设计指标或者进行观察之前，我们应该确定我们想要检验 168
的假设在原则上是否是可检验的。对于一个经验上可检验的命题来说，首先和必要的条件是它涉及某种事实。从这方面来说，纯数学公式不是经验上可检验的。第二个必要的条件是，这个命题不是一个重言式，即一个逻辑真理，因为这样一个陈述对于任何可能的情况都有效。例如，陈述“如果两个人相互作用，那么一个人的行动要么回报要么不回报另一个人的行动”是同义反复的，因此不受事实的影响。

可检验性的第三个必要条件是，出现在这个命题中的谓语直接或者间接地表示可观察的属性。因此弗洛伊德的断言——所有人都是变态的——是不可检验的，因为它排除了为了归因于变态找出与其他人进行比较的“正直的”人的可能性。第四个可检验性条件是，处于紧要关头的这个命题不可以包含致使它成为实时不可检验的附带条件。一个这样的附带条件是“最终地”或者“归根到底”，出现在命题“所有的社会事实最终取决于主观价值”和“归根到底，所有的文化过程都取决于经济因素”中。这些命题都是不可检验的，因为它没有详细说明“最终”可能是何时，或者“归根到底”是什么，更不用说谁或者何时去完成它了。因此总是存在着期望，如果当前的分析产生了一个不确定的乃至否定的结果，进一步的分析将会带来确认。

其他情况不变（*ceteris paribus*）条件似乎履行着一种类似的功能。实际上，它允许我们通过将反面证据解释为该模型没有考虑到的变化的一个影响来消除反面证据。然而，其他情况不变条件对于任一开放的具体系统，都是完全正当合理的。它仅仅指明了这个模型的一个局限性；它并没有使它无懈可击，当事实上其他因素不变时。此外，尽管是一个普遍的信念，但其他情况不变条件也不是社会研究所特有的，而是存在于所有的研究领域中的。例如，当说明一个热力学公式时，或许有必要提醒一下，它只在常压或者常温下有效（此外，偏导数概念也包含其他条件不变的概念）。

最后，第五个可检验性条件是，给定的命题不是由于受到第二个命题的庇护而免遭反驳，第二个命题不是独立可检验的，而且它的唯一作用就是保护第一个命题（见第三章第四节，关于恶意的特设性假说）。

现在，让我们的可检验性标准接受检验。艾因霍恩和霍格思（Einhorn and Hogarth，1978）研究命中和未命中影响我们的个人信念系统和相信我们
169 自己的判断的方式。他们从归结为这样的经验中提出了一种学习模式。假设主体做出了某种判断或者决定，并且假设只有两类被区别——正确的和错误的。进一步假设他的判断或者决定的结果只能是命中（H）和未命中（M）。分别称呼 h 和 m 为正反馈和负反馈的强化值。这个模型假设基于自信结果的总反馈 F 是：$F = hH - mM$，其中 $h + m = 1$。用这个公式我们可将人们分为至少以下三类：

（1）*轻信的人*：$h = 1$，$m = 0$，由此 $F = H$（成功建立自负）；

（2）*超苛刻的人*：$h = 0$，$m = 1$，由此 $F = -M$（失败破坏自信）；

（3）*平衡型的人*：$h = m = \frac{1}{2}$，由此 $F = \frac{1}{2}(H - M)$（成功和失败对 F 的贡献相等）。

这个模型是有意思的、清晰的和精确的。不幸的是，它是不可检验的，因为 F 及参量 H 和 m 都是不可测量的。因为是不可检验的，所以我们不知道它是否为真。但当然，这个模型是非常有意义的，它同时是操作主义和所谓的意义可证实理论的反例。

第二节　指　　标

最有意思的科学建构（概念、假设和理论）涉及感觉不到的事实，如性情、心理过程、社会趋势和往事，因此这样不可见的事物（帕累托称之为“剩余物”）需要客观的、可靠的指标。社会科学中的典型指标是脚印、人骨、人工制品、书面文档、收入不均指数、GDP、失业率、折扣率、投票结果及政治暴动的频率。例如，长寿是一个生活质量指标（更多范例见 *World Handbook of Political and Social Indicators*）。

指标和与其相对应的不可观察特征之间的任一关系，既不是一个约定也不是一个规则，而是一个假设。就其本身而论，它必须同时在分析上和经验上被证明，而不是不加批判地接受。如果是合理可靠的，我们将称它为“指

标假设”，尽管它的惯用名称是“操作性定义”。我拒绝后者是因为适当的定义都是约定，而且就其本身而论是任意的，除了实际考虑之外，而一个指标假设从某种程度上说是可以为真或者为假的。然而，我将保留术语“操作化”，因为没有一个更好的名称可以表示一个假设或者理论为接受经验检验所做的准备。

通常所称的一个构想的“操作化”，在于用一个或者更多的指标假设把 170
它与数据关联起来。例如：①石蕊试纸的颜色是一个酸度指标；②表型是一个基因型指标；③在更先进的科学中，一个理论概念 U 通过一个形式为 $U = f(O)$ 的指标假设被操作化，其中 O 是一个直接可观察的或者直接可测量的属性，函数 f 是指定的并且已经被证明是适当的。

一方面，一个尚未被操作化的假设或者理论是不能被检验的，尽管它可能是一个有前途的推测。另一方面，一个原则上不能被操作化的假设或者理论不能取得科学的资格。例如，在主流经济学中被广泛使用的一些概念，比如，一只看不见的手、理性预期和影子价格，都是不可操作化的（即使是更为有用的不确定性、社会成本和机会成本概念，也都是非常模糊的并且迄今为止是不可测量的）。

指标可以是定性的或者定量的。前者的例子有：表明信念、选择中的实际偏好和潜在于行动之下的意图的表达。量化指标的例子有：一个地区公司间的交易量，它表明这个地区的经济一体化；政治会议的频率，它表明民主生活的强度；售出书籍的人均平均数，它表明文化水平。如果是定量的，指标就可以是单一数字（标量）或者 n 元组数字（向量）。例如，生产率是一个标量，而任一合理的生活质量指标或者发展指标都是一个向量，它们的成分是平均寿命数、人均蛋白质消费数、家庭人数、可支配收入中位数，以及平均学年数（Bunge，1975，1981b）。

即使不是大多数，也有许多在日常生活和社会科学中所使用的指标是不精确的或者模糊的，并因此是不可靠的。这对于精神状态的行为指标及对于经济的、社会的和政治的指标来说，尤为有效。考虑面部表情、手势乃至话语的歧义性，考虑任一经济指标本身所带来的贫乏（例如，GDP 表明的是总财富而不是社会福利，因为它关于收入分配什么都没有说），考虑知道学年数而不管教学质量的有限价值，等等。

一些指标因为模棱两可而不可靠。因此，病床少可能表明，公共卫生的高水平，或者一个高患病率；大量的公共集会或许表明公民关注的高水平或者训练有素的政党军队；等等。歧义可以通过使用整套指标来减少。例如，如果一个制造商想知道客户对他的产品的满意度，那么把他的询问局限在他的常客中是非常不明智的，因为这些人根据定义是感到满意的那些人。他还
171 应该看看他的产品的市场占有率。另一个例子是，收入不能被认为是唯一的乃至最好的生活质量指标，因为它对于满足市场没有提供的或者消费者不想要的需求和欲望而言，可能是不充分的。

现在，让我们分析一下不明确的指标假设和明确的指标假设这二者。前者的形式是“如果 U 那么 O”，其中 O 代表不可观察的 U 的一个指标。它是说，U 对于 O 来说是充分的，O 对于 U 来说是必要的。如果 U 被假设，那么根据肯定前件规则 O 跟随。这个推理是有效的但却是无益的，因为我们想通过 O 获得 U，而不是相反。此外，因为 U 对于 O 来说是充分而非必要的，所以后者或许会归因为一个不同的不可观察。也就是说，给定了 O，U 仅仅是可能的，而不是必然的。例如，每一百万人中就有很多工业公司，可能表示较高的工业化水平、较低的财富集中度，或者低生产率。

与之相比，一个明确的指标假设具有形式“如果 O，那么 U”。如果事实上 O 是可观察的话，那么我们就被允许得出结论说 U 的情况属实，即使我们并没有感知到 U。要不是这种逻辑上有效的推理是方法论上正确的话，“如果 O 那么 U”这个假设不仅必须在一开始就要被发明出来，而且还必须已经在经验上被证实并被一个独立证实的理论所证明。发明和经验证实都不是一件容易的工作。例如，只有电动力学才能告诉我们，一个安培表的指针在电流的作用下转动所通过的角度的正切，与这个电流的强度成正比。迄今为止，社会科学家们还没有提出类似精确度的指标假设。

为了获得明确的、精确的指标，人们必须精心制作包含高级假设的理论，即对不可观察（但不是神秘的）事物或者事物特征的推测。例如，为了解释外显行为，生理心理学家推测神经机制并用它们进行实验。工程师们以类似的方式行进，当用渴望的整体属性设计物质材料、机制或者过程时。理性选

择理论家们试图根据关于主体的某些心理过程的推测来解释社会事实（这些推测是否为真是无关紧要的）。所有这些研究者都知道现象论哲学家们尚有待认识的东西，即成分和内部结构决定着输出，具有不同成分和结构的系统可能会有大致相同的输出（在一般系统论中，这甚至带有一个定理的意思）。考虑一下机械表和电子表，或者考虑一下具有相似输出的经济。

一旦适当的指标假设可得，我们就能把它们与这个理论的一些命题结合起来，以便用经验的术语来“解读”后者，并因此能够使它们面对数据。简言之，指标假设提供了理论和数据之间的桥梁（详细情况见附录二）。

这种观点与经典（实证主义）科学哲学告诉我们的不一致。根据后者， 172
理论是一个三层金字塔假设。最高层级包含的只有理论结构，中间层级既包含理论结构又包含经验结构，最低层级仅仅包含观察概念和观察假设。此外，这些层级之间的关系是严格演绎的，即高层级假设蕴含着低层级假设。因此，理论的经验内容在演绎链的底部自动出现，在逻辑链中，层级越低越接近地面。在没有指标假设和数据的帮助下，这是如何发生的永远无法解释。这种观点由于它吸引人的简单性被权威广泛地接受，而不是因为它已经通过了一些检验。

实证主义者的观点是错误的，由于以下原因。首先，所有出现在一个理论中的概念都是纯理论的。换句话说，一个理论本身是没有任何经验内容的，它只有一些可以用经验数据填充的空白。经验概念出现在观察协议或者实验协议中，但是即使在那里，它们也经常与非经验的概念相结合，比如，国籍、边际储蓄倾向和政治态度。其次，逻辑学不可能完成从非经验命题中生产出经验命题的奇迹。如果我们希望使一个理论面对经验，我们就必须建立理论与观察之间的桥梁。这是通过操作化理论完成的，如果它的低层级陈述能直接面对数据的话，这个就不必要了。

第三节　社 会 指 标

社会指标是社会事实的可观察特征，它指向同一社会事实的不可观察特征。直到 1970 年左右，几乎所有在社会科学中使用的指标都是经济学的。从那时以来，所谓的社会指标运动出现了，社会学家和政治学家设计并使用了许多新的指标（如 *Social Indicators Research* 期刊）。对一些行为指标、社会指标和经济指标的检验将会展示它们引起的一些问题，尤其在设计它们时必须克服的一些偏见（如 Bunge，1975，1981b；Sheldon and Moore，1968；Van Dusen，1974）。

实际选择通常被认为是偏好的一个可靠指标。它是这样的，只要所有的选择都为主体所熟知并且以大致相同的成本可得。如果一些成本远远大于其他成本的话，那么实际选择将是一个既与偏好有关又与负担能力有关的函数。而如果这些选择随着时间的推移出现和消失，或者在空间中散布广泛的话，那么机会因素就进入了：我们将会伸手去拿好的而不是等待更好的，更不用说完美的了（March and Simon，1958）。

173 收入通常被认为是重要的甚至是唯一的社会福祉（或者生活质量）指标。然而这个指标是有误导性的，尤其对于一些社会来说，它们具有低出生率和低婴儿死亡率，高预期寿命，相当高的妇女结婚年龄，强大的社会网络，充足的公共卫生、教育、交通和休闲设施。在房屋租金低和气候适宜的地方甚至更是如此。印度喀拉拉邦是众所周知的一个例子，它在次大陆上享受着最高的生活质量，尽管它的人均年收入才刚刚超过 100 美元。

一方面，用收入估量幸福是不充分的，因为：①生物学的幸福不仅取决于环境质量，而且还取决于住房质量和家庭资产值；②心理学的幸福依赖于工作保障、储蓄和退休金计划、无社会压力、有权使用文化设施和身份认可。总之，收入不是一个可靠的个人幸福或者社会福利指标。另一方面，收入差距大是社会不公平的可靠指标，尤其是性别歧视或者种族歧视的可靠指标。此外，一个社会收入结构中的巨大变化是深刻的社会转型的一个良好指标。

一个如实的贫困指数应该依赖于一个明确的贫困概念（这对于对偶的财富概念当然也有效）。让我们约定，贫困是在不依靠过度劳力、乞讨、犯罪或者公共福利的情况下无能力满足基本需要。为了量化这个概念，假定测量这个人通过诚实的劳动所得能够满足第 i 个基本需要的程度 s_i 是有可能的。那么，一个人在 i 方面的贫困程度 p_i，就能被定义为 s_i 对 1 的补数，即 $p_i = 1 - s_i$。于是，一个人总的贫困指数可定义为这个个体所有的基本需要 n

的平均值：$P=(1/n)\sum_i p_i=(1/n)\sum_i(1-s_i)$

这是一个客观指标（它可以通过给每一个需要指定一个权重而被精炼）。除了客观指标以外，社会科学家尤其是社会学家还使用一些主观指标。例如，为了弄清楚一个给定社区的生活质量情况，他们用随机抽样的方法询问人们，不仅问他们的收入多少及他们如何花费它，还要问他们对自己生活中的一些特征的感觉（Michalos，1980-1982）。毫无疑问，这样的数据是重要的，但是它们或许不能如实地反映现实条件。例如，有报道称，美国人的主观幸福感在 20 世纪 80 年代期间保持大致不变（Andrews，1991）。然而收入不平衡自 1969 年以来就已经开始增大，而且大多数人变得更加贫穷，由于通货膨胀、失业、企业裁员（“精简”）、从工业职位转到报酬不高的服务岗位、社会保障的侵蚀、公共服务的退化，等等（Harrison and Bluestone，1988）。现实生活 174
质量和感知到的生活质量之间的这种差异，充当着不要过度依赖主观测量和一般的问卷调查法的警告作用。它还给社会心理学家提出了一个有意思的问题，即讨论中的这些回答是诚实的吗，并且如果是这样的话，那么它们是自欺欺人的结果吗？如果是后者，那么是什么引起了那种自欺？

遗憾的是，绝大多数社会指标都是经验的，也就是说它们不被任一社会理论所支持。因此，它们是模糊不清的，有时候甚至是约定的，而且经常是不适当的。例如，人均能源消耗常常被认为是经济发展的一个指标，但它也可以是能源浪费的一个指标，如同通过美国与瑞典的对比所表明的那样。另一个例子是，奥肯的悲惨指数是通货膨胀率和失业率的总和。这个指数对于繁荣的国家来说或许能令人满意地起作用，但是对于其他国家来说则是失败的，比如那些充分就业且几乎没有通货膨胀的国家，除了那些大多数人都生活在贫困线以下的地方。此外，因为这个指数没有包含实际收入（通货膨胀之后），所以它没有如实地反映 1969 ～ 1996 年曾经发生在美国和其他地方的贫困的增长。

总之，我们需要大量的社会指标把社会理论和社会现实联系起来。而且，我们需要的不仅仅是*更多的*指标，还需要*更好的*指标，即明确定义的、与社会理论有关的，并且被检验过充分性的。

第四节 现 实 检 查

旨在检查观念与事实的匹配性的经验检验，在所有的事实科学中都是必不可少的。然而，这在社会研究领域并不总是被充分理解的，在这里，许多被普遍接受的关于人类和社会系统的信念看起来都是不言而喻的，并因此是不需要检验的。例如，一些古人类学者仍旧相信，原始人类是狩猎者而不是采集者、食腐动物最后才是狩猎者，主流经济学家假设所有人的偏爱都是不变的和可传递的。固执地拒绝不利的经验证据是非科学尤其是伪科学的标志。而否认获得客观真理的可能性是反科学的标志。

无论好坏，直觉和非科学数据对于指导社会研究而言都是贫乏的，即使仅仅因为：①未经证实的直觉和传闻可能会立即被拒绝；②只有非常小的社会团体才是可见的；③外显的个人行为对于一个主体的意图来说是一个不可靠的线索；④社会科学家几乎总是在处理过去，无论是遥远的还是最近的。由于这些原因，社会科学家被迫对不可观察事物做出推测，就像核物理学家或者分子生物学家那样。但是，除非他把那些推测拿去接受检验，否则他将创造和支持神话。

175 除了难以接近他的研究对象之外，社会科学家还经常在意识形态的压力之下工作。例如，被广泛接受的是，社会不平等的主要来源是教育的不平等，由此大众化教育必定具有一种均衡调节作用。索罗金在 1927 年对这个乐观的假设提出了挑战，而且布东（Boudon，1974）使它经受了经验的调查。他发现，至少在当代法国，教育程度的上升伴随着社会地位的下降。布东自己如下解释这个发现。在所有人都接受教育的地方，等候高位的队列就排得越长。换句话说，教育程度的上升被进入更高的社会阶层的壁垒高度的增加抵消了。人人都伟大，世间无豪杰。另外，在几乎人人都是无名小卒的地方，比如在第三世界，任何受过教育的人都成大人物了，在那里，教育是一个有效的社会移动装置。

另一个有意思的理论检验的例子是布劳格（Blaug，1976）对贝克尔著名的人力资本理论的经验状态的检验。布劳格得出结论说，虽然这个理论激发了很多研究，但它并未得到很好的证实。例如，在面临职业选择时，大多数学生表现为消息灵通的和“理性的”（也就是最大化）经济主体，这不是真实正确的，如此以至于在一些领域研究生教育的回报很低甚至是负的，而且在美国几乎一半的自然科学和工程学大学生转向社会科学和人文学科。更糟的是，理论的可检验部分并不比竞争理论进展得更好。

一个更加有启发性的例子是对米尔顿·弗里德曼1957年关于计划消费和收入之间关系的理论的经验检验。弗里德曼所使用的数据中的一些证实了他的理论，而其他一些却没有。“如果它们符合，弗里德曼把这种符合报告为证实……如果它们不符合，弗里德曼要么把数据视作坏的而拒绝……要么为这个可怜的符合提供特殊解释。”（Diesing，1982：137-138）因此这个理论是从未被证实的，被证实的只有读者的易上当受骗性。

事实假设可以通过观察、测量或者实验被检验。观察可以是直接的或者间接的。在社会科学中，直接观察与个体或者小的团体有关。尤其，人们可能会选择去观察日常生活中面对面的邂逅。这种观察对于检验乃至生成关于相互作用的假设来说，当然是必要的。但它是不充分的，尤其在现代社会中，位高权重的人可能会平等地对待他们的下属，以便更好地操纵他们。也就是说，能观察到的社会结构可能会掩饰真正的结构，和一层油漆可能会涂去松树和橡树之间的差别几乎一样（Bourdieu，1989：16）。这就是由符号互动论者和常人方法论者所引导的对可观察邂逅的非理论型记录，在揭示社会结构 176
或者一个社会系统的其他任一重要特征方面，就此而言用处不大的原因。一个信奉科学实在论的社会科学家超越了表象，他寻找不可观察但却能在现象中显示它们自己的真实的事物、过程或者模式（回想第一章）。

社会科学中的间接观察使用这样的方法，比如，问卷调查、访谈、统计、调查、分类、档案文献、废弃的工具或者食物残余（访谈取得间接观察的资格，因为它激活了主体的回忆）。访谈和问卷调查是有用但却有限且多少有点不可靠的工具。首先，被问到的人或许会说谎、自欺，或者是记忆恶作剧的受害者。其次，问卷调查和访谈引出对研究者感兴趣的问题的回答，他们很少问是什么烦扰了主体或者是什么激起了主体的兴趣。例如，问题“你知道怎么做X吗？”，可能会揭露这个主体具有或者不具有技能X，但是不能得出他是否有任意可供选择的、可能比 *X* 更重要的技能（R. Collins，1987）。

接下来说说测量。一个人可以测量收藏品的数量或者一个属性的强度（也就是说，一个量的值）。在第一种情况下，人们进行计数，比如盘点库存或者进行人口普查。在第二种情况下，人们利用一个测量工具，比如，尺子、天平、计时器或者像电表这样的更复杂的设备。无论哪个，测量技术取决于感兴趣的这个对象的属性，而且所有的技术和测量工具都需要它自己的专门理论。不存在像万能表这样有能力测量农作物、移民量、工业旷工等诸如此类的东西。因此，与许多哲学家所相信的相反，不可能存在统一的测量理论，除了随机测量误差理论之外。

[在心理学和社会科学中（如 Suppes and Zinnes，1963）经常被称作“测量理论”的绝不是那样。它专门处理从它们出现在其中的理论中分离出来的可加测度——诸如长度之类广延的量——的形成。它与适当的测量——一种经验操作——没有一点关系。讽刺的是，这个理论似乎源于把 *Mass*（测度 measure）——一个数学概念——这个德语词误译为“测量”（measurement）（Bunge，1974b）。因为测量是经验操作，所以它们不能被单一的理论所解释，更不用说一个先验的理论了。一个测量的设计和执行对*被测量对象*的依赖和对可用的经验方法的依赖程度差不多，如此以至于对任一给定量级的测量，在用不同的测量工具执行时，需要不同的理论。此外，许多测量是直接的，也就是说它们包含着指标，而且这些都既依赖于被测量对象，又依赖于我们关于被测量对象的理论知识和经验知识体系。即使再多的数学老练也不能弥补经验研究。]

177 测量结果的一个重要特征是，它们有错误的倾向，既是系统的（由于有缺陷的设计或者其执行）又是随机的。前者是由人造成的，而随机误差固有地存在于被测量的事物和测量工具中。它源于很小的随机变化，比如，布朗运动和电话电缆中的“噪声”。在自然科学和心理学中，记录每一次测量结果的概率误差是标准的练习。但是这个练习在社会科学中仍然非常罕见。这样的松弛懈怠有两个消极后果。一个是对数据的过于信任，另一个是关于理论面对数据时的非决定性。如果数据受到一个广泛的误差范围影响的话，那么它们可能会被拿来证实许多理论。

社会科学家们进行测量吗？大多数社会科学家几乎从来不进行任何测量，至少不会亲自去做。当他们确实使用数字时，他们几乎完全依赖于由非科学家们提供的数字，如办事员、户口调查员、政府检查员和会计人员。此外，许多这样的数字，如成本、价格和收益，都是被读取或者被计算而不是被测量，而且它们中的一些在通货膨胀时期没什么价值（其他特征，如交易成本和机会成本，充其量是猜测出来的）。这与自然科学中的测量形成鲜明的对比，自然科学中的测量是科学家们根据得到充分证实的理论来设计和贯彻执行的（Morgenstern，1963；Bunge，1967b）。

社会科学家几乎从来不进行测量的一个原因是，他们中的大多数很少——如果有过的话——接触他们所研究的对象（管理专家们有时候进行适当的测量，但是他们最多只能算是技术专家，而不是科学家）。他们中没有一个人去设计或者操作测量工具，而且他们的大多数信息都是二手的。此外，他们处理的许多经验信息都是定性的或者“软的”，这并不意味着它是不重要的。简言之，测量在社会科学中扮演着与在自然科学中相比更为谦逊的角色，这是不能把测量与定量相混淆的另一个原因（关于后者见第二章第四节）。关于测量就到此为止吧。现在，让我们看一下实验。

一个实验就是故意改变一个或者多个属性（或者变量）的值，观察其他属性中有哪些被影响，而且如果可能的话，看看能影响到什么程度。和科学观察及科学测量一样，且有过之而无不及，实验是通过精心的设计和计划进行的，并跟随着数据处理。我们都知道实验相较于观察的优势，只有前者允许我们去发现相关变量并确定什么取决于什么（如 Bernard，1952［1865］）。

遗憾的是，存在一个古老的、针对在社会科学中进行实验的可能性的哲学偏见，这都能用它制造一门可媲美文艺评论和艺术史的人文科学的分支学科了。这种唯心主义的偏见在一个世纪以前被实验考古学的诞生削弱，后来 178
又被实验社会心理学、社会学、经济学和市场营销所继承。然而，古老的偏见很难消除。

现代社会科学中的实验可分为三个层次：微观的、中型的和宏观的，分别对应个体、小团体和社群。例如，一个微观实验可能调查个体（如消费者）的经济行为（如 Davis and Holt，1993）；另一个可能检查政治态度（如

Laponce and Smoker，1972）；再一个可能调查一个主体的意识形态（如Cacioppo and Petty，1983）。一个中型实验研究的是一个小团体中的成员如何相互对待（见任一本社会心理学教科书）。一个宏观实验（或者田野实验）研究的可能是某个公共卫生方案对某些社群的影响，使用那些并未实施这个公共卫生方案的社群作为对照（如Greenwood，1945；Hausman and Wise，1985）。所以再次重申，社会科学必然是非实验的是不正确的。正确的是，太多的社会研究者相信，推测尤其是用数学装扮的推测能够自力更生。

心理学和社会科学中的大多数实验都使用费希尔的实验设计理论。这个理论以一个*零假设*概念为中心。这个假设是：正在讨论中的变量是相互无关联的，所以数据都应"归于偶然性"（也就是说，H_0是这样一个假设：正在讨论中的这个变量不依赖疑似变量。例如，如果$H=(y=ax+b)$，那么$H_0=(a=0)$）。如果这个零假设被驳倒的话，那么是时候尝试一个或者更多的替代假设或者实质性假设了。

费希尔的理论在实验性研究的初始阶段是必不可少的，此时人们不得不继续下去的是直觉预感到两个给定变量可能是相关的。对零假设的反驳为精心制作一个实质性假设或者理论扫清了道路。一旦这在进行中，那么它将有助于人们设计一个更为复杂的、旨在回答一个更具体的问题的实验，问题形式为：正在谈论中的变量是以某某方式相关联的吗？

社会科学实验拥有一个自然科学中的实验没有的属性，即它们可以是现实的或者不是现实的。也就是说，实验团体可能展示或者可能不展示它从中选取的人口的主要特征。例如，社会心理学中的一个实验或许会强迫受试者保持沉默和消极被动；经济学中的一个实验可能包含着金钱游戏；或者并且这几乎是普遍的，这些受试者可能不构成一个社会系统，因此他们不大可能变得相关或者展示相互作用和团结一致。

并非所有的实验都是真实的，一些是思维实验，一些是*事后追溯*型实验。一个思维实验在于想象什么将会发生，即使某些事实将要发生或者已经（或者没有）发生。计算机模拟是所有思维实验中最精确的。作为预测复杂系统
179 行为的技术，它们是特别有价值的。实际上，如果我们知道或者怀疑使一个系统运行的机制的话，我们就可以用电脑编程来模拟这个系统并向我们展示

这个系统将如何进展。而且通过改变这个模型中某些参数的值，我们就能评估它们在这样一个过程中的权重。这样的练习在技术中尤为重要，因为它们展示了某些系统在特殊扰动下是否有可能保持稳定，并且展示了某些行动过程是否有可能取得成功。

思维实验也可能引起有意思的假设。事实上，对一个实际实验的设计就是一个思维实验。所有以往的研究者都不断地制造思维实验。例如，经济史学家罗伯特·福格尔想象如果没有铁路的话，美国的历史将会是什么样（这样一个实验是否证明了铁路与美国的发展没有多大影响，这是另外一个问题）。然而，作为思维的链条或者它们的计算机代理，思维实验不具有任何经验力。每当社会科学家和动物权益保护主义者们相信计算机模拟可以代替真正的实验时，这个就必须被强调。

至于事后追溯实验，它们根本就不是真正的实验，而是用后见之明分析的无计划事件。例如，在诸如地震这样的自然灾害期间或者之后对人们的行为的报道，揭示了社会凝聚力的程度及受到影响的人们的团结程度。因此，社会学家曾注意到在那场摧毁了马那瓜的地震之后尼加拉瓜人的自私行为，与在类似情况下中国人和墨西哥人的团结一致的行为之间的对比。

检验我们的事实观念与它们的指称对象之间适当性的过程，或许可被概括如下：

（1）选择将被检验或者将被用作检验一个新方法的基线的命题或者理论 p。

（2）揭示 p 所涉及的事实 f。

（3）用手头可用的方法查明 p 是否是可检验的。

（4）制定一个关于命题 p 所涉及的事实 f 的指标 I。

（5）在 I 的帮助下，同样还可能在除了 p 之外的某个理论的帮助下设计一个关于 p 的经验检验 t。

（6）建立检验装置。

（7）检查检验装置可能的系统误差。

（8）执行一连串的经验检验 t。

（9）收集检验 t 所产生的原始数据 E。

（10）甄别筛选数据 E 可能的错误。

（11）计算平均值和实验误差。

（12）抛弃可疑数据（那些误差过大的）。

（13）借助于指标 I 把 E 转化成 p 的语言，从而得到 E^*。

180 （14）在 E^* 中选择被转化的与 p 相关的数据 e^*。

（15）对比 e^* 和 p。

（16）假设 e^* 为真，计算 p 中的误差 $\in_1$，并得出结论：p 相对于证据 e^* 在误差 $\in_1$ 之内是真的（或者假的）——在另行通知以前。

（17）假设 p 为真，计算 e^* 中的误差 $\in_2$，并得出结论：e^* 相对于假设 p 在误差 $\in_2$ 之内是真的（或者假的）——在另行通知以前。

这个程序与由逻辑经验主义者及与它们的一些批判者尤其是波普尔所提出的标准观点是有分歧的，根据这个标准观点，将要接受检验的命题与原始的经验数据是直接面对的。事实上，就如我们刚刚看到的那样，这种面对是间接的，因为存在着至少两个附加成分，即用来设计观察或者实验的指标假设、（辅助）假设或者理论。指标假设和辅助假设（或理论）都不包含在正在接受检验的这个构想中（如果正在被检验的是一个假说—演绎系统的话，必须增加第三个成分，即详细说明受到观察的那个特定对象的附属假设和数据）。然而，这些附加成分很可能包含严重的错误，这些错误掩盖了接受检验的构想的真相（Bunge，1973c，1983b）。

结论是显而易见的，即无论是逻辑经验主义者还是他们的对手，都没有给假设或者理论检验提出一个实在论的解释。原因似乎是明显的，即他们中没有一个曾费心去分析（更不用说执行了）一个单一的实验检验。

第五节　证据的重要性

希望看到一个人所喜爱的假设被证实，这是很自然的。只有一个受虐狂才希望其他方面。因此，证实前景对于研究来说是一个巨大的诱惑。此外，强证实是我们拥有的唯一的真理指标。然而和所有的指标一样，它是不可靠的，因为进一步的研究可能会揭示一些反例。例如，人们普遍认为，在起飞和降落过程中保持手指交叉可以避免空难。尽管现有的有利证据是压倒性的，但却有可能是非决定性的，因为毕竟乘客的手指似乎并不与飞行动力学有关。因此，不仅寻找正面证据而且也寻找可能的反面证据，才是明智的。

在评估科学假设的真值中，证实或者否证哪个更具权重？或者说它们应被赋予相同的权重？观点在哲学家中是有分歧的，尽管在科学家中不是这样。事实上，前者被分成证实主义者（或者归纳法优越论者），比如，卡尔纳普和赖欣巴哈，以及证伪主义者（或者演绎论者），比如，皮尔士和波普尔。证实主义者声称，一些例外几乎没有什么关系，而证伪主义者认为它们是毁灭性的。前者把一个假设的证实程度看作有利情况的数量与情况总数之间的比值
（并且由于这个比值与拉普拉斯的概率定义之间的相似性，他们倾向于认为二 181
者是一致的，并把概率等同于真理程度）。与之相比，证伪主义者只关心反面证据。他们主张，虽然对一个形式为“如果 A，那么 B”的条件假设的后件 B 的一些证实不足以证实它的前件 A，但单独一个反例就足以驳倒它，根据*否定后件*的推理规则：“如果 A，那么 B，非 B，那么非 A。”

实际的科学实践既不符合证实主义者的模式，也不符合证伪主义者的模式。二者共享经验主义者的信念，即经验数据是坚实牢靠的，而科学家们知道数据和假设一样是易错的。这就是他们检验与经过多次试验被证明的假设相对立的一种新的数据的原因（回想下前一节）。这也是当负面数据似乎反驳了它们时，他们用（善意的）特设性假说来保护经过多次试验被证明的假设的原因。简言之，不存在底层的经验主义基础，而且不是所有的假设都同样脆弱。事实上，一些假设被其他假设支持，而这些假设反过来已经被令人满意地证实了。因此，对一个假设的证实部分来自经验数据，部分来自现存的相关知识体，如此以至于假设都能在受到经验检验之前接受后者的检验（Bunge，1967b）。

波普尔（Popper，1959［1935］）的证伪主义对于天真幼稚的证实主义而言是一个有用的警告，但它并非是一个可行的替代证实主义的选择。首先，它夸大了批判的重要性。毕竟在理论可被批判之前它们必须被创建。其次，证伪主义忽视了经验数据的易错性。再次，它否认证实的重要性，而证实毕竟是一个真理指标。最后，证伪主义限制了观察和实验对于检验理论的功能，而这些对于设计实验、产生需要的数据来做出预测或追算、“发现”问题，乃

至对以经验概括的形式提出（朴素适度的）假设，也都是很有必要的。

如果证伪主义是正确的话，那么我们就有理由支持尚未受到经验反驳的所有可检验的假设，例如，我们将有理由相信沉没的亚特兰蒂斯大陆和姆大陆。方法论怀疑论者拒绝这些神话，不是因为它们已经被观察或者实验所反驳，而是因为它们没有被任一直接证据支持。而且他拒绝相信心灵感应，不仅仅是因为它缺少经验支持，而且还因为它与生理心理学不一致。

总之，现实生活中的科学家们对正面经验证据和反面经验证据都同样感兴趣，二者当中的任何一个都可能是非决定性的。此外，他们还用大多数的、简称为它的外部一致性的背景知识，来检查正处于检验中的假设或者理论的
182 相容性或其他方面（回想下背景知识包含的少量的哲学原则：首先是外部世界的存在性原则、合规律性原则和可知性原则）。只有当兼容性条件和压倒性的证实条件共同被满足时，它们的裁定才是有利的，即使如此也仅仅是在另行通知以前。

因此，存在两个事实真理指标，即经验证实和外部一致性。但是它们在所有情况下都不具有相同的权重。事实上，经验证实只有在外部一致性已经被满足的时候才是决定性的，而外部一致性也只有在经验证实的情况下才是决定性的。而且即使是这样的决定性也仅仅在另行通知以前有效。

上述可被压缩成下面的方法论原则：

M1. 如果一个事实假设或者理论与大多数科学的背景知识相容的话，那么前者的真值将仅仅取决于严格的经验检验的结果。简言之，如果 h 是外部一致的，那么 h 是真的，当且仅当 h 已经被经验地证实。

M2. 如果一个事实假设或者理论已经被严格的经验检验强有力地证实，那么它的真值将仅仅取决于它与大多数科学的背景知识的相容性（或相反）。简言之，如果 h 已经被经验证实，那么 h 是真的，当且仅当 h 是外部一致的。

这两个规则都受到两个限定性条件的支配：①正在讨论中的这个真理可能仅仅是局部的（例如，在观察或者计算的误差之内）；②正在讨论中的这个评价具有根据新的理论信息或者经验信息进行修正的倾向。

没有通过观察、测量或实验获得的经验数据，就没有真正的事实科学。然而，无论如何相关和精确，数据仅仅具有工具价值或者衍生价值。事实

上，它们有四种功能：①形成初始（理论前的）描述；②激发乃至提出推测；③连同假设或者理论，协力解释或者预测事实；④使假设和理论接受经验检验。这样的检验一点也不简单直接，实际上它们需要指标、实验设计和辅助假设。后者被用于研究过程中，尽管它们可能会在供选择的研究项目中遭受批判。

数据和理论在事实科学研究中的纠缠交织，驳斥了由经典科学哲学家们所提供的、对数据收集和理论检验过于简单化的解释。尤其，它既驳斥了归纳主义（数据 ⇒ 理论），又驳斥了演绎主义（根据它，经验操作的唯一功能就是检验理论预测）。对归纳主义最好的反驳是通过指出表示诸如一个决定、一种经济或者一个国家这样的不可观察之物的概念，没有一个能够出现在任一观察协议或者实验协议中。对演绎主义最好的反驳是通过回想科学进步的发生并不仅仅通过批判和检验理论，而且还通过其他一些方法，主要是通过 183
制造新观念。

实际上，科学进步不仅仅包含理论发展，而且还包含新的测量工具和技术的发明，（对已知事实和新事实）新的观察或者测量，新的指标，对其他工作者的经验结果的批判性修正，对现有理论的重组（尤其是公理化），最后但不是最不重要的，对这样的理论进行哲学检验，目的在于精炼或者剔除模糊的观念和不正当的设想。这样的哲学检验就社会科学中的理论来说尤其相关，因为这些中的一些被过时的哲学和意识形态所污染。这是下一章及我的姐妹篇的主题。

第七章
184 科学及其他

科学、技术和意识形态都是现代文化的主要源泉。然而所有这三个都曾被普遍地误解、彼此混淆，并且经常因我们这个时代的罪恶共同被谴责，从环境恶化到核武器，从失业到消费主义。此外，比如，马尔库塞（Marcuse，1964）和哈贝马斯（Habermas，1971）这样一些人，就曾经指责科学和技术二者是晚期资本主义的意识形态。还有一些人，如费耶阿本德（Feyerabend，1975）就曾经宣称，科学和技术实际上和伪科学乃至反科学是一样的。在这一章中，我们将尝试消除这些混乱。这将对我们在稍后处理这些问题时有所帮助，比如，科学研究的科学地位、科学的价值自由和道德中立性、意识形态在社会技术中的作用，它是技术的一个分支，它处理社会问题。它还将有助于我们评估后现代建构主义相对论哲学和科学技术社会学的一些断言。

哲学家们对知识本身感兴趣，而社会科学家——除了别的之外——则研究知识共同体：它们如何产生、利用、传播和扭曲真的、半真的或者假的知识。他们不但研究这样的共同体本身，而且还研究它们彼此之间的关系及它们与其他文化部门的关系和与经济、政治的关系。在一个工业化的社会中，与经济和政治有关主要的知识文化部门，或许可以如图 7-1 中那样被
185 描述。

这个系统由两个相互连接的三层结构塔组成。人文学科为科学提供世界观、问题和目标，作为交换，它们获得了发现和新的问题。科学为技术供

给知识，反过来技术又为前者提供问题和工具。在第二个塔中，经济为政体（尤其是政府）提供资源，作为交换，它得到了熟练的工人劳动力、契约和旨在自我拯救的规章条例。覆盖这个塔的意识形态指导或者误导政府，作为交换，政府为它提供权力。这两个塔是相连的。尤其，政体影响技术，作为支持的交换它促进工业和国家的增长。而且，意识形态连同政体一起，能够刺激或者抑制人文学科、科学和技术，通过鼓励或者阻止新产品的研究和开发。例如，一种开明进步的意识形态支持科学问题的科学探讨方式，而一种反启蒙主义者的意识形态抑制或者误导它。一种利他主义的道德哲学将会谴责社会不公和军国主义，而一种自私自利的道德哲学很可能为它们辩护。

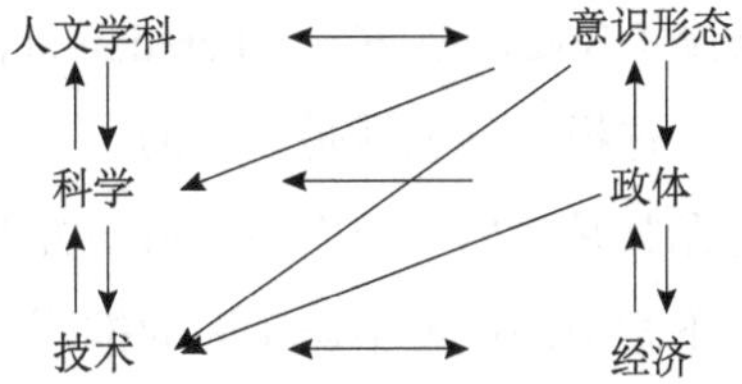

图 7-1　现代文化的简图（箭头表示影响）

关于科学、技术和意识形态的人类学的、社会学的、经济学的、政治学的和历史学的研究本身都是很有意思的，而且它们在帮助设计文化政策和文化项目中是很有用的，只要它们使用正确的关于科学、技术和意识形态的本质的观念。但是理应由哲学家们去研究这个本质。因此，远不能取代哲学，对科学、技术和意识形态的社会科学研究，以关于它们的清晰的哲学观念为先决条件。这并不意味着任何哲学都将做这个。一种关于 X 的哲学应该根据 X 本身进行相关性和真理检查。例如，一种非理性主义哲学不能解释调查研究和评估中的理性成分；一种唯心主义哲学必然会低估经验检验；一种经验主义哲学必然会低估理论；一种反实在论哲学，比如，约定论、现象论、主观主义和实用主义，不会给检验概念、真理概念和误差概念让出空间；一种语言哲学不会对本体论的、认识论的、伦理的或者历史的考虑感兴趣（回想导论第三节）。在下文中我将大概地描述一种关于科学、技术、伪科学和意识形态的实在论的哲学观点。

186 第一节 基础科学

存在着几种知识：真正的和伪造的、普通的和专业的、手工艺性的和人文主义的、形式的和事实的、公正无私的和任务导向的等。在本节我们将处理一种非常特殊的知识，即基本事实科学，以生物学和社会学为例，但不是管理科学和社会医学，它们将被当作以科学为基础的技术。

科学始于普通知识由于错误或者肤浅性而止步或失败的地方。这并不意味着对环境（如某人的社会世界）的熟悉是科学发展的主要障碍，就如布尔迪厄、钱伯顿和帕塞隆（Bourdieu，Chamboredon and Passeron，1991：13）所声称的那样。实际上，这样的熟悉性是双刃的。一方面，它让天真幼稚的人看不穿表象和传统（尤其是迷信）的面纱。另一方面，它帮助老于世故的人脚踏实地，从而减少不相关的或者不切实际的推测。这种与现实的紧密性在社会研究中尤为重要，伴随他们大胆推测、小心验证的传统。

关于*科学*一词的适当定义，无论在科学家之中还是在科学哲学家之中，都没有一个一致意见。每一个元科学流派都抓住了一个单一性状。因此，根据其中一些，科学独特地以科学方法为特征（如果这是正确的话，那么对幽灵的实验性研究也将被列为科学的）。实证主义者主张，科学与众不同的特征是经验操作（而此时，点金术或许就可被当作一门科学，而历史学将不能取得科学的资格）。波普尔主张，科学的标志是可证伪性（但如果真是这样的话，占星术将是一门科学，而一些极其普遍的、可证实而不可驳倒的物理学假设，将不得不被认为是非科学的）。还有其他一些学者声称，任何数学化的东西都是科学的（但这时任何一串方程式，无论它远离现实有多远，都将取得科学的资格）。实用主义者只寻找观念的“现实价值”及“对我们而言相信什么更好”，就如威廉·詹姆斯表达的那样（因此，在一个神权政治社会中，神学将取得科学的资格）。还有一些人声称，科学所特有的特征是专家意见的一致性（但可以肯定的是，每一个积极的研究领域都充满争论，理性共识是真理的社会副产品）。最后，还有一些人说科学就是科学家所做的事情（但这不允许我们从一些科学家们偶尔沉溺其中的骗术中区分出真正的科学）。

因为这些流行的观点没有一个是恰当的，所以我将提出一个我自己的观点（Bunge，1983b）。它涵盖了基础科学所有的主要特征，它被认为是一种活动、一个可变的知识体，而且还涉及一个共同体。我希望用这种方法，来解释科学的认识论、方法论、社会和历史方面。主要思想是，任一给定的基本 187
事实科学都是科学系统的一个成员，并且以对现实某个部分或方面的概念上和经验上的研究为特征，目的在于以一种最真实的、最深入的可能方式来表示后者为目的。这种观点可通过如下陈述阐明。

*事实科学研究领域系统*是一个变量集合，它的每一个成员 $\mathcal{R}$ 都可用一个10元组来表示：

$$\mathcal{R}=\langle C,S,D,G,F,B,P,K,A,M\rangle$$

在这里，在任何给定的时间：

（1）C——$\mathcal{R}$ 的*研究共同体*，它是一个由一些人组成的社会系统，这些人接受一种专业的训练，他们之间保持牢固的通信联系，与任何想要学习的人分享他们的知识，发起或者延续旨在找到事实的真实表示的一种探究（不仅仅是信念）传统。

（2）S——这个社会（包括它的文化、经济和政体），它是 C 的宿主并鼓励或者至少容忍 C 成员的特殊活动。

（3）D——$\mathcal{R}$ 的*领域*或者*论域*，它无一例外地全部由过去、现在或者未来的（事实的或者可能的）真实实体（而不是，比如，独立的观念）组成。

（4）G——对 $\mathcal{R}$ 的*一般看法*或者 $\mathcal{R}$ 的*哲学背景*，它包含着（a）本体论原则：这个世界是由具体的事物构成的，这些事物合乎规律地变化并且独立于研究者而存在（而不是，比如，幽灵般的，或者不变的，或者被发明的，或者神奇的实体）；（b）认识论原则：这个世界可被客观地认识，至少是部分地和逐步地；（c）自由寻找真理、深度、理解和系统的精神气质（而不是，比如，宗教信仰的精神气质，或者追求绝对的信息、效用、收益、权力、共识或者好处的精神气质）。

（5）F——$\mathcal{R}$ 的*形式背景*，它是最新的逻辑学理论和数学理论的集合（而不是空洞的，或者是由过时的形式理论组成的）。

（6）B——$\mathcal{R}$ 的*特定背景*，它是最新的且合理地得到充分证实（然而是可改正）的数据、假设和理论的集合，以及包含在与 $\mathcal{R}$ 有关的其他领域内的合理有效的研究方法的集合。

（7）P——$\mathcal{R}$ 的*问题群*，它仅包含与 D 成员的本质（尤其是规律）有关的认知问题，以及与 $\mathcal{R}$ 的其他成分有关的问题。

（8）K——$\mathcal{R}$ 的*知识储备*，它是最新的和可检验的（尽管很少是最终的）理论、假设和数据的集合，与那些在 B 中被 C 的成员在过去获得的理论、假设和数据相兼容。

188 （9）A——C 的成员的*目标*，它包括发现或者使用 D 的规律性（尤其是规律）和情况，将关于 D 的一般性假设系统化（成为理论），并且在 M 中精炼方法。

（10）M——$\mathcal{R}$ 的*方法群*，它仅包含可理解（可检验、可分析、可批判）的和可证明其正当性（可解释）的程序，首先是一般的科学方法（背景知识→问题→候选的解决方案→检查→候选评估→候选的解决方案、检查程序、背景知识的最终版本，或者甚至是问题的最终版本）。

此外，在同一事实研究领域系统中，至少存在另外一个*邻接的*科学研究领域，如此以致：（a）这两个领域在它们的一般看法、形式背景、特定背景、知识储备、目的和方法群中共享一些项；（b）要么这两个领域中一个领域的论域包含在另一个领域的论域中，要么这两个领域中的一个领域的论域的每一个成员都是另一个领域论域中的一个具体系统的成分。

进一步讲，$\mathcal{R}$ 的最后八个成分中的每一个的会员资格的*改变*，尽管有时候是缓慢的，都作为在相同领域（而不是意识形态的或者政治的压力，或者研究者之间“谈判协商”的结果）及在相关的（正式的或事实的）科学探索领域中*探究的结果*。

一方面，任一不能满足或者甚至不能大致满足所有上述条件的知识领域，都将被说成是“非科学的”（例如，神学、哲学和文学评论）。大致满足它们的研究领域或许可被叫作“半科学”或者“原科学”（例如，经济学和政治学）。此外，如果这个领域正在朝着完全符合所有上述条件的趋势进化，它或许可被称为“新兴的”或者“发展中的科学”（如心理学和社会学）。另一方面，任一非科学的而被作为科学来宣传的知识领域，都将被说成是“伪科学的”，或者“伪造的”“假的”科学（如超心理学、精神分析学和心理历史学）。科学和原科学之间的差异是程度上的差异，而原科学与伪科学之间的差异是种类上的差异（更多讨论见本章第五节。）

我主张，上述定义俘获了任何基本事实科学——从物理学到历史学——本质上的概念上的、经验的、社会的和历史的特征。它还包括默顿（Merton，1973：第十三章）的精神气质或者基础科学的“制度规范”：普遍主义（与民族主义或者种族主义截然相反）、认识的公有主义（也就是知识的公共属性）、无私利性（与技术的功利主义导向截然相反）、有组织的怀疑主义（与教条主义截然相反）。同样，这种特征描述与流行的建构主义相对论哲学和科学社会学是不一致的，它不曾提出一个清晰的科学定义，并且无论如何都拒绝把它与非科学划分界限（更多讨论见第六节）。

注意以下几点。

第一，每一个科学家都属于一个科学共同体，它是一个社会系统（或者 189
网络），并不仅仅是由相互独立的学者构成的一个集合体。典型地，骗术都是边缘的。

第二，不是每一个团体都能构成科学共同体的一个合适的基质，只有最低程度地丰富和宽容的团体才行。

第三，条件（3）排除了幽灵作为科学探索的研究对象的可能，但并不排除对诸如超光速领域或者完全民主的社会这样的仍未被发现的实体的推测。

第四，事实科学的哲学背景 G 常常被忽视或者低估。此外，根据所有流行的哲学观点，科学是从哲学中分离出来的。然而，在没有一个本体论的、认识论的和道德的基础的情况下，就不会有科学研究，即使这通常是隐蔽性的。例如，如果我们不相信外部世界的独立存在、合规律性和可知性，我们将不会探索它。而且，任何违背智力上的诚实规范和科学知识的公共属性的人都冒着被排斥放逐的危险。

第五，一门事实科学的形式背景 F 发生着变化，从一个部门到另一个部门，在基础逻辑学的绝对最小值和高度复杂的数学理论之间。原则上讲，所有数学在科学中都是可用的。与其说哪些数学理论能够获得应用取决于主题，还不如说取决于数学上的熟练程度和科学家们的想象力。需要注意的是一门科学的数学复杂程度是这门科学发展水平的一个模糊的指标。例如，主流经济学比历史学更精确，但远不及历史学现实。

第六，一门科学的特定背景 B 是它在科学阶梯中所处位置的一个指标。因此，一方面，心理学和人类学预先假定（利用）生物学。社会学、经济学和政治学预先假定心理学和人类学，但是社会学、经济学和政治学之间没有优先级顺序。另一方面，历史学依赖于社会学、经济学和政治学。只有逻辑学没有前提预设。除了逻辑学之外，不向任一其他学科借用任何东西的一门学科，要么是极其落后的，要么就是伪造的。

第七，一门科学的问题群 P 仅取决于它的研究者们所选择研究的问题。就如我们在第三章第二节看到的那样，在每一门学科中，人们都能提出很多不同种类的问题：常规问题和研究问题、实质性问题和方法论问题、理论问题和经验问题等。

第八，一门科学的知识储备 K 或许贫乏或许富足，这取决于它的“年龄”和发展水平。但是它从不是空的，因为问题不是在一个认知真空中提出的，而是根据某种背景知识提出的。即使最新的社会科学分支都拥有一些从早已存在的分支中借来的知识储备。

190 第九，一门科学的目的 A 是描述、解释和可能性预测，在规律或者规范的帮助下。只有原科学和伪科学才完全缺少规律。即使是历史学，尽管不是一个丰富的规律来源，也使用了借自其他学科的规律性陈述。

第十，任一门科学中的方法群 M 都是由一般的科学方法（第三章第七节）加上它自己的技巧（特殊方法）组成的。显然，方法仅仅是解决问题的工具，即使是最复杂的技巧也是毫无价值的，除非应用于大小合适的问题中。

关于任一科学研究领域的十个成分的谈论就到此为止吧。至于系统性和可变性条件，只要说这一点就够了：孤立性和停滞是伪科学、经院哲学和意识形态的典型特点（更多讨论见第五到第八节）。所有真正的科学学科都与其邻近学科相互作用并因研究而变化，这可以包含关于任何事的争论，除了迫切需要的精确性和一致性之外。

库恩（Kuhn，1962）的读者们可能想知道，为什么*范式*一词没有出现在我对科学特性的描述中，尽管我在早前已经对它进行了说明（第三章第一节）。这个忽略有两个理由。首先，声称一门科学可以由一个单一特征——比如，一个范式——来鉴定是过于简单化的，我发现列出十个不同的特征是必要的。其次，库恩的论点，即所有“常规”科学都有一个单一的范式，对于17世纪和18世纪当力学是科学的典范时，是接近事实的，但并不适用于接下来的两个世纪。例如，在自19世纪中期以来的物理学中，场论的思维模式与微粒子的思维模式共存，概率推理与确定性推理相互缠绕；化学家使用经典描述或者宏观描述（在化学动力学中）及伴随着原子解释的半经典描述（例如，在分子的球辐模型中）；生物学家继续描述并对生物体进行分类，与此同时，研究它们的分子成分并调查整个种群和生态系统，这些工作既是共时地又是历时地；生理心理学与心灵主义共存；一些社会科学家是个人主义者，而其他一些是整体论者，并且还有一些是系统论者；等等。总之，所有“常规”科学都是单一范式的，这是不正确的。此外，要求在每一个领域中接受一个单一范式（或者思维模式或者探讨方式），就是在邀请目光短浅和教条主义。因此希默尔斯特兰德（Himmelstrand，1986，2：7）说，“为了成为科学的，社会学必定是多范式的”。

我对科学特性的描述是要适合所有的事实科学：自然的（如生物学）、社会的（如经济学）和社会－自然的（如社会心理学）。它的目的还在于适合诸如考古学和描述统计学这样的辅助性的或者服务性的科学，以及诸如社会学和历史学这样的实质性科学。但是它没有描述形式科学或者数学科学，因 191
为这些科学并不处理独立存在的事物，因此它们不包含易受经验数据攻击的命题。

最后，社会研究如何才能是科学的呢？我已经在其他地方研究过这个问题（Bunge，1998）。结果是这样的：一些领域，比如，人口统计学和历史学，已经是达到很高程度的科学了，因为它们相当好地遵守了上述条件。它们所欠缺的只有理论，因此缺少规律；其他一些领域，比如，社会学、经济学和政治学，它们拥有大量的理论，但是这些理论中没有几个碰巧是真的，由此它们仅仅取得半科学的资格；还有一些领域，比如，人文主义的（尤其是诠释学的）社会研究，完全是非科学的。因此存在有很多改进的空间，当然除非人们反对所有的证据而相信社会研究永远不能成为科学的。

第二节 科学的统一

数学家不必注意任何研究领域，除了他们自己的之外。与之相比，物理学家充分利用数学，化学家利用数学和物理学，生物学家利用物理学和化学，心理学家利用神经科学，社会学家利用心理学，等等。为什么会有这样的差别呢？因为数学家讨论纯粹的观念，即没有实际对应物的观念，而事实科学家不仅从数学中借用工具，而且还从其他事实科学中借用一些发现，当处理一些其成分是被那些科学所研究的系统时。例如，对社会网络的社会学研究使用纯数学中的图论，也使用与人际关系有关的一些心理学发现。

为查明一个研究领域是自主的还是正相反依赖于其他学科的，存在着一个清楚而简单的标准。这个标准就是：一门科学 S_1 将被说成是*独立于*另一门科学 S_2 的，当且仅当 S_1 中的所有问题，在不使用 S_2 中的任何发现的情况下都能被解决。否则的话，S_1 *依赖于* S_2。如果 S_1 依赖于 S_2 且反之亦然的话，那么这些科学就是*相互依赖的*。因此，数学独立于经济学，反之则不然。与之相比，所有的社会科学都是相互依赖的，因为它们之中的每一个中，都存在一些需要来自一个或者更多姐妹科学中的发现的问题。例如，对任一经济的深入研究都超越了经济学：它仔细检查自然资源和人类资源、社会关系、文化限制、政治系统和这个社会不远的过去。几乎没有经济学研究遵循这个线路的事实仅仅意味着，在社会研究中只有以深度和真理为代价，才能拥有学科独立性。

存在着令人眼花缭乱的、多样的和大量的科学学科，至少有一千种并且其数量仍在增长。然而先前的思考预设所有的科学在某些方面是一个。否则
192 的话，提出科学的一个一般定义将是不可能的。如果有的话，什么是所有的科学结合在一起的纽带呢？地质学、神经生物学、历史学和其他学科是如何成为一个单系统的成分的呢？这个问题的一些回答已经被提出了。

一个回答是还原论的，我们第一次见到是在第四章第七节。三种最流行的激进还原论策略是心理主义、物理主义和经济主义（或者同水平的还原论）。*心理主义*是由贝克莱、阿芬那留斯和马赫提出的，并且曾经一度为罗

素和卡尔纳普所接受。它的主要观点是，我们应该坚持感觉数据，它们是构成这个世界的终极基础或者“原子”。但是这个计划失败了，即使是在心理学中。因此，知觉超越了感觉，并且正确的知觉与不正确的知觉之间的区别预设了物理对象的自主存在这个假设。此外，生理心理学依赖于心理过程都是神经生理过程这个假设。所以激进的心理主义或者感觉主义出局了。另外，它的一个温和版本在 20 世纪 60 年代和 70 年代之间赢得了强有力的支持，当时所有的社会科学都被称为“行为科学”，基于它们都能“最终”被还原为（行为主义者）心理学这个默认的假设（如 Berelson and Steiner，1964；Homans，1974）。

*物理主义*是心理主义的对偶。根据物理主义，每一门科学“最终”都是关于物理实体的，因此所有的科学都将通过物理学的方法和语言被统一起来。这种 17 世纪机械论的更新版本，是由社会学家纽拉特和哲学家卡尔纳普设计的《统一科学百科全书》（1938 ～ 1962）的初始计划。这个计划由于一些原因失败了，其中最重要的原因是，微观还原充其量是部分的（回想第四章第六节和第七节）。尤其是，社会科学中没有一个可还原为生物学乃至心理学，因为只有社会系统的成分才是活的并可以拥有精神生活。社会系统是通过社会（经济的、政治的或者文化的）联结及生物学（如两性的）联结和心理学（如移情作用）联结，结合在一起的。而且，它们释放出超生物学的功能，如教育、安全、生产和交换。

最后，*经济主义*是更加谦逊的还原论计划，只限于社会研究。实际上，它试图将所有的社会科学，有时候还包括心理学，都简化还原为经济学。经济主义的第一个版本是历史唯物主义，它对所有的社会研究都产生了强烈的（尽管经常是不被承认的）影响。它通过把焦点从无实体的空洞观念转向社会的经济基础或者“物质基础”来实现。但是它最终失败了，因为它低估了文化和政治的力量，它们中任一个都可能偶尔取得优势。经济主义的最新版本叫做“经济学帝国主义”，它是由贝克尔（Becker，1976）提出的，并被科尔曼（Coleman，1990）和其他一些人所接受（Swedberg，1990）。这种还原论 193
计划试图用新古典微观经济学来解释有关社会的一切——稳定偏好、最大化行为和市场均衡。但是这种 19 世纪的理论甚至不能解释现代经济，在它之上悬挂着两个模糊的概念，即主观价值（或者效用）概念和主观概率概念，它们将在下一章中被检验（更多讨论见 Bunge，1995b；Bunge，1998）。

所有这三个还原论者的、为了实现科学统一的方案都失败了。尽管如此，科学的统一，实际上所有真正的知识的统一，对于共同进步和相互制衡来说还是可取的。此外，它可以通过不同的方法达到：交叉学科的建立、数学的使用、哲学的普遍存在及系统的探讨方式。让我们看一看这四个使其统一的因素。

一门*交叉学科*当然是一门连接两门或者更多学科的桥梁学科。更确切地说，一门交叉学科：（a）与两门或者更多学科部分重叠，共享一些指称对象、概念、假设和方法；（b）包含着连接原始学科的假设，即我们在第四章第八节遇到的“胶合”公式。社会心理学、神经语言学、生物经济学和政治社会学，都是明确的交叉学科例子。与之相比，社会学和地质学则不是，因为它们并不连结两门或者更多学科，它们满足条件（a），但不满足条件（b）。

存在很多交叉学科，而且还在继续增多，因为专家们敢于跨越自己研究领域的边界（心理神经内分泌免疫学只是最近的到达者之一）。每一门严肃认真的交叉学科都有助于加强科学的统一。大多数现存的交叉学科的迅速增长和成功，暗示着下面这个方法论假定：

> 任意两个科学研究领域都能通过一个或者更多的研究领域被连接起来。

这个假定会同系统的定义共同蕴涵着，科学研究领域的集群构成一个系统。反过来，这个定理蕴涵一个推论，即任何一门不能与至少一个科学研究领域相关联的学科都不是一门科学。这个条件包含在我们对科学学科的定义中。不能遵守这个条件是伪科学的一个标志（见本章第五节）。

另一个强有力的跨学科黏合剂是数学，它是逻辑学的巨大延伸和泛化。实际上，任何懂得一些数学的人都能跨越学科之间的界限，几乎没有任何不适，当然尽管不是不需要任何努力。这就是为什么数学没有本体论承诺的原因，也就是说关于现实的性质它不做出任何假定。这同样适用于处于数学摩天大楼基底的逻辑学（回想第二章第二节）。数学的本体论中立性解释了如此多的科学研究领域共享一些数学观念的原因。从一个领域到另一个领域，发生变化的是分配给数学观念的解释。因此，在种群生态学中，S形的函数可能表示一个种群的增长，而在心理学中它表示的可能是一个学习过程；一个矢量在力学中可能表示一个力，而在经济学中它可能表示一捆商品或者它们相应的价格；等等。没有一个数学观念能单独表示任何真实的事物。一个数学观念只有连同用事实术语对它的解释，才能表示某种真实的事物。换句话说，纯数学中的理论都是缺乏事实（尤其是经验）内容的。因此科学、技术或者人文科学中的每一个数学理论都包含着解释（或者语义）假定，这些假定赋予它的一些数学概念一个外在于数学的内容，就如我们在第二章第四节中看到的那样。

数学在所有的科学研究领域中获得的巨大成功，暗示着我们下面这个方法论假定：

> 在任一研究领域中，每一个清晰的、强有力的观念，都可以通过数学化而变得更清晰、更有力（也就是说，通过分配一个属于一个明确的数学理论的精确构想）。

这个假定蕴涵着，所有的科学都能基于一个单一的形式基础被构造，即数学（包括逻辑学）。这样的一个直接后果就是，任意一门难融于数学的学科要么是非科学的、前科学的，要么是原科学的。

另一门成为所有事实科学的基础，因此有助于科学统一的学科是哲学。实际上，所有的事实科学都共享着许多极其一般和普遍的、属于哲学的概念和假设。这一点我之前已经讨论过。现在回想下事物概念、时间概念和真理概念以及现实的合规律性原则和可理解性原则，就足以说明它了。科学家们很少意识到这些预设，而且有些人在受到哲学攻击时还反对它们。然而，重要的是，一个哲学原则是否确实起一些作用，即使仅仅是默会的。这只能通过分析实际研究的情况，而不是通过引用一些著名的科学家或者哲学家的*附带意见*来发现。例如，接受这个原则：远非是由科学家们构造的，这个世界本身就存在。如果科学家们不支持这个原则的话，那么他们将不会去探索现实，而是构造数学理论或者仅仅构造神话，他们将会去发明而不是发现。或者接受这个原则：尽管是易错的，我们关于事实的知识是可改善的。如果科学家们不支持它的话，那么他们将根本不会努力去估计误差、检查数据或者改进他们的理论。他们确实做出了这些努力并且他们中的一些人取得了相当大的成功的事实说明，科学家们关心真理，并且相信获得更大精确性和深度的可能性，这反过来证明了，主观主义者（尤其是建构主义者）、约定论者及实用主义者的科学哲学都是错误的和有害的，即使仅仅因为它们中没有一个曾经使用过丝毫的真理概念。

195 也可能会遭到反对是因为，不是所有的哲学都促进寻找科学真理。这是言之有理的。例如，黑格尔哲学对于科学是有害的，在于它的先验性，现象学对于科学是有害的，在于它的主观性，存在主义对于科学是有害的，在于它的非理性，这三个对于科学都是有害的，在于它们的模糊性。但是这并没有证明我们的论点是错误的，即哲学是将科学结合在一起的黏合剂的一个成分。它仅仅说明，存在着好的哲学、坏的哲学和伪哲学。如果我们相信科学是了解这个世界包括了解我们自己最好的方式的话，我们将会赞成一种能激励科学研究而不是阻碍它的哲学。一个科学家尝试按照一种非科学的哲学来指导他的研究，这将是愚蠢的。而且对于一个生活在科学和技术时代的哲学家来说，支持一种非科学或者对技术抱有恐惧感的哲学，是浪费的甚至是破坏性的。

最后，让我们提一下第四种克服知识碎片化的方法，即系统的或者分析综合的探讨方式。对于个人主义的（或者分析的或者微观还原论的）和整体论的（或者综合的或者宏观还原论的）探讨方式来说，这是一个替代选择。*系统论*归结为下面这个假定：

> 每一个对象（无论是具体的、概念上的或者符号的），要么是一个系统，要么是一个或者多个系统的一个成分。

因为它强调事物之间及观念之间的相互关联，所以系统论支持科学的整合，并且实际上，它支持整个人类知识的整合。尤其是，它阻止部门方法并鼓励跨学科的和多学科的工作，所有这些对于社会科学来说都尤为重要（更多关于系统论和它的对手的讨论见第九章和第十章）。

然而，即使承认系统的探讨方式有助于科学的统一，考虑到深度需要专业化，专家也许会问为什么他应该关心这个统一。有至少三个珍视和促进科学统一的理由。一个理由是，大多数混合的科学学科已经被证明是丰富多产的（大多数而不是全部，因为心理历史学、人类心理学和生物政治学是在标准以下的）。第二个理由是，意识到它们多样性之下的科学统一性，便于研究者从一个领域移动到另一个领域。第三个理由是，一些跨学科的边界在现实中没有对应物，恰恰是源于目光短浅的观点、哲学偏见、地方保护或者历史的偶然。尤其，社会研究的碎片化是人为的且有害的，因为社会是一个单系统，尽管当然是一个拥有一些子系统的强耦合系统。

诚然，一个系统多种多样的成分和属性必须被分析和区分，而不是被混淆。但是分析应该促进综合而不是阻碍它，更不用说代替它了，而且区分也
并不意味着分离。换句话说，尽管专门化是必需的，但不应做得过度了，它 196
应该通过一般性来调和。理由是，尽管是复杂的，但是这个世界是一个单系统，由此知识领域的集合无论多么复杂，也应该是一个系统，如果它构成一个日益真的、关于这个世界的表示，并因此成为改造它的一个越来越有效的工具的话。

总而言之，科学知识的统一性是事实，不是不切实际的渴望。这个系统从未有过足够的凝聚力，因此它的统一性对于专业面较窄的专家来说可能不是显而易见的，但它并没有躲过通才的注意，尤其当他碰巧具有一种哲学的思维框架时。实际上，所有的科学家都研究现实，使用科学的方法，能够帮助他们自己自如地使用共同的数学工具箱，而且尽管通常都是心照不宣的，但他们全都共享某种广泛综合的、与这个世界及与我们关于它的知识有关的哲学假定。此外，没有一个科学领域是孤立的，每一个都与其他领域相重叠，它们中的一些是交叉学科。而且，许多理论都能全部或者部分地还原为其他更加全面或者更深的理论。最后，需要多学科运作的系统探讨方式，可以在所有的科学领域中有益地被接受。因此，尽管通过简化还原为一个单一科学而实现的统一已经被证明仅仅是一个梦想，但科学终究只有一个。

第三节　应 用 科 学

关于“应用科学”这种表达的含义没有一个共识。在社会研究领域，“应

用”常常意味着从事于特殊问题，比如，与诸如一般均衡经济学这样的研究高度理想化的理论截然相反的滞涨。我们应该接受它在自然科学和工程学中的普遍应用，在那里它表示基础科学和技术之间的关联。例如，药物学、生物医学研究和流行病学。

应用科学是一个研究领域，在其中具有实际重要性的科学问题可能被研究，基于基础（纯）科学中的发现。它是有目的的或者“委托强制性的”，而不是自由研究，从这种研究之中，人们最终期望的是一些具有实践旨趣的发现，比如，化学污染或者社会不平等对于健康的影响。然而，应用研究被期望产生知识，不是设计人工制品或者行动计划，它们是技术的产品。通常，应用科学家使用普遍化概括和理论，而不是发明或者检验它们。而反过来，技术专家也使用一些应用科学的产出物。

临床心理学家、精神病学家和教育专家都是应用科学家，就他们从事于原创性的科学研究而不是从事于他们的专业实践而言，在专业实践中他们可算作技艺精湛的工匠或者技工。研究特殊社会问题的社会科学家们也是一样，比如，边缘性、药物成瘾、腐败、犯罪、文盲、狂热盲信、文化贫乏、通货
197 膨胀和发展。只有那些设计社会政策或者社会项目的人才能取得社会技术专家的资格。那些实施它们的人或许可被称作社会技术员。

应用科学使用基础科学，但它并不是从后者中自动产生的，它包含原创性研究。如果它不包含研究且并不产生新知识的话，它或许有资格成为专门知识而不是成为科学。尽管如此，应用科学家的主要任务是，开发由基础研究产生的知识储备的一部分。他被期望做出一些发现，但不被期望发现任何深层属性或者普通规律。应用科学的范围也要比相应的基础科学的范围要窄。例如，不是研究一般意义上的社会冲突，应用社会学家可能研究诸如工厂或者公司这样一个特定区域中的劳资纠纷，目的在于找出（尽管不是贯彻执行）它的一个实际（尽管未必是公平的）解决方案。执行则由公务人员、管理者或者工会领导人来决定。

应用科学和技术一样都有一个实际目标，二者都是有目的的。例如，在殖民地时期，一些人类学家受雇于政府去研究土著人，为了弄明白如何才能最好地维持殖民统治。发展社会学家和经济学家研究不发达问题，不仅仅是

出于科学的好奇心，而且还为了精确地找到适当的发展计划必须克服的障碍。他们被要求为决策者提供知识，以便在设计具体的、旨在解决特殊的社会问题的计划中使用。

应用科学联结基础科学和技术，但是三者之间也不存在明确的边界，如此以至于作为纯研究开始的研究可能以应用研究结束，而且应用研究可能作为技术研究而结束（药物学、生物工艺学和生物经济学都是典范）。然而，三者之间的通道经常是阻塞的，而且三种活动中的每一个都有它的特性，并需要它自己特殊的智力背景、兴趣和能力。原创性的科学家——无论是基础的还是应用的，本质上都是探索者，而创造性的技术专家基本上都是发明家，他设计系统或者过程。尤其，社会技术专家设计或者重新设计社会系统或者管理这些系统的方法。无论如何，我们正在接近下一节的主题。

第四节　技　　术

大多数人把技术与科学或者工业相混淆，而且一些科学家利用这个混淆来获得研究经费，通过许诺模糊不清的实际结果。这个混淆是可以理解的，因为现代技术和工业大量利用科学发现，而且还因为实用主义的无处不在，这就没有时间进行公证无私的调查研究了。然而，尽管它们之间有许多共同点，但三个领域之间还是存在着很大的差别的。科学和技术之间的主要差别是，无论是基础科学还是应用科学都产生新知识，而研究与开发实验室、工 198
作室和办公室仅仅把知识当作一种设计人工制品（如机械、城镇或者正式组织）、规范（如排放标准）或者行动计划（如扫盲和免疫活动）的方法来使用。这些及技术的其他特性被越来越多的技术哲学家们所研究（如 Mitcham and Mackey，1972；Agassi，1985；Bunge，1985b；Mitcham，1994）。

科学和技术之间的一些差别可以在技术报告的词汇表中被发现，在这里这样的代表性的技术词汇必然会出现，比如，*使用*、*修理*、*可靠性*、*效率*、*安全*、*人性化*、*质量控制*、*生产率*、*规则*、*规范*、*政策*、*计划*和*划算*。在词汇表中的这种差别是指称对象、方法和目标方面的差异的一个指标。技术的中心对象是人工制品，无论是事物还是过程，无生命的、有生命的还是社会的；它的主要认知方法是应用科学；它的目标是控制自然的或者社会的系统或者过程，为了某些社会团体的利益。科学家提出新的、被认为是真的命题，技术专家提出旨在效益的、原创的或者经过多次试验证明的提议。

我们从区分工艺和技术开始，前者是前科学技艺，后者是以科学为基础的研究和开发（R&D）（不存在石器时代技术乃至铁器时代技术这样的东西）。技术专家在科学的帮助下精炼工艺，并利用纯科学和应用科学的发现。他可能从事于原创性研究，但这仅仅是临时性地且只作为一种手段。他的特定任务不是探索这个世界而是通过制作工具（物质的或者智力的）来改变它——不论好坏。他通过制定设计、计划或者规范标准，在一些可得到的最好的纯知识的帮助下来做这件事。

技术专家使用充分证实的普遍化概括尤其是规律作为技术规则的基础，这反过来又是他的设计或者计划的根据和理由。例如，知道 C 对于工业是或者可能是有价值的，根据从遗传学中学到的知识，即 B 类有机体中的基因变化 A 会带来 B 的产品 C 的产生，生物技术专家建立、检验并最后贯彻实施这个规则：为了工业化量产 C，引发大量 B 中的变化 A。然而，如果 C 被证明是有害的话，完全相同的这部分科学知识将成为这个对偶规则的基础：为了阻止产生 C，在所有 B 中阻止变化 A。正如我们在前面（第二章第八节）所看到的那样，技术知识的这种矛盾状态就是其道德矛盾的根源。也就是说，技术可以被使用或者被滥用。因此，我们应该搜查技术专家而不是科学家（更多讨论见第八章第五节）。

一个技术设计、规范或者计划可以与无生命的事物、有机体、心理过程、社会系统或者信息有关。因此从广义上讲，技术包括以下几个领域：硬件技
199 术，它包括物理技术（如土木工程、电气工程和核工程）和化学技术（工业化学和化学工程）；生物技术（如农艺、疗法和基因遗传工程）；心理技术（如临床心理学和市场心理学）；社会技术学（如管理科学和军事战略）；以及软件技术或者知识工程（如信息科学和机器人学）。

研究与开发过程可以被分析成以下主要的阶段：领域选择→实际问题的规划→必需的背景知识的获得→技术规则的发明→粗略的人工制品的发明→具体的蓝图或计划→检验（在工作台上、在现场或者在电脑上）→测试评

估→设计或者计划的最终修正。我们称这个序列为“技术方法”。

研究与开发过程的最终产品是一个人工制品的原型、一个初步计划，或者将要向雇主或者客户建议的一套规范。在社会技术学的情况下，这个人工产品是一个正式组织，比如，一个商业公司或者一个政府部门；规范或者计划是理性（并且有希望是有效的）行为之一。例如，一个管理顾问可能被召来诊断一个商业公司的故障来源，并提出一个计划来解决它的问题。

采用和执行最终的技术设计、规范或者计划通常都在掌握中，除了在技术专家的掌握中之外。技术专家提供建议但不做最后的决定或者贯彻执行它们。尤其在社会问题中，社会技术专家建言献策，这些建议很可能被它的雇主或者客户（政治体或者商业体）忽略、接受、修改或者拒绝。如果首脑批准了最终方案的话，他命令官僚们（公务员和企业经理人员）贯彻执行它，但这却是通过其他人或者他们的人工代理（机器人）实施的。

关于原创性，存在着两种技术发明：原生的和次生的或者创新和改进。一个需要原生发明的问题看起来像这样：它想要达到目标 G，因此调查一些手段方法 M（机器、组织、过程、产品或者计划）是否能被设计并最终达到 G。你应该找到一个貌似可信的 M，尝试把它发展成为一个技术上可行且经济上（或者政治上或者文化上）有利可图的项目。例如，出生率的降低是可取的。设计一个医学上、文化上、政治上和经济上可行的方案以便开始大规模的自愿的计划生育。

与之相比，一个改进问题看起来像这样：现存的为了实现目标 G 的人工制品 M 是有缺陷的（笨重的、不安全的、无效率的、缓慢的、昂贵的、浪费的，或者与不合需要的副作用有关）。进行旨在设计 M 的一个变体 M' 的研究，既能达到相同的目标 G 又没有 M 的一些缺陷。例如，社会项目 S 是有效的但却是浪费的。使 S 合理化以便提高它的效率。

原生发明和改进问题二者都需要设计人工制品（无生命的、有生命的或 200
者社会的）或者以最有效的方式做或者制造对某人有用的事物的过程。但在二者之间存在着明显的本体论和认识论差异。原生发明可能导致根本的新颖性，而次生发明仅仅会引起前者的轻度改变。还存在着一个心理学上的差异。和表面的改进不同，原生发明源于好奇心，它们为创造性想象提供推动力，并受到创造性过程本身的成功和失败的激发。与之相比，改进主要是由实际成功的甜头引导的。最后，还存在一个有意思的社会差别：大多数改进是在一特定部门之内产生的，而根本的发明经常是局外人的作品或者是跨学科的团队的作品。技术发明的这个特征，似乎既与固有地存在于大多数固定职业中的惯例有关，又与大型组织的惰性有关，但是在其他方面却知之甚少。

无论是原生的还是次生的，一旦被接受和实施，一个发明就变成了创新。创新不是观念而是社会事件，比如，工业革命、家用电器的普及、社会立法和正在进行的信息处理革命。对技术创新的抗拒是模棱两可的：它可能是落后、不愿学习和适应的一个指标，或者是害怕正在谈论的这个创新可能会有不良的社会后果，如普遍失业、污染或者文化退化。

现在，我们准备提出技术概念的一个一般定义，它将补充和精炼前述事项，而且还将展示技术与基础科学（第一节）的共同点和差异。技术一族是一个系统，$\mathcal{T}$ 的各个组成部分都能用一个 11 元组表示：$\mathcal{T} = \langle C, S, D, G, F, B, P, K, A, M, V \rangle$

在这里，在任意给定的时刻：

（1）C——$\mathcal{T}$ 的*研究共同体*，它是一个由个体组成的社会系统，这些个体接受一种专业的训练，相互之间保持信息联系、共享某种价值观、发起或者延续设计和评估人工制品或某种过程的传统。

（2）S——这个社会，它是 C 的宿主并鼓励或者至少是容忍 C 成员的专业活动。

（3）D——$\mathcal{T}$ 的*领域*或者论域，它无一例外地全部由过去、现在或者未来的（被证实的或者推定地）真实实体组成，一些是自然的，其他一些是人造的。

（4）G——对 $\mathcal{T}$ 的*一般看法*或者*哲学背景*，它包含着：①关于合乎规律地变化的事物，尤其是自然资源和在可能的人类控制下的事物的一种本体论；
201 ②一种带有一点实用主义的实在论者的认识论；③使用自然资源和人类（尤其是认知）资源的职业道德。

（5）F——$\mathcal{T}$ 的*形式背景*，它是最新的逻辑学理论和数学理论的集合。

（6）B——$\mathcal{T}$ 的*特定背景*，它是最新的且合理地得到充分证实（然而是可改正）的数据、假设和理论的集合，是合理有效的研究方法的集合，是在其他知识领域尤其是在与 $\mathcal{T}$ 有关的科学和技术中发现的，有用的设计、规范和计划的集合。

（7）P——$\mathcal{T}$ 的*问题群*，它仅包含关于领域 D 的成员的认知问题和实际问题，以及关于这个 11 元组的其他成分的问题。

（8）K——$\mathcal{T}$ 的*知识储备*，它是最新的和可检验的（尽管不是决定性的）数据、假设、理论和方法，以及设计、规范和计划的集合，它们与特定背景 B 相容并在过去被 C 的成员获得。

（9）A——C 成员的*目标*，它包括发明新的人工制品或者过程，使用已知人工制品或者过程的新方式，或者为了实现或者评估它们的规范标准和计划。

（10）M——$\mathcal{T}$ 的*方法群*，它仅包含可理解（可检验、可分析、可批判）的和可证明其正当性（可解释）的程序，尤其是科学方法和技术方法。

（11）V——$\mathcal{T}$ 的价值观，它存在于关于自然或者人造事物和过程的价值判断集合中，尤其是原材料和制成品、人类资源、工作过程、社会组织和规范。

此外，至少存在另一个*邻接的和部分重叠的*、与 $\mathcal{T}$ 具有相同的一般特性的技术。进一步地，$\mathcal{T}$ 的最后九个成分中的每一个的成员资格都随时间*变化*，无论如何缓慢，作为 $\mathcal{T}$ 中或者相关的技术、科学和数学中研究与开发的结果，或者作为对社会需要的回应。

任一不能满足甚至不能大致满足所有上述条件的知识领域，都将被说成是*非技术的*。一个与技术共享功利主义的目的 A 而仅仅部分地满足其他条件的知识领域，可被说成是“原始技术”。大多数社会技术，尤其是规范的宏观经济学和法学，都是这种类型的。与之相比，具有庞大的、特定的科学背景的技术，比如，电气工程或者生物技术，被称作“高精尖的”（或者“先进的”）技术。提出使用很少的稀缺资源的人工制品或者计划的技术，对环境的
影响是良性的，而且能被个体或者小型团体操作运用，从而促进劳动密集型 202
经济，这种技术被称作“软的”（或者“中级的”，或者“适当的”）技术。例如，包含在用当地的人力和材料建造具有现代方便性的农村住房的设计中的技术。最后，一个非技术的知识领域，缺乏科学的基础或者未能使用科学的

和技术的方法，然而却作为技术的（或者科学的）被宣传和推销，或许可被说成是一种“伪技术”（或者伪造的或者假的技术）。例如，大多数心理疗法、货币主义、“科学社会主义”和经济学上的“休克疗法”。

注意以下几点。第一，技术一族不是一个集合体而是一个系统，因为其成分中的每一个发展（或者延误）都有可能对其他成分产生影响，即它们全部结合在一起。第二,一种技术的专业共同体是一个社会系统，不是一个个孤立的个体或者独行者的集合体。这种系统性是由专业团体、专业出版物和专业会议保证的。然而，技术共同体远不如科学共同体那样有凝聚力且开放，因为他们的产品都是其客户的私人财产而不是社会的共同财产。这样的财产权由专利及工业机密和军事机密来保证。尽管如此，专利也会被小的创新欺诈陷害，保密性也可以被间谍活动侵犯。此外，最近几年来，公司之间及它们与政府之间的技术合作，被逐步上涨的研究与开发成本，以及肆无忌惮的竞争引起的高成本所促使，已经开始与竞争紧密配合。

第三，不是每一个社会都能维持一个共同体专心致力于研究与开发。因此，神权社会和不发达的社会可能会购买一些新的工业产品，但是前者在所有领域都抑制创造性思维，后者声称它们负担不起对它的投资，然而事实上，它们负担不起对它的资助是因为它们都是不发达的，其不发达主要因为它们欠缺创造性思维。第四，与自然科学的论域不一样，任一技术的领域或者论域 D，不仅包含自然事物，而且还包含人工制品，比如，机械和正式组织。

第五，技术的哲学背景 G 常常被忽视，尽管所有的研究与开发都预设它。首先，技术与科学共享着很多哲学概念，比如，事物和属性、事件和过程、因果关系和随机性、规律和规则、有机体和社会、自然物和人造物。其次，当从事于研究与开发时，技术专家心照不宣地使用许多本体论和认识论的原则，比如，外部世界的实在性原则、可变性原则、合规律性原则和可知性原则（此外，某些综合的技术理论，比如，一般机械理论、自动机理论和控制理论，既可算作本体论的也可算作技术的，见 Bunge，1971）。

然而，技术专家的哲学视野多少有点不同于科学家的哲学视野。首先，
203 技术专家主要对为了我们且处于我们可能的控制下的事物感兴趣，而不是对事物本身及为它们自己之物感兴趣。例如，与一般性的学习相比，技术专家

对正式教育更感兴趣，与漠不关心的社会分析或者经济分析相比，技术专家对社会经济方案更感兴趣，等等。其次，技术专家更喜欢容易与之共事的更简单的理论，即使是肤浅的，尽管技术专家并不反对学习复杂的理论，当简单的理论导致无效率的设计或者计划时。尽管技术专家默认客观真理的存在和价值，但他常常满足于粗略近似——他承担不起十全十美。因此，技术专家用少许的实用主义来修饰科学实在论。

至于技术的哲学背景的伦理道德成分，它与基础科学的精神气质多少有点不同。技术专家的工作是任务导向的，而且他的任务是功利主义的，远非一个自主主体，他被期待接受其雇主的利益。因此，技术专家有可能擅用由他人获得的知识，却不分享用他雇主的花费所产生的知识。技术专家对于设计大规模杀伤性武器或者无用的假冒伪劣产品，或许不会感到任何道德上的良心不安。如果技术专家公开揭发反社会工程，他有可能被解雇。尽管如此，技术专家和科学家们一样也珍爱客观真理，即使仅仅作为有效设计或者计划的手段。如果不是，它们将是无效率的。

第六，任一技术的形式背景 F，都是其发展水平的指标之一。例如，在第二次世界大战之前，管理学和军事后勤学还都是经验技术。现今它们有时候使用复杂的、包含在高级数学中的运筹学模型和质量控制方法。

第七，一项技术的特定背景 B，是其发展程度的另一个指标。一项技术越多地归功于基础科学，它就越值得信任。例如，运筹学和市场营销越多地使用心理学、社会学和经济学，它们就越高效（无论好坏）。

第八，一项技术的问题群 P 是无限制的，但受到社会经济情况的约束。在每一项技术中，我们或许都会区分以下几种问题：①*领域*或者引用类问题，比如，犯罪学是关于什么的：罪犯、社会还是社会中的罪犯？②*哲学*问题，比如，技术专家们不顾社会成本以利润最大化为目标来设计组织机构，在道德上是正当的吗？③*形式背景*问题，例如，存在专门用于社会学（或者经济学或者政治学）的数学吗？④*特定背景*问题，比如，环境管理下面的科学是什么？⑤*问题群*问题，比如，问题 p 用方法 m 可解决吗？⑥*知识储备*问题，比如，决策论有多好（精确、真或者有用）？⑦*目标*问题，比如，当和平到来时，如何才能把军事工业和军事技术转变成民用的？⑧*方法论*问题，比如， 204

如何测量判断一个社会组织或者一个社会项目的性能？

第九，一项技术的知识储备 K，可以是适度的或者令人印象深刻的，但它不能是空的，否则它将不是一项技术。一个技术问题的规划预设某种知识储备。

第十，技术的目标 A，包括设计或者重新设计人工制品、规范或者过程，并为它们的使用制定或者重新制定计划，每一个都在某种数学或者科学的帮助下进行。由于这个原因，在不从事研究与开发的情况下而使用其成果的专业人员或许是专家，但他们不是严格意义上的技术专家。

第十一，一项技术的方法群 M，包括它的特定技巧，如解释和社会调查技巧。它还包括科学方法和被我称作技术方法的东西。

第十二，V 中的价值判断根据目标 A 与自然的或者人造的实体或者过程有关。V 被认为是分析和检验的结果而不是冲动的结果。V 必须与关于研究和开发过程中任一成分——如设计或者计划的技术问题——的内在价值判断相区别。V 在基础科学中没有对应物。因此，一名政治学家可能会描述一个特定的政治运动，而一名政治分析员或许会描述如何最好地控制或者削弱它。

第十三，不存在孤立的、自给自足的更不用说自我推进的技术。它们全部都结合在一起，而且它们全部都依赖于社会经济情况。

第十四，所有的技术都富于新颖性。一项停止发展的技术将变成一门过时的工艺技巧。

第十五，和科学、艺术、法律和哲学一样，技术是一个抽象体。事实上，只存在个体技术人员、技术人员群体及社会技术系统，如现代农场、工厂、交通、通信，或者卫生网络、银行、医院、学校和军队（一个社会技术系统是一个技术在其中起着决定性作用的社会系统。在这样一个系统中，使用技术和复杂设备的技术人员或者专家，是至关重要的或许甚至是决定性的，但是从来不是居统治地位的。最终，控制常常是由管理部门或者政府施加的。技术统治论在政治上是不切实际的，并且由于其非民主性而不受欢迎）。

第十六，因为技术是达到目的的一种手段，所以对一个人工制品的任一解释必须包含某种目的论解释（依据目标进行的解释），除了因果的、随机的或者混合的等诸如此类解释了它起作用或者失败的方式外（与之相比，物理学、化学、生物学和许多心理学，必须避免使用终级目的概念。一把螺丝刀被造来拧螺丝，但一只手不是制造的）。因此，为了解释管理科学的成就和不足，我们必须牢记，管理者的目标是在他们的管理下最优化（未必是最大化） 205
社会技术系统的技术性能和经济性能。

关于技术的一般性描述就到此为止吧。至于社会技术，它的实践者们被期望推荐最有效的方法来建立、维持、重组或者分解社会系统，以及引起、加快、调整或者减慢社会进程。尤其，他们被期望治疗社会弊病。但是普遍承认的是，当今的社会治疗与20世纪伊始的医学治疗一样，是经验的和落后的，在那时药物主要是被规定的，只是因为它们在一些情况下似乎有用，而不是根据建立在心理学和药理学基础上的临床研究。不管怎样，我在姐妹篇（Bunge，1998）中会处理社会技术。

现在，让我们转向每一种文化的两个非科学成分——伪科学和意识形态，它们有时候被误认为是科学或者技术。

第五节　伪　科　学

伪科学是信念体系或实践体系，它被当作科学进行宣传和推销，实际上却并非如此（回想第二节）。伪科学家们要么根本不进行任何研究（和心理分析学家一样），要么进行有缺陷的研究（和通灵者一样）。无论发生何种情况，当真诚时，他们是轻信的并且基本上不受批判的影响。他们未能遵守道德的和制度的规则，默顿称其为“有组织的怀疑主义”。

存在着大量的伪科学：点金术和占星术、探测术和飞碟学、“科学”神创论和李森科的植物“科学”、超心理学和精神分析学、顺势疗法和整体医学，以及始于罗夏墨迹测验的笔迹学和所有的投射技术（见双月刊的 *Skeptical Inquirer*）。大多数科学家准确地诊断出了这些流行的信仰体的本来面目，它们的信徒和实践者相对来说都在科学共同体范围之外。

尽管很容易被发现和反驳，但是流行的伪科学是危险的，因为：①它很容易接近大众，而真正的科学是难懂的因此只能被优秀人才理解；②就健康、金钱和时间来说，它可以是很昂贵的；③它强化非批判性（尤其是神秘的）

思考；④它歪曲科学的探讨方式，通过把胡乱的猜测和不受控制的数据仿冒成科学发现；⑤它欣赏和支持强大的压力集团，如宗教团体、政党和职业游说集团；⑥它污染一些未成熟的领域。最后这一点值得说上一两段。

206 众所周知，社会研究和社会技术都曾受到过精神分析幻想的污染，尽管后者与被弗洛伊德（Freud，1929）和他的门徒们所憎恶的实验心理学不一致。例如，一些社会学家、教师和犯罪学家都曾接受过精神分析的假设：观看暴力行动提供了释放和宣泄敌意的一个通道。他们要么忽视实验室研究和实地研究已经驳倒了这种幻想的事实，要么根本就不关心这样的科学发现。在任何一种情况下，他们的读者、学生或者受监护者都是被恶劣地对待的。

精神分析的普及有几个原因。一个当然是易受骗性。第二个原因是，阅读精神分析的著作没有先决条件。第三个原因是，当弗洛伊德决定处理情感时获得了巨大成功，它被经院心理学忽视并在后来也被行为主义忽略了。无论何时当科学家忽略一个重要的主题时，一些非科学家就必然会探索它。精神分析普及的第四个原因是，它根据少量有独创性的、有趣的、无需为经验检验担忧的假设对一切事物都做出了灵巧的解释。因此，它把盲从因袭解释为服从“长者”，把反叛解释为对它的厌恶；把文明解释为对本能天性的抑制，并把对文明的敌意解释为本能天性的胜利；把宗教和道德解释为恋母情结的副产品；等等。简言之，精神分析声称解释了个人的和社会的一切（顺便说一下，它是本体论个人主义和方法论个人主义的一个例子，因为它声称根据个体的生活史解释了一切社会事物）。但它与科学的心理学是对立的。此外，它没有解释社会性，更不用说社会系统的出现和崩溃了；它没有解释历史；而且无论是关于个体还是关于社会团体它都没有做出任何预测。更糟糕的是，精神分析的解释都是不可靠的，因为它们的前提要么是不可检验的，要么如果是可检验的并且事实上被（非分析人员）检验了，它们就已经彻底被推翻了。

最新的灾害是“被压抑的记忆”疗法，基于弗洛伊德的不存在遗忘这样的东西这个错误假设，超自我抑制所有痛苦的记忆，比如，在童年时期一直是性虐待的受害者这样的记忆。“被压抑的记忆”治疗师声称，他能重新唤醒这样长时期被忘记的记忆片段，由此帮助他的病人控告大量推定的罪犯，并营救在这个过程中遇难的生命和家庭。直到最近，美国许多的法院还不加批判地承认治疗师的这种证据，强加重罚和刑期于许多很可能无辜的人们身上。幸亏有合格的心理学家的干预，并且幸亏有由错误记忆综合征基金会所发起的那个运动，在 1993 年法官们开始认识到，大多数“重新激活的被压抑的记忆”都是被治疗师植入的错误的记忆，有时候是在药物的辅助下。作为一个有利可图的、受助于把精神分析与心理学粗俗的相混的骗局开始，以对这个世纪最流行的伪科学的不信任而结束。

悲哀的是，一些伪科学学说不仅仅是流行的迷信，而且是学术产业的产物。就如在其他地方（Bunge，1985a，1985b，1991b，1991d，1998）争论 207
的那样，以下内容应归入学术伪科学：①所谓的测量理论，它把经验程序的测量与概念程序的定量相混淆（回想第六章第四节）；②人类社会生物学，它极度轻视社会刺激对人类发展的影响，而且忽视大量不同的文化；③许多信息处理心理学尤其是计算种类的，把“信息”这个术语各种各样的意义合并，把心灵与计算机的类似看作是一种同一性，否认神经科学与心理学之间的相关性，并且忽视情感和创造力；④在社会研究中谈论信息理论，是隐喻性的，没有确定假定的信息系统的各种成分，未能告诉我们如何测量概率和熵，因此是不可检验的；⑤在社会研究中谈论突变理论和混沌理论，在大多数情况下不包含任何方程式，因此它仅仅是文字叙述，而当它确实包含方程式时，又因为不受严格经验证据的支持而变成推测性的了（回想第一章第六节）；⑥决策论和博弈论的所有应用都包含着主观效用、主观概率或者两者都包含；⑦使用未定义的效用函数和主观概率并描述不存在的自由市场的经济学理论；⑧奥地利经济学派，它是先验的并且拒绝使用数学；⑨诠释社会学，它把社会事实等同于谈话或文本并免除了经验检验；⑩建构主义相对论者的科学社会学，它否认实在和客观真理，就如将会在下一节看到的那样（更多社会伪科学的例子见 Sorokin，1956；Andreski，1972；Boudon，1990a）。

学术伪科学与流行的迷信相比更加难以被认出并与之作斗争，因为它是在科学共同体之内产生的，而且还受到学术自由原则的保护。对于科学来说它也更危险，因为它降低了研究标准并造成对科学共同体的不信任。遗憾的是，大多数科学哲学家和科学社会学家未能识别这个特洛伊木马并因此去攻击它，因缺乏一个对真正科学充分的特性描述。检测伪造物需要对真品有一个充分的理解。

如果人们接受在第一节提出的科学研究领域的定义的话，那么诊断一个信念体为伪科学就变成了一个课堂练习（加以必要的变更，对于鉴别伪技术也同样有效）。回想下一个知识领域取得科学资格的条件 $\mathcal{R}=\langle C,S,D,G,F,B,P,K,A,M\rangle$，然后把它们与相应的伪科学进行对比。伪科学的共同体 C 是一群信徒，而不是一个由富于创造性和批判性的研究者组成的协会。宿主社会 S，要么为了实际的（如商业的）原因支持 C，要么在边缘化它的同时容忍它。伪科学的领域 D，包含着不真实的或者至少不是可证
208 明为真实的实体、属性或者事件，如原型、国家意志、集体心理和自由市场。对一门伪科学的一般看法包含：或者（a）赞同非物质实体或者过程的一种本体论，如空洞无实体的灵魂（要不然就是非现实的实体，如即时消失的劳动力市场）；或者（b）一种认识论，为超认知能力、依据权威论证或者得自一个随机编码的“数据”腾出空间；或者（c）一种精神气质，为教条辩护，阻碍寻求真理的自由研究。伪科学的形式基础 F 是非常贫乏的、欺骗性的（如它包含伪量），或者是纯装饰性的（例如，它饰以不可检验的或者明显错误的假定）。例如，大多数理性选择模型都包含着未定义的效用函数（附录四）。

进一步讲，一门伪科学的特定背景 B 是零或者是极小的，伪科学家从科学那里学到的东西极少或者没有学到任何东西（唯一确实使用一门科学——天文学——的伪科学是占星术）。伪科学对科学或者技术也没有任何贡献。一门伪科学的问题群 P 在很大程度上要么是虚构的，要么是实用性的，它并不包含任一重要的、局部的基础研究问题。伪科学的知识储备 K 包含无数的、与得到充分证实的科学假设相冲突的、不可检验的或者错误的推测。而且它不包含任何普遍的、得到充分证实的、属于假说演绎系统的假设。伪科学的目的 A 不包括发现规律或者使用规律来解释或者预测任一真实的事实。伪科学的方法群 M 包含着不能被可供选择的方法所检验的，或者不能被得到充分证实的科学理论证明为正当的程序。尤其，批判和经验检验都不受欢迎。最后，（a）不存在临近相连的知识领域，除了可能的另一门伪科学之外；

（b）一门伪科学是典型地停滞不前的，或者即使它发生了变化，它这样也是争论或者外部压力而不是研究的结果。换句话说，伪科学都是孤立的和受传统约束的。

我将以注意到伪科学一定不能被误认为是科学错误或者科学异端来结束这一节。错误发生在所有的人类行为中，而且真理充满除科学之外的众多领域。科学（及数学和技术）所特有的，与其说不存在错误倒不如说是通过研究进行自我修正。共识也不是科学的特性，尽管这是一种流行的观点。科学异端仅仅是非常规的科学，而且就如庞加莱所说的那样，科学争论是科学的兴味所在。一种新的思想或者程序将被认为是科学的，如果它符合一个适当的科学定义的话，不管它流行与否。科学内部的差异应该被欢迎，脱离科学之外的就不被欢迎了。

第六节　例子：新科学社会学

现代科学社会学诞生于 20 世纪 30 年代，大约在罗伯特 · K. 默顿时期，它已经变成了社会学的一个确定分支（如 Merton，1973）。它尝试用一种科学 209
的方式来研究科学共同体及科学研究和社会结构之间的相互作用，而且认为科学研究是实在论的、公正无私的、批判性的，并服从一定的道德准则。在 20 世纪 60 年代中期，一种非理性主义的、唯心主义的反对默顿学派的反应诞生。这种新的科学社会学（之后简写为 NSS），通常被描述为建构主义的和相对主义的，它声称描绘了一个更真实的科学研究图像，通过抛弃公正无私的研究和客观真理的理想（如 *Social Studies of Science* 期刊；Barnes，1977；Bloor，1976；H. M. Collins，1981；Knorr-Cetina and Mulkay，1983b；Latour and Woolgar，1979）。我将继续表明，这个图像既不是真的也不是新的，而且 NSS 是伪科学的一个明显例证（详细情况见 Bunge，1991b，1992a）。

首先，大多数新式的科学社会学家都不信任科学。他们把它看作是一种意识形态，一个权力工具，一个没有合法要求普遍真理的铭文制造装置，并且仅仅是又一个和神话一样的社会建构。他们把科学家看作是熟练的工匠但多少有点肆无忌惮地追求利益的人和无原则的政客。简言之，他们嘲笑默顿

（Merton，1957，1973）对科学精神的经典描述。

赞同 NSS 的人把所有事实或者至少把他们称为“科学事实”的东西，看作社会建构。但事实上与知识有关的，仅有的真正的社会建构是由一个小组做出的极其罕见的科学伪造。关于这种伪造有名的一个，是在 1912 年被两个人“发现的”皮尔丹化石人，被许多专家（他们之中有泰亚尔·德·夏尔丹）证明是真实的，在 1950 年才被撕下伪造的假面具。根据建构主义相对论的存在标准，我们应该承认皮尔丹人确实存在，至少在 1912 ～ 1950 年间存在，因为科学共同体相信它。我们准备去相信这个吗？或者更确切地说我们应该怀疑，NSS 不能（甚至是不愿意）分辨夸夸其谈和客观事实吗？

因为建构主义相对论者否认在科学与其他人类活动之间存在任何概念上的区别，所以他们对科学的一些评价与他们对反主流文化的评价相重叠，以至于 NSS 在某些重要方面是它的一个成分。让我们看一些例子。NSS 的一个先驱迈克尔·马尔凯（Mulkay，1969），表达了对科学共同体对待伊曼纽尔·维利科夫斯基 1950 年出版的据称是革命性的《碰撞中的世界》的方式的愤怒。他斥责科学家们对维利科夫斯基的推测的“辱骂和不加批判地拒绝”，并且斥责他们死守他们的“理论范式和方法论范式”——在它们之中有天体力学方程式。他声称天文学家有责任把维利科夫斯基的幻想拿来接受检验。

马尔凯的抱怨忽略了以下事实：①举证责任在于想要成为创新者的人；②经验检验是不必要的，当一个新理论违反被充分证实的理论或者成功的
210 方法时，最为重要的是它并不解决任何突出的问题；③几乎所有维利科夫斯基的断言都已经被证明是错误的（例外的是他的这个猜测：在星系之间曾经有过碰撞。这个幸运的猜测是他没有提供任何证据的）；④与检验一个没有科学凭证的局外人的幻想相比，科学家还有更重要的任务。然而，以卡尔·萨根为首的许多科学家，确实花费时间详细地批判了维利科夫斯基的幻想，而且美国科学发展协会（AAAS）还专门为它们组织了一场完整的讨论会（Goldsmith，1977）。

第二个例子是，亚龙·埃兹拉希（Ezrahi，1971）声称，阿瑟·詹森所谓的关于非裔美国人先天智力低下的发现，由于意识形态的原因被美国科学机构拒绝了。而且他认为，遗传学家对詹森工作的批判尤其猛烈，至少部分是

因为关心他们自身的“公众形象和支持”。埃兹拉希没有费心地分析詹森的结论所得自的那个智商测试。如果他这样做的话，他将会得知：①在那时，这样的检验实际上是受文化限制的，因此有可能偏爱白人而不喜欢黑人；②没有任何智商测试是完全可信的，除非得到一个充分被证实的智力理论的支持，这个理论是期待已久的（Bunge and Ardila，1987）。

其他直言不讳的建构主义相对论者已经装载了一种英勇的防御占星术和超心理学的措施（如 Pinch and H. M. Collins，1979，1984；Pinch，1979；H. M. Collins and Pinch，1982）。他们抨击了那些由于支持其所谓的“科学的标准模型”而对这些伪科学进行批评的人，他们称之为“意识形态”。遗憾的是，他们没有提出一个可供选择的科学“模型”。他们只要求“科学方法的重新评估”，为了给占星术、超心理学和其他“非常科学”空出地方。它将违背他们学派的特性来提出清晰的科学性标准，因为它认为科学是一个普通的“社会建构”。但是，除了根据*某个*科学性的定义之外，何以可能理性地讨论一个观念或者一个实践的科学地位？至于占星家、超心理学家等诸如此类，他们所谓的发现的真值，我们如何才能在建构主义相对论者的框架中讨论它们呢？在这个框架中，真理据说和饭桌礼仪一样，是一种社会传统。

最后一个例子是林奇的常人方法论研究，“献祭和把动物尸体转变成一个科学对象：神经科学中的实验室文化和践礼”（Lynch，1988）。从涂尔干对宗教社会学的研究中获取了线索，林奇声称，在一连串实验的最后杀掉实验动物是践礼的一部分，凭此动物的尸体就转变成了一个“超凡意义的载体”。遗憾的是，他没有为这个不寻常的断言提供任何证据。当拉图尔和伍尔加（Latour and Woolgar，1979）把科学实验室比作一个政治委员会时，糟糕透了。既然试验工作台已经以实施献祭的祭坛被呈现，那么实验科学家们禁止来自敌营的访问者就不足为奇了。对科学的普遍误解在没有 NSS 的帮助下是 211
非常糟糕的。

总之，未能把科学与伪科学区分开，不仅是哲学肤浅的一个指标，而且实际上从理论上说也是灾难性的。在社会研究和政治学领域中尤其是这样，因为关于人类和社会的伪科学的观点，能变成有害无益的政府（或者反政府）政策的概念基础和辩护理由。把“白种人”的优越性神话看作是奴隶制度、殖民主义和种族隔离的一个工具；把自由市场神话看作是反对社会公正的一个武器；或者把无产阶级专政和民主集中制神话看作是斯大林主义的工具。

第七节 意识形态

一种意识形态或许可以被定义为一个观念系统。更确切地说，它或许可以被描述成关于广泛的信念，尤其是价值判断和道德规范的一个系统，旨在组织和动员某一类人来工作或者斗争，为了达到某些个人的或者社会的目标。因此，术语“意识形态”的定义是中立的。这对于理解为什么没有人能够甚至尝试逃脱所有的意识形态，以及为什么一些人愿意为它们而斗争甚至去死，是非常有用的。还需要探索的是，一种科学的意识形态是否是可能的问题。

和许多哲学一样，许多意识形态起源于一个单一观念不受控制的膨胀。因此，自由主义产生于对自由的热爱，社会主义产生于对平等的热爱，无政府主义产生于对国家压迫的厌恶。因此，大多数的意识形态都是部门性的，只有很少一些是世界观。托马斯主义是所有近代意识形态中最杰出的、最广泛的和最一致的。它最早的现代继承者和对手是18世纪启蒙运动中的意识形态成分。它是值得回顾的，即使仅仅因为它是“反主流文化”“新世纪”和后现代主义运动的目标。

启蒙运动意识形态可以被压缩成现代主义的摩西十诫：①相信理性和知识；②拒绝神话、迷信和通常毫无根据的信念（教条）；③自由探索；④世俗主义；⑤自然主义（与超自然主义截然相反）和科学主义；⑥功利主义（与只有职责义务的道德相对照）；⑦尊重技艺、热爱工业、尊重机器；⑧进步主义和乐观主义，即对当代社会弊病进行批判并相信未来；⑨个人主义连同自由主义、平等主义（在某种程度上或其他）和政治民主，至少对白人男性来说；⑩普遍主义，例如，所有人的人权和全民教育。这些原则中的一些是世
212 界观的一部分，一些是价值判断，还有一些是改变社会的政治纲领的一部分。

启蒙运动意识形态的扩散导致三个连续的强烈对抗反应。第一个由浪漫主义（如黑格尔和亚当·穆勒）的哲学和政治组成部分构成。第二个是反科学运动，以尼采、狄尔泰和柏格森为先锋。第三个始于胡塞尔的现象学，海

德格尔的存在主义追随其后，并在诞生于20世纪60年代中期的反主流文化和后现代主义中到达了顶点。这些反对启蒙运动的反应，其每一个与前一个相比都更加狭隘和肤浅（更多讨论见Bunge，1994a）。

意识形态与科学及与技术之间都存在着许多差异。最明显的差异是，与科学和技术相比，意识形态和伪科学一样，都是信念系统而不是研究领域。因此，它们与科学和技术系统是隔离的，而且它们很少发展，或者即使它们确实有发展，也不是对科学研究或者对社会实践的响应。由于与科学和技术分离，现存的意识形态并不预设一个科学知识体或者技术知识体。更糟糕的是，它们与科学知识和技术知识的储备不一致，尽管不一定如此，就如将在下面看到的那样，当讨论科学的意识形态的可能性时。

我们把*全面的*意识形态（或者世界观）与*社会政治的*意识形态相区别。托马斯主义、启蒙运动和马克思主义，作为全面综合的、详细的世界观是独一无二的，它们每一个都包含着哲学成分和社会政治成分，它们部分的说服力由此而来。马克思主义是三者中最复杂的，它是现存的一种全面的、现代的和世俗的意识形态（世界观），并在很大程度上与社会科学相结合（顺便说一下，根据哲学、社会政治意识形态和社会研究对马克思主义进行分析已经过期了，并且是正确评估它和查明值得从它之中发掘出什么的先决条件）。

现在让我们来处理社会政治意识形态，如无政府主义、自由主义、法西斯主义和社会主义。一种社会政治意识形态只处理社会秩序，而且通常支持特殊的利益集团，尽管一种博爱的意识形态在原则上是可能的。与一个愤世嫉俗者可能主张的东西相反，每一种社会政治意识形态都包含或者预设着非常丰富的观念，无论它们中的一些可能是粗略和错误的。这就是为什么一种意识形态能够变成一个社会运动的黏合剂和推进剂、战斗口号和旗帜的原因。

社会政治意识形态确实是重要的，因为它们中的一些动员了大量民众或者渗透进体系之中，致使它们中的一些出现功能障碍。但是意识形态并不比一些非意识形态的社会项更重要，比如，公司和家庭（然而，结构主义马克思主义者阿尔都塞把家庭列入“意识形态的国家机器”中，此外他还声称它是最有压制性的。但这仅仅是一个不被经验研究支持的意识形态断言）。

构成一种社会政治意识形态的信念有以下几种：①关于一般的个人、团 213

体和社会的本质的本体论命题；②关于政党和运动想要控制的特定社会的假设的集合；③关于给定类型的社会在给定的时间所面临的环境、经济、政治或者文化问题（真实的或者想象的）的命题；④关于个人、种族、阶级、制度等诸如此类的价值判断；⑤解决（或者掩饰）社会问题和达到（或者阻碍）个人或者团体目标的行动（或者不行动）计划。前三个命题集合构成或真或假的知识，而剩余两个集合中的价值观念和计划都是非认知的。这五个集合都能被科学和技术过滤吗？换句话说，一种科学技术的意识形态是可能的吗，还是说仅仅是一种矛盾修辞法？让我们检验一下这个问题，因为它既是理论上有趣的，又是实践上重要的。

我的回答是，一种科学技术的意识形态在原则上是可能的。我们把它描述成这个 10 元组：$\mathcal{I}=\langle C,D,G,F,B,I,P,V,A,M\rangle$，在这里：

C 等于一个世俗的政党和它的支持者们；

D 等于一个社会和它的子系统；

G 等于关于科学和技术的世界观，而且尤其是内在于当代最先进的社会科学学科中的社会的一般概念；

F 等于建立社会理论、政策和计划可能会需要的全套逻辑学和数学工具；

B 等于整个社会科学和社会技术；

I 等于 S 所面对的问题，以及与争取权力和管理自然资源，且与经济系统、政治系统和文化系统有关的问题；

P 等于社会行动政策和方案的集合，旨在解决存在于 $\mathcal{I}$ 中且与 G 和 B 一致的问题；

V 等于关于美好社会的价值系统，以及与 G 和 B 二者一致的正确的社会行为；

A 等于由 C 获得的可行目标的集合，短期的、中期的和长期目标；

M 等于（根据 B）被认为是足以达到目标集合 A 的方法集合。

总之，一种科学技术的意识形态是受真正的当代社会科学和社会技术激发，而不是受神话或者伪科学激发。它包含出现在 V 中的理想化元素，即美好社会的观念，但是这个理想应该是可行的，而且应该与社会科学和社会技术一致。

尽管如此，关于一种科学技术的意识形态，除了概念上的，没有什么是本质上好的。这样一种意识形态可以是好的或者坏的，取决于它包含或者未 214
能包含崇高的价值观念和道德原则来调节方法和目标。换句话说，一种意识形态要成为可容许的，其唯一所必需的就是成为科学技术的，我们也必须深入地考察伴随的道德哲学和政治哲学。因此，不是要与我们文化中的其他成分分离而单独考虑意识形态，我们应该既根据社会科学和技术又根据道德与政治哲学来评估它们。否则的话，我们可能要么在混乱中结束，要么在运筹学专家运行的集中营中结束。

对意识形态的这种处理是概略性的，这个主题值得进行详细的社会研究。提出意识形态的要点在于：①注意它的哲学（尤其是伦理学）内容；②在这一卷的后面及其他地方（Bunge，1998），使用我们的分析来鉴定某些社会观点和社会政策的意识形态成分；③强调意识形态与科学和技术之间的差异，尤其因为这样的差异被建构主义相对论者的科学社会学和所谓的批判理论双双拒绝。更多关于这个的讨论在下面。

第八节　混淆科学与意识形态

马尔库塞（Marcuse，1964）、哈贝马斯（Habermas，1971）及其他的法兰克福学派成员，他们形成了批判理论，声称科学（包括数学）和技术具有意识形态内容。更确切地说，他们认为，科学和技术（他们合并的）已经变成了晚期资本主义的意识形态，因此履行着使掌权者合法的功能。在上一节检验过的、建构主义相对论者的科学社会学，它的实践者有相当一部分已经接受了这个大胆的论点。但是它的*证据*是什么？它的拥护者们认为没有必要说，因为他们拒绝科学的探讨方式。

现在，众所周知的是，现代科学和技术已经联合资本主义一起发展，不过人文科学已经这样了。意识形态偶尔被看作是科学也是事实，就像血液（或者基因组）告诉我们的神话的情况一样。列万廷（Lewontin，1991）在其著作《作为意识形态的生物学》中提出了这种观点，他应该把书命名为“作为生物学的意识形态”，因为它拆穿了假扮成科学的反动主义的意识形态的假面具。

毫无疑问，意识形态污染了社会科学，尤其是经济学和政治学（如 Robinson and Eatwell，1974；Galbraith，1987；Lang，1981，1990；Pasinetti，1981）。但是以上所有都是已经渗透进科学城堡的*伪*科学的特洛伊木马的例子，不是断言科学是资本主义意识形态的证据。尤其，不同于经济政策，如果经济学理论和方法根据*科学*和*意识形态*的定义被看作科学的话，它们就必须是无意识形态的。例如，因为投入产出模型和经济学方法对于所有社会而
215 言都是轻便的，所以就没有理由怀疑它们在意识形态上是被污染的。无论如何，没有任何*证据*表明它们是。

指责纯数学和自然科学是意识形态的，且除此之外还是资本主义的政治武器，就更加荒谬可笑了。毕达哥拉斯定理和微积分的经济内容和政治内容是什么？氢原子具有单一质子，碳原子有四个原子价，核糖体合成蛋白质，铅是有毒的，大脑是由许多子系统组成的，或者子孙后代与他们的祖先相像，这些断言的社会内容是什么呢？诚然，数学和科学可以被*用于*经济或者政治目的。但是它们不但可以用于亲社会的目的而且还可以用于反社会的目的这一事实，是支持它们和语言一样是中立的这个论点的一个论据。

如果每一个数学陈述和科学陈述都被注入一些（不明确的）社会内容，结果就是，所有的科学争论：①有一个意识形态内容；②由方法而不是通过实验、计算或者逻辑论证终止。实际上，这些命题为我们在上一节遇到的新生代科学社会学家们所偏爱。我再一次问，他们的*证据*是什么？唯一假定的证据是，*一些*科学争论确实有意识形态的弦外之音，因为有矛盾的观点中有一个是掌权者意识形态的一个成分。当然，对于伽利略的实验、进化论和神创论之争、种族主义、李森科遗传学说丑闻及其他一些来说，情况就是这样。然而，最终的裁定是科学的而不是政治的，这是真理的胜利而不是权力的胜利。

只有非常原始的归纳法优越论者才会从*一些*跳跃到*全部*，在没有注意反例的情况下。现在碰巧的是，无意识形态的科学争论在数目上远远超过负载意识形态的科学争论。下面随机抽样了第一类中一些激烈的争论：1989 年关于冷聚变的争论；正在进行中的关于黑洞存在性的争论；进化生物学中渐进

主义者和突变论者之间的论争；在 20 世纪 30 年代和 20 世纪 40 年代之间关于神经元间联系的本质（电的或者化学的）的争论；自量子理论在 1926 年出现以来关于对它的解释的争论；自狭义相对论在 1905 年出现之后的 20 年间关于它的激烈争论；关于原子存在的争论，以及在 1900 年左右对逻辑学和集合理论的讨论；达尔文与拉马克之争，以及 19 世纪中期在场理论家与超距作用的追随者之间的论战；17 世纪和 18 世纪牛顿学说的信奉者与笛卡儿思想的追随者之间的冲突。

这不是否认这些争论中的一些具有某种*哲学*负载。最后引用的那个确实具有这样一个成分。但是牛顿主义和笛卡儿主义这两种对立的观点，那时候在意识形态上都是进步的，因为二者都是机械论的。然而关键是，这些科学争论都是无意识形态的，而且最终都终止于严格的科学方法（尤其，牛顿学 216
说的信奉者们通过表明他们可以计算——实际上是预测——许多情况下物体的真实轨迹而获胜，而笛卡儿思想的追随者们则不能）。上述反例可以很容易地成倍增加，它们反驳了这个论点，即在*所有*情况下，科学中的共识取决于谁推挤得最猛、喊得最大声，或者使用最多的权力。

上述情况还反对这个论点：决定性的实验只检验理论家，绝不是理论（Pinch，1985）。决定性（不总是）的实验，检验理论的真理假说及科学家们的能力。为什么实验者要费心去设计和执行实验，如果这些实验都没有认知内容，并且它们的唯一作用就是将他们自己的声誉置于危险中的话？如果科学仅仅是关于声望和权力的话，那么科学家们将会转向要求更少的工作，比如，非科学的科学社会学。

在这一节的开始我提到了相信所有的科学都被意识形态污染这种信念的一个根源，即批判理论学派。还有第二个根源，那就是调换了的费尔巴哈-涂尔干假设：原始的宇宙起源说和宗教信仰都是在模仿相应的社会。在建构主义相对论者的科学社会学中，“强纲领”的起草者（Bloor，1976：第二章）相信，适用于原始的宇宙起源说和宗教信仰的东西也适用于现代社会。但是，考虑到科学远非一个信念系统而是一个研究领域，为什么它就应该因此成为一个必须以试验而不是以权威为依据来证明信念的正当性的场所呢？

声称科学争论可以仅仅通过科学之外的方法被解决的断言，其第三个根源是数据对于理论的“不完全决定性”论点，它由托勒密引入，被杜亥姆和新实证主义复兴并被蒯因普及推广。根据这种论点，任一经验数据集合都可以被两个或者更多理论解释，于是它们被说成是“经验上等价的”。诸如杜亥姆这样的约定论者和诸如弗兰克和赖欣巴哈这样的经验主义者，都曾使用这个所谓的事实反对科学实在论并支持这个观点，即科学争论都是通过诉诸非科学（但仍是概念上）的标准来解决的，如简单性（如 Bunge，1963）。而且建构主义相对论者用它来支持他们的断言，即所有的科学争论都只能通过非认知的方法终止，比如，政治操纵。

事实上，经验的不完全决定性问题尽管是真实的，但并不像它看起来的那么坏，而且也没有迹象表明科学家用非认知的方式来解决它们之间的差异。首先，通常的不完全决定性情况涉及假设（单一命题）而不是综合理论（巨大的假设系统）。和前者不同，后者结合在一起并被期望解释许多明显不同的
217 数据集合。一样的是，一般的科学理论应该预测*乍一看*像是无关的事实。因此，竞争的理论所遭受的传统试验，其目的是确定它们中哪个能够更加精确地预测更多样的事实。这就是麦克斯韦的场论与超距作用电动力学相比，相对论力学与经典力学相比，量子物理学与经典物理学相比，综合进化论与达尔文进化论相比，等等诸如此类，如何更被偏爱的方式（社会科学中没有很容易地就能想到的匹敌者）。

尽管如此，无论是解释力还是预测力确实都不是足够的，科学理论还要经受一整套附加试验。但是所有这些都是概念上的而不是经验的或者政治的（Bunge，1963，1967b，1983b）。它们中的一个是外部一致性检验，即与大多数背景知识相容（见第六章第五节）。另一个是与在科学共同体中盛行的世界观相容，这种世界观可能与居于统治地位的意识形态不一致。这并不奇怪，因为科学的世界观与科学本身是手拉手一起成长的。例如，如果两个同时代的学习理论都与同样的经验数据相容，但是它们中的一个包含某种神经生理机制而同时另一个没有的话，那么更偏爱前者就合情合理。这是由于以下原因：首先，前一种理论将有助于探索神经生理的学习机制，因此可以享有额外的经验支持；其次，心理功能是脑功能而不是一个非物质心灵的功能这个假设，与盛行于当前科学共同体中的世界观一致。简言之，哲学确实在（一

些）科学争论中发挥着作用。但是政治却不是，或者当它确实发挥作用的时候，它妨碍寻求真理。

一项不能把科学与意识形态相区分而且更糟糕地把二者合并的科学研究，必定存在着某种严重的问题。这种混淆的一个来源可能是完全的无知，尤其是故意的无知。另一个来源是这种粗俗的观点："知识是无论什么被人们当作是知识的东西。它包含那些人们深信不疑并以之为生的信念"（Bloor，1976：2）。附带条件是："*知识*一词要留给全体共同赞同的东西，个别的和特质的东西算是纯粹的信念"（Bloor，1976：3）。简言之，知识是所有享有社会认可的信念（对知识是一种信念这种观点的批判，见 Popper，1972；Bunge，1983a）。因此，一方面，诸如量子电动力学这样深奥难懂的科学理论没有取得知识的资格。另一方面，所有流行的迷信都取得了资格。

让我们不要为正确地定义微妙的知识概念这种琐事争辩（Bunge，1983a）。在这里至关重要的是，科学研究者是否应该在真理和谬误之间进行区分。根据"强纲领"的支持者，社会学家对真假二分和客观主观二分不感兴趣。他必须给予所有的理论"均等的机会"，而且他自己的理论"必须同时 218
适用于真假信念，不管调查研究者如何评价它们"（Bloor，1976：3）。因此，追随费耶阿本德（Feyerabend，1975）的新式科学社会学家，既不能又不愿意区分科学与非科学，尤其是伪科学（回想本章第六节）。他因此不能对比文化的其他真正的或者垃圾分支来描述科学的特征。

科学、技术和意识形态是现代社会中三个最强有力的文化引擎。科学是强有力的，因为它能产出普遍的和深刻的真理，即使大多是局部的和临时的。技术是强有力的，因为它通过发掘科学来设计新奇和有效的、即使不总是有益的人工制品和计划来供给工业和政府，而且不断地改变发达国家的日常生活。意识形态是强有力的，因为它塑造思想或者引起思想的变形，并指导或者误导社会行为。

在这三股力量中，科学和技术是最理性的且最具创新精神，而且还是现代文化的标志。任何与它们不相容的思想观念和实践都是过时的或者无效的，或者二者皆有；或者如果愿意的话，它们要么是前现代的要么是后现代的。这适用于研究和控制自然与社会，同样也应该适用于哲学。但可惜的是，情况不是这样的。大多数哲学家，尤其在处理科学和技术时，都远离了后者。这种事态不仅仅是哲学落后的一个标志，它还可能以两种不利方式中的任一个影响科学家和技术专家，即通过使他们转离哲学或者通过给他们提议一些可能会阻碍他们工作的哲学观念。为此，对于科学家和技术专家来说有必要联合哲学家一起，构造一种与科学和技术协调一致的哲学。

第八章

价值和道德 219

社会科学研究者常常被警告要注意韦伯的劝告，即保持你的作品价值中立和道德中立。但是他们很少被告知什么是价值和道德，更不用说为什么应该在社会研究中避开这些。此外，他们没有被告知为什么他们应该避免对社会原因做出任何承诺，尽管他们出于对社会问题的关心可能被吸引到社会研究方面来。因此，我将尝试回答这些问题。

社会行动及其结果在某些方面对某人或其他人是有价值的或者是没有价值的，而且它们要么遵守要么打破一些盛行的道德规范。因此，我们必须在检验价值中立和道德中立的格言之前，研究关键的价值和道德概念（详细情况见 Bunge，1989）。

第一节　价值的本质和根源

价值判断都是形式为“A 是好的（或者坏的）”或者“A 比 B 好（或者坏）”的陈述。当被分析时，它们就变得多少有点更复杂了。例如，“A 是好的（或者坏的）”是可分析的，当“A 对于某人（或者社会系统）B，在 C 方面，在 D 情况下，鉴于目标 E，是好的（或者坏的）”。换句话说，谓语“是好的”不是一元的，而至少是五级的（Bunge，1962a）。此外，关于商品，好与坏是可以被定量的，在这种情况下，我们必须处理一个依赖于五个独立变 220
量的变量。简言之，好及其对偶都是关系属性，而不是内在固有的属性（回想第一章第一节）。

尽管是概略性的，但上述分析应该足以消除这个观点，即价值是与事物和观念或者诸如生育力和人口等固有属性一样的对象。与之相反，价值是事物或者过程的属性，此外还是关系属性。因此，“*X*是有价值的”，是对“*X*对于某人或者某事物，在某方面和在某种情况下，以及对于某目标，是有价值的”的缩写。因为无论什么是有价值的都是对于某个人来说的，价值本身是不存在的。尤其是，价值不是自主的、超凡脱俗的柏拉图哲学的、可能被或者可能不被“呈现”或“具现化”的理念。

先前所述并不暗示着所有的价值都是主观的、文化局限的或者二者皆有。它仅仅表明，远非绝对的或者自我存在的，价值是*相对于*人类或者其他有机体的。因此，空气和水、幸福和安全及爱情和友谊，对于所有人而言都是客观有价值的，即这些价值判断都可以被经验地证实。与之相比，似乎不太可能证明抽烟和玩扑克牌是客观有价值的。到目前为止还好，所有的价值都是关系属性，它们中的一些是客观的，而其他一些是主观的。然而，这种分析还未告知我们价值是什么。

价值论或者价值理论是哲学的分支，它处理一般的价值概念并处理价值判断的状态。在这里，我们将仅仅简略地处理价值论中的三个问题，即价值的本质和来源，价值判断的客观性或其他方面，价值与事实之间的鸿沟。我们主张，所有的人类价值都有两个根源，即客观需要（need）和主观需求（want）。换句话说，我们在这个意义上判定某事物为有价值的，即它满足或者有助于满足某种需要或者愿望。然而，我们不是非常珍视我们很容易就能获得的必需品并因此认为其是理所应当的，比如，昔日洁净的空气和水。对于某种有价值的东西，它必须不仅是有用的或者是令人愉快的，而且还必须是稀有的或者脆弱的，比如，爱情、信任、善意、公正、和平及一份令人满意的工作。如果没有什么罕见难得的事物，那么就没有什么是有价值的了，而且我们将永远不会竞争任何事物。

现在，需要或者需求可以是个人的或者社会的。因此，价值要么是个人的要么是社会的。也就是说，一些事物或者过程对于个人而言是直接有价值的，而其他一些则对于社会系统是有价值的，并因此对于个人仅仅是间接有价值的。例如，个人感到需要爱情和被爱并因此珍视爱情。与之相比，一个没有大脑的组织，不能把价值归于任何事物。但是，因为它需要人力资源、管理和能量，所以这些东西就可以说对于这个组织是有价值的。这样一来，它的利益相关者，也就是与这个组织的存在利益攸关的个体，则被建议来评估那些关键项。

（警告：个人和社会的价值差异与私人物品和公共物品的二分法是不一致
的。因此，某些私人物品如花园，作为城市之肺是具有社会价值的；而且一 221
些公共物品如公立医院，对于所有人都是直接有价值的。个人的和私人的只有在非共享的牙刷或者隐私的情况下才一致。同样，社会的和公共的只有在诸如福利社和邮政服务这样的情况下才一致。）

个人价值是生物学意义上的，如健康和长寿，或者是心理学意义上的，如幸福感和渴望感。社会的或者非个人的价值，是那些我们归于事物而非我们自己的价值，尽管它们与我们自己有关。我们可以把社会价值分成四种，即环境的（如气候和新鲜空气）、经济的（如生产率和低成本）、政治的（如公正和自治）和文化的（如真理和美）。

不是所有的需要都是等价的，一些需要比其他一些需要更为基本。*基本需要*是一个人为了维持生存所必须被满足的一种需要。*次级需要*是一个人为了能够身体健康和心理健康必须被满足的一种需要。和需要一样，需求或者欲望也是这样的。根据一种利己型的道德观，所有的需求或者欲望都是正当合理的。如果我想要 X，那么我就有权利设法得到 X。根据一种无私的（也就是利他主义的或者自私自利的[1]）道德观，一些欲望是合理的，一些则是不合理的。*合理的需求*指的是满足它不会妨碍其他人满足基本需要，尽管它可能会干扰到其他人追求某种想要的东西。

我们需要一些事物或者过程本身，而且我们还需要其他一些事物或过程作为达到某些目标的方法。我们把内在价值归于前者，把工具价值归于后者。换句话说，我们把一些项当作目标本身来评价，而把一些项作为达到一些目标的方法来评价。然而，手段与目的之间的差别不是绝对的，因为在思

---

① 译者注：根据上下文判断，此处应为作者笔误，应为“或者非自私自利的”。

考或者行动过程中的一个阶段是目标的东西，或许在下一阶段就变成一种方法了。因此，内在价值与工具价值之间的差别也不是绝对的，即它是情境性的，也就是说它依赖于环境情况。例如，在货币经济中，为了生存（L）人们需要金钱（M）。但是为了挣得（不仅仅是得到）金钱，人们必须工作（W），因此 W 是达到子目标 M 的一种方法。反过来讲，为了得到一份令人满意的工作，人们需要获得某些技能，通过学习某种课程或者培训（S）。现在 W 是子目标，S 是子方法。结果就是，为了生存我们需要学习（用明显的符号表示就是 $L \Rightarrow M$，$\&M \Rightarrow W$，$\&W \Rightarrow S \therefore L \Rightarrow S$）。

上述区分允许人们处理价值判断的状态问题。所有这些都是主观的还是说有一些是客观的？我主张，一些关于基本需要或需求的价值判断是客观的，而其他一些则不是。一方面，例如，“教育是好的”就是一个客观真值判断，因为它可以表明受教育在当今对于一个人以一种诚实的方式维持生计来说是必要的（尽管是不充分的）。另一方面，“抽烟是好的”是客观假的，因为已
222 知抽烟有害健康且在经济上是浪费的。但是，“抽烟使 x 暂时感觉很好”对于 x 类的一些实体是真的。也就是说，抽烟对于某些人来说是主观（心理）上有价值的，尽管它对于所有人在客观上是没有价值的，除了烟草行业和它的政治扈从们。

最后，让我们处理事实与价值之间的鸿沟。休谟指出，在是和应该之间存在巨大差别。这个分歧是概念上的也是事实上的，因为价值判断和指令规则不能从描述中产生，由此道德规范也不能从科学中产生。例如，“现在失业率很高”并不蕴涵着价值判断“现在失业率太高了”，更不用说祈使句“*应该*减少失业”了。

因此，事实与价值或者是与应该之间的鸿沟是真实的。然而，我们每天都跨越它，就如我们把观念付诸实践一样。例如，如果经济陷入衰退期，大多数宏观经济学家会建议降低利率，他们认为，无论对与错，这将促进借贷，借贷促进投资，投资创造就业机会，就业刺激消费，所有这些都有助于我们把经济拉出衰退状态。总之，在社会生活中，尽管价值和事实是不同的，但却不是分离的。我们评价大多数我们处理的事物及大多数影响我们的行动。尤其，我们评价方法和目标，并且试图促使我们最重视的东西发生。评价的

无处不在，正是将社会世界与自然界及社会科学与自然科学区别开来的东西之一。

上述客观价值判断与主观价值判断之间的差别，以及相应的真实需要和纯粹欲望之间的差别，通常在社会研究中不会被勾画出来。更糟糕的是，集中于主观价值或者效用，不仅在主流经济学理论中，而且在所有的社会研究中，都已经成为标准。这主要是由于功利主义的影响，它依次预设了一种个人主义者的世界观，一种集中于信念而不是真理的半主观主义者的认识论，以及一种集中于热情而忽视认知的情绪主义者的伦理学。话虽如此，但事实真相是，社会科学所有分支中的许多理论都使用了主观效用概念，这个概念是模糊的，就如在适当的时候将会表明的那样。

第二节　效　　用

效用概念或者主观价值，对于新古典经济学和所有其他的理性选择理论而言都是最重要的。但遗憾的是，它不是一个精确的概念。实际上，尽管一部流行的经济学词典确信地声称“效用概念没有争议性”，但是效用理论中的专家们经常对它表示不安，通过详细考察《理论与决策》期刊和几卷《理论与决策库》就可以看出。

我主张，一般定量的效用概念有两个致命缺陷。第一个缺陷是，与比如 223
精确化了伯努利的特殊效用概念的对数函数不一样，效用函数很少是明确界定的。虽然抽象数学中的极大普遍性是吸引人的，但它在任一应用数学分支中都是一个严重的缺点，在这里，使用精确数字的计算对于经验检验而言是必需的。第二个缺陷是，由于是主观的，因此效用几乎是不可测量的甚至不能进行人际间的比较。换句话说，效用函数值通常无论是在理性上（通过计算）还是在经验上（通过测量）都是未分配的。这就是在绝大多数理性选择模型中效用或者任意地或者直观地被赋值的原因，这几乎就不是理性的胜利。

事实上，标准的冯·诺依曼－摩根斯坦（von Neumann and Morgenstern，1947）公理仅仅规定了描述一个给定决策者的效用函数的*存在*条件。他们没有定义任一特殊的效用函数（对多少有点不同的公设系统的一个清晰的陈述，见 Luce and Raiffa，1957）。难怪在绝大多数情况下，效用函数仅仅受到两个定性的约束条件的支配：关于数量，它们单调递增和递减（如 Marshall，1920［1890］，数学附录）。显然，满足这些条件的函数有不可数无穷多个，因此没有一个是特殊的。

因此，所谓的带有递增量 x 的边际效用递减律 du/dx，或多或少是被默认假定的。那些不想把他们自己交托给这个“规律”的人，甚至不需要上述温和的限制条件。例如，在他令人难忘的对“柠檬”（次品）市场的分析中，阿克洛夫（Akerlof，1984：9-10）假定了一个线性效用函数，当然它未能满足两个标准条件中的任何一个。错误地引用汉普蒂·邓普蒂①，“当*你*使用‘效用’一词时，它的意思不多不少就是你选择它想要表达的意思。”

就像美一样，主观效用和其中的变化都主要在旁观者的眼里。这就使得陈述更不用说证明，一个特定个体或者团体*客观上*比另一个更好或者更糟，或者一个商业交易或者政治交易*客观上*比另一个更好，变得不可能。这样的一个结果是，不存在诸如客观不平等或者社会不公平这样的东西，这对于保守派来说是一个便利的结果。不要试图改造社会，反而要戴上乐观的眼镜。

第二个结果是，因为主观效用陈述都不是严格可检验的，所以它们在其中起关键作用的理论，比如新古典经济学，和哲学美学（不同于心理美学）的处境相同。也就是说，它们都是非科学的。难怪一些方法论上更复杂精致的社会科学家，从帕累托到萨缪尔森，曾经以一种漫不经心的方式对待基数
224 效用或者完全摒弃了它（进一步的批判见附录四；Blatt，1983；Hammond，1967；Kahneman and Tversky，1979；MacCrimmon and Larsson，1979）。

尽管如此，假如某人确实提出了一个效用理论，包含明确的、客观的、其值可以被测量的效用函数。这是可能的，并且事实上这样的客观测量在附录五中被提出。然而，它的有用性将受到这个事实的限制，即复杂社会行为的每一个实例都有一些互相不能比较的效果，例如，伴随着道德满足的金钱损失。但是由于是不可比较的，因此它们的部分值不能相加从而获得一个行动的总值。例如，一个政治家可能会仔细衡量一项重要的政治改革的成本

① 译者注：童谣中从墙上跌下摔得粉碎的蛋形矮胖子。

和收益，举一个流行的例子，比如，他的地区变成一个主权国家。例如，他期望经济损失（或者收益）伴随着文化或者政治收益（或损失）。假设他成功地测定了前者的数量，那么他如何把数字归于后者，并且他会使用什么单位呢？即使假定他解决了这个问题，他也没有能力加上或者减去这两三个数字——x 美元和 y 单位文化或者 z 单位政治。简言之，他没有能力评估这个被提议的政治改革的总体效用。

适用于主观效用的东西，更加适用于预期的主观效用概念，它出现在对所谓的理性原则的简洁陈述中，即总是为了最大化你的预期效用而行动。预期效用是加权效用，其中权重是概率。考虑包含不确定性的最简单的情况：一个行动，只有 1 和 2 两个可能的结果，分别具有效用 u_1 和 u_2。在这种情况下，根据定义，这个行动的预期效用是 $Eu = pu_1 + (1-p)u_2$，其中 p 是第一个结果的概率，$1-p$ 是第二个结果的概率。如果效用（和概率）意义明确，就像在机遇游戏中，那么这个定义是没有问题的。但是，就如上文所指出的那样，在社会研究中通常情况并非如此。

此外，包含在预期效用中的概率通常也不是意义明确的，除了在机遇游戏这种情况下之外。事实上，在大多数理性选择模型中，概率的赋值和效用一样，都是以任意的方式进行的。或者，更确切地说，它们通常被看作是*主观*概率或者个人概率。采用主观概率或者个人概率，暴露出一种非科学的探讨方式的迹象，因为客观性是科学和技术的本质，正如主观性是艺术所特有的一样（回想第一章第六节）。此外，主观主义者的探讨方式鼓励胡乱猜想而且必定产生不精确的结果，因为众所周知直观的概率估算都是不精确的（如 Kahneman and Tversky，1973）。

（冯・诺依曼－摩根斯坦［von Ncumann and Morgenstern，1947：19］构成了一个例外。他们正确地反驳了主观概率，反而信奉他们所谓的“把概率解释为长期频率根据非常充分”。显然，他们未察觉到频率学派已经在 1939 年被让・维尔打垮，甚至更早在赫伯特・费格尔未出版的维也纳大学的博士论文中被驳倒，尽管只使用了一个适度的技术设备）。 225

回到价值上来。我对模糊的效用概念的反对，并不是说不可能用一种正确的方式定义和测量价值。这样做的一种方式是，回想一下效用最初被设想为一个行动所产生的满足需要（客观缺乏）或者需求（主观愿望或者欲望）的数量。这建议把价值等同于欠缺或者匮乏（见附录六）。的确，我们并不总是知道一个好的必需品满足一种特定需要或者需求的量，甚至是它对于我们可得到的量。缺少这样的信息，（认识论上）理性的主体将不再假装他能以一种精确的方式处理（客观）价值。通过以这样一种方式行进，他将会遵守这个古代怀疑论者的规则，即在没有充分理由或者足够数据的情况下，暂停信仰并抑制行动。

大多数效用理论的一个主要缺陷是，它们倾向于忽略不利的经验证据。最早的这样的证据被诺贝尔奖获得者莫里斯·阿莱在 1953 年发表，并在几十年之后被一些其他工作者复制——徒劳无用。结果是真实的人们违反了包含在预期效用这个非常定义中的线性概率（Allais and Hagen，1979；Anand，1987；Machina and Munier，1994），以“阿莱悖论”著称。此外，休梅克（Shoemaker，1992）发现，与标准理论相反，主体并不是彼此独立地评估概率和效用的。尤其，他们在某些情况下低估了概率，而在其他情况下低估了收益。其他一些行为经济学家，通过探索人类动机的多样性，反驳了人们首先是一个效用最大化者的神话（关于对经济学家们的一个回顾评述，见 Earl，1990）。由于拒绝面对这些逐渐增加的不利的经验证据，反而坚持 19 世纪的空想心理学，理性选择理论家们的行为举止像忠实信徒，而不是理性主体。

最后，经验研究已经表现出离开理性选择理论的一种道德维度。例如，卡尼曼和同事们（Kahneman et al.，1987）发现，人们倾向于举止公正，即使需要他们自身付出一些代价。而且弗兰克及其同事们（R. Frank et al.，1993）发现，研究新古典经济学使得人们变得自私。然而，道德维度需要一个新的章节。

第三节　道　　德

行为准则是在一个特定的社会团体或者整个社会中引导社会行为的规范系统。换句话说，这样一个准则详细地说明了什么算是正当的个体和组织行
226 为，尤其是他们的权利和义务。至少存在着三种行为准则，即职业准则、法

律准则和道德准则。这里我们将集中于道德准则，它有时候与职业准则和法律准则不一致。

*道德准则*是一个道德规范或者道德规则系统。这些规则与规范详细地说明了在一个特定社会中人们的基本（人类）权利和义务，不管任何职业守则或法律条款的规定。我们对责令我们遵守源于基本需要和合理欲望的权利和义务的道德规范尤其感兴趣，因为根据第一节，这些都是客观价值的来源。

任一这样的道德规范都可能被认为是*现实的*，如果它们符合现实人们的客观需要和需求的话；如果它们责令我们行动以便这样的需要和需求被满足，则可能被认为是*公平的*；可能被认为是与教条主义截然相反的*理性经验主义的*，如果根据由它们指导的行动的结果，既要对它们进行论证又要对它们进行评价的话。我主张，一种现实的、公平的、理性经验主义的道德与任一法律或者职业准则相比，都更基础、更普遍且更合理，因为这些准则受到特殊利益和历史事件的约束。因此，我主张，一种现实的、公平的、理性经验主义的道德，应该既优于当地法律又优于任一职业的行为准则。

道德规范在人生早期被学会和内化，在面对道德问题时它们可能浮出水面并被讨论，即无论何时在规范之间产生冲突时或者无论何时自我利益（或者权利）与其他利益（或者义务）发生冲突时。然而，这并不意味着社会生活是道德的唯一来源。和价值一样，道德也有生物学和心理学的根源，因为道德的意义在于帮助实现（或者抑制）具有所有三种来源的人的价值。这表明道德规范应该根据生物学、心理学和社会科学来研究。但是，以免我们混淆描述和规则（或者混淆*是*与*应该*），我们应该保持我们根据理性论证和经验检验质疑任一流行的道德规范的自由（通过评估由这个规范支配的行动的结果）。

我主张，*道德权利*是要求满足基本需要（例如，呼吸、进食、工作、学习或者交朋友）或者合理需求（比如，获得高等教育或者升职）的权利。同样，道德义务是帮助他人行使其道德权利的义务。此外，我主张，在任一现实的、公平的、理性经验主义的道德准则中，每一个权利都蕴含着一种义务，反之亦然（对此的一个证明，见 Bunge，1989）。例如，我请求帮助的权利意味着我有义务帮助别人，我的公民义务蕴含着我的投票权和竞选权。这样一种权利和义务之间的权衡或者平衡，在这一原则中被概述：*享受生活和帮助他人过活*。这是道德学说的最高规范，我已经在其他地方阐明（Bunge，1989）并且将在第五节讨论。

227 道德规范既不是自然的也不是神赐的，它们是具有生物学、心理学和社会学根源的社会发明。它们“反映”社会，随同它一起变化（尽管很少同时），并通过调控社会行为影响它。这个论点不同于社会学把道德与风俗习惯合并，结果是伦理学变成风俗物理学（涂尔干）的观点。后一种观点忽略了正确风俗和错误风俗之间的差异，并且低估了道德批判的政治力。道德是一种社会酵母也是一种社会控制装置；这就是它不同于法律，以及为什么它时而支持时而暗中破坏当地法律的原因。

这种关于道德规范的本质的观点与情绪主义不一样，情绪主义既是直觉主义的又是经验主义的，尤其是实证主义的。根据情绪主义，道德纯粹是感觉和品味问题，由此它无法经受批判性分析，更不用说经验检验了。反之，我将强调道德规范的生物学根源和社会学根源并主张，尽管对于真理而言规范是不可检验的，但它们对于一致性（与给定的规范体系中其他的规范相一致）和实际效率这二者而言是可检验的。

这种关于规范、道德或其他方面的功能的观点，与两种供选择的极端观点不一致。一种是非理性主义，根据这种观点，规范根本不起任何作用。我们总是盲目行动，要么对当前刺激做出反应（行为主义），要么被内驱力和情感牵引（精神分析），或者是“无缘无故地”即任意地行动（存在主义）。这种观点的对偶是超理性主义，根据这种观点，做任何事情，即使是感知和讲话，都牵涉遵循规则。

道德的非理性主义是错误的，因为我们一直在创造、遵守、执行、变革或者打破行为的准则。道德的超理性主义也是错误的，因为我们经常自发地行动或者冲动地行动，并且只有在一些新问题出现时（Cicourel，1974）才考虑规则。此外，这些观点除了在道德上是错误的之外还是虚假的，因为它们免除了根据道德原则检查我们的行为的义务，以及根据我们的行动结果检验道德原则的义务。毕竟，我们都享受某种程度的自由，不仅做我们想做的，而且还要抵制某些自私自利的诱惑。于是，真相就存在于道德非理性主义和道德超理性主义之间的某处。

第四节　自　　由

我们刚刚已经回顾了这种老生常谈，即道德不但是关于义务的而且是关于权利的。现在，如果我们是完全自由的话，那么我们将拥有权利而没有义务，因此我们将不需要道德。但是社会性包含义务，因此在自由之上有人为（制造）的限制。而且，即使没有这些道德限制和法律限制，我们也不能做我 228
们想要做的任何事，因为我们都受到我们的环境的、生物的、经济的、文化的和政治情况的限制。

换句话说，就如马克思和韦伯所教导的那样，我们生活在笼子里。每一个笼子都部分是自然的，部分是人造的。在它是自然的范围内，没有人能够脱离它。但是在它是社会的范围内，某些人类行为可以扩大我们生活在其中的笼子，而其他一些行为可以收缩它或者使其变形。每一次社会道德运动、法律改革或者政治改革的关键，准确地说是在人类自由的边界内带来变化。

[在这个语境中，笼子不仅仅是个隐喻。事实上，我们可以表示任一个体在任何给定时间的状态，就像一个具有和属性一样多轴线的抽象空间——一个状态空间——中的一个点一样（回想第一章第三节，并见附录一）。当我们活着时，代表我们的点也在那个空间里移动，但它不能随意移动。自然规律和当时的条件把我们所有人都限制在一个盒子里，道德准则和法律规范把我们限制在一个包含在前者中的更小的盒子里。然而，无论是自然盒子还是社会子盒子都是严格的。新的轴线发芽，其他的被修剪，就如我们学习或者忘却技能或者习惯，亦如我们参加新的活动或者放弃旧的活动。总之，当我们在社会中变老和四处迁徙移动时，我们的笼子在规格尺寸和大小方面改变着。]

如果我们发现有必要限制自由，那是因为我们承认真正的自由意志是有限制的。如果不是这样的话，我们将变成没有主动权、没有计划、没有同情心或者没有反抗冲动的机器人。我们需要一些自由的尺度来满足我们的需要和需求，以及履行我们的义务。我们还需要自由来工作，或者如果有必要的话，为我们或者其他人的权利而战斗。简言之，人类享受有限的自由，这是他们必须主要克服的。

我们并非生而自由，我们天生具有依赖性。但在西方国家中，我们大多数都获得了自由，当我们成长和学习并在彼此的相互作用中变得独立时。有时候我们在一些选择项中自由选择。但是这些选择项通常都是给予我们的，我们很少建立它们。更糟糕的是，大多数我们的同辈人甚至不喜欢自由选择他们的需要，就更不用说他们想要的东西了。迄今为止，选择自由已经变成了一种稀有的特权。简言之，一些人比另一些人更自由。然而这不是说，现在是一种特权的东西永远不可能变成一项权利，反之亦然。尽管我们确实生活在笼子里，但我们可以缩小或者扩大它们。

先前所述对于社会科学和政治哲学是具有明显的影响。它们中的一个是个人主义，它假定完全自由是可能的且是可取的，它和完全否认自由的整体论一样，都是错误的（更多讨论见第九章）。对于伦理学理论的影响同样是显
229 而易见的，因为我们既不是完全自由的主体，也不是机器人，因此我们不能接受激进的自由意志主义，也不能接受激进的必然论。

第五节　伦　理　学

伦理学在这里被定义为对道德的研究。伦理学对于道德就如气象学对于天气一样。正如可以有关于好天气的坏的气象学一样，所以可以有关于好的道德的坏的伦理学。而且正像“自私自利的美德”是一种术语矛盾一样，因此可以有关于自私自利的好的伦理学研究。

伦理学可分为科学的和哲学的。科学的或者经验的伦理学，研究不同社会团体中流行的道德准则，它位于社会心理学、人类学、社会学、政治学和历史学的交叉点。例如，它研究工业化强制执行“职业道德”的方式及职业道德被地方性的普遍失业侵蚀破坏的方式。与之相比，哲学伦理学或者道德哲学，分析、编纂、评价乃至建立道德原则系统。在这里我们将不讨论经验的或者描述的伦理学。反而我们将浏览一些社会科学感兴趣的经典的伦理学理论，即道义论、利己主义、新自由意志主义、社会契约论和功利主义。我

自己的理论将在最后被概述。

道义论是一种只有义务的道德哲学。它吩咐我们去做被认为是正确的事情，不管后果如何。传统的道义论要么是部落的及某种宗教的一部分（旧约全书的情况），要么是全国性的和政治的一部分（儒家思想的情况）。道义论以两个种类出现，即整体论的和个人主义的。整体论的道义论，不论是宗教的还是世俗的，都责令个体使他的利益服从某种社会整体或者其他，如祖国、教堂或者政党。根据这种观点，整体就是所有，而个体是可被牺牲的。个人主义的道义论，第一次清晰地阐释它的是康德，它是普救说的和世俗的，因此是人文主义的而不是有神论的。它假定人都是自由行动的，但是他们应该自愿服从一种跨文化的但却仅仅是模糊规定的道德律。实际上，最著名的道德律令根本就不是一个道德原则，而是一个元伦理学原则，它规定所有的道德准则都应该是可普遍应用的，即适用于所有人类。这种人文主义的元伦理学规则导致拒绝所有种类的特权（生物学的、经济学的、文化的或者政治的）。它与道德上的双重性也是格格不入的，如军事道德，根据这种道德学说，一个士兵对他的同伴必须是一个慈善之人，对“敌人”必须是一个魔鬼。

无论是整体论的还是个人主义的，道义论有两个致命缺陷。一个是，因为它是非结果主义的，因此它容忍宽恕无责任性，这使它变得无用或者更糟。另一个是，它没有注意到个人需要和愿望，因此它没有给权利腾出空间。难 230
怪康德的道德哲学与圣人相比拥有多得多的赞赏者和注释者。理性的、公平的、有责任的人们，被期待权衡他们的行动（以及不行动）给他们自己及其他人带来的可能后果，他们是结果主义者而不是道义论者。此外，一种只有义务的伦理学与民主是不一致的，尽管它足以保持下属处于有效控制之下。

所有其他的道德哲学都是结果主义的。它们大多数以自由理性选择思想为中心，正是这个思想促成了新古典经济学和社会研究中的其他理论。这特别适用于理性利己主义（如 Rand，1964）、新自由意志主义（如 Nozick，1974）、契约论（如 Gauthier，1986）和功利主义（如 Smart，1973）。前两种认为，所有人都应该享受完全自由地去选择、去做并成为他想要的那样，几乎很少或者不考虑其他人。因此这些学说是纯利己主义的变体，所以根本就不能取得道德哲学的资格。实际上，完全自私自利的个体是蔑视所有道德的人。当面对任一选择时，他只会问：“它对我有什么好处？”如果他能避开这个问题的话，他永远都不会问：“我能为你做些什么？”除非他是他正在大献殷勤的一个潜在顾客。不足为奇，理性利己主义和新自由意志主义都是新右派智力包袱的一部分，因为它痴迷于保护特权，而且是任性的、放纵的婴儿潮一代（出生于 1946 ～ 1964 年）的成员，他们在行为及知识问题上的口号是“怎么都行”。

关于社会契约论和功利主义，它们贯彻开明的自利规范。这种规范恰当地假定，我们每一个人都依赖于其他人，所以为其他人做些事情是在我们自身的利益之中的。让我们快速浏览一下这些有影响力的学说。与霍布斯和卢梭的古典契约论相比，当代社会契约论（或契约至上论）的要旨是：①它是赞成不平等的；②它声称一个行动是好的或者是正确恰当的，当且仅当它遵守双方共同议定的协议；③它主张道德是契约的副产品。当代契约论“没有为那些发挥严格再分配作用、转移但不增加利益的义务，或者为那些不要求与其他人互惠互利的义务，留有位置”（Gauthier，1986：16）。结果就是我们对儿童、对弱者、对穷人或者对于未来一代没有任何义务，并且对于拉皮条或者合同工不能有任何道德异议，因为他们都是受契约支配的。契约论是为有权势者和契约制定者而不是为那些没得选择而只能在虚线上签字的人制定的行为准则。它没有为非契约的关系留有空间，比如，爱情、友谊、尊敬、团结、帮助个体生存或者把社会网络结合在一起的同情心（罗尔斯［Rawls，
231 1971］，通常被认为是模范的当代契约论者，几乎不是这样的，因为他集中关注公平和福利，并且仅仅作为对社区提供的服务的回报才容忍不公平）。

一些契约论者（尤其是 Gauthier，1986）崇拜市场，它与分配公平无关，是公共道德的核心问题。尤其，市场导向的契约论者对于在大多数第三世界国家中就算真的有也只是少数实行市场经济无话可说。或者当它们确实实行市场经济时，它们这样做，通过低价出售它们的劳动力或者种植代替养育他们家庭所需的粮食的经济作物，而且还通过购买没有人真正需要的商品，比如，香烟、啤酒和枪支。

然而，就如任何曾经过商的人都知道的那样，契约论为企业间关系所做的工作不会多于它为企业内的关系所做的工作。实际上，没有一个契约能够

预测所有问题，并且大多数商业问题是通过思考、咨询、协商、交涉、威胁或者用那么一点点的信任而不是通过援引契约处理的。因此，尽管契约论乍一看像是商人的行为准则，但如果商人接受它的话将是不明智的。实际上，一个未能遵守基本行为准则和公平规范的契约早晚有可能被打破。它甚至可以在一个法院被争论。一个明智的商人不会力图获得他的雇员、客户和供应商的生命力，他想保持它们；他不会热切渴望与他的竞争对手开战，即使仅仅因为他知道他可能会输掉这场战斗；他不会故意与恶棍达成交易，因为他们知道他们可以用计谋打败他们。不正当的手段不仅有很高的个人成本，即通过把诚实的商人驱逐出市场，而且它们可能会破坏市场本身（Akerlof，1984）。因此，尽管是契约论的，但也存在着诸如商业道德这样的东西（如 Etzioni，1988；Sen，1987；Iannone，1989）。简言之，道德先于契约（及法律）而不是相反。把市场置于道德之前就像把拖车置于汽车之前。牢记这个明智的古训：*法无德不立*。关于契约论就到此为止。

理性选择伦理学理论的模范当然是功利主义，无论是利己主义的还是利他主义的。利己主义的功利主义追求他自己的预期效用最大化而不管其他人的需要和需求，而利他主义的功利主义尽力最大化集体或者社会的预期效用。现在，无论是利己主义的还是利他主义的，功利主义可以是二者中的任一种，即行为或者规则。行为功利主义评价每一个行动的预期效用，而规则功利主义遵守归入理性原则的一般规范（第二节）。

利己主义的功利主义与理性利己主义一致，因此我们不必详述它。与之相比，从边沁和穆勒到豪尔沙尼和斯马特的古典功利主义提出，集合的或者
社会的效用或者集体福利是最大化的。遗憾的是，这个原则乍一看是清晰的、 232
极好的，其实却是无可救药地模糊的。原因在于它包含主观效用这个概念，就如我们在第二节中看到的那样，它在数学上和经验上都是不可信的。因此，被一些功利主义者调用来为战争做辩护，以及被其他一些人调用来支持合作的支付矩阵，都是假的。他们分配任意值给未定义（因此不存在）的关键函数。这个程序一点也不理性。

更糟的是，功利主义没有任何道德准则，即它没有包含任何精确的、能够指导人们行动的道德规范。尤其是，行为功利主义共享理性选择理论的原

则，即每一个行动都应该根据它自己的价值来衡量，不管扎根于传统中的社会行为规范。与之相比，规则功利主义者致力于提出一般的行为规范。但事实上他们根本没有做那种事情，他们经常仅仅借用传统道德的规则（如Harsanyi，1985）。于是，实际上功利主义与契约论和康德主义差不多，都是空架子。然而它具有不可否认的优点，即它是世俗的、结果主义的并且与个人福利和社会福利二者都有关。因此，尽管它有一些缺点，但它是最不坏的理性选择伦理学理论。

最后，我想对所有理性选择伦理学理论提出两个异议。一个是他们忽略了道德情感，比如，怜悯、公平（公正）、团结及在没有必然期待互惠的情况下想要帮助别人的愿望。然而若社会生活没有这些情感将是难以想象的（即使是帕累托也同样这么说，他不是一个假惺惺的自由主义者乃至一个基督教徒）。而且与合理性相比，那些道德情感是与社会正义更加相关的——当被理解为经济理性时，它与社会正义是不相容的。

第二个异议涉及这个不加批判的假设：所有主体都是自由选择的。这个假定极具争议，即使仅仅因为笼罩在自由这个概念周围的重重迷雾。一些思想家完全拒绝自由意志，这当然与在没有外部强制的情况下做出选择的公同经验相矛盾。其他一些人承认它，伴随着被耶稣会士称作“内心保留”的东西。因此，根据斯宾诺莎、黑格尔和恩格斯的观点，自由只不过是必然性知识——这是一种诡辩术，如果曾经有过一个的话，因为任何曾经在监狱中待过一段时间的人都能证明。还有其他一些哲学家把自由等同于可预测性，这是一个明显的范畴错误，因为它把本体论范畴与认识论范畴相混淆。

至少有两种不同的自由概念曾经被区分，即消极的或者*消极*自由和积极的或者*积极*自由。如果这个备受承认的话，那么看一看日常生活、心理学和社会科学就意味着，没有人可以完全摆脱内部限制和外部约束。但是我们还知道，每一个心智健全的健壮的成年人：①可以工作或者斗争使得自己摆脱
233 一些外部约束；②有能力设计一些开始并没有给予他的选择。例如，我们能够克服某些障碍，通过学习、换工作、与一些人斗争或者与其他人合作。

然而，没有人可以完全自由地选择任何事，除非是无关紧要的事情。实际上，每个人都不得不服从一般的人类条件限制，而且还必须服从他一生中

的特殊的状况条件（回想第四节）。我们仅仅是部分自由的，即半自主半不自主。讽刺的是，理性选择理论家他们自己承认积极自由有一些局限性，当假定我们的选择是给定的及我们的偏好选择恒定不变时——对理性原则的一个不必要的限制。

最有意思的情况是，其中没有一个可用选择能够或者应该被做出。在这种情况下，我们必须在给定选择或者创造新选择之间制定出折中方案。至于偏好选择，如果它们被证明是不切实际的或者有害的话，那么保留它们就是不合理的。除了别的之外，理性个体还根据需要进行学习来改变他的偏好选择：他就是被大多数新古典经济学家所支持的偏好恒常性教条的活的反证（如 Stigler and Becker，1977）。而且道德个体调整他的偏好选择来适应他的道德准则。

总之，理性选择模型对于社会行为来说不是好的道德指南，因为：①它们以自我利益为中心，而伦理学主要是关于义务、公平和互相帮助的；②它们与心理学和亲社会行为的社会学不一致。

道义论者可能会因为高尚的理由做错事；契约论者和功利主义者可能会由于错误的理由做正确的事情；道德虚无主义者和自由主义者会由于错误的理由做错事。但是有谁可能是因为正确的原因做正确的事情呢？只有那些重视无论做什么只要能帮助人们（包括他们自己）满足他们的基本需要和合理需求的人，以及那些认为没有义务就不应该有权利或相反的人。我们称呼他们为*善论者*（来自希腊词语 *agathon*，意思为善），因为他们谋求善本身及其他。

善论依赖于第一节概述的价值理论。因此，它假定价值可以是客观的或者主观的，任何帮助某人满足基本需要或者合理要求的事物对于他来说都是有价值的。善论的中心思想如下（Bunge，1989）。首先，每个人都有道德权利和道德义务，就如在第三节界定的那样。其次，有五种主要类型的权利和义务，即环境的、生物心理学的、文化的、经济的和政治的，因此排除这些中的任一种权利和义务的任一道德准则都是不完整的。再次，权利和义务成对出现并且彼此蕴含，因此在报酬和负担之间存在着一种权衡。换句话说，利己主义将与利他主义调和，在一些方面的竞争应该与在另一些方面的合作结合起来。用这种方法，道德性将与审慎精明相容。这些原则通向并且囊括进这个格言：*享受生活和帮助*他人过活。

234

第六节　科学、技术和道德

如果承认知识或者至少一些知识是内在有价值的话，那么基础科学研究就不需要任何辩护了，因为它除了追求知识以外什么也没有。技术不是这样的，它将知识作为达到实际效果的一种手段来使用。因为这些可能是有价值的、中性的或者没有价值的，所以技术也可以是好的、无价值的或者邪恶的（只需想一想大规模杀伤技术、公共欺骗技术和垃圾的大量生产技术）。基础科学和技术因此拥有不同的价值系统。相应地，它们拥有不同的道德准则。科学的道德准则可被压缩成这个戒律（或者规范）：

> N1. 你应当寻求真理，在它可能通往的任何地方追求它，并把它传递给任何可能对它感兴趣的人。

技术的研究与开发也遵守这个规范。如果它们不遵守这个规范，它们将是无效的。但技术的目标是功利主义的，而且碰巧的是，对某些人有用的东西对其他人来说可能是无关紧要的或者是有害的（例如，第一世界国家中的过度消耗，它的实现是以第三世界国家中的消费压制为代价的）。因此规范 N1 虽然是必要的，但却不足以保证技术是有益的。如果我们希望技术专家关心好的与正确的，我们就必须使其遵守一条额外的行为准则：

> N2. 你的设计、规范或者计划应该帮助人们满足他们的基本需要和合理要求。

这不是讨论如何为大家的利益承担风险的地方，这是一个社会哲学、政治理论问题并且首先是政治学的问题。与基础研究中对自由的需要相比，它足以指出需要使技术发展服从于社会控制（Agassi，1985；Iannone，1987；Mathews，1989）。

于是，科学研究就有了一个内在的道德准则或者内道德，没有它的话，它将堕落为一种骗术。①贯彻实施规范 N1 需要*智力上的诚实*或者真理“崇拜"：关心合理性、客观性和可检验性，蔑视痴心妄想和不可饶恕的谎言。②满足智力上诚实的要求依次需要*判断的独立性*：不诉诸终极权威寻找证据和证明的习惯。③为了能够被用于实践，智力上的诚实和判断的独立性需要一剂*智力上的勇气*：处理困难的乃至令人尴尬的问题，保卫真理、批判错误、不问出处地揭露恶作剧的性情。④批评和自我批评（不要被误解为自虐），如果有勇气实践的话，激发人们*对知识自由的热爱*：自由地研究、批判和支持，以及对保护研究自由的个人权利和公民自由权的热爱。科学实践引起对非法 235
权威——无论是文化的还是政治的——及不公平权力的蔑视和憎恨。⑤于是，智力上的诚实和对自由的热爱导致加强一种*正义感或者公平感*，它与其说是奴役于实在法（有时候是不公平的），倒不如说是倾向于处理其他人的权利、观点和情感，总是谁值得表扬就表扬谁。

科学是一所道德学校，但众所周知的是，并非它所有的学生都能光荣毕业。一个研究者偶尔会绕开一个敏感问题，忍住不去批判错误，剽窃甚至伪造数据或者歪曲参数。这不要紧，其他人有可能处理危险的问题或者攻击普遍的错误，伪造和剽窃终将被揭露，尽管它们的受害者可能永远不会得到补偿。关键是，在基础科学中真理和深度没有实际用途，权力或者共识有决定权。理想的情况是，真理命令共识而不是相反，尽管是建构主义相对论的。

因为科学研究是寻求真理的研究，所以扭曲真理和掩饰真理是所有学术不端行为中最严重的形式，甚至比剽窃更严重。窃取一些发现伤害了受害者，这可能使受害者变得多疑甚至讳莫如深。但是伪造的数据或者计算结果则伤害了所有人，类似于假钞。这对于科学社会学的建构主义相对论学派来说，当然是不能接受的。这个学派否认发现客观真理的可能性，而且它声称科学既不可能是价值中立的，也不可能是道德中立的，因为它们可以被商业或者政府支持或者发掘、观察或者审查，因此可以被误导或者扭曲。从这种观点来看，科学是一种意识形态，它的中立性论点是一个神话。这种观点所谓的证据是，科学参与军事的、工业的、农业的和政治的研究。但当然，这种观点只不过泄露出它对于科学与技术之间差别的无知，尤其是它不知科学家的目标是发现真理，而当代技术专家的目标是在科学真理的帮助下查明如何使事情得到解决。

适用于科学的东西一般来说也适用于社会科学。在这里，真理也是最高价值。换句话说，规范 N1 应该在社会科学中被支持。这就是利奥波德·冯·兰克在 1824 年向历史学家们要求的东西，即他们*如实地讲述和说明历史*（真正发生了什么）。它也与马克斯·韦伯的一般社会科学的*价值中立*（价值无涉）原则协调一致，就如我们将看到的那样，它没有在社会技术中继续存在。

曾有人建议说，韦伯对价值中立原则的拥护只不过是一种骗人的玩意，其目的在于维持科学探索的要求和支持它的专制国家的要求之间的平衡（Gouldner，1973）。事实并非如此。韦伯想要促进对社会事实的客观研究。
236 此外，他在政治上是相当直言不讳的：一方面，他研究并谴责*容克企业*的权力、官僚主义者的残暴和第一次世界大战的延续（另一方面，他对性别和种族歧视、经济不平等和殖民主义视而不见）。宣布科学的价值中立，韦伯只是希望保卫追求真理，抵御保守派和一些教条的马克思主义者的扭曲。

现在，关于社会的真理可以危及根深蒂固的但却毫无根据的信念，而且能够危及既得利益集团及相关的意识形态。一点也不奇怪，意识形态和政治有时候会妨碍社会科学家。更糟糕的是，敌人也同样经常是内部的和未被认出的。事实上，许多伪科学和政治观点都被看作社会科学（如 Andreski，1972；Lang，1981）。因为在社会科学伪装下意识形态走私的危险性，所以科学和伪科学之间的划界在社会研究情况下比在自然研究的情况下甚至更加重要——更是如此，因为许多学者否认正在讨论中的这个划界的非常可能性（回想第七章第五至第八节）。

基础社会科学家做科学内部的价值判断：他评估问题、假设、技术和发现。而且由于他应该追求真理，因此他不可以把关于社会事实的价值判断误认为成关于社会事实的真陈述。然而，他不能避免让他的价值系统和意识形态来定位他的研究问题的选择，更不用说他的政策建议了。例如，他可能更喜欢研究真实的经济失衡而是不是虚构的静态平衡，更喜欢研究独裁政治而不是投票规则悖论，更喜欢研究战争的起因和后果而不是成功的大肆杀戮者的功业。根据某种价值系统或者意识形态来权衡问题是无害的，只要一个人的研究遵守科学的道德准则。在科学研究中重要的是（任何种类的）强烈的上进心和对真理的审慎尊重（实际上，不是所有的社会研究者都尊重真理是另一个问题，将在第三部分论及）。

应用科学家和技术专家的情况尤其是社会技术专家的情况是完全不同的。他们不仅致力于真理（作为一种手段），而且还致力于他们的雇主或者委托方——通常是商业公司或者政治组织——的利益（价值和目标）。这些利益可能宽泛或者狭窄、亲社会或者反社会。因此，作为结果的技术建议、设计、规范或者计划不可能是公正无偏见的，即它有可能以其他人为代价而使一些人受益。想一想新的大规模杀伤性武器或者无用的小工具的设计，以及严重污染的工厂或者压迫性的组织，就足以说明它。而且回想一下，在1940～1990年，工业化世界中几乎一半的工程师都受雇于军事技术。

适用于技术的东西一般而言也当然适用于社会技术。调查社会问题的
专家在道德上有义务“声明他的价值观”，就如贡纳尔·缪尔达尔（Myrdal， 237
1969）要求的那样。关于这样的社会问题他必须表明立场，比如，不平等、失业、通货膨胀、不公平的征税、外债、性别歧视或者种族歧视、政治迫害、军国主义、战争和官僚主义。这是因为他被期望在处理这些问题上建言献策，而且公众——至少在一个民主国家——也有权利知道他站在哪一边，以便能够采取一个合理的立场。遗憾的是，许多这种建议，尤其是那些关于宏观经济的建议，都以公正无偏见的技术蓝图呈现，并且很少供以公开辩论（详细情况见Bunge，1996）。

但即使他试图把一个政治纲领看作一个公正无偏见的技术建议，科学的政策制定者也将力图做出*客观的*价值判断，以便他的建议或者计划能使他的雇主受益。就如涂尔干（Durkheim，1988［1895］：142）所写的那样，我们必须找到“一个客观标准，一个内在于事实本身的标准，它将允许我们能够以一种科学的方式在各种各样的社会现象秩序中区分健康和疾病……［用这种方法］科学将能够在阐明实践的同时保持忠于它自己的方法”。例如，价值判断“贫穷是不好的”和“战争是不好的”都不是主观的，因为这是真实的，即贫穷和战争造成苦难、阻碍个人的发展，而且煽动人们的反社会行为。总之，在实际问题中，偏好与客观性是相容的。

总之，科学家提出命题，而技术专家提出建议。一个命题可能是假的但不会是有害的。与之相比，建议既非假也非真，即它们只能是有效的或者无效的，对某人是有益的或者有害的。一方面，科学家对他们在追求真理、说服力、深度和透明度方面取得的累累硕果。但这是我们对他们应该寄予的所有期望。我们不应该要求他们提供实际有用的项，因为他们中大多数人都不具有技术的思维模式。另一方面，技术专家是有社会责任的，因此要对实施他们的建议所造成的结果负责。然而问一个基础科学家“你站在哪一边？”是不恰当的，这个问题应该对技术专家提出。简言之，和基础科学不一样，技术是有道德和社会承诺的。因此，一个民主国家的公民对于基础研究的态度应该不同于对技术的态度。他们应该保卫基础研究的自由，因为它可以丰富文化，例如，通过帮助解释社会事实。但是，市民应该参与控制任何有可能危害所有人类福祉的科技——已经产生或者尚未产生——的开发和实施。

每一个社会系统都接受某种道德准则。在一个民主社会中，存在着许多可选择的道德准则，虽然它们共享着一些原则。此外，还存在一些职业准
238 则和法律规则。但是法律是永远不够的，因为尽管它确立了一些基本权利和义务，但是它终归会被打破，除非通过扎根于习俗中的匹配的道德准则来维持。

当一种社会秩序突然被打破，那么直到一种新的秩序被建立之前，人们倾向于如他们喜欢的那样随意行动，这是一种混乱的事态，它阻碍了新秩序的建设。这是政治应该与道德联合的原因之一。它也是为什么渐进式（然而全面的）改革比革命更好的原因之一（Bunge，1998）。

并非所有的社会都是同样公平和可行的（内在于人类学功能主义和法律实证主义中的绝对的道德相对主义，在道德上是错误的，因为它忽视公平）。在长期和大量失业的地方，职业道德听起来是空洞无意义的。在无限制的自由促进私利盛行的地方，社会秩序是道德上不合理的且政治上不稳定的。在为了某种真实的或者想象的超个人实体更大的荣誉而压制个体权利的地方，不公平是最大的。只有确立了善论者的格言“享受生活并帮助他人过活”的一种社会秩序，才可以被期待既是公平的又是稳定的，尽

管不是静态的。设计这样一种社会秩序的问题在其他地方被处理（Bunge，1989；Bunge，1998）。

我们的下一个任务将是检验包含在关于社会研究的争论中的一些哲学学说。

第三部分

第九章
个人主义和整体论 241

社会的本质问题处于社会科学和社会政策的最基础位置。我主张，关于这个问题，仅仅存在着三种一般的、连贯一致的观点，即个人主义、整体论和系统论。它们可以分别被压缩成以下规则：“个体是始与终”，纳粹党人的口号“你无关紧要，你的人民才是最重要的”（*Du bist nichts*，*dein Volk ist alles*）和“我们形成社会，社会塑造我们”。讽刺的是，个人主义和整体论都勾销社会弊病并且以相同的措辞阻止社会抗议：“责任在你自己（或者你的基因），不怪系统。”因此二者对于社会工程都不是好兆头。

根据个人主义，亦称原子论、唯意志论和意向论，社会只是个体的一个集合体，因此所有的社会研究最终都是对个体的研究。与之相比，整体论者（或者集体主义者或者结构主义者）认为，社会是超越其成员的一个整体，而且它只能在整体的层面上被理解。最后，系统论坚持认为，社会是由相互联系、相互作用的个体构成的一个系统，并且它拥有突现的或者超个体的属性，所以它应该既在微观层面又在宏观层面被研究。个人主义者自下而上开始，整体论者自上而下开始，系统论者始于被嵌入先于他们存在的社会中的个体，并观察他们的行动如何影响社会和改变社会。

这里有一些正在讨论中的基本观点的例子。总的来说，新教、自由主义
和新右派都是个人主义的，而罗马天主教、伊斯兰教、法西斯主义、共产主 242
义和国家主义都是集体主义的。霍布斯、洛克、史密斯、休谟、边沁、托克维尔、穆勒、狄尔泰、新古典经济学家、齐美尔和韦伯都是个人主义者，而

柏拉图、伊本·赫勒敦、浪漫主义者（尤其是黑格尔）、孔德、马克思、涂尔干、帕森斯、法兰克福学派成员和社会建构主义者都是整体论者。然而，这些思想家中没有一个是始终如一的个人主义者或者整体论者。尤其，托克维尔、穆勒和韦伯承认所有人都受到严格的制度约束，而马克思、涂尔干和帕森斯知道，这些约束最终都是由个体所为。任何把个人行动置于一个社会语境中，或者依据个人行动解释社会变化的人，其举止都像一个系统论者，即使在他述说一个个人主义的或者整体论的信条时。特别是，当亚里士多德将其注意力集中于通过个体善意和相互作用团结在一起的共同体时，他是一个系统论者。同样，提倡福利国家的民主社会主义者和自由主义者相当于系统论者，即使在述说他们各自的原始信条时。

反常的是，这三种探讨方式中的任何一个都能促进社会科学的统一。个人主义能够促进社会科学的统一，因为它在所有社会研究领域中的分析单位都是个人，通常是"理性的"或者最大化的主体。整体论能够促进社会科学的统一，因为它把社会看作一个整体，它的部分以任意一种方式都可以挑选出来。系统论能够促进社会科学的统一，因为它把社会看作是由密切联系的、最终由个体组成的子系统所组成的一个系统。因此，在大多数社会科学中，尤其在主流经济学中实行的孤立主义不能归于一般的探讨方式。或许它源于历史偶然、井蛙之见、目光短浅及想要保护地盘的愿望。然而，这是另一个故事了（Bunge，1998）。

每一个关于任一自然对象的概念观点都有两个成分，即一个本体论成分和一个方法论成分。前者关系到这个对象的性质，后者关系到研究它的适当方法。但如果这个对象是社会的，比如，一所学校或者一个商业公司，第三个特征就必须被添加，即价值观和道德，因为这些都是指导或者误导人类行为的东西。也就是说，在关于社会科学的元理论问题中，

X 主义 =〈本体论 X 主义，方法论 X 主义，价值论—道德 X 主义〉。

这个*主义*将在这一章被分析，而且下面的章节当然是个人主义、整体论和系统论。任何包含一个本体论成分的 X 主义必然会引起实证主义者的惊讶，尤其在这个有序三元组中把它分配到头等重要的位置。这样的优先级或许可被证明如下。首先，它是先于认知的，认知仅仅是人类（及其他高级脊椎动

物）的功能之一。其次，任何一个研究实物的人都至少暂时假定实物存在或者可能存在。此外，研究者从至少大致了解自己感兴趣的对象的性质开始，因为他必须知道要研究什么及为什么。最后，探索者或者研究者根据他所知 243
道的（或多或少）来选择研究方法或者怀疑其研究对象的性质。因此，本体论先于（或者应该先于）认识论，尤其是先于方法论。

包含第三个并列的价值论—道德（因此是行为的）X 主义，或许会引起更多的惊讶，至少在那些追随韦伯的人之中，他们相信所有的价值判断都是主观的，所有的道德规范都只不过是社会习俗，社会科学家无论如何都应该避开它们。这不是我的观点（见第八章）。但即使它是这样，包含着由一个社会系统的（大多数）成员所持有的价值观和道德也是适当的，因为不论好坏，它们都有助于塑造这个系统所有成员的社会行为。

这一章集中于个人主义和整体论。它检验它们的本体论、认识论和价值论—道德方面。它们每一个的优点和缺点都将被展示（也见 Watkins，1952；Mandelbaum，1955；Brodbeck，1968；Krimerman，1969；Gellner，1973；O'Neill，1973；Bunge，1979a，1985b；Smelser，1986；Lloyd，1991）。这个分析将有助于我们在下一章把握系统论。

第一节　个人主义

个人主义者集中于个体，而且要么否认社会联系和社会系统的存在，要么声称这些都完全可还原为个体和他们的行动。玛格丽特·撒切尔在她的至理名言中总结了这种观点，即“不存在诸如社会这样的事物，只有个体存在”。这种观点可以追溯到霍布斯，并且为所有的功利主义者共享。因此边沁说（Bentham，1982［1789］：12）：“共同体是一个*虚构体*，由被认为可以说是其*构成成员*的个人组成。那么共同体的利益是什么？——构成它的成员的利益总和。”很久之后，穆勒（Mill，1962［1875］：573）自信地宣称，“社会现象的规律仅仅是或者可以是，在社会状态中团结在一起的人类的行动和爱好的规律……社会中的人类没有任何属性，只有那些源于且或许可分解为关于自然或者个人的规律。在社会现象中，原因的复合就是普遍规律”。简言之，既不存在社会事实，也不存在以突现属性为特征的社会规律。

个人主义在社会科学及社会科学哲学中仍然势头强劲。新古典微观经济学及社会学和政治学中大量的、模仿前者并因此例证了曾被称作“经济学帝国主义”的理性选择理论，都能为之提供证明（如 Becker，1976；Swedberg，
244 1990）。霍曼斯（Homans，1974）是激进个人主义在当代的一个明显的例子。他否认超个体（即社会的）实体的存在，并声称所有人类都“理性地”行动，即从自身利益出发。同时，他是一个行为主义者，他认为被置于相同环境中的任意两个个体将以同样的方式行动，以便最大化他们的预期效用。这种观点是很吸引人的，它许诺在单个规律的帮助下解释所有的人类行为，因此在统一的名字“行为科学”之下统一所有的社会科学。然而，这只是一个梦想。事实上，心理学家很多年前就已经知道，因为他们有不同的过去和期望，还有不同的内部状态，同一个动物种类的不同成员经常会对同样的外部刺激做出不同的反应（这有时候被叫作心理学的零规律或者哈佛定律）。即使老鼠也不是完全相同的黑盒子（输入 - 输出设备）。

个人主义在社会哲学、政治哲学和道德哲学中的势头甚至更强劲。例如，波普尔（Popper，1957，1974）声称不存在社会整体，因此社会科学家只能研究个体，例如，研究士兵而不是军队。此外，追随维特根斯坦，温奇（Winch，1958）认为社会科学家只研究意向行为及规则导向行为，不研究社会团体。如果波普尔和温奇是始终如一的话，他们将否认社会科学的非常可能性。事实上，温奇并不否认它，他声称社会研究应归于认识论，盖尔纳（Gellner，1973：53）曾认为这种观点是“深刻和明显错误的”，因为它与社会研究的实践不合。

当下个人主义的流行可通过以下因素来解释：①它是清晰的和简单的；②它是理性主义的；③它吹嘘大的适用范围和强大的统一能力，实际上它声称涵盖了从心理学到历史学的所有人类科学；④它与非法西斯主义的亲资本主义者的意识形态相匹配，无论是自由的还是保守的；⑤它提倡功利主义，无论是利己主义的还是利他主义的。就如我们很快将讨论的那样，连同这些真实的或者虚拟的优点，个人主义有致命的缺陷，尤其是它不能与社会现实相匹配，即使仅仅因为它否认具有它们自身特性的社会整体的存在，比如，

学校、商业公司和国家的特殊功能及特定资产、繁荣或者衰落。

正如在这一章开始就指出的那样，我们把个人主义的本体论方面与认识论方面和道德方面区分开来。*本体论个人主义*（*ontological individualism*，OI）或许可被压缩为以下命题：

OI1. 社会是个人的一个集合体。超个体的总体是虚构的。尤其，制度只不过是支配个人行为的惯例习俗。

OI2. 既然社会整体是抽象体，它们就不能表现为单位或者具有突现属性或者整体属性，每个社会属性都是社会个体成员属性的合量或者聚集。

OI3. 由于是虚构的，因此社会整体不能相互作用，它们不能对任一它们 245
的成员起作用，而且它们也不能发展进化。两个社会之间的相互作用在于它们的个体成员间相互关系的总额。团体压力是每一个团体成员作用于其他成员的压力的合力。社会变化是社会个体成分中变化的总额。

与之匹配的*方法论*（或者*认识论*）*个人主义*（*methodological individualism*，EI）命题如下：

EI1. 社会研究的适当主题是个体。

EI2. 解释一个社会事实相当于解释包含在它之中的个体的行动。

EI3. 社会科学中的假设和理论，只有通过观察个体的行为才能被检验。

最后，*道德*（*或者行为*）*个人主义*（*moral individualism*，MI）可归结为以下原则：

MI1. 个体或者至少他们中的一些，是最有价值的。

MI2. *至善*是自我利益及自由地追求自我利益。

MI3. 制度唯一的合法功能就是保护或者促进个人自由和个人利益。

让我们来检验上述命题。本体论个人主义是站不住脚的，因为如果是始终如一的和激进的，它就包含着对社会关系的否认或者把它们流放到观念世界中去。因此，波普尔（Popper，1974：14）说："社会关系在许多方面属于我最近称作'第三世界'或者'世界 3'的东西，即理论世界、书籍世界、观念世界、问题世界。"这是认为一个社会只不过是其成员资格这种论点的结果，因为个体 x 和 y 之间的关系既不在 x 中也不在 y 中。但是碰巧的是，社会联系构成了把社会团体联结在一起并赋予它们以属于它们自己的（突现）属性的黏合剂。此外，一个社会中社会关系的集合构成了这个社会的社会结构。所以，始终如一的个人主义必然会阻止关于社会学核心问题的研究，即除去社会结构的面纱并对之进行分析。一个更充足的理由是，它将会阻止旨在改变社会结构的任何运动，也就是说，本体论个人主义支持社会保守主义。

（个人主义者可能希望使用唯名论者的论点：诸如雇佣这样一个二元关系，只不过是一个个体的有序对偶集合，比如，〈老板，秘书〉；一个 n 元关系只不过是一个有序 n 元组集合，但这是不允许的。因为有序 n 元组这个非常概念包含着关系概念，否则人们得到的将是一个无序 n 元组，也就是说一个具有 n 个元素的同类群。正确的是，一个 n 元关系只有其外延或者图表才是一个个体的 n 元组的集合，在这些个体之中拥有这个关系。一个关系不等同于它的外延，正如一个一元属性不同于在某一给定时刻碰巧具有那个属性
246 的个体的集合。总之，关系尤其是社会关系，都不能还原为个体集合。即使仅仅因为这个原因，唯名论者为了支持个体而消除属性和关系的计划就已经失败了。）

个人主义不仅未能解释社会整体的存在，它甚至没有解释诸如写信和寄信这样简单的、私人的个人行动。实际上，在写信的时候，我们使用社会生产的这些商品，比如，钢笔、纸张和信封，而且还使用公共产品，比如，常识和语言。而且在寄信中，我们使用更多的公共产品：人行道、街道、邮票和邮箱。于是，个人行动不能是任何超过体系的社会研究的绝对起点。我们要么从社会中的一个个体开始，要么从一个由其个体成分维持（或者破坏）的社会系统开始。

（举一个多少更复杂一点的例子，考虑下属于这个社会关系，就如由“个人 b 属于社会团体 G_i”或者简写为 $b\in G_i$ 所例示的那样。碰巧的是，属于 $\in$ 这个概念，不可被定义为一个有序对偶集合。事实上，$\in$ 在集合理论中是一个基本（未定义的）概念。此外，在说明 $b\in G_i$ 之前，我们必须已经形成社会团体 G_i 的观念。这就要求将给定社会 S 的全体成员分成社会团体，其中一个是 G_i。对 S 的这种划分一定是由某种等价关系引起，比如，具有大致相同的职业、收入或者政治态度。也就是说，讨论中的这个陈述 $b\in G_i$，预设了这个给定的社会——远非一个无组织的个体集合——可以被当作一系列社会

团体进行分析。从数学上来讲就是，G_i 是 S 被一个等价关系～所除的商的一个成员，或者 $G_i \in S/\sim$ 。这对于社会科学中包含某种社会关系的任一更复杂的陈述同样适用。

总之，社会科学中做出的每一个陈述都宣称或者预设着，一个社会乃至任一社会系统都是一个有结构的个体集合，而不仅仅是一个集合体（个人主义）或者是一个在其中找不到个体的整体（整体论）。S 的*社会结构*是由构成这个社会的个体集合 S 中的（社会）关系的集合 R 构成的。无疑，这个集合 S 由于是一个集合因此是一个抽象体，R 也是这样，因为离开了它们的被关系者，它们本身之中不存在任何关系（集合和关系不能消费或者生产、合作或者斗争，它们不多不少正是概念）。但是，如果不是一个系统的话，那么一个有结构的集合是什么呢，但如果是由具体的相互作用的个体组成，那么什么是一个具体的集合呢？

个人主义者可能承认这一点，但如果是始终如一的话，他将会坚持认为，一个系统的结构必须多少可以被包含在这个系统的个体成员的属性中，或者能从中推断出来。简言之，他将会主张，就如霍曼斯（Homans，1958，1974）所做的那样，社会科学中的每一个判断都可还原为一堆关于个体的判断。然而，这个断言在逻辑上是站不住脚的，就如被下面的反例所证明的那 247
样。有薪水拿这个属性承载着“受雇于某人”这个关系（一般而言，称正在谈论中的二元关系为 R，称具有 R 关系的一元属性为 P。那么 $Px =_{df}$ 存在某个 y：Rxy ）。简言之，对一个社会系统个体成员的研究足以揭示这个系统的整体特征，这是不正确的。只有对社会关联的个体、夫妻和三元组等的研究，才能产生预期的结果。换句话说，如果我们想要知道一些关于社会的东西，我们就必须不仅研究它的成分，而且要将这个社会作为一个整体来研究，还要研究它的子系统。简言之，我们必须采用系统的探讨方式（见下一章）。

本体论个人主义者把社会看作类似于低密度的气体，个人主体就是分子类似物，他们的效用函数就是运动定律的对应物。就如在基本的气体分子运动论中那样，个体被假定彼此独立行动，仅仅受到容器的限制（或者它的类似物，制度框架或者市场）。顺便说一句，气体容器和它的社会类似物都不曾被分析成个体，它们二者是被当作整体对待的，这是一种违反方法论个人主义的策略。

但社会系统，从家庭和公司到跨国公司和国家，与气体相比更像是冷凝物质块。凝聚态理论与气体理论没有什么相似之处，这是理所应当的，因为冷凝伴随着质变。在这些理论中，相互作用是本质的：它是使一个物体变成液体或者固体的东西，正如面对面互动把一个无组织无定形的社会团体变成一个社会系统。这就是为什么很少有——如果有的话——社会科学家（不同于社会哲学家）实践本体论个人主义的原因，即使当他们宣扬它的时候。

总之，本体论个人主义是错误的。这导致了方法论个人主义的贫瘠和对道德个人主义的怀疑。第一个是显而易见的。如果存在具有它们自身（突现）特性的社会系统，它们就必须被研究，而且它们的成分不应该被彼此孤立地研究，因为每一个个体的行为都部分依赖于这个系统中同类成员的行为，也依赖于这个系统的结构（物理学对比：一个原子的属性不是从对它的原子核和它的电子的单独研究中推断出来的）。简言之，个人主义者研究社会的探讨方式不能解释社会系统的出现、维持或者崩溃。

最后，道德个人主义是不可信的，即使仅仅因为它否认社会系统的价值。通过拒绝合作、团结和社会责任，道德个人主义破坏了所有的社会系统，甚至是商业公司。尤其，当前美国社会的困境在某种程度上归于婴儿潮一代的病态的个人主义（Russell，1993）。

248 第二节 理性选择理论的情况

如果有的话，只存在着少数*始终如一地*支持本体论个人主义或者社会原子论的人。即使如此，雄辩的、激进的本体论个人主义的说教者，如韦伯、齐美尔、霍曼斯和波普尔，都曾诉诸这样的未分析的整体，比如，“社会秩序”“市场”“国家”或者“现状”（或者“事态”），而且还曾偶尔批判合成谬误，在没有意识到不一致性的情况下。同样，哲学诠释学的拥护者狄尔泰，常常被认为是一个个人主义者。然而，他坚持认为，一个时期的社会条件、舆论、法律制度和其他的“社会整体”同样也必须被这样来看待，此外他还坚持认为，它们构成了“客观精神”——个人精神或者个人思想要面对的一种未经分析的既定物。

韦伯是前后不一致的个人主义的明显例证。在他去世后出版的一篇才华横溢的、鲜为人知的短文（Weber，1924）中，他提出一种系统论的乃至唯物主义的、对罗马帝国衰落的解释。事实上，与传统的个人主义者和道德主义者根据疲惫衰弱和贪污腐化的解释相反，韦伯认为，只要依赖奴隶的工作，古意大利经济就不能发展。事实上，当帝国扩张（由侵略战争引起）停止时奴隶市场就萎缩了，这发生在野蛮人入侵很久以前的提比略时期。奴隶劳动力的衰落反过来引起国家收入的下降，因此引起军队的萎缩及土地所有者收入的下降。当*大庄园制*被“自然”（小农场）经济取代时，生产下降、城市衰落。

简言之，韦伯没有依据源于自由选择的个人决策来解释罗马帝国的衰落，一个理性选择理论家应该采取的方式。一个很大的西西里岛小麦种植园的主人没有购买或者不购买奴隶来替换掉老人和死者的选择权，因为很少——如果有的话——有奴隶出售。一方面，参议员们没有发动或者不发动一场新的扩张性战争的选择权，因为国库已经半空，并且边界处的野蛮人无论如何也不会让他们得逞。另一方面，很可能的是，在大多数情况下决策者都是根据他们的（短期）利益而行动，但这样的行动经常具有“负面的”影响。

当代最激进的个人主义者之一霍曼斯（Homans，1987：72），也没有做到完全的始终如一。因此，在坚持主张（反对韦伯和波普尔）社会科学可还原为个体心理学，且和他们一样否认社会科学中“真突现”的存在之后，他把社会结构写成“持续一段时间的团体的任何特征”。另一个方法论个人主义的拥护者科尔曼（Coleman，1990：300），指控本体论个人主义或者原子论是虚构。自称为方法论个人主义者的布东，也强调系统属性的突现，并 249
承认同一个个体在不同的宏观环境中很可能有不同的表现（如 Boudon and Bourricaud，1986）。

虽然只有很少的——如果有的话——始终如一的本体论个人主义者，但却有大量的*方法论*个人主义者，也就是声称对社会事实的理解只需要研究有关个体的信念、意图和行动的社会研究者。但是，方法论个人主义，因此理性选择理论化，都是至少以两种强度出现的，即强烈的或者激进的，以及虚弱的或者温和的。根据*激进的*方法论个人主义，包含着只涉及个体的概念的单一理论，足以解释所有种类的社会行为和社会系统。霍曼斯（Homans，1974）和自称是“经济学帝国主义者”的人，比如贝克尔（Becker，1976）和后来的科尔曼（Coleman，1990），声称新古典经济学足以解释从婚姻到战争等一切社会事物，都属于这一派。

与之相比，*温和的*方法论个人主义认为，某些包含着个体的普遍前提，尽管是必要的，但却不足以解释社会生活。它声称，不同种类的社会事实需要不同的共享那些普遍前提的模型，但是每一个模型都包含既关于特殊种类的相互作用又关于特别的制度框架的假设。温和的个人主义接近系统论。因此科尔曼（Coleman，1986：1312）表现得很像一个秘密的系统论者，当他写道：“核心的理论问题是，行动者的目的性行为如何结合才能引起系统级别的行为，以及这些目的性行为如何反过来被源于系统行为的约束条件所塑造。”

让我们仔细看看这两个方法论个人主义的变体，从激进的方法论个人主义开始，根据它，所有的社会团体必须用包罗万象的单一理论来解释。这个假定预设了人性的一致性和恒定性。实际上，如果所有的个体只有在被自我利益驱使时才行动，并且以无视他人做了什么的方式表现的话，那么所有的社会团体基本上都是相似的，因此单一个理论应该能够符合它们全部。此外，因为自我利益是新古典微观经济学这个模范学科的关键概念，所以所有的理性选择模型都必定是微观经济学的变体，因此所有的社会科学最终都可还原为微观经济学。这或许仍旧是少数人的观点，但是自 20 世纪 70 年代以来它已经获得了稳定的发展。

对这种激进的观点至少有三种反对意见。第一种概括在 *Dictum de omni*，*dictum de nullo*[①] 这个经典准则中，即言说了一切的，其实什么都没有说（用半技术的语义学行话来说就是，意义或者内容与外延或者真理领域是逆相关的）。换句话说，一个极其普遍的理论只能包括其引用类所有成员所共有的特
250 征，因此它将会漏掉所有特质和大多数机制。例如，这样一个理论将不能区

① 译者注：曲全公理或叫作全偏公理，意思为：凡对一类事物有所肯定，则对该类事物中每一个对象也有所肯定，凡对一类事物有所否定，则对该类事物中每一个对象也有所否定。

分诚实劳动和犯罪、家庭和商店、非营利性组织和商业公司、学校和军队，等等。由于不能解释个体中的差异，也不能解释社会互动、社会系统、社会过程和社会制度的多样性，所以这个理论必然是不切实际的，因此是错误的。

第二种对包含在理性选择理论化中的个人主义的反对意见是，通过假定所有个体都是消息灵通的、精明的效用最大化者，它没有给每个人的独特性留出空间。尤其，它没有给杰出的个体——企业家、政治领袖或文化领袖乃至榜样典范——留出空间。现在，如果所有的个体都大致相同的话，那么他们在相同的情况下就应该有相似的行为——这当然是与事实相反的。所以自相矛盾的是，理性选择理论导致了和整体论一样的结果，即没有人是不可或缺的，甚至所有人都是可牺牲的。简言之，这个理论是适得其反的。

对激进个人主义的第三种反对意见是，社会事实甚至个体行为，在没有某些"宏观概念"的帮助下是不能被解释的，这些"宏观概念"根据"微观概念"似乎并不是可定义的（我们所称呼的"宏观概念"是一个关于宏观实体的概念，比如，一个商业公司，而"微观概念"是关于一个微观实体的概念，如一个人）。首先，行为并不发生在一个社会真空中，而是在一个社会母体中发生。其次，就如卡尔·波兰尼（Polanyi，1944）首先强调的，并且如近来的经验研究已经证实的那样，"大多数行为都紧密地嵌入人际关系网络中"（Granovetter 1985：504）。远非被完美地设计和控制，这样的网络是非阶层性的、非正式的，并且被延迟和拥挤困扰折磨。但是它们也可以弥补命令链条的刚性，因此打破由管理者设计的整齐的图表（Harrison White，1973）。

把个体嵌入各种社会系统中的一个结果是，一个真正的理性决策者将会把他的社会环境考虑在内。例如，一个商人不能做出合理的选择，除非他考虑到出现在下面这个细目清单中的概念所涉及的全局性实体或过程，比如，"公司政策""市场状态""组织""技术""产品质量""稀缺""瓶颈期""经济形势""发展""商机""社会秩序""政府""增值税""通货膨胀率""贴现率""劳工运动""商业法"和"政治稳定"。

这些概念没有一个是关于个人的，或者是根据个体属性或者个体活动可定义的，即它们是"不可约的、社会的"，就如阿罗（Arrow，1994）所说的那样。它们都超越了生物学和心理学。它们是社会科学所特有的，因为它们

关系到嵌入更大系统中的社会系统，而且每一个系统都具有其成分所没有的
251 （突现）属性。例如，一个国家可能处于战争状态，在它的居民没有一个人拿起武器的情况下。另一个例子是，资本主义、社会主义和它们的各种不同组合都是整个经济的特征，不是个体的特征。第三个例子是，议会民主制和一党执政只可以是一个政治系统的属性（关于社会系统概念和突现概念的精确定义，与帕森斯和卢曼的整体论观点不一致，见 Bunge，1979b）。

天生具有全新属性的系统的出现和崩溃，为微观还原或者把整体解释为它的成分的集合，设置了客观限制（回想第四章第七节）。它不能是其他的，如果我们的观念与由可变系统组成的真实世界相匹配的话。特别有趣的是，原子物理学及社会科学的情况就是这样。实际上，量子理论中的每一个适定问题都包含一个边界条件构想，它表示讨论中的这个事物所处的环境，是以一种全局的方式而不是依据代表微观实体的概念。不可逆性是突现的另一种情况，它不仅适用于物理系统，而且还适用于生物系统和社会系统。尤其，生命史和历史过程都不可以反转。

下面这些来自社会科学的例子，突出强调了新奇事物的出现为微观还原所设置的限制。首先，考虑社会惯性，尤其是任何大型组织，比如，一个公司或者一个国家的官僚机构，对新情况做出反应的迟钝性。组织中的每一个个体可能很快就领会到，某种新事物正在进行中，并且这样的新奇事物需要重组这个组织。但是，关于应该做什么每个人都或许有他自己的想法，并且每个人都将倾向于保卫他自己的地盘，偶尔会达到破坏来自上层指令的程度。结果就是，系统惯性可以远远大于个体惯性。

我们的第二个例子是社会预测。根据激进的个人主义，每一个聚合结果都仅仅是个人决策的“总和”。因此，例如，为了做出宏观经济预测，我们就必须知道每一个经济主体所做出的决定。但当然这是不可能的，只有一个无所不知的存在才能获得如此大量的信息（此外，个人决策都受到社会状态的限制）。因此，始终如一的个人主义者要么必须放弃做出经济预测，要么他必须做出预测，基于这个不切实际的设想，即每一个单一主体都有“理性的”期望值并且以一种完全“理性的”方式表现。前面的选择导致无所作为，后面这个选择导致错误的预测并因此导致无效行动（关于理性预期学派在宏观

经济学中的失败，见 Blinder，1989）。不管怎样，激进的个人主义都将引导我们误入歧途。

激进个人主义的另一个反对意见是这样的。如果诸如原子和分子这样的 252
物理实体在以不同的方式结合时表现有所不同，就如在同分异构体的情况下，为什么人类应该有所不同呢，尤其在给定社会关系的多样性的情况下？考虑一下一片云朵、一个水壶中的水、一片雪花、一个小冰块和一个冰川它们之间的差别，尽管事实是所有这些系统都是由完全相同的 H_2O 分子组成的。对于社会系统来说，有没有使它们之间的差异小于由同种分子组成的物理系统的理由呢？既然物理学中不同的凝聚状态都需要不同的理论，为什么我们应该在社会科学中凑合着用单一个理论呢？的确，这个异议是类推的，但它在理论构建中将具有某种启发能力。尤其，它将有助于阻止物理与社会之间的类比。

此外，即使假定两个事物之间的关系（如力）是已知的，在物理学中也只有二体问题和多体问题是可以完全被解决的。始于三体问题的中间体数量问题，用一种精确的或者封闭的方式是不能得到普遍解决的（我们的行星系统是一个例外，因为太阳质量比任一行星的质量大许多倍，所以摄动微积分是可以被应用的）。在物理学情况下，多体问题是通过添加统计假设被解决的，但尽管如此，这个系统必定拥有大量可管理的成分。这就是大型的物理（和化学及生物学）系统都是在它们自己的层级上进行研究的原因之一，除了被分析成它们的成分之外。没有理由认为社会系统更应该接受激进的微观还原论策略。关于激进的微观还原论到此为止。

理性选择理论化的弱版本或者*温和*版本，承认需要既与特定类型的社会团体有关，又与（尽管经常以一种秘密的方式）组织机构有关，或者也与社会环境有关的辅助假设（于是，这种类型的每一个理性选择模型 M_i 都可被认为是两个集合 G 和 S_i 并集的逻辑推论的集合。G 是所有这样的模型共同的一般前提的集合，比如，最大化行为、本体论个人主义和方法论个人主义。S_i 是描述谈论中的这个系统或者过程具体特征的辅助假设或者特殊假设的集合。简写为 $M_i = Cn(G \cup S_i)$，其中，i 是一个数字。因此 G 的作用类似于进化生物学中的通则的作用，这些通则不足以解释如苔藓和大象之间的区别）。

这种弱版本的理性选择理论化不用面对针对强版本的两个反对意见。然而，即使是这种温和的版本也是不切实际的，因为 G 本身是不切实际的。实际上，人们出于习惯、义务或者激情，且基于计算而行动。此外，甚至计算行为也不可能是完美的，这至少有两个原因：首先，任一现实计算所需要的
253 信息从来都不是完全的，无论是关于理论方面还是经验方面；其次，旨在达到的目标可能是不现实的，或者它可能是在道德上会引起反对的。

另一个不切实际的假设是，无论是强版本的理性选择理论还是弱版本的理性选择理论，它们都假定选择的完全自由。即使快速反思一下任何人生活中发生的主要事件都足以反驳这个观点。例如，我们不能选择是否或者何时出生或者达到法定年龄，是成长在一个发达国家还是落后国家，是在经济繁荣时期还是在经济萧条期。在经济萧条期，我们不能挑剔工作和生活方式；我们很少可以选择是住在一个小屋还是住在一个宅邸；我们接受的教育和我们从事的职业主要取决于我们家庭的社会经济状况和关系；无论如何民主，大多数国家的公民也很少有——如果有的话——比如，在和平与战争之间进行选择的可能；即使是世界领导人也有一个有限的选择“菜单”（Russett and Starr，1981）；等等。无疑，我们应该促进权利的产生，即使被相伴的义务制约和平衡。但是完全自由最多就是一个幻想，最坏的情况是一个意识形态诱饵（回想第八章第六节）。而如果我们的选择不能是完全自由的话，那么它们也不可能是完全理性的，除了在概念上。我们将在第十四章仔细考虑理性选择理论。现在，让我们检查一下违反个人主义关键原则的两种探讨方式，尽管常常表现为个人主义者。

第三节 个人主义整体论（individholism）和秘密系统论

就如我们刚刚已经看到的那样，根据*温和*一词的定义，每一个温和的理性选择理论家都认为，某种宏观实体（比如，市场和政府）或者宏观变量（比如，稀缺性和财政债务）都是理所当然的。现在，相应的宏观概念根据个体特征或者个体行动都是不可定义的。因此，温和的理性选择理论家不可能严格地忠诚于他想要实施的那个非常方法——方法论个人主义——的假设。

我们看到对韦伯来说情况就是这样（第五章第五节）。对于韦伯的一个仰慕者布东（Boudon，1987：46）来说，情况也是这样，虽然他声明说，任一宏观社会事实 M 都将被解释为一组个人行动 m 的结果，但他还承认，“在韦伯主义的意义上，个体行动反过来是可理解的，通过把它们与社会环境、行动者的现状 S 联系起来，即 $m = m(S)$ 。最后，现状本身不得不被解释为一些宏观社会学变量的结果，或者至少是一些位于比 S 更高层次的变量的结果。让我们称这些高层次变量为 P，结果便是 $S = S(P)$ 。总的来说是，$M = M\{m[S(P)]\}$”（关于一个相似的构想，见 Bunge，1985b：116）。我主张，这不是个人主义，而是和穆勒的理论一样是秘密的系统论（Mill，1952［1875］：586，595-596）。一个始终如一的个人主义者，只写形式为 $M = f(m)$ 的方程式。

蔓延于当代社会研究中的所谓的结构互相依赖假设，它的支持者不知不 254
觉地对一种相似的不一致性感到内疚（如 J. W. Friedman，1977 和 Coleman，1990）。让我们稍微谈论一下它。*结构互相依赖*的意思是主体的相互依赖，通过非个人的第三方，比如，市场或者国家。根据这个假设，每一个主体都是根据某个社会整体的状态来做出决定，但却不关心其同类主体的价值观、目标、意图或者行动。也就是说，每一个人都假定其他人的行动独立于自己的行动之外，并且只考虑被社会母体强加的约束条件，他认为这些是既定的且固定的。因此，每一个人都被假定可以完全控制引起他感兴趣的变量。尤其，每个人的效用函数都假定独立于其他人的效用。

这个假设的一个缺陷是，它与现实不一致。事实上，我们每一个人，除了可能的孤独症患者和夸大狂患者之外，都会通过考虑其他个体可能的所感、所想或者所为，来调整自己的行为（例如，交谈、面对面的竞争和合作、与邻居保持联系和从众效应）。

结构相互依赖的第二个缺陷是这样的，主体都只通过诸如市场这样的超个体媒介相关联且彼此之间从未互相联系这个假设，实际上是一个整体论假设，就如主体的相互独立假设是一个典型的个人主义假设一样。事实上，市场、组织机构和“形势”都是处于个人主义者隐蔽状态的整体论框架。因此，结构互相依赖假设把最坏的个人主义与最坏的整体论结合起来。这种不适宜

（并且无意）的联合或许可被叫作“个人主义整体论”。它与它的对手之间的差别见图 9-1。

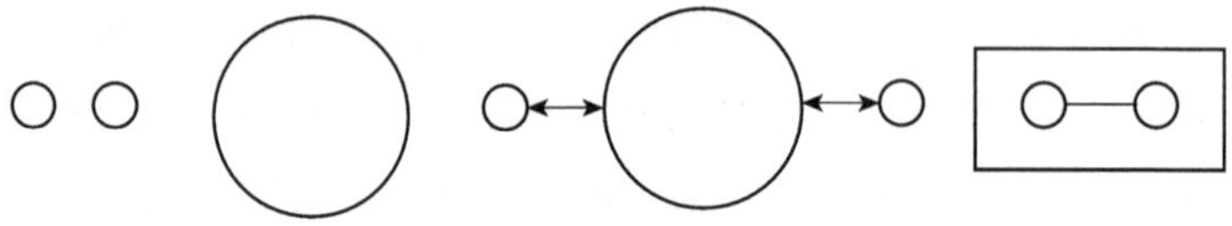

(a)　　(b)　　(c)　　(d)

图 9-1 （a）激进个人主义：每个人都为他自己；（b）整体论或者集体主义：社会整体最重要，个人是无关紧要的；（c）个人主义整体论：主体通过一个未分析的整体相互作用；（d）系统论：人际间的相互作用创建、维持或打碎系统并受限于整体结构

被布里科（Bourricaud，1975）和布东（Boudon，1979）称作“新个人主义”的东西是一个更加一致的立场，并且是一个接近系统论的立场。他们都承认人们很少是完全理性的、消息灵通的及自由行动的，但是他们（正确地）坚持认为，个体“对于向他们提议的作用和角色具有一种战略能力”。进一步讲，他们把社会约束和其他人的干预归因于个体行为和集体行为的“负面影响”，它由马克思和凯恩斯且最近由哈丁指出。这种自称的“好脾气的霍布斯主义”接近系统论，因为和激进个人主义不一样，它并不否认社会系统的存在。

同样，契约论或者社会约定论，也被叫作“制度个人主义”，位于个人主义和系统论之间。实际上，从卢梭开始，契约论者就已经意识到不同的社会“实体”的存在了，如社群、风俗和制度。但是，缺少一个清晰的、全面的、一致的本体论框架，他们未能分析社会“实体”这个非常概念，以至
255 于要在同样大的社会系统中收集它们的功能、社会规范和传统。因此，阿加西（Aggassi，1987：147）把社会定义为“*协调*个体间行动的*常规方法*”（在原文中这是重点）。这把一个事物（社会）与它的一个功能（协调）相混淆了。而且它夸大了契约和约定的作用，它们仅仅起到一种（适度的）解释性作用，并且即使那样也仅仅是在静态停滞时期，即它们没有解释社会系统的出现和崩溃。与之相比，社会关系和社会冲突及共同（或者相冲突）的需求和信念——总而言之，合作和竞争——确实解释了社会变化。契约和约定都是作为社会整体的出现和瓦解过程的特征而被制定或者废除的。它们是黏合剂的一部分，不是胶合的事物。总之，制度个人主义是混乱的。

激进个人主义的失败导致许多社会科学家走向个人主义整体论，一种处于个人主义和系统论中途的前后不一致的立场。因此，兰德尔·柯林斯（R. Collins，1987：195）声明说，“宏观概念仅仅是我们用于微观遭遇聚合体的词语”。但是他立即补充说，“微观事件——在各种情况下的个体的行为，都是他们自己，视他们在时空中围绕着他们的更大的微观遭遇网络中所处的位置而定”（R. Collins，1987：196）。为什么从一开始不接受一种清晰的、一致的系统论者的观点呢？

第四节　个人主义的缺陷

通过宣称个体的绝对首要性及不懈追求个人利益的合法性，个人主义导致了一种均变论的、与历史无关的人性观点。这种本体论论点的认识论同伴是，不需要任何特定的社会学、经济学或者政治学范畴和规律。结果是完全不能解释不同社会系统、社会、社会运动和历史时期的特性。这个失败具有灾难性的实际后果，如同当国际货币基金组织劝告第三世界国家复制第一世界国家，而不是用自己的资源处理自己的问题时那样。 256

此外，个人主义不能解释任一种社会系统的出现、衰落乃至存在。尤其，它对阐明社会科学中的任一核心概念都没有帮助，比如，社会结构和社会变化机制概念。它也没有帮助我们以一种现实的方式来塑造社会系统，因为一个系统的任一最低限度适当的模型都将包括这个系统的突现属性，不是所有的系统属性都是由聚集造成的。例如，我们都同意，一个社会是政治民主的，当且仅当它的每一个公民都有权利投票赞成其公职人员，并且有权利竞选公职。乍一看这是一个依据个人权利的突现属性的定义。但是这个定义包含公职这个概念，它不能被还原为个人主义术语，因为它只有在涉及一个政治系统时才有意义。

由于不能甚至是不愿意把社会系统作为突现物处理，个人主义甚至不能解释个人行为，它常常是社会嵌入的并因此受到社会制约。因此，它忽略了微观到宏观和宏观到微观的关系问题（尤其，人们将会徒劳地在韦伯的著作中寻找关于这些问题的任何细节）。因此，它没有解释一个有能力但却缺少权利关系的个体不被升迁，而另一个没有能力却属于权利网络的个体获得成功的原因。

这是天真幼稚的或者更坏的，即假装所有的个体都是完全自行推进和自由选择的，除非政府骑在他们背上。拿一个工人的日常生活为例。他在他的轮班开始之前的一个或两个小时起床，这个时间不仅仅是由他的雇主设定的，也是由他工作的整个部门设定的。他使用公共交通工具或者拼车去上班，不论哪种情况，它们都是社会技术系统中的一个成分。他执行由他的监管员分配的任务，监管员反过来按照工程师和经理的指令行事。他的劳动产品贡献于公司的社会产品，公司把它交付给市场。此外，我们的工人既直接又间接地与工友相互作用，还与当地工会——另一个社会系统——中的一些政府官员相互作用。在周末，他收到一沓由该国最高的政治系统即政府发行的银行票据。这些钱允许他购买一些由其他公司提供的商品和服务，等等。

我们的工人当然可以自由地放弃他的工作并在其他地方尝试寻找工作，倘若存在空缺，而他拥有急需的技能并且属于某个有效的网络。但是对于他来说自由地换工作及自由地选择他的早餐谷物食品究竟有什么好，如果他缺乏任期而且在他的工作场所即他的生存来源的运行中没有决定权的话？他的老板们就能自由地脱离社会约束吗？即使最强大的世界领袖也是特殊利益集
257 团的囚徒，并且受到环境的限制。当然，在某种程度上我们都是自由的，但要付出一些代价。康德的完全自主的个体是一个哲学的标志。我们都是半自主和半受限制的。

科尔曼（Coleman，1964：242）一度承认，个人主义者计划的实施存在着现实障碍，即它需要写下并解决一个 n 联立方程系统，在这里 n 是这个利益集团中的人员数量（这是物理学 n 体问题的社会学模拟）。但即使这些方程式是已知的——实际上它们不是，一个更大的困难依然存在，也就是：关于一个孤立个体的命题没有一个可能既是真的又与社会科学相关，因为每一个个体都在若干社会系统中生活和行动，在那里他与其他人相互作用。换句话说，上面提到的 n 个方程式必须通过至少同样多的表示人际交流，以及表示环境对个体行动和相互作用的约束条件的方程式来补充。后者在连续介质力学、场论和量子理论中的类似物，由约束条件和边界条件构成（甚至物理原

子主义也不遵守哲学原子主义，见 Bunge，1991c）。

简言之，本体论个人主义产生了人类和社会的一种“低度社会化”观点（Granovetter，1985），正像整体论建议一种“过度社会化”图景一样（Wrong，1961）。因此我们应该避开这两种极端，以及包含在我们曾经称为个人主义整体论中的秘密整体论。关于本体论个人主义就到此为止吧，无论是直接的还是被弱化的。

不出意料，方法论个人主义继承了本体论个人主义的所有不足之处。社会科学中熟悉的不可约系统（或者突现）范畴的例子有公共物品、国家、社会秩序、制度、法律体系、社会阶层、财富分配、资本主义、历史和过程。即使是微观经济学中的核心概念，比如，稀缺性、市场需求、价格和均衡，都不可还原为个人行动（根据个人行动无法定义）。

如果是始终如一的，方法论个人主义者将会试图重建所有主体的情感、观念、评价和意图，这些主体在历史情况下，不再是可用于询问的。为了完成他的任务，他可以依靠非常少的——如果有的话——关于一些英雄或者无赖的可靠数据（只有无所不知的神灵才能知道在某一给定时刻在无数个体的大脑中究竟发生了什么？）。鉴于个人资料的稀缺性，方法论个人主义者只有两个选择，即要么他编造所需的信息，要么他假定它是不相干的，因为所有的人类都相似并满足相同的规律（例如，他们都是理性最大化者）。如果他选择第一个程序，那么他或许会声称自己是一个讲故事的人而一定不是一个科学家。如果他选择第二个程序，那么他就必须说明他所使用的都是经过充分
证实的普遍的心理学概括。这正是所有的新古典经济学家，尤其是创始人瓦 258
尔拉斯、杰文斯、门格尔、帕累托和马歇尔声称要做的事情。但事实上，他们中没有一个人使用了实验心理学的任何发现，尤其是最近的新发现，即现实的人都不是习惯的最大化者（此外，狄尔泰、韦伯、哈耶克、波普尔和其他个人主义者，尽管没有讨论，但都曾明确声明社会科学不需要心理学）。

因此，为了执行他的计划，方法论个人主义者被迫编造心理学规律。但是几乎没有人承认这就是他们实际上做的事情，因此也很少有人承认他们是在写小说而不是在进行科学研究。只有激进的个人主义者和唯心主义者齐美尔（Simmel，1923［1892］）足够率直，他坦白承认个人主义者必须构建一种

“形式的”或者“抽象的”心理学，即一种不用费心去检验其假设的心理学。简言之，方法论个人主义者面临着两难困境。无论是通过编造数据还是通过编造心理学规律来解决它，他的行为都不像一个科学家。

至于政治的或者道德的（或者行为的）个人主义者，他的格言最多就是无害的，最坏也就是可憎的，无害是因为它忽略了社会对个人行动的约束条件，可憎是因为它低估乃至完全忽视我们对其他人的义务，尤其是我们的公民义务。事实上，个人主义是社会消融的并且是与政治民主不相容的（Tocqueville，1952-1970［1835］；Bunge，1989；Camps，1993）。实际上，自由只可以在对等的人们之间享受，如果一些个体比其他人更强大（经济上、政治上或者文化上），他们将有能力剪掉弱者的翅膀。平等和自由是相互补充的，不是独有的。

简言之，个人主义在科学上、道德上和政治上都是站不住脚的。它唯一的优点就是它对整体论的反对，但这是它与系统论所共享的。

第五节 整 体 论

整体论（或者有机体说或者集体主义）完全与个人主义相反，它否定后者的所有论点。尤其，它认为自然和社会都是不可以通过将其分解成自己的成分来理解的“有机整体”。整体论乍一看是很吸引人的，因为它坚持认为需要把一切事物都当作某个整体的部分来研究，并且因为它的这个论点，即“整体大于其部分之和”，这是说整体拥有其部分所没有的（突现）属性的一种笨拙的说法。然而，我们认为，整体论甚至比个人主义更不恰当。

本体论的整体论内在于侵略性的民族主义和传统主义者的共同体主义（或者社群主义）之中，它反对把有结合力的*共同体*变成原子化的*社会*（见Tönnies，1979［1887］)。它还内在于由古斯塔夫·施穆勒带领的德国历史学
259 派和由托斯丹·凡勃伦开创的制度经济学之中。同样，中世纪唯一的社会科学家伊本·赫勒敦、保守主义者埃德蒙·伯克、亚当·穆勒和黑格尔、孔德、成年马克思、托尔斯泰、涂尔干、滕尼斯、马林诺夫斯基、基尼和帕森斯，尽管他们似乎不可能是同伙，却都是整体论者。事实上，他们都认为，社会

先于个体并塑造个体的每一个感觉、思想和行动。这种本体论论点直接的方法论结果就是，社会研究必须是自上而下的（或者宏观到微观的）。其道德的、政治的和法律的结果也是显而易见的，即个体必须服从上级的团体利益，义务支配权利。

因此，在一个著名的段落中，马克思声明："在不同的所有制形式上，在生存的社会条件上，耸立着由各种不同情感、幻想、思想方式和世界观构成的整个上层建筑。整个阶级在它的物质条件和相应的社会关系的基础上创造和构成这一切。通过传统和教育承受了这些情感和观点的个人，会以为这些情感和观点就是他的行为的真实动机和出发点。"①（Marx，1986［1852］：118-119）。同样，涂尔干（Durkheim，1970：250）也写道："社会生活必须被解释，不是通过参与它的那些人的观念，而是用位于意识范围之外的深层原因。"在两种情况下，个体都不是被当作一个主体，而是被当作受社会力量支配的受动者对待的，在马克思那里是经济力量，在涂尔干那里是精神力量。此外，两人都声称，观念是由社会团体所持有的并构成社会事实，对于马克思而言是被决定的，对于涂尔干来说是决定因素。

本体论的整体论内在于人类学功能主义和社会学功能主义中，例如，拉德克利夫-布朗和帕森斯。功能主义认为，每一个社会项，无论它显得多么具有破坏性或者在道德上如何令人厌恶，都释放出一个有用的功能，一个有助于保护和维持这个社会的功能。它强调由团结和一致带来的凝聚力，忽视冲突并最小化权力和强制力的作用。布尔迪厄（Bourdicu，1989）也是一个整体论者，因为他把个体看作在个体之上存在的一个"领域"或者社会整体的产物。因此，一名艺术家的存在仅仅是因为存在一个艺术领域；反过来，一个领域是先于它们的被关系者并在其之上的"一个客观关系系统"——一个愚蠢而明显的逻辑错误。整体论在集体主义者的主观主义的建构主义相对论的科学社会学中也是明显的，它声称，所有的"科学事实"都是社会建构或者社会约定（见第七章第六节）。它是反传统精神病学运动的基础，根据它，精神障碍不是大脑故障而是对社会病态的非适应性反应。整体论在管理专家

① 此处翻译参考：中共中央马克思恩格斯列宁斯大林著作编译局．1961．马克思恩格斯全集第八卷（第1版）．北京：人民出版社：149.

中是心照不宣的，他们记述公司的目标、意图和策略，就像它有一个自己的大脑一样。最后但并非最不重要的是，最好、最漂亮的对整体论的阐述是托尔斯泰的不朽名著《战争与和平》。

至于方法论的整体论，它得到了所有受直觉主义、现象学和有关哲学影
260 响的人类学家和社会学家的支持，拒绝分析或者低估数学建模乃至统计学。此外，一种整体论的道德显然处于每一个极权主义者的意识形态中，因为对于这样一种意识形态来说，个体都仅仅是为某种更高级的整体服务的工具，比如，人民、国家、教会或者事业。

现在，让我们搜出并收集整体论的一般本体论、方法论和价值论道德原则，当它们涉及社会研究时。*本体论的整体论*（*ontological holism*，OH）可以被压缩成以下命题：

OH1. 社会是超越其成员的一个整体。

OH2. 社会拥有完全形态的或者总体的属性。这些属性是突现的，也就是说，不能还原为任何部分的属性。

OH3. 社会表现为单位。两个社会之间的相互作用是整体与整体之间的事情。社会对其成员所起的作用比其成员对社会的影响更加强烈。进一步讲，社会变化是超个体的，尽管它影响社会的个体成员。

与上述本体论命题相匹配的*认识论*或者*方法论*（*epistemological holism*，EH）命题如下：

EH1. 任一适当的社会研究都是对社会整体的研究。

EH2. 社会事实都只能根据超个体的单位来解释，比如，国家或者诸如集体记忆、人民的意志、国家命运和历史命运这样的超个体力量。个人行为根据整个社会作用于个人的行动是可以理解的（尽管或许不是理性地可解释的）。

EH3. 社会科学中的假设和理论要么是超越经验检验的（非科学的整体论），要么是仅仅根据宏观数据就可检验的（科学导向的整体论）。

最后，*道德整体论*（*moral holism*，MH）可归结为以下原则：

MH1. 社会整体是最高价值的。

MH2. 至善是整体，连同维持它的义务。

MH3. 个人是有价值的，仅就他们追求总体的善这个意义上来说。

现在，让我们从本体论的整体论开始评价以上所有命题。社会系统是具有诸如可行性和稳定性等突现属性的整体，这是正确的。因此它们表现为整体，尤其，它们在某些方面作为整体相互作用和变化。例如，一所学校（或者一个工厂或者整个国家）可以整体上发展或者衰退，尽管其个体成分的能力和勤勉保持大致不变（有时候进步和衰落可能归因于组织形式，也就是说归因于这个系统的成分之间及这些成分与其他社会系统的成员之间相互作用的方式）。

但是，社会系统盘旋于它们的成分之上并好像过着它们自己的生活，这是错误的，因为不存在没有成分的系统。社会系统只不过是相互联系的个人 261
连同他们的人工制品的系统。所有总体或者系统属性都是突现的，这也是不正确的，因为它们中的一些是合成的，比如，人口统计学变量（例如，总人口、出生率和死亡率），它们甚至仅仅通过聚集就能获得。社会也不能作用于它的成员。正确的是，个人主体是受社会结构约束的，也就是说，每一个人的行为不仅由他的基因组成及其发展所决定，而且还由他在社会中所处的位置决定（例如，发病率和长寿取决于社会经济状况，见 McKeown，1979）。最后，根据定义，社会变化的确是总体的，但它受到个人行动的影响（例如，托尔斯泰告诉我们，1812 年占领莫斯科后，拿破仑的那些经验丰富的、守纪律的士兵们就散乱地遍及这个城市并变成了掠夺者。从那时起，“*作为*军队的军队不复存在”）。总之，本体论的整体论并没有说出全部真相。

方法论的整体论怎么样呢？我主张，根据社会科学这个非常定义，EH1 是正确的。但另外两个原则中的每一个充其量只拥有一丝真理，而且它们抑制而不是激励研究。因此功能主义者的原则 EH2 建议寻找部分在整体中的功能，这是正确的，但是因为它认为整体是理所当然的，所以它不能解释它的出现、维持或者衰落。EH3 过于限制了，社会心理学家、人类学家、社会学家、微观经济学家和历史学家，经常收集关于个体的信息来试图理解系统行为。例如，除了获得关于它们的成员行为及全社会的信息之外，我们如何揭示诸如家庭、工会和教会这样的传统机构在当下衰落的机制呢？

一般而言，社会整体或者其他整体，必须不仅要在它们自己的层级上被研究，而且还要作为复杂实体来研究。社会环境约束并刺激个人行为但并不完全决定它：自发性和创造性，因此有限的自由，毕竟是真实的（回想第八章第四节）。如果它们不是这样的话，异常和反叛将无法解释。最后，为了解释社会事实，我们需要并且事实上经常使用关于个体及关于社会系统的数据。例如，从经济衰退中恢复或许可被解释为消费者信心的回归并因此增加花销的影响，鉴于一个新政府带来的希望。

方法论整体论只不过是既与理性主义又与经验主义相冲突的直觉主义。根据直觉主义，我们以一种直接的、即时的方式来把握整体。当完全必要的时候，分析仅仅在感知或者凭直觉知道了整体之后才出现，因为部分只有通
262 过它在整体中所扮演的角色才能被理解。直觉主义是蒙昧主义的，因为它给理性和经验二者都分配以从属角色，而且还因为它的教条主义断言：直觉提供了立即的、完整的、有深度的和最终的事实（对直觉主义的详细检验将在第十二章第一节做出）。

关于道德整体论，它明确地责令道德他律。它以两种版本出现，温和的和激进的。温和的道德整体论嘱咐我们为了共同利益而工作并做出牺牲。这包括通过私人慈善和社会立法帮助穷人。它是潜在于从迪斯雷利开始的“保守社会主义”，由教皇利奥十三世宣布的罗马天主教社会政策，以及当今社群主义之下的道德哲学。与之相比，激进的道德整体论主张卑躬地屈服于掌权者。这是极权主义领导者想让他们的国民接受和践行的道德。牢记法西斯主义者的口号：*信任*、*服从*、*战斗*。尽管它们彼此完全不同，但各种各样的道德整体论没有一个鼓励个人责任和享受生活。

总而言之：整体论包含着一对有价值的本体论命题，即存在着不同于仅仅是聚合体的整体，而且它们拥有突现属性。但是方法论整体论是蒙昧主义的，而且道德整体论是可耻的。于是，严肃认真的社会研究者没有一个曾经是始终如一的本体论、认识论和道德整体论者，就不足为奇了。

个人主义和整体论不是任意的发明。托克维尔（Tocqueville，1952-1970［1835］：第二部分第 1 ～ 4 章）推测说，个人主义代表着资本主义社会的破碎，而整体论大致符合中世纪社会的凝聚力。然而，这些观点没有一个如实地解释任何社会。本体论个人主义失败了，因为它激进的还原论，一种即使

在物理学中也行不通的还原论。它的方法论搭档失败了，因为它忽视关于系统行为的数据和假设。道德个人主义行不通，要么因为它破坏了可行的道德和社会规范，要么因为它鼓励反社会行为。于是，我们必须寻找一种能替代个人主义的选择。然而，这个替代选择应该保留正当的个人主义者的命题：社会事实“最终”是个人行动的结果，对社会的研究除了直觉之外还需要理性和经验。

个人主义的对立面也就是整体论表现得更糟。由于它的反分析立场，整体论曾经不仅吸引了已经意识到个人主义真正缺陷的学者，而且还吸引了许多非理性主义者。它得到了整体论思想的实践者、盖娅假说的拥护者、女性主义和环保运动的反科学流派，尤其是新时代女性主义和“深层生态学”的认同。整体论还吸引了一些人，他们认为个人是为了国家、教会或者政党的利益而存在的，而不是相反。难怪整体论是所有独裁主义者的意识形态所共
有的。因为科学包含着分析和综合，所以整体论不是个人主义正确的替代选 263
择。它不足以指出，一个三角形、一片水域和一个政府拥有其成分所没有的特征，我们还想知道这些成分是如何结合在一起构成系统的。为了理解和管理系统，我们需要这样的知识。

关于社会，整体论是一种无个人的观点，正像个人主义是一种无社会的观点一样。因此，它们中没有一个可以有效地指导对社会事实的研究，尤其是对微观—宏观关系的研究。当代最好的社会研究者要克服整体论与个人主义的敌对就不足为奇了（如 Boudon and Bourricaud，1986：210-212）。尽管在大多数情况下都是缄默地，但他们接受系统论者的观点，这将在下一章中详细说明。

第十章

264
系　统　论

个人主义和整体论二者的替代选择是系统论，因为它既解释了个体又解释了系统，尤其是它解释了个人能动性和社会结构。实际上，系统论假定一切事物都是一个系统或者是系统的一个成分。而且它把每一个系统都塑造为一个三元组（成分、环境、结构）或者简称 CES，因此它包含它的对手的有效特征。此外，系统论还提供了一些全球化原则，阻止专家深陷细节的泥潭并因此失去希望（详细情况见 Bunge，1979a，1979b。至于早期的关于系统论的短文，见 Buckley，1968；Optner，1973）。这些断言将在下面被证明。

我主张，大多数社会科学家都在他们的日常工作中接受系统论，即使他们口头上赞成个人主义或者整体论。然而有时候，他们在不同的领域接受不同的探讨方式（因此，马克思在经济学中是一个系统论者，在社会学中接受整体论并在政治学中接受个人主义。而且，帕累托是经济学中的个人主义者，是系统社会学的一个开拓者）。系统论者根据个人行动解释社会系统，并根据社会语境解释个人行动。例如，他们参考他们活跃在其中的社会系统（例如，商业公司或者政府部门）来描述个体所扮演的角色（回想众所周知的、困惑的部落男人的例子，他在未曾听说过合法货币或者利率的情况下参观一个银行，见 Mandelbaum，1955）。他们用一种全局性的术语来描述这样的系统，
265 例如通过它们提供的各种商品和服务，或者通过它们与其他系统的关系。而且他们还研究系统特征，比如，凝聚力、均衡、进步及它们的对偶。

然而，系统论曾经常被误解或者被攻击。一个这样的误解在于把一个系

统模糊地描述成一个“有机整体”，这招致了生物学隐喻。当然，所有的有机体都是系统，但是反过来就是错误的。例如，原子和刚体及俱乐部和商业公司，它们都是系统，但是关于它们不存在任何字面意义上的“有机的”东西，它们都不是活的。另一个这样的误解在于一个模糊的系统观念。因此当代最有名的历史社会学家写道：“我工作的一个基本原则就是，社会不是系统。”（Mann，1993：736）那么，它们是什么？“社会是由多重重叠和交叉的社会空间权力网络组成的。”（Mann，1986：1）但是所有的网络都是系统，因此所有的社会网络都是社会系统，所以前面这个句子可归结为，社会是由通过权力关系结合在一起的社会系统组成的（超级系统）。简言之，社会是一个系统的系统（不要问在上面引用的句子中的“社会空间网络”意思是什么，或者重叠和交叉的区别。曼恩没有说明）。

第三个共同的误解是系统论忽略社会冲突和社会变化这个信念。这的确是一些功能主义者和帕森斯的追随者曾经对社会系统的设想。但这是一种狭隘的、错误的解释，任一适当的社会系统理论都将为冲突（及合作）和变化留出足够的空间。

尽管如此，我们必须承认，除了这些误解之外，还有两个对一些社会科学家的“系统理论”的*合理的*抱怨。一个是，它是如此模糊以至于是不重要的并且不能与整体论相区别。另一个是，一些“系统理论家们”相信一个单一理论能够解释所有种类的社会事实，这致使经验研究成为不必要的。这当然是一个严重的错误，因为系统论仅仅是一种探讨，并且每一个一般系统理论也只是一个用具体的、关于感兴趣的特定种类系统的假设和数据充实的框架。然而，这两个都不能指控系统论本身。

第一节　系统探讨

回想一下，一种探讨或者看事物或者处理它们的方式，都是由一个背景知识体连同一个问题集（问题群）、一个目标集和一个设法解决此类问题的方法集（方法群）组成的，即$\mathcal{A}=\langle B,P,A,M\rangle$（见第三章第一节）。因为系统探讨方式是超一般的，所以唯一能够出现在背景知识中的项就是某些哲学假设。这些本质上都存在于本体论原则和它的认识论副本中。前者是这个原则，266 即每一个具体事物要么是一个系统要么是系统的一个成分。它的认识论同伴是这个规范，即每一个系统必须在它自己的层级上被研究，并被分析成它的相互作用的成分。关于$\mathcal{A}$的第一个成分就到此为止。

系统探讨方式的问题群是关于任何一种系统可能提出的认知问题或实际问题的全部。和科学与技术的目标一样，它的目标也是描述、理解、预测和控制。它的方法群包括分析和综合、概括及系统化、数学建模、在实验室中或者实地的经验检验。因此，系统探讨方式适用于所有学科，并且保留了原子论（重视个体成分）和整体论（重视整体）中值得肯定的方面。

未能接受系统探讨方式，对于任一种系统的研究或者设计来说，都必然导致不能处理一些相关问题，或者更糟糕，导致产生一些无意义的问题。与之相比，接受系统探讨方式将能避开那些专业面较窄的专家总是落入的视野狭窄的陷阱，因为他不能将他的领域中没有进行研究的任何特征考虑进去。换句话说，系统论支持学科交叉和跨学科性。同样，它有助于规避专家们——科学家或者技术专家、政策制定者或者管理人——所犯的高代价错误，这些专家忽略了他所研究、设计或者控制的真实系统的大多数特征。一些例子将会阐明这一点。

一个社会学家可能会漏掉他感兴趣的这个系统的最重要的特征，如果他忽视其成员的需要和信念，或者忽视他感兴趣的这个系统所嵌入的宏观系统的话。一个经济学家将不能建立任何经济系统的现实模型，如果他只关注它的个体成分，而忽略它们彼此间的关系、环境的限制，或者政治环境和文化环境的影响的话。政治家将不能提出有效的、旨在解决社会问题的新法规，除非他意识到这些都是多维的，即环境的、生物心理学的、文化的、经济的和政治的。其寓意是，对于有效的政策制定来说，一个必要非充分的条件是接受社会的系统观。前面所述或许可被压缩成下面这个假定：

> 每一个真实事物要么是一个系统，要么是一个系统的一个成分；每一个概念是至少一个概念系统的一个成分；每一个符号是至少一个符号系统的一个成分；每一个研究领域是人类知识系统的一个成分。

除了别的之外，这个假定还蕴含着以下推论。首先，研究或者设计一个具体事物，好似它是简单的和孤立的，进入一门学科，好似它没有值得结交的邻居，只是万里长征的第一步。其次，除了宇宙，任何不是某个系统中的一个成员的事物都是不真实的。再者，任何一门不从其他学科借用任何东西 267 也不回报其他学科任何东西的学科都是毫无价值的。

现在，针对把系统探讨方式与不严谨地被称为“系统理论”的东西相混淆，有两个警告。首先，前者是可以被当作理论构建的支架使用的一种探讨方式，而“系统理论”事实上是主要用于先进技术中的理论的集合，比如，线性系统理论、一般控制理论、自动机理论和统计信息理论。其次，在社会研究中被发现并流行于20世纪60年代和70年代的所谓的系统论，已经变得有些声名狼藉，文字表述的系统论受到怀疑，因为它们仅仅是经过重新处理的软弱无力的整体论学说，而更精确的一些系统论表示亦受到怀疑，因为它们都可归结为方框和箭头图或者流程图，它们夸大环境变量的权重并忽视诸如兴趣和意图及机制和过程等内部变量。但是，拒绝系统探讨方式仅仅因为它在一些情况下被错误地应用，这是一种良莠不分一起抛的情况。

最后，系统探讨方式与系统分析不一样，尽管前者是后者的基础。系统分析研究具体的系统，通过建立数学模型，然后在计算机上运行这些模型，以便观察和预测它们的性能。这个程序是完全合法的，只要：①模型根据数据独立地被检验；②计算机模拟不被认为可以取代经验检验（见 Dawson，1962）。这个方法尤其有用，当模型中的方程式以精确的形式不易被处理时，例如，因为它们是非线性的。系统分析的一个哲学衍生物是，分析不是整体性的敌人而是模糊性的敌人。事实是，在一些情况下，系统分析曾经是肤浅的，而在另一些情况下它曾经被用于邪恶的政治目的，这些事实是无关紧要的，因为所有的工具——从刀子到词语——都可能被滥用。

第二节　社会科学中的系统论

现在，让我们从系统论的观点出发来看一看社会和社会科学。首先，*系统论的社会本体论*（*social ontology of systemism*，OS）可被简化为以下原则：

OS1. 社会是变化的子系统的一个系统。

OS2. 作为一个系统，社会具有系统的或者总体的属性。这些属性中的一些是合成的（或者可还原的），而一些是突现的，尽管根源于个体成分和它们的相互作用。

OS3. 两个社会系统之间的相互作用是个体与个体之间的事情，其中的每一个体都为了它所代表的那个系统行动。社会系统的成员都能各自按照单一
268 个体行事，每一个个体的行为不仅由他在社会中所拥有的位置决定，而且还由他的基因遗传、经验和期望值决定。每一个社会变化都是一个社会的结构中的一个变化，因此是一个既在社会层次上又在个体层次上的变化。

匹配的关于社会科学的*系统论的认识论*（*systemic epistemology*，ES）*或者方法论*如下：

ES1. 社会科学是对社会系统的研究，即对它们变化的成分、环境和结构的研究。

ES2. 社会事实都将在它们的自然环境和社会环境中，根据社会系统和它们的个体成分连同他们的需要、需求、信仰、意图、行动和相互作用被解释（描述、说明或者预测）。反过来，个人行为将根据与处于社会中的个体有关的所有生物学、心理学和社会学特征被解释。

ES3. 社会科学中的假设和理论都将根据环境数据和社会（尤其是人口统计学的、社会学的、经济学的、政治的和文化的）数据被检验。然而，一些社会数据是用关于个体的数据建造的，因为这些都是可单独地直接观察的。

最后，*道德的系统论*（*moral systemism*，MS）可以被压缩成以下原则：

MS1. 所有的个体都可以是有价值的，而更有价值的是那些给予他人以有用的服务的人。

MS2. 享受（生物心理学的）幸福和帮助他人生活构成了至善。

MS3. 一个社会系统唯一合法的功能就是提升它的成员或者其他社会系统成员的（生物心理学的）幸福，在不妨碍任何人满足其基本需要的情况下。

我主张，系统论的社会本体论保留了在社会个人主义和社会整体论二者之中发现的些许真理。尤其，它与社会个人主义共享了这样的理念，即个体而不是非个人的社会力量，是社会的根本原动力；它抑制具体化社会团体，

除非它们的成员碰巧构成了一个系统；而且它要求某些整体论陈述转变为关于处于其环境中的个体的陈述。因此，不是说社会惩罚异常行为，我们应该说任一社会中的一些成员惩罚这个社会中任何以一种不正常的方式来行动的成员。然而，这个陈述不包含向个体的还原，因为它包含不可还原的（尽管是可分析的）社会概念和异常行为概念。社会概念不可还原是由假定 OS1 推断产生的，即远非是一个集合体，社会是一个系统。“异常行为”是不可还原的也是由观察推断产生的，即这个概念只有相对于在一个给定社会中被看作是正常的行为时才有意义。让我们仔细看一看这些补充概念。我们就会明白，整体论者不赞成的分析，不必是还原论的。

正常行为和异常行为，这两个对偶概念不是纯粹个人主义的，因为它们包含社会这个概念：它们表示一个个体和一个社会系统的一个共同属性（这适用于每一个被社会心理学家所研究的特征）。然而这个共同属性（或者变量）可以根据个体属性和他们的社会地位或者社会角色来分析（解释）。因此，考虑一个个体属性 P，比如，业绩、工作满意度、收入或者年读书量。为了简单起见，假定 P 已经被适当量化，并且假定这个数据表明，在社会 S 中，在平均值 $E(P)$ 附近 P 的分布大致是具有标准偏差 σ 的钟形曲线。那么我们就可以做出下面的定义：

对于 S 的任一成员 x：

x 在 S 中就 P 而言是常规的 $=_{df}$ $|P(x)-E(P)|<\sigma$；

x 在 S 中就 P 而言是异常的 $=_{df}$ x 在 S 中就 P 而言不是常规的。

在这些公式中，$E(P)$ 和 σ 是 S 的集体属性，而 P 是它的任意一个成员 x 的一个属性。然而，二者都是统计事实而不是 S 的突现属性，因为它们仅仅描述了集合体和系统。但关键是，两个集体属性根据个人数据都是可计算的。

这个例子表明，个人主义者拒绝支持整体性，整体论者颂扬它但却拒绝分析它，而系统论者承认它并鼓励对它们进行分析。系统论吸取了这两种思想中最好的东西，并因此处于最佳的位置来区分属于社会的东西和属于它的个体成员的东西。于是，不足为奇的是，大多数社会科学家，从亚里士多德开始，不管他们公开宣布的哲学是什么，都接受了一种系统论的观点，在他们研究互相联系的个人的团体（尤其是它们的结构和演变）并承认诸如正式组织这样的社会系统的特性这方面来说（对于实践社会学家的独特立场，见 Blau，1974）。如今，只有一些哲学家和思想家是激进的个人主义者或者激进的整体论者（见 Brodbeck，1968；Krimerman，1969；O'Neill，1973）。至于系统论的认识论，它与科学实在论的认识论一致。因此它反对内在于整体论中的直觉主义，而且规避了内在于个人主义中的主观主义风险。最后，系统论者的道德既促进个人利益又提倡团结，因此它与道德个人主义或自私自利，以及与暴君对其国民使用的道德集体主义都保持相同的距离的。它与善论是一致的（见第八章第五节）。

因为我从系统论的视角来考虑社会科学中的问题群和元理论，这有益
270 于阐明系统论。我将这样做，通过检验社会科学中的四个核心理念，即社会系统、社会结构、社会变化和微观—宏观之间的关联（详细情况见 Bunge，1974b，1979b，1981c）。

第三节 社 会 系 统

我从定义系统这个一般概念开始，无论是具体的、概念的还是符号的。一个*系统*是一个复杂对象，它的每一个部分或者成分都与同一对象的一些其他成分有关（如家庭、学校、公司和信息网络）。一个对象是一个*子系统*，如果它既是一个系统又是另一个系统的部分的话（如大学和政府）。一个对象是一个*超级系统*，如果它是由许多系统组成的话（如连锁超市或者整个社会）。（我不接受把系统定义为一个相互联系的元素集合这个标准定义，首先，因为集合是概念，而诸如社会系统这样的一些系统是具体的。其次，一个集合有固定的成员资格，即一旦是元素就永远是一个元素，而一个具体系统的成分可以随着时间而改变。）

我们区分三个主要的系统种类，即概念的、具体的和符号的。一个*概念*（或者形式）系统是一个其成分全都是概念的系统（如命题、分类和假说演绎系统——理论）。一个*具体*（或者物质）系统是一个其成分全都是具体的或者变化的系统（如原子、有机体和社会）。一个*符号*（或者*记号*）系统是一个具体系统，它的一些成分代表或者表示其他对象（如语言、电脑磁盘和图表）

（与之相比，商业海报的集合不是一个系统）。

在任一给定的时间，对一个具体系统最简单的表示就是列出它的成分、环境和结构（见第四章第一节）。我们称这种概述为 CES 模型并因此这样书写它：$m(s)=\langle C(s),\ E(s),\ S(s)\rangle$。这个有序三元组的第一个组成部分是 s 的*成分* $C(s)$，是当时关于 s 的部分的集合（例如，一个部落的成员）。s 的*环境* $E(s)$，是不在 s 之中且与 s 的部分有关联的事物的集合（例如，一个部落的物理环境加上与这个部落成员有关系的外来者）。s 的*结构* $S(s)$，是 s 成员彼此间的关系加上这些成员和 $E(s)$ 之间关系的集合。前者将被叫作这个系统的“内结构”，后者被叫作这个系统的“外结构”（例如，分别是，部落内的亲属关系和这个部落与外来者之间的交易关系）。系统中成分与环境项直接连接的那部分或许可被叫作系统*边界*（例如，一个商业公司的代表、销售员和公关人员构成了这个商业公司的边界）。根据这个定义，系统边界不必具有明确的几何形状（Bung，1992b）。尤其，不同于有机体，社会系统是无定形的。而 271
且，亦不同于帕森斯的定义（Parsons，1951：481ff.），我们的系统定义并不包含边界恒定这个条件。

*社会系统*是一个由群居性动物组成的具体的系统，他们：（a）共享一个环境；（b）至少在一个方面以合作的方式，直接或者间接地作用于这个系统的其他成员。*人类社会系统*是一个由人类和他们的人工制品组成的社会系统［涂尔干（Durkheim，1897）着重提到需要包括人工制品，如工具和道路］。需要注意的是，军团、职业群体和社会阶层不是系统。和生物物种一样，社会阶层是可变的集合。与之相比，和生物种群一样，工会是具体的系统。

另一个值得注意的概念是网络概念（Polanyi，1944；Lorrain and White，1971；Granovetter，1974）。网络是一个可表示为图表的系统，即一个通过一些边（不是箭头）连接（全部或者部分）起来的节点集。*社会网络*是由群居性动物（如人类）和人工制品（例如，近亲和远亲的集合、朋友圈、俱乐部、科学共同体、因特网）组成的一个网络。社会网络是通过亲社会情感（例如，友谊和团结）和互惠行为而非支配关系结合在一起的，即它是非正式和非层级性的。所有的网络都是系统，但是反过来就是错误的。例如，一个正式组织是一个系统，但不是一个网络。市场同上。但是一个市场中每一个参与者都至少是一个网络中的一个成员，并且经常通过它进行交易（Granovetter，1985）。

两种社会系统常常被区分：一方面，自然的或者自发的，另一方面，人工的或者正式的（组织）。前者是自组织的，而后者是根据明确的目标、计划和规则被设计、建立、维持、改造或者解散的。因此，家庭、街头帮派和信息网络是自发的社会系统，尽管它们并非都是自然的，而学校、公司和政府部门都是组织。

与动物社会相比，我们假定*人类社会*是一个由四个子系统组成的社会系统，它们分别是：①*生物学*或者*亲属关系*系统，它的成员通过血统、性、繁殖、育儿或者友情关系结合在一起；②*经济*系统，通过生产和交换结合在一起；③*政治*系统，它的具体功能是管理社会中的社会活动；④*文化*系统，它的成员都忙于发现或者发明、教授或者学习、设计或者计划、唱歌或者跳舞、建议或者治疗，或者从事于不主要是生物的、经济的或者政治的类似活动。这是社会的*四部分模型*或者 BEPC 模型（Bunge，1979b）。

部落、乐队、工厂、学校、医院、运动队、俱乐部、汽车合用组织、教
272 堂、军队和政党都是社会系统，而村庄、城镇、省份和国家都是社会系统并且更进一步：它们都是社会（societies）。还存在着人类*超级社会*或者由两个或者更多的社会组成的系统，比如，欧共体和前苏维埃社会主义共和国联盟。最后，还存在着*世界*（社会）系统，即诞生于 1942 年的、由所有人类社会组成的人类超级社会。

社会*过程*（或者活动）是出现在社会系统中的一个过程，例如，结婚或者育儿、合作或者斗争、交换商品或者信息、组织或者破坏组织。显然，存在着各种规模的社会过程，从发生在家庭中的社会过程到世界性的社会过程。最后，*社会运动*是一个大规模的社会过程，它发生在至少一个人工系统（或者组织）中，并且拖带着很多不属于人工系统的人（例如，社会改革运动和新的人工制品或者风俗的流行扩散）。

关于定义到此为止。现在，让我们把它们与社会系统放在一起共事。这里有一些一般化概括，它们中的每一个都至少包含一个上面已定义的概念。

（1）每一个人都至少是一个社会系统中的成员，因此不存在完全边缘的个人，即使是贫民区中的边缘人也会为了生存而建立他们自己的系统（Lomnitz，1977）。

（2）社会系统是通过各种链接结合在一起的：生物的、心理的、经济的、政治的或者文化的，因此给予任何一种链接以特权都是错误的。

（3）一个人的信仰、偏好、期望值、选择和行动是受社会制约的，受制于他在社会系统中的成员资格，但这并不能说明，精神状态是社会过程或者所有观念都有一个社会内容。

（4）每一个社会系统都有一个另一种系统不能执行的特殊功能，但这并不能说明，每一个社会系统都有益于它的所有成员。

（5）在任何时候，每一个社会系统都从事于某种过程或者其他，一个将缓和那些认为谈论系统要预先假定不动性或者至少稳定性的人们的恐惧的假定。

（6）一个系统的变化要么起因于它的成分中的内生变化，要么是由它的成分彼此间的相互作用或者这些成分中的一些与环境项之间的相互作用造成的。

（7）每一个社会过程或者社会活动都改变它出现于其中或者之间的社会系统的状态。

（8）一个社会的所有成员在一些方面合作而在一些方面竞争，这个论点把马克思对冲突的强调与涂尔干对团结的重视结合起来。

（9）只要它不是暴力的，并因此不是破坏性的，竞争刺激主动性和创新，而合作有利于凝聚力和安全性。

（10）一个社会系统出现（自发地或者通过设计），当且仅当它被认为是 273
承诺满足它的一些成员的一些需要或者需求。

（11）一个社会系统崩溃（平静地或相反），当且仅当它不再有益于它的大多数成员，或者如果由内部冲突引起的损失被认为超过了合作的利益。

（12）一个社会系统的性能可通过竞争改善，只要竞争不破坏使这个系统结合在一起的纽带。

现在，让我们从社会系统转向社会研究中的系统探讨方式。在一项初步研究中，我们需要的仅仅是下面这两个假定。

S1. 每一个社会系统都可被分析成它的成分（个人和人工制品）、环境（自然的或者社会的）和结构（生物、经济、政治和文化关系的集合），即 $m(s)=\langle C, E, S\rangle$。

S2. 社会科学研究社会系统和它们的子系统及超级系统。

这两个假定，连同一些前述定义，除了别的之外还隐含着以下结果。第一，对任一社会系统的适当理解都包含着对它的成分、环境和结构的（经验上的和理论上的）调查研究。第二，对任一社会的适当理解包含对它的生物（或者亲属关系）、经济、政治和文化子系统的（经验上的或者理论上的）调查研究。第三，没有自给自足的特殊的社会科学。第四，因为所有的具体事物都是可改变的，所以社会科学应该研究社会动力学。第五，对一个社会系统的有效管理都包含对其可变的成分、环境和结构的考虑。

即使仅仅为了论证，如果前述的都被承认，那么系统的社会观的替代选择的优势和劣势就变得明显了。整体论的优势在于它对一个社会与其成分之间的本质差异的强调，它的不足通常在于它对一般分析的拒绝，尤其拒绝我们的 CES 把系统分析为成分、环境和结构。至于个人主义，它的优势在于它对社会系统成员，尤其是对他们的精神生活的关注，它的不足在于它对物质约束和物质刺激的轻视。环境保护论（尤其是行为主义和生态主义）的*长处*在于它对环境约束和环境刺激的研究，它的缺点在于它轻视个人主动性和社会结构。最后，结构主义的优势在于它对连接人们的纽带的关注，它的不足在于它对个体的作用及对他们的环境的轻视。此外，和马克思一样，列维－斯特劳斯和布尔迪厄都犯有试图把个人和团体定义为关系集合的逻辑谬误，好似可能存在着没有被关系者的关系（如 Bourdieu，1968）。

我认为，系统论拥有这些替代选择的所有优点并且没有它们的不足之处。
274 现在，我将继续展示它在精确化通常以模糊状态出现的两个关键概念方面的价值（详情见 Bunge，1974b 和 Bunge，1979b）。

第四节　社会结构和社会变化

我们已经把社会结构定义为这个系统成员彼此间的关系加上它们和环境

项之间的关系的集合。现在，我们区分两种关系，即*约束关系*和*非约束关系*。一个纽带或者联系，是影响其连接的实体的一种关系。只有约束关系才有助于将一个系统的成分结合在一起，并因此取得这个系统结构的成员资格。例如，交易和雇佣关系及合作与竞争关系，都在有约束力的社会关系之中，并因此属于社会系统的结构。与之相比，更年长、接受过更多教育或者住在北方等关系，都不是约束关系（无约束力的时空关系仅能导致一些可能连接的出现。例如，在大多数传统社会中，更年长意味着行使更多的权力）。

社会纽带或社会关系都是不同人群中的关系，在个体和他自身之间并没有这种关系。换句话说，它们不是反身的。更不用说它们不是诸如相同职业这样的等价关系了，因为这些都是反身的、对称的和可传递的（R 是集合 S 中的一个等价关系，当且仅当 S 中的任一成员 x、y 和 z：① Rxx；②如果 Rxy，那么 Ryx；③如果 Rxy 和 Ryz，那么 Rxz）。等价关系的方法论重要性在于这个事实，即它们允许人们把一个社会系统的人口分成互不相交的同类组或等价类，如已婚人士和单身者、商人和非商人等。每一个职业团体和每一个社会阶层都是一个等价类，但是二者都不是一个系统。

因为大多数社会关系都不是等价关系，所以它们并不适于把人群分成同类组，如社会阶层。考虑一下工作关系、雇佣关系、购买关系、选举关系或者教导关系，它们中没有一个是反身的、对称的或者可传递的。然而，任一这样的关系都可以与一个或者更多的等价关系联系在一起。例如，考虑一下教导关系，它产生了教师阶层、被教导者阶层和那些两者都不是的阶层。这些阶层中的每一个都是一个等价类，因为它之中的任意两个成员都处于一个等价关系中。实际上，尽管所有的教师是不同的，但却都是等价的，因为他们都进行教导活动。同样，学生和那些既不教也不学的人也是这样。于是，我们把原始群体分成了三个互不相交的个体类，它们在一个方面是等价的。

适用于二元关系的，如教导关系，也同样适用于高阶关系，如购买关系。275
这是一个三元关系：x 购买 y 从 z 那里。通过抓住第一个变量，我们形成了购买者类；通过抓住第二个变量，我们形成了商品类；通过抓住第三个变量，我们形成了销售者类；最后，所有三个类并集的补集是在给定集合中既不是购买者又不是商品也不是销售者的一组项。原始集合因此被分成四个互不相交的等价类。

一般而言，集合S中一个等价关系$\sim_k$引导把S分成n_k个不相交的等价类。所有这类团体的家族被定名为$S/\sim_k$，叫作S被$\sim_k$所除的商集。称S_{ik}为这个家族的第i个成员。如果这个等价类$\sim_k$根植于一个社会关系的话，我们就把S_{ik}叫作一个“社会细胞”。换句话说，每一个基于一个社会关系的等价关系$\sim_k$，都引起把原始集合S分成n_k个互不相交的社会细胞的这样一个划分P_k，也就是说$P_k = S/\sim_k = \{S_{ik} | 1 \leqslant i \leqslant n_k\}$。

现在，假设对拥有成分（成员资格）S的社会系统s的一个经验的共时性研究已经指引我们确定了在它之中的一定数量的社会细胞，比如，那些（大致）拥有相同职业和相同收入的、接受（大致）相同的政治态度的或者拥有（大致）相同学年的成员。每一个这样的社会团体S_{ik}都可能被理解为由某种等价关系$\sim_k$产生，其中k的范围介于1和正在被考虑的关系的总数m之间。我们规定，这个给定的社会系统s的社会结构$S(s)$等于所有这样的齐次（等价）类家族。也就是说，我们设定$S(s) = \{P_k | 1 \leqslant k \leqslant m\}$，其中$P_k = S/\sim_k$。

用等价关系$\sim_k$来划分人口S可能被描述为把一个馅饼切成n_k片。于是，$S(s)$可被描述为所有这样被分开的馅饼m的堆积。当然，应该由社会科学家负责确定相关关系并因此确定有意思的划分。这并不意味着列维－斯特劳斯和诠释主义者（或者解释主义者）认为社会结构仅仅在研究者的头脑中这种观点是正确的。正确的是，不同的研究者可能会对正在谈论的这个社会系统的一个客观属性——如它的结构——提出不同的表示法（或概念化）。此外，这些表示法不必同样是虚构的并因此是等价的，一些表示法与其他的相比可能更好或者更有深度。

展示一个社会系统的结构的最方便的方法就是形成所有社会细胞的矩阵$\|S_{ik}\|$（这个矩阵的一些条目有可能是空的，或者不如说是被空集所占）。这种表示法有一个优点，就是它揭示了如何引入数字。实际上，通过计算在一个给定的时间每一个细胞S_{ik}中人的数量N_{ik}，并除以那时的总人口N，我们就获得
276 了这个给定的社会系统的密度矩阵$D = (1/N)\|N_{ik}\|$。各种各样的社会细胞的人口的对比，反映了在任何给定时间它们的相关数值的重要性，也反映了随着时间的流逝它们的增长或下降（关于此模型的更多讨论见 Bunge，1974a）。

需要注意的是，结构尤其是社会结构，是感觉不到的。因此，它们必须被推测（一旦被推测，它们中的一些可能会用图解法表示，并因此使其成为可视化的）。此外，社会科学家不可以只揭示（通过猜测和检验）客观的社会结构。他还必须揭示社会结构被他所研究的系统成员“感知”的方式。原因是，无论是正确的还是错误的信念都影响行动。例如，一个人将以一种方式行动，如果他相信结构是不可变的，但是他会以另一种不同的方式行动，如果他相信结构可以被改变。因此，对于每一个三元组社会－行动者－社会学家来说，我们必须处理四个不同的结构：①客观结构；②主体想象的关于它的主观表示；③社会科学家构造的前者的理论模型；④社会科学家构造的后者的理论模型。这种四分法既包含客观方面又包含主观方面，没有将结构主义者、常人方法论者、诠释学主义者和其他主观主义者所使用的方法混为一谈。这些复杂的关系在图 10-1 中被概略描述。

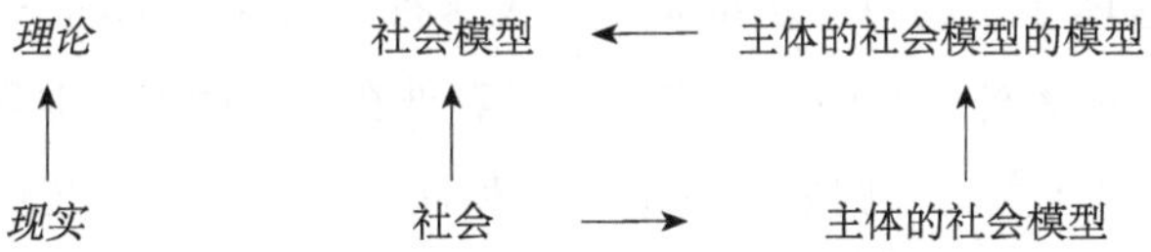

图 10-1　一个社会的现实模型，包括对其成员认识社会的方式的说明

上面已定义的密度矩阵 D 允许我们把社会变化这个概念精炼为结构变化，也就是说，社会细胞 S_{ik} 的密度随时间而改变（例如，职业、社会阶层和非政府组织的会员资格的相对增加或者减少）。更确切地说，社会 S 在时间 1 和时间 2 之间的*网络结构变化*或许可被定义为 $D_{12}=D_2-D_1$。一方面，一个社会方面停滞不前的社会，其社会细胞的密度随时间流逝几乎不变，即 $D_{12}=0$。另一方面，逐渐（或者革命）的社会变化在密度矩阵中用渐变（或者突变）来表示。

任一如 $E_{12}D_1=D_2$ 这样的矩阵 E_{12} 或许可被叫作一个“社会演化算子”。因此，时间 1 和时间 2 之间的网络结构变化可被改写为 $D_{12}=[E_{12}-I]D_1$，其中 I 是一个具有适当等级的单位矩阵。通过展示反例可以表明，算子 E 不是独一无二的（换句话说，给定 E_{12} 和 D_1，D_2 可唯一地确定。这是一个正问题，前者是一个反问题）。用社会科学的术语来解释这个数学结果是明显的，即一

个社会中任一给定的结构变化都可以由可供选择的替代方法引起（每一个都
277 用一个不同的 E 来表示）。简言之，有多种产生任一给定的社会结构变化的方法（用状态空间的术语表示就是：一个社会的状态空间中任一给定的点，从任一其他给定点出发沿着多个轨道都能到达）。对于社会政策其寓意是明显的，即如果一个给定的网络结构社会变化被认同，那么引起它的各种可能的方法在它们中的任意一个被选中之前必须被评估（就道德及成本效益比率而言）。简言之，三思而后行。

前面对社会变化的分析是精确的和普遍的，但仅仅是描述的，它不包含任何变化机制（"社会力量"），因此它缺乏解释力。为了发现这样的机制，我们必须分析社会。朝此方向，第一步是区分可能的社会变化的内部来源和外部来源，比如，区分社会矛盾和国际关系。第二步是把一个社会分析成它的主要子系统，即生物的、经济的、政治的和文化的，与在第三节概述的 BEPC 模型一致。这两步中的每一步都暗示着关于社会变化引擎的三个理论家族。外部—内部（或者外生—内生）之分暗示着外在论（例如，地理决定论和气象决定论）、内在主义（例如，技术创新和社会冲突）和系统论。系统论认为，社会变化有时候是由外部因素引起的，在其他时候是由内部因素引起的。四部分的划分或者 BEPC 划分与这样一些观点有关，比如，文化唯物主义（所有的变化最终都起源于生物和经济因素）、唯心主义（它把首要性分配给了观念）和系统论。根据系统论，社会变化可能起源于这四个子系统中的任何一个，但是一旦开始，它就很可能拖着其他的子系统一起，因为所有的子系统都相互交叉和相互作用（见 Mann，1993，一种不同的、尽管是同源的却用多少有点模糊的术语——"社会力量来源的纠缠"——来表达的观点）。

第五节　微观—宏观关系

微观—宏观关系问题对于当前的社会科学和它的元理论二者来说都是极其重要的（如 Alexander et al.，1987）。我将通过把我的社会系统概念与我的语义学指称理论相结合来解决它（见第二章第二节）。一个研究者必须做出的第一个决定是研究什么。也就是说，他必须从确定他的指称对象或者分析单位开始，个体、团体或者某种系统。现在，关于复杂性，每一个科学家都对一个或者更多种类的指称对象或者单位感兴趣，从某个系统的个体成分开始。因此，人们论及分析层次，每一个都对应一个不同的真实的组织层次，例如，个人、公司和国家。

既然存在着不同的组织层次，就不存在这样的事物，比如，一个不管某人的目的如何而绝对适当的分析层次。在一些情况下，人们可能对个体感兴 278
趣，而在其他一些情况下，人们可能对世界系统感兴趣。然而，每一个分析单位（或者指称对象），除了作为一个整体的宇宙之外，都被嵌入一个更高层级的系统中。因此，当描述前者时，我们不可以忽略后者。也就是说，我们的论述应该既要涉及*主要*（或者目标）指称对象，又要涉及*次要*（或者环境的）指称对象。因此，在“管理者的主要职责是保证他的公司的生存能力”这个命题中，管理者和他的公司是主要指称对象，社会环境是默认的次要指称对象（因为生存能力与环境有关）。

最简单的层级区别就是，由某种个体组成的微观层面和由那些个体所属的系统组成的宏观层面之间的区分。一个系统在一个特定的语境中可能会被当作一个单位对待，如果事实上它在某些方面的行为举止像一个单位的话。例如，尽管人是复杂系统，但社会科学家对待他们犹如他们就是单位一样。同样，一个商业公司是一个系统，一个组织社会学家对它的成分和结构感兴趣，而一个经济学家或者一个历史学家可能把它当作一个黑盒子对待。

这样一种对层级的区分引起了爱丁顿的众所周知的两张桌子问题。哪个是真正的桌子：整套家具还是它的成分原子系统，即日常经验那个还是科学分析的结果那个？从系统论和实在论的观点看，只存在唯一的桌子，尽管它被两种不同的但是相互补充的方式描述（事实上，我们或许可以增添一个既是存在又是分析的第三层级，即由木质纤维组成的中间层次）。每一个适当的分析都集中于一个真实的组织层次或者系统层级。例如，每一个现代国家都有一种可以在微观、中观和宏观层次被描述的单一经济，也就是说用微观的、中观的和宏观的（乃至巨大的）经济术语来描述。个体企业（如同原子）、商业集团（如同纤维）和整个经济（如同整个桌子）都同样是真实的，尽管它们每一个都具有自己的特性。

系统以多种规格大小和复杂程度出现，因此在宏观层级之内区分一些亚层次或许是方便的。尤其，在一个社会研究中，区分以下层次或许是必要的：

纳米层次。主要指称对象是个体。问题样本：性别、年龄、社会根源、教育背景和家庭关系对职业选择、薪水或者在一个组织中的地位的影响效果。

微观层次。主要指称对象是小的或者初级的社会系统，如家庭、足球队、小集团或者家庭手工业。问题样本：家庭规模对收入和教育水平的依赖、一个家庭手工业的生存能力、一个小集团形成和解散的机制。

279 *中观层次*。主要指称对象是中型大小的系统，比如，一个部落、中等大小的商业、学校、教堂或者村庄。问题样本：社会结构、与相似系统的合作或者竞争、与自然环境或者社会环境的关系。

宏观层次。主要指称对象是大型系统，例如，共同体、公司、城镇或者地方政府。问题样本：系统的凝聚力和稳定性、分裂与合并、技术创新的影响、社会服务的维持、垃圾回收。

巨大层次。主要指称对象是超大型系统，例如，跨国公司、国家、宗教或者世界系统。问题样本：社会秩序的保持和改革、经济全球化、国家关系的稳定、全球环境保护、联合国的范围。

与这些现实中的区分相对应，我们有几个论述层次或者分析层次。在社会科学中，常见有以下层级中的区分。社会心理学研究与社会系统有关的个体。它处理这样的问题，比如，消费和选举行为、配偶选择或者职业选择、期望值和教育、*反常状态*和异化、自杀和犯罪。微观社会学、微观经济学、微观政治学和微观历史学，都研究小型的社会团体，比如，家庭、小集团、工作团队、委员会、小公司、零售店、帮派和邻里组织，简言之，以面对面的相互作用为特征的团体。这些招致了这样的问题，比如，那种系统中阶层的出现、维持和崩溃，以及较大系统的影响，比如，寡头和政府。与之相比，宏观社会学、宏观经济学、宏观政治学和宏观历史学，处理宏观（及中型和巨大型）社会系统，比如，大型集团、交通运输网络和通信网络，国家、地区或者国际经济体或者政府，所有它们引起的科学和政策问题与那些由微观系统引起的问题有质的不同。

显然，它不足以把现实层级与相应的分析层级区分开。一旦做出这样的区分，人们就必须处理有意思的、具有挑战性的微观－宏观关系问题，尤其是一个系统（或子系统）的成分有助于这个系统（或超级系统）高效（或无效）运行的方式。这是 m-M 和 M-m 关系问题，我们第一次遇见它是与还原论有关（见第五章第四节）。让我们进一步看看它。

一个具体实体与它是其中一部分的那个系统之间有两种关系，即部分－整体关系和因果关系。我们规定，事物 *a* 是事物 *b* 的*部分*，只有在 *a* 和 *b* 的联结、并置或者物理相加等于 *b* 的条件下（Bunge，1977b：第一章）。（部分－ 280
整体关系不同于集合成员关系，因为系统不是集合，还因为与部分—整体关系不同，成员关系是不可传递的。但成员关系在系统组件和一个系统的成分之间确实有效）。

关于部分和整体之间的因果关系，我们不能用一种整体论的方式来看待它们，因为整体包含它的部分。与第四节一致，我们规定以下约定：

（1）*n-M 关系*（或者*主体－结构关系*）是这个命题的简称：m 层级的一个或者更多单位独立行动，或者以一种改变 M 层级的一个或者更多系统的状态的方式结合在一起行动。例子：①公民对警察暴行的投诉引起一项调查，导致警察机关的整顿改组；②一个社会的收入分配，因此它全部的社会结构，被在生产和消费合作团体中，或者在为重组社会效力的政党中结合在一起的人们所改变。

（2）*M-m 关系*（或者*结构－主体关系*）是这个命题的简称：m 层级的一个单位的行为被它在 M 层级的一个系统中所拥有的地位所约束或者激励。例子：①一个特定工业部门中一些主要公司的勾结或者合并，造成他们生产的或者在市场上出售的商品的价格突然上涨，因此降低了他们的消费者的生活水平；②一个地区健康保险的引入改善了这个地区每一个居民的健康状况。

除了 n-M 和 M-m 关系之外，还存在 m-M-m 和 M-m-M 循环。一个 m-M-m 循环的例子：一个受欢迎的政治领导人奋力争取新的增加社会支出的社会立法，这反过来提高了许多人的生活质量。一个 M-m-M 循环的例子：当生活标准和教育水平上升时，夫妻会生育更少的孩子，这减少了新的购房者数量，从而导致建筑工业的萧条，这反过来带来了整体经济增长方面的下降。

最后一个例子可以用在前面（第五章第四节）被称为布东－科尔曼示意

图的东西来表示（图 10-2）。鉴于整体论者集中于上层且个人主义者集中于下层，系统论者接受它们二者并因此可以提供一个更为丰富的解释。因此，与他们的对手相比，他们还能提出更为有效的社会政策。例如，他们将会主张，因为健康既依赖于个人因素又依赖于社会因素，所以一个有效的健康卫生政策将把保健和治疗结合起来——对疾病过程的预防和干预，连同根本的社会措施来减少社会不平等并改进卫生状况、住房和营养（Evans et al.，1994）。

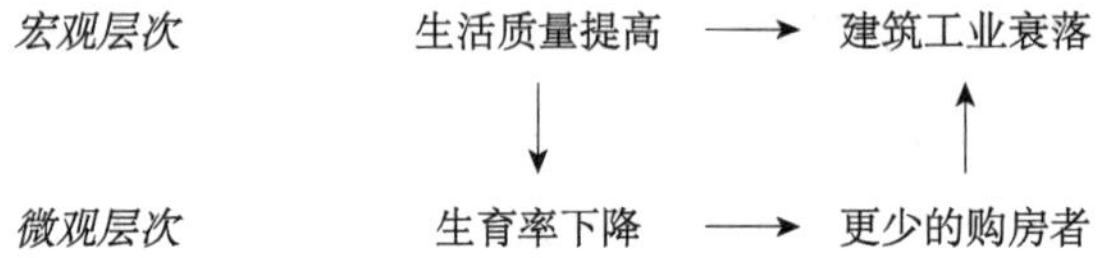

图 10-2 对一个宏观 - 宏观因果关系箭头的分析分为宏观 - 微观、微观 - 微观、微观 - 宏观因果关系

适用于不同层级实体之中的客观的部分—整体关系和因果关系的东西，
281 在它们的研究中有相应的对应物。也就是说，在一些情况下，需要一种自上而下的策略，在另一些情况下，需要一种自下而上的策略，还有一些情况下，需要一种混合策略。例如，一方面，创造一个新的工作类型的公司为它书写规划设计并为它做广告，一个接一个地筛选候选人：它自上而下开始，而候选人采取相反的视角。另一方面，如果我们想要发现一个特定个体在一个社会系统中发挥的功能或者作用，我们必须观察在工作时他在这个系统中所占的位置，因此在这种情况下，需要一种混合策略。

按照 m-M、M-m、m-M-m、M-m-M 关系的出现，主体—结构二分法看上去好像是人为的。实际上，所有的主体都是某个社会系统中的主体，并且所有的社会系统都通过其成分的行动存在（或者瓦解）。因此，这个二分法正像物体—运动、空气—风、脸—微笑和大脑—思维二分法一样，是虚构的。我们必须把事物与特征和过程区分开，但我们不可以分离它们，更不用说反对它们了，因为特征是事物所拥有的，过程是事物中的变化，而且所有事物都处于不断变化中（见第一章）。

我认为系统探讨方式优于它的替代选择，即使仅仅因为它包含着在替代选择中发现的些许真理。它在不成为整体论的情况下处理整体，并在不成为个人主义的情况下研究它们的个体成分。它是分析的，在不成为激进的还原论的情况下。它告知我们确定事物是否的确是一个系统而不是不可分割之物或者一个集合体的正确方法，是把它分析成它的成分并研究它们之中的关联。最后但并非最不重要的一点，它承认存在着许多正当合理的分析层次：和现实的层级一样多。

和它的对手不同，系统探讨方式在其范围内是普遍通用的。实际上，它在所有种类的系统——从原子到社会——的科学研究中要么被默认地使用，要么被明确地使用。但是，在社会科学中对它的明确采纳是尤其有用的，其中整体论和个人主义仍然在口头上被承认，不是因为它们是富饶多产的，而是因为哲学惯性和意识形态偏见。

第十一章

282 唯心主义和唯物主义

唯心主义和唯物主义都是本体论学说，它们关注这个世界的构成成分。大致来说，唯心主义（或者唯灵论[①]）是一种认为观念独立于物质并高于（或者取代）物质而存在的学说，而唯物主义认为，世界中的一切事物都是物质的或者具体实在的，观念是身体（或者大脑）的过程（需要注意的是，承认我们形成概念及我们只能根据我们自己的观念来理解现实，不是唯心主义的标志而是常识）。但是存在着好几种唯心主义和唯物主义：粗糙的和复杂的、清晰的和混乱的、整个的和部分的、一致的和不一致的，等等。

从 17 世纪的自然科学中被驱逐出去的唯心主义，在神学、哲学、数学、心理学和社会研究中幸存至今。在社会研究中，它声称所有的社会事实要么是观念要么是观念的体现，与唯物主义形成对比，唯物主义认为所有的社会事实——从个人到社会系统，都是具体实体的状态或者状态的变化。唯心主义观点的样本有这些：①国家是一个“精神实在”这个论点；②结构主义者的论点：社会是语言或者“如同”语言的东西，解释学声称它们是文本或者“如同”文本的东西；③流行的建构主义相对论学说：不存在无理论承载的现实。与之相比，任一假定人是具有生物需要的具体实体及假定没有物质资源就没有社会系统可以维持生存的社会研究，显然是唯物主义的。

为什么对比唯心主义和唯物主义这个问题对于社会科学来说是重要的，

---

① 译者注：spirtualism，又译为唯心论，意同唯心主义（idealism）。

应该是显而易见的。一方面，唯心主义者集中于观念并因此低估甚至忽略物 283
理环境、动物需求和驱动力以及生产要素，尤其是劳动。与平民的生活相比，他很可能对英雄和反派角色的生活更感兴趣。而且他的探讨方式将倾向于学究式的和非定量的。另一方面，唯物主义者将会集中于环境、生物、人口统计和经济方面，也集中于普通人的生活方式，尤其是再生方式和谋生方式。正如对人工制品、统计数据和调查感兴趣一样，它也对规范、学说和书面文件感兴趣，并将培养量化。

例如，唯心主义者倾向于把当前美国的社会危机归因于“家庭价值观的崩溃”和不道德。因此，他们将他们自己限制在反责、说教和惩罚上。与之相比，唯物主义者很可能会把这个危机归责于长期贫困和种族隔离，它腐蚀了传统价值观并导致绝望、社会失范和犯罪。因此，他们支持旨在减少贫困和种族隔离的社会事业，通过提供就业机会、教育和社区组织来实现。认识结果是显然的，即唯心主义者拥有对所有社会问题的现成答案，而唯物主义者很可能为了设计更好的社会政策，迫切要求更多的对贫困和反社会行为的社会研究。

我认为，尽管唯心主义充其量是不可反驳的，但生命所谓的精神（如认知和情感）方面是真实的并且应该被科学地研究，即以一种唯物主义的方式。然而，让我们首先浏览一下这种千年的哲学传奇的历史。万物有灵论、萨满教和在魔术、心灵感应、幽灵、超自然存在及来世中存在的信念都是唯心主义的。一方面，毕达哥拉斯哲学、柏拉图哲学、普罗提诺哲学、莱布尼茨哲学、贝克莱哲学、黑格尔哲学、波尔扎诺哲学、狄尔泰哲学、弗雷格哲学、胡塞尔哲学及大多数当代哲学家也都是唯心主义的。另一方面，古代原子论者、霍布斯、斯宾诺莎、狄德罗、霍尔巴赫和马克思，不相信独立的灵魂或者上帝，他们都是唯物主义者。其他人，尤其是亚里士多德、阿威罗伊、笛卡儿和牛顿，他们站在中途介于唯物主义和唯灵论之间。例如，笛卡儿把宇宙看作一个自行运转的时钟，但最初却是由无所不能的钟表匠所建造的。此外，他强化仍然在哲学家之中流行的身心二元论，不管生理心理学的成就如何。还有其他一些人，如休谟、康德、孔德、穆勒、马赫和维也纳学派的成员——总而言之形形色色的实证主义者，相信他们高踞这个争论之上。但事实上，他们在否认事物本身独立于我们对它们的感知而存在这一点上接近于唯心主义（然而，把实证主义和唯物主义合并这个错误是相当普遍的）。

唯心主义在自然科学中被完全打败之后，在心理学和社会科学中依然
284 势头强劲。实际上，在他们的科学工作中，物理学家、化学家和生物学家很少——如果曾经有过的话——容忍自我存在的非物质实体（需要注意的是，电磁场和其他场被视为物质的，尽管它们没有质量，而且和辐射不同，能量是物质事物的一个属性，不是一个实体）。的确，人们会处处遭遇自然科学家中的唯心主义痕迹，但其对自然科学的主推力是自然的。例如，一些宇宙学家声称宇宙大爆炸是一个用无物来进行创造的行为，违反了所有的守恒定律。一些理论物理学家相信，测量是微观物理学过程的唯一原因。分子生物学家使用基因“信息”“指令”“翻译”和“转录”等隐喻，还有一些人甚至把核酸分子当作“符号”序列来谈论。但是这些仅仅是可避免的*讲话方式*。一些生物学家仍然调用目的论（用奇特的新名称“目的性”）来“解释”功能，尽管现今进化与发展获得了成功。一小撮人调用仍然是神秘的和非物质的“形态形成场”来解释形态发生。但是这些幻想都是无功能的残留部分，尽管它们和人类的阑尾一样偶尔也会制造麻烦。而且和阑尾一样，它们可以被移除，而不会给大多数自然科学带来危险，这毋庸置疑是绝对自然的。

在心理学、社会科学和社会 - 自然科学如语言学中，情况是迥然不同的。在这里，唯心主义仍然是普遍的，尽管经常以微妙的形式，而且有时候对于赞同它的人们来说它也是未知的。最流行的例子是民族心理学，尤其是精神分析学，根据它，心灵和灵魂都是非物质的且是行动的唯一源泉。另一个例子是认为心灵和社会是信息处理设备这个观点。第三个例子是，关于社会行为，所有的事就是选择和决策的心理过程。

唯心主义在人的科学中幸存主要有几个原因。首先，这些科学都诞生于人文科学中，而人文科学起初被神学支配后来被唯心主义哲学支配。其次，社会研究处理人的问题，而人们都有心理体验，这在早期都是根据非物质实体被解释的。当然，自 19 世纪中期以来，心理过程已经越来越多地用神经生理学的术语并因此以一种唯物主义的方式来解释了（如 Hebb，1949，1980；Bindra，1976；Bunge and Ardila，1987）。但是生理心理学还年轻且不广为人

知。此外，它与民族心理学尤其是与精神分析学不一致，而且与宗教和大多数经院哲学也不一致。再者，唯心主义被如此粗糙的唯物主义版本的失败所强化，比如，内在于社会达尔文主义和人类社会生物学之中的生物主义。简言之，传统、意识形态和庸俗唯物主义阻碍了科学唯物主义在社会研究中的进展。而且，这反过来延迟了社会科学的成熟，通过低估甚至忽视劳动和环 285
境因素及人口因素。

诚然，一些唯心主义者，例如，涂尔干和韦伯，通过研究观念在社会生活中的作用，曾经为社会科学做出过重要的贡献。但是这些贡献可以用唯物主义者的术语来解释，通过假定：①所有的观念都是大脑过程；②所有的社会系统乃至诸如学校这样的文化系统，都是具体实在的或者物质的，都是由有血有肉的人组成的。这样的物质性并不蕴含着，社会系统和社会实践都是自然的并因此能被物理学、化学乃至生物学所研究。尽管是物质的，但这样的系统都不能简化为社会的。因此，自然主义对于研究它们来说是不充分的。对社会的研究需要一种更复杂的唯物主义，一种解释人工系统和实践——比如，公司和学校、生产和交易、语言和典礼、管理和政治——的唯物主义，那就是突现唯物主义（Bunge，1981c）。

我们继续检验唯心主义和唯物主义，当它们与当代社会研究有关时，而不是一般而论。

第一节　唯心主义

哲学唯心主义（或者唯灵论）是坚持观念的自主存在和首要性学说的家族。尽管在现代，唯心主义经常是理性主义的和世俗的，但是它开始于魔术、萨满教、巫术和宗教的哲学分支。魔术、萨满教和巫术的唯灵论本质是显然的。它们有助于使魔术师、巫师或者萨满的精神力作用于事物或者人。例如，在没有人造云的情况下引起降雨，在不用药物和手术的情况下治愈疾病，或者在不拿武器的情况下伤害敌人。这种思维方式包含着有魔力的因果关系并且不考虑巧合和偶然可能性，最重要的是，它是不加批判的。例如，唤雨巫师被允许在雨季开始的时候进行他的仪式，而且他的失败经常被解释为被对手干扰的结果。

诚然，相信魔术、巫术或者萨满教的人可能会给出各种“理由”，而不是调用黑暗的非理性力量，在这种情况下，他可以被说成是“主观理性的”。但是他的理由是想象出来的，事实上，不存在超自然能力，精神意念并不能移动物质，不存在心灵遥感（当然，存在着随意运动，但它是在灵长类中始于大脑前庭的一个神经生理过程的肌肉表现的结果）。简言之，对魔力的信仰不仅仅是错误：它们是执迷不悟的，而且它们基于幸运巧合被坚持而不管例外。

关于宗教的唯灵论成分，它太明显以至于不需要详细阐述。一言以蔽之，每一种适当的宗教都假定超自然的、非物质的、因此是不可见的生物的存在。
286 相应地，每一种神学都包含一种唯心主义的本体论，然而它可能与一种实在论的认识论相结合，就如在托马斯神学中一样。中世纪哲学家们的主要任务就是把那种唯心主义的本体论当作神学的婢女来详细阐述。

现在，让我们从魔术、巫术、萨满教和宗教跳转到现代社会研究。不是引导一个方法研究，我将对唯心主义的观点进行随机抽样，从 1870 年所谓的边际革命开始，事实上它是一个唯心主义者的反革命运动。古典经济学家，从斯密和李嘉图到穆勒和马克思，强调自然资源、资本和劳动，马克思增加了阶级斗争。与之相比，新古典经济学家，始于瓦尔拉斯、杰文斯和门格尔，忽视自然并低估劳动。他们反而集中于主观价值（效用）和主观概率，而且假定每一个主体都是完全自由的，并仅仅基于他的理性选择而行动，一个明显的用唯心主义代替唯物主义的例子。最终这个理论体变成了主流经济学，但是直到 20 世纪 60 年代它在经济学之外没有产生任何明显的影响。自那时起，它已经侵入许多其他的社会科学领域。这个运动是否已经成功是另一回事（关于哪些，见 Bunge，1995a；Bunge，1995b）。问题在于这是一次唯心主义运动，因为它高估了某些观念的社会影响，以自然资源、劳动和社会结构为代价。这是唯心主义在社会研究领域中的理性主义派别。它的非理性主义补充紧随其后。

理性选择理论化在过去一个世纪的社会研究中最具影响力的唯心主义对手一直是哲学诠释学。这个学派由狄尔泰（Dilthey，1959［1883］；Dilthey，1959［1900］）创建，曾吸引了多半神学家、古典文献学家、文学评论家、具有非科学观念的历史学家和非理性主义哲学家。它把康德的主观主义与黑格尔的客观唯心主义混合起来，并且认为被其他人称作社会研究的研究对象不是社会世界而是人类精神。因此，这些研究都应该被叫作*精神科学*（精神的科学）。它们的任务是理解少数幸运地遗留下书面文件的人的“内心真实”。

从这一观点来看，这些学科都是从自然科学中分离出来的，不仅在主题和特殊技巧上而且在方法上，即这是“全面理解”，或者是我们在第五章第五节和第六节遇到的领会。诠释主义者的适当任务是尝试把握正在谈论中的个体行动的*意义*或者*含义*，用简单的英语来说，就是弄明白主体的目的。这遗漏了起源、结构及从家庭到国家的社会系统的变化问题，在大型的企业集团、强有力的政府和强大的工会及政党诞生的时候，这是一个特别值得注意的遗漏。

齐美尔（Simmel，1923［1892］）追随狄尔泰，也把社会科学看作精神科学。对他来说，它们的主题是*精神的*而非物质的（其他有影响力的作者，尤 287
其是斯宾格勒和科林伍德持有相同的观点）。齐美尔不仅批判唯物主义者马克思（在一些方面很钦佩他），而且还批判客观唯心主义的历史学家兰克，他声称历史学家的任务是告知到底发生了什么。齐美尔在社会科学中拒绝自然主义这当然是正确的，但是他由于错误的原因而正确，即对于他来说，一切社会事物都是非物质的心理过程的结果。他否认对社会现实给出一个完整描述的可能性，并坚持认为我们必须“程式化”、简单化或者理想化事实，这也是正确的。但是他没有意识到这对于所有科学来说是共同的，并且也没有意识到，关于一个给定的真实对象的每一种科学模式都应该捕获它的一些真实特征（回想第二章第五节关于理想类型的内容）。

最后，齐美尔过度的主观主义者断言——研究者“创造自然和历史”，显然与科学实践乃至与日常实践不一致。幸运的是，在他撰写他著名的关于货币历史的专著时，他自己并未遵守那个论点。此外，在这个研究中齐美尔发现，货币经济中的生活使个体丧失了个性和社会关系，这对于他鼓吹的个人主义来说是一个打击。总之，科学家的齐美尔反驳哲学家的齐美尔。就如我们在前面看到的那样（第五章第五节），韦伯也一样。

与齐美尔同时代的一个新康德主义的成员韦伯，始于对历史唯物主义的明确攻击，并且被许多人看作是反马克思者。尤其，鉴于追随费尔巴哈的马克思把宗教看作是社会秩序的一种意识形态转化和合法化，韦伯适当地把基督教看作是一种重要的社会力量。但是他走得太远，他认为新教及其职业道德是早期资本主义的驱动力。就像天主教神学家 J. B. 克劳斯（见 Neurath，1981［1931］：401-405）所指出的那样，这是相信精神的魔力的情况（此外，也是北意大利和法国反驳韦伯的论点的一个例子）。讽刺的是，在与印度教有关的地方，韦伯（Weber，1920-1921：第二卷第一章）都提出了一种唯物主义的观点。实际上，他在印度宗教之前描述了印度种姓制度，并且注意到印度宗教尤其是因果报应学说是多么恰当地与印度种姓制度相适应（另外，与我们处于同时代的杜蒙特［Dumont，1966：52］声称“种姓是一种心理状态”并且用宗教解释了种姓。这是社会学唯心主义的一个明显案例。更糟糕的是，它使不公平和印度种姓制度的悲剧显得琐碎不重要）。

我认为，借自狄尔泰、文德尔班和李凯尔特的唯心主义哲学，在韦伯的实质性工作中仅仅扮演一个配角。首先，就如早前指出的那样（第五章第五节），尽管在他的方法论作品中他为领会辩护，但韦伯很少在他的科学工作中使用它，在那里他以一种实在论者的即使有点学究式的方式开始。其次，远
288 非忽视经济，他主要的著作《经济与社会》（Weber，1922）专心致力于它。事实上，韦伯“后期关于现代社会的社会学与马克思的社会学没有多大区别”（Alexander and Giesen，1987：18）。最后，韦伯（Weber，1920［1904-1905］：205-206）对他关于新教伦理和资本主义精神的名著做出总结：“毫无疑问的是，用同样片面的唯灵论者关于文化和历史的意义的概念来替换片面的‘唯物主义者’的概念。”总之，韦伯不是一个始终如一的唯灵论者。但是他恰当地强调了观念在社会生活中的作用。唯物主义者不能反对这个，只要观念不被认为是自我存在的。

现在，让我们从德国转向唯灵论的法国分支，它对前者非常感激。韦伯的对手埃米尔·涂尔干，仍然是一个唯心主义者，尽管他同样不是一个始终如一的唯心主义者。涂尔干的集体意识、集体表征和集体记忆概念不仅仅是合成谬误的例子，它们也不是浪漫主义的*世界精神*和*时代精神*世俗的继承人。它们是涂尔干的唯心主义社会观和整体论社会观中的关键概念。实际上，对

于他和他的追随者尤其对于年轻时候的莫斯来说：①尽管是客观的，但一个社会事实是社会意识中的一个事件；②“一个社会……首先在于它自行形成的观念之中。”所有社会事实都存在于公共舆论的范围之中，这是“集体表征系统。于是，社会事实是原因，因为它们是表征或者按照表征行事。实际上，社会生活是一个表征集合”（Fauconnet and Mauss，1968［1901］：26）。在他的导师去世后，莫斯的注意力转向所谓的社会的物质方面，但他从未使自己摆脱集体心态观念。

唯心主义或许曾经激发了涂尔干的一些科学研究，尤其是关于宗教与自杀的关系的科学研究，但它当然没有妨碍他的研究。事实上，他强调社会事实应该如物理事实一样被客观地研究。他还接受显然是唯物主义的假设，即某些信仰系统，尤其是宗教信仰和民间生物分类学，是社会组织的理想转化。这就是法国学者把现代知识社会学的建立归功于他的原因。

涂尔干逝世40年后，他的社会生活观中的唯心成分穿越英吉利海峡融入维特根斯坦的思想之中。因此温奇（Winch，1958：23）认为，“社会关系是关于实在的观念的种种表达。”人类之中的社会关系“存在于他们的观念之中并通过这些观念而存在”，所以“社会关系必定是一种内部［概念］关系”（Winch，1958：123-124）。但是，“理解一般社会现象的本质……恰恰［就是］认识论的目的”（Winch，1958：42）。他的同事维特根斯坦思想的信徒劳奇（Louch，1969）和马尔科姆（Malcolm，1968）一致同意。此外，马尔科姆明确地声明，社会科学的假设是先天的，因此在经验上是不可验证的。因此，社会科学家没有必要从他的想像中起身。这个灾难性的方法论后果是从 289
唯心主义者关于社会生活的本质的观点中产生的，也是从意义一词两个混乱的用法中产生的，如同一个语言表达式的意义和一个行动的目的（更多讨论见Gellner，1973）。

一个密切相关的学派是*符号互动论*（Mead，1934；Blumer，1969）。它的中心论点是，人类首先都是符号动物（Cassirer，1944），人们不是对其他人的行动做出反应，而是对他们自己“解释”这些行动的方式做出反应。无疑，这两个论点都拥有重要的真实成分，即人们确实发明或者使用各种符号，而且他们根据他们“解读”（推测）其他人的意图的方式来行动。然而，符号本身是不存在的，符号是一种手段，当与它所代表的东西或者毋宁说与它（无论正确与否）假定要代表的东西分离时，它是不能被理解的。因此，社会事实不是符号束。其次，我们对其他人行动的“解释”不是我们自己行动的唯一决定因素，我们被许多物质的（自然的和社会的）约束及我们“解释”其他人行动的方式激发或者抑制。总之，符号互动论正确地强调了符号尤其是话语的重要性，但是在把符号与物质相分离并以后者为代价高估前者上犯了错误。

一个相关的想法是，信息可以与它的物质载体或物质基础相分离，因为统计信息理论是如此一般以至于它关于信息传送者、信息通道和信息接收者的本质没有做出任何假设。这个想法有时候被扩展成这个论点，即所有事物，从分子到社会，都只不过是信息束。这不仅使事物丧失了物质形态，而且还消除了它们在种类及相应规律方面的差别，并因此造成这个世界的极端贫乏（过于简单化）。

我们关于唯心主义的最后一个例子是人类学的和社会学的结构主义，代表人物有列维－斯特劳斯（Lévi-strauss，1963）和布尔迪厄（Bourdieu，1968，1989）。根据这个学派，（a）所有的科学都研究结构本身而不是结构化对象（即系统）；（b）结构只在研究者的头脑中；（c）所有的社会结构基本上都是语言的，尤其是句法的。论点（a）逻辑上是错误的，因为根据定义，结构是一个关系集，不存在没有被关系者的关系。远非自我存在的实体，结构是物体的属性。例如，每一个化学结构都是某个分子的结构，每一个社会结构都是某个社会系统的结构。论点（b）导致结构主义者的发现遭到怀疑，因为为什么我们应该相信那些承认是制造社会结构而不是发现它们的人呢？论点（c）是公然错误的，即使仅仅因为基本的经典句法范畴——主语（S）、谓
290 语（V）和宾语（O）——不具有社会相关性。例如，一方面，现代英语中盛行的主谓宾排序，比如在“约翰写论文”中，没有告知我们任何关于英国社会秩序的东西，更不用说自英语诞生以来它曾经经历的翻天覆地的变化了。另一方面，社会历史学和军事历史学确实说了一些关于语言变化的东西，例如，回忆一下在古英语中由诺曼征服带来的重大变化。

由于结构主义认为语言是社会结构的关键这个论点，所以它与哲学诠释学部分重叠，我们现在转向诠释学。

第二节　当代诠释学

诠释学是对文本的考证与解释。它与其说是一门学科，倒不如说它更像是一种所有学者都参与的活动。与我们在上一节短暂触及的狄尔泰研究社会事实的诠释学探讨方式，完全不是一回事。它的观点是：①社会研究者的目标是达到对书面文件的领会（“全面理解”），并通过它们达到对其作者的领会；②解释是一个主观的、直觉的且难以改变的程序。我们早前（第五章第五节）看到了领会的局限性，把客观性看作是与艺术形成对照的科学的一个标志（第七章第一节）。现在，让我们检验一种新的诠释学版本，即曾被称赞为人文主义研究或者社会研究中的“文本革命”或者“语言学转向”的东西。

当代诠释学或者文本主义，是狄尔泰诠释学激进的延伸。它给后者加上了内在于奇幻思维中的一个本体论论点，即认为语词和对象是等价的，或者无论如何是彼此不可分离的。它认为，社会事实都是符号、文本或者可被“解释”的文本类似物。因此里克尔（Ricoeur，1971）声称，行动与文本相似，由此它们必须由诠释学者来处理（明显的反对意见：玛丽或许像一朵玫瑰花，但她当然不是那朵玫瑰花，因此也不是将要被放入花瓶的东西）。查尔斯・泰勒（Taylor，1971）持有相同的论点并加入了他著名的准则，即“人类是自我诠释的动物”。“解释人类学”的创始人格尔茨（Geertz，1973：14）声称，文化（在广义人类学的意义上讲）是一个“文本集合”，尤其是一个“相互作用的可解释符号系统”。这种观点的认识论和方法论结果是，对社会的研究是一项适合于符号学者、语言学家和文学评论家的任务，不适合于科学家。

这个学派最有名的一些成员有德里达（Derrida，1967）、福柯（Foucault，1969）、格尔茨（Geertz，1973）、伽达默尔（Gadamer，1975）、拉赫曼（Lachmann，1973）、里克尔（Ricoeur，1971，1975）和泰勒（Taylor，1971）（也见 Bloom et al.，1990；R. H. Brown，1987；Burke，1989；Dallmayr，1987；Kearney，1986；Mueller-Vollmer，1989；Wagner，1986）。由于他们的语言的模糊性和主观主义，海德格尔（Heidegger，1986［1927］）、维特根斯坦（Wittgenstein，1953）和列维－斯特劳斯（Lévi-strauss，1963），经常被认为

291 是当代诠释学的创始人（此外，海德格尔把自己看作是狄尔泰的一个追随者，并且他对伽达默尔、德里达和其他人产生了强烈的影响）。而且，因为他们相信交往是社会生活的中心，哈贝马斯（Habermas，1981）和卢曼（Luhmann，1984）或许也可以被看作诠释学者。他们所有人共同的座右铭据说是*一切都在言语中*。他们共同的先驱者是狄尔泰（和韦伯）关于*释义*（解释）和*意义*（含义、功能、目标）这两个词语的模棱两可的话，用德语口语表达可对行动及语言表达式产生影响。

诠释学的核心概念当然是文本和解释概念。第一个概念是未定义的，第二个概念是在一个在尽可能广泛的意义上被接纳的。实际上，根据诠释学派的观点，不仅仅是符号，而且人类行为或许还有自然事件，都可以并且必须被“解释”。在这两种情况下，“解释”意谓着对意义的披露，这反过来似乎意谓着意图、目的或者目标。注意这个双重模棱两可的话，由此两个传统的符号学术语“符号”和“解释”被分配了非标准的含义。事实上，在主流哲学中，至少自弗雷格以来，只有概念或者它的符号被分配了一个意义，而且这被看作是它的含义、它的指称或者两者兼有（如 Bunge，1974c）。

那个双重模棱两可的话很容易就导致了这个激进的诠释学论点，即“语言是存在之家”(Heidegger，1959：267)。因此，“文本之外别无他物”(Derrida，1967)。或者，就如科学社会学家伍尔加（Woolgar，1986：312）所指出的那样，“没有独立于用于理解它的词语（文本、符号、文档等）之外的实在。换句话说，实在是在话语中并通过话语构成的”。简言之，这个世界是众多图书馆的“图书馆”，这对于书呆子来说是一种令人欣慰的思想，但对于其余的我们来说就是一场噩梦。让我们看看这些关于解释的观点是如何经受方法论分析的。

首先，普通人在比如词语这样的符号及其指称对象之间做出区分。此外，他们不把句法的、语义的或者语音的属性归于这样的事物，如星星、人民和社会，由于这个简单的原因，即我们不能读、写或者解释它们。这就是我们经验地研究它们并建立关于它们的概念模型，而不是咨询词典和语法的原因。诚然，在这个过程中我们使用或者生产文本，但仅仅是作为对关于我们的研究对象——星星、人民或者诸如此类——的概念操作和经验操作的记录而已。

即使在文化社会中，诸如那些涉及亲属关系、工作、交易和政治权力的社会事实也不是文本，甚至不“像”文本。因此，语言学家、诠释学家和文学评论家都没有能力研究社会生活。

其次，存在一个单一的解释概念，同等地应用于如词语这样的人工符号、如手势这样的社会信号（不是符号）和比如乌云这样的自然“符号”，这是不正确的。诸如词语和路标这样的人工符号，都在明确的约定习俗的帮助下被 292
解释，社会信号在或多或少明确的一般化概括的帮助下被“解释”，自然“符号”根据自然规律被“解释”。远非区分和分析由*解释*一词所标示的各种各样的概念，诠释学家们混淆了它们。这种混淆导致他们相信社会科学是符号的科学即符号学的一个分支。

（用专业术语来说，我们在这里至少要处理四种不同的函数或者映射，它们每一种都具有自己的领域和上域。“解释”自然符号的领域和上域是自然事实；“解释”社会信号的领域和上域是社会事实；音乐解释的领域是音符集，它的上域是声音集；解释一个数学、科学或者技术文本的领域是数学符号集，它的上域是概念集，它们中的一些涉及语言之外的对象。）

再者，被诠释学家称作对人类行为的一个“解释”，事实上是一个*假设*。实际上，当一个人把一个行动“解释”为亲社会的或者反社会的、无害的和危险的，等等，此时他就对别人的情感、观念或者意图做出了一个猜测。人们在他前额的皱褶中“读出”了忧虑，在他的笑声中“读出”了高兴，在他的嘴巴的角度中“读出”了决定，在他的身体姿势中“读出”了攻击性，等等。换句话说，人们把外显行为当作隐藏的心理状态或者心理过程的（不确定的）*指标*来对待（关于社会指标，见第六章第三节）。

人们基于他自己和其他人的知识储备来设计这样的假设。但是，众所周知经验知识是不可靠的，尤其，普通的行为指标都是模糊不清并受文化限制的（例如，在西方人看来，一个微笑通常与愉快、理解或者赞同相联系，而在东方人来看它或许表示不愉快、不理解、不同意甚至一种威胁）。在日常生活中，人们很少费心地去检查这样的假设，人们只是承受错误“理解”的后果。但是在科学中，人们被期望检查他们的假设，因为人们意识到它们是不可靠的，而且人们对真理感兴趣。这是问题的关键。通过将“假设”重命名为“解释”，诠释学家绕开了对真理进行经验检验的诸多问题。他依靠他的直觉而不是客观检验尤其是依靠他的移情性理解，他似乎把这个看作是绝对可靠的。于是他可以宣称，社会科学不是经验科学，而是人文科学——可专门在图书馆中进行发展的精神科学——的一个分支。

但如果他们仅仅依赖于未经检验的“解释”，那么社会研究将是非常穷乏和低劣的，因为即使这些假设中的一些碰巧是真的，它们也什么都没有解释，它们也并不打算去解释，因为诠释学家声称，社会科学不应试图解释任何事，
293 而仅仅是以一种即时的（直观的、前分析的）方式去“理解”。科学家们则更严格且更有雄心，对于他们来说，对任一人类行为的理解相当于在一个理论的帮助下的一个解释，这个理论把信仰、意图、期望值、评估和特定社会环境中的相应行动连接起来。

总而言之，因为除了别的之外，人类是在符号的帮助下进行思考和相互作用的制作符号的动物，所以对于一个社会科学家来说完全忽视符号将是很愚蠢的。但是，把个体和社会看作文本是一种唯心主义的放肆言行（更多内容见 Gellner，1985；Albert，1988，1994；Spiegel，1990）。社会研究中许多流行的学派都沉湎于这种放肆言行中：结构主义和后结构主义、符号互动论和符号人类学、批判理论和女权主义“哲学”、常人方法论和现象学。让我们来了解一下这些中的最后一个。

第三节 现 象 学

现象学的创始人及海德格尔的导师胡塞尔，从未真的对社会问题感兴趣，并且如果有的话，也只有极少数的社会科学家曾读过他深奥难懂的散文。他们的现象学知识多半都是通过阿尔弗雷德·舒茨的著作间接获得的。然而舒茨曾经承认，“忠实地重述胡塞尔德语原文中的语言这个任务，即使对于德国的读者来说也有很大的困难，我相信这是一项真正创造性的工作”（Schütz，1940：164）。更明显的是，胡塞尔是如此晦涩以至于可以用几乎任何一种他的学生和译者喜欢的方式来解释他。

胡塞尔是一个激进的、始终如一的唯灵论者，一个教条主义者——他从

未为他的*附带意见*辩护过，严格意义上的科学的公敌，除此之外他还是一个保守派。开始他是一个主观唯灵论者，只对自我的研究（“自我论”）感兴趣。在他生命即将结束的时候，他声称对*生活世界*（或者日常生活）感兴趣，尽管只是把它当作一个个体精神的共同体。他后面的这个阶段影响了一些人类学流派和社会学流派，尤其是常人方法论。

这里是引用自胡塞尔第二阶段的一些随机抽样，我已经尽可能地翻译过了：“精神并且只有精神自在和自为”（Husserl，1954［1935］：345）；“只有精神是不朽的”（Husserl，1954［1935］：348）。“精神认识它自身，科学精神科学地认识它自身”（Husserl，1954［1935］：345）。然而，“这种知识是主观的，不是客观的”（Husserl，1954［1935］：345）。因此，“从未存在也永远不会存在”关于精神或者灵魂的客观的科学（Husserl，1954［1935］：345）。简言之，科学的心理学是不可能的，因为我自己的灵魂只有我能了解。

此外，根据胡塞尔（Husserl，1954［1936］：70）的观点，主观性在 294
本体论上先于客观性。或者就如舒茨（Schütz，1940：168）所指出的那样，“先验主观性……独自具有绝对存在的本体意义”。“先验自我”与这个世界是“相关的”，世界“是由具有主体间性的个体的共同体构成的”（Husserl，1954［1936］：138）。换句话说，“我作为原初的我（*原—自我，Ur-Ich*）构成我关于先验他者的视域，就如构造这个世界的先验主体间性的共主体一样”（Husserl，1954［1936］：187）。“因此，现象学不能再忽略这个世界了［就如它过去常常做的那样］，而必须对所有客观的科学进行*悬置*（*époché*）”①（Husserl，1954［1936］：138）。而且因为它把科学的客观主义变成了先验的主观主义，所以现象学是历史上“最伟大的革命”（Husserl，1954［1936］：69）。不予置评。

胡塞尔连同他的得意门生海德格尔被看作是后现代主义的先驱，因为胡塞尔曾经谴责精密科学、自然主义和客观主义，因为他把它们看作是“欧洲科学的危机”，顺便说一句，它们在那时的欧洲各地盛行，除了纳粹德国之外。他走得如此之远以至于他声称，科学将会因怀疑论和虚无主义乃至非理

① 此处翻译参考如下并已作了适当修改：胡塞尔 . 2001. 欧洲科学的危机与超越论的现象学 . 王炳文译 . 北京：商务印书馆：223.

性主义而被责备（Husserl，1954［1935］，［1936］）。然而，胡塞尔还攻击理性主义，并且以一种典型的浪漫情怀把回到*生活世界*指定为一种疗法。他的反面角色不是极端虚无主义者尼采，或者极端非理性主义者海德格尔，而是近代思想的创始人笛卡儿和伽利略。

如果没有努力把现象学与奥地利经济学派合并的舒茨（Schütz，1967［1932］），社会科学家们或许就不会注意到它。这两个学派都是先验的、个人主义的、主观主义的和政治上保守的；现象学是直觉主义的，但奥地利经济学派是明确的理性主义的。舒茨试图通过消除奥地利学派的理性主义及其天真幼稚的关于概念形成的观点来融合它们。因此，他希望挽救奥地利学派，但是由于其先验论和反历史性，以及在需要和引出强有力的政府干预的大萧条时期的自由放任主义而破产。

舒茨再次向他的老师路德维希·冯·米塞斯保证，诸如边际效用递减律这样的经济原理都是关于“必然发生之事”的陈述，而不是经验上可检验的假设。他滥用门格尔（Menger，1969［1883］）和韦伯（Weber，1922）的理想类型概念，来支持冯·米塞斯的断言：经济学和几何学一样，处理理想对象，不处理现实世界。更确切地说，他规定，我们称遵守所谓的（新古典）经济学先验原则的任一行动都是“经济的”。用胡塞尔的现象学术语说就是，他规定，“经济学知识的非常客观性在于把主观的意义语境（如主观评价）划
295 归科学知识的客观意义语境中”（Schütz，1967［1932］：246）。但是他没有阐明“主观的”和“客观的”的意义；他也没有解释主观性如何能被嵌入客观性之中。尽管他谴责非理性主义，但舒茨仍是一个非理性主义者。

舒茨工作的原创性、深度和丰富性可以从以下片段中加以判断：“*他我*在其中的我的社会世界，以我为中心，被排列成周在世界（*Umwelt*）、共在世界（*Mitwelt*）、前在世界（*Vorwelt*）和后在世界（*Folgewelt*），由此我和我对其他人的不同态度就构成了这些各式各样的关系。这一切都是以不同程度的*亲密性*和*匿名性*来完成的”（Schütz，1940：181）。这种陈词滥调如何能帮助我们理解，更不用说阻止这样的社会过程，比如，人口过剩或者环境恶化、工业化和军事化、殖民地化和民主化、普遍失业或者文化产品与文化弊病的大规模扩散，这作为一个练习留给读者。

总之，现象学对于社会研究曾做出过以下贡献：令人费解的、自命不凡的术语行话，缺乏严谨性、主观主义，蔑视经验研究，以它们的社会背景和历史背景为代价，仅对日常生活中不重要的细枝末节感兴趣。这在常人方法论中尤其明显。

最后，现象学的重要产物——存在主义，是几乎不能被分析的，因为它是非理性主义者的废话坑。让读者自己从以下样品中进行判断，摘自海德格尔献给他老师胡塞尔的著名的《存在与时间》（Heidegger，1986［1927］）。关于人类存在或者此在（*dasein*）："此在之存在说的是：先行于自身已经在（世）的存在就是寓于（世内照面的存在者）的存在"[①]（Heidegger，1986［1927］：192）。关于时间："时间源始地作为时间性的到时存在；作为这种到时，时间使操心的结构之建制成为可能"[②]（Heidegger，1986［1927］：331）。我对任何人能弄明白这些文字游戏的意思，或者甚至把它们翻译成可理解的德语表示质疑。这不是普通的垃圾，它是不可回收的学术垃圾。

第四节　本体论建构主义

哲学建构主义的观点是，所有一切都是被构建的，即没有什么是被给予的。存在两种不同的建构主义：认识论的和本体论的。前者，从亚里士多德到康德、恩格斯、爱因斯坦、皮亚杰和波普尔，认为所有的概念和理论都是人类的建构。它反对声称所有的观念都是认知或者直接从认知中导出的经验主义。对概念形成的经验的、分析的和历史的研究都支持认识论的建构主义（回想第二章）。

本体论的建构主义完全是另一回事，它是唯心主义的观点，即所有的事实都是人类的建构。它可能源于这两个错误中的任一个，一是这种信念：因 296
为我们知道关于任一对象 *X* 的一切都是构造的而不是被发现是现成的，那么

① 此处翻译参考：海德格尔．1999．存在与时间（修订本）．陈嘉映，王庆节译．北京：生活·读书·新知三联书店：222.

② 此处翻译参考：海德格尔．1999．存在与时间（修订本）．陈嘉映，王庆节译．北京：生活·读书·新知三联书店：377.

*X*本身必须已经被构造了；二是这个主张：因为一些存在主义的假设，比如那些关于女巫和以太的假设，被证明是假的，所以不可能存在自我存在的事物，更不用说关于它们的客观真理了。

现今流行的本体论的建构主义一点也不新颖，它至少可追溯至贝克莱的著名准则“存在即感知或者被感知”（Berkeley，1713）和叔本华的“世界就是我的表象”（Schopenhauer，1836）。穆勒（Mill，1843）把物质定义为“感觉的恒久可能性”，而且马赫（Mach，1886）认为，世界是由感觉组成的。卡尔纳普在他的《世界的逻辑结构》（Carnap，1928）这本书中分析并系统化了这种观点。弗莱克（Fleck，1979［1935］）给予建构主义以一种新的观点：不是个体，而是共同体尤其是科学共同体构造了这个世界。

后面这个观点在学术圈中变得流行，多亏了库恩（Kuhn，1962）、福柯（Foucault，1969）和费耶阿本德（Feyerabend，1975）。因此，在一本很有影响力的著作中，拉图尔和伍尔加（Latour and Woolgar，1986：182）声称，“‘外部性’［即外部世界］是科学工作的*结果*而不是它的*原因*。”人们或许会认为，这些作者都只是把事实与陈述混淆的哲学上不懂世故的人。实际上，拉图尔和伍尔加声称，“一个事实只不过是没有形态［也就是说，没有迹象指示它被作为一个假设对待，或者没有迹象指示它已经被证实］和没有作者痕迹的陈述”（Latour and Woolgar，1986：82）。但是，因为他们随后（Latour and Woolgar，1986：174ff.）对实在论发难，人们被迫认真地对待他们的主观主义。当他们声明“现实是建构的结果而不是原因”（Latour and Woolgar，1986：237）时，毫无疑问是就他们的主观主义而论的。这个学派的其他成员一致同意。因此，H. M. 柯林斯（H. M. Collins，1981：3）写道：“自然世界在科学知识的建构中作用很小或者没有任何作用。”而且，因为实验室充满着人工制品，克诺尔－谢廷娜（Knorr-Cetina，1983：119）声称：“在实验室的任何地方我们都确实没有发现对描述主义者对探究的解释至关重要的‘自然’或者‘现实’。”

简言之，根据本体论的建构主义，现实并非独立于认识者而是他的产品。科学研究是“源源不断地分泌构成‘这个世界’的实体和关系的过程”（Knorr-Cetina，1983：135）。例如，天体是“文化对象”（Garfinkel et al.，

1981）。实际上，每一个对象都是“实验室暂时性的一个图标”（无论这可能意谓着什么）（Lynch et al.，1983）。新科学社会学的一个重要的哲学导师写道：“*科学实体*（就此而言，所有实体）*都是推测并因此都是与表达它们的理论、意识形态和文化相关联的*。”（Feyerabend，1990：147）叔本华的准则“世界是*我的表象*”，现在被解读为“世界是*我们的*建构”。

固有地存在于古老的主观唯心主义之中的本体论的建构主义，仅仅被少 297
数建构主义者所认可。因此，H. M. 柯林斯（H. M. Collins，1981）承认，新的科学社会学曾经受到这些唯心主义哲学的影响，比如，现象学、结构主义、后结构主义、解构主义及后期维特根斯坦和一般符号学法国学派的言语崇拜。而且伍尔加（Woolgar，1986：312）解释说，他、拉图尔、克诺尔－谢廷娜和其他人所实行的话语分析，都受惠于后结构主义（尤其是福柯和德里达），它“与常人方法论的唯心主义者派别的立场一致，即不存在独立于用来理解它的词语（文本、符号、文件等）之外的实在。换句话说，是在话语中并通过话语构成的”。世界是一个图书馆，甚至“*现实*也不能在话语之外存在”（Woolgar，1986：312）。

如果事实和理论确实相同的话，那么就没有事实可以被用来检验一个理论，也没有理论能够指导搜寻新事实，默顿（Merton，1957）和其他科学家都相信这个方法。因为理论检验和理论引导探索都是日常的科学生活事实，由此断定，否认它们之间的差别是违反事实的。此外，如果事实和理论是完全相同的话，事实将会具有理论属性（如一致性和解释力），而且理论也将会具有物理的、化学的、生物的或者社会的属性（如黏性和毒性）。因为情况不是这样的，所以这个假设的同一性仅仅是一个混淆。然而与之相伴发生的这种混乱和认识论的相对主义，是科学社会学中的“强纲领”的特征（Bloor，1976）。它的拥护者们声称，所有现实都是由人类建构出来的，所有一切都是发明，没有什么是被发现的，所有的构想都有一个社会内容。

建构主义者写到“科学事实的社会建构”，而大多数科学家和所有的实在论哲学家都将涉及科学家之间的相互作用过程（无论是面对面的还是通过文献）。这个过程从决定探索一个领域和提出一个问题开始，以进行观察并做出一个推测或者批判性评论为续，以一个或者多个至少暂时因为已经通过必需的检验（比如充分真）而被普遍接受的陈述为终。因此，一个实在论者会说，在两个相互竞争（然而经常合作）的研究小组中工作的科学家*发现*了 TRF 化合物的分子构成和生物功能，而对于拉图尔和伍尔加（Latour and Woolgar，1986：152）来说，那个发现“完全是一个社会建构”。这个故事版本是对历史的歪曲，此外，它公然抵触进化生物学和科学方法。

总之，本体论的建构主义既不是真的也不是新的。糟糕的是，它阻止对世界的探索并因此阻止寻求客观真理。更为糟糕的是，当被付诸实践时，它
298 类似于萨满教并因此可能具有一种消极的社会影响。例如，在《社会工作》上看到一篇题目为“言语创造世界”（Hartman，1991）的社论的一名专业人员，有可能这样来劝告受虐儿童和无家可归的人：“只要用你悲惨的境遇说服你自己就可以了。”

第五节 唯物主义

没有一种比唯物主义曾受到的误解和中伤诽谤更多的哲学了，主要是因为它通常伴随着无宗教。用日常语言来说，唯物主义经常与贪婪合并。在社会科学的元理论中，它经常与自然主义、经济主义甚至与实证主义相混淆。自然主义是庸俗唯物主义的版本，它否认社会的特殊性并因此试图把社会研究还原为自然科学。行为主义、人类社会生物学和基因决定论是三个失败的唯物主义的自然主义版本。另一个是经济主义，其观点是，所有的人类行为都仅仅由物质利益或者经济利益驱动。无论如何，哲学唯物主义不是一个单一的学说，而是一个完整的世界观“家庭”。

哲学唯物主义是一个本体论的“大家庭”，它断言所有存在的事物都是物质（具体实在）的，尽管未必是有形的。除了这个共同的论点之外，唯物主义有很大的不同。只有通过增加一些进一步的要求，一种明确的唯物主义的本体论才能被建立和被识别。除了别的之外，这就是我们何以能够区分以下种类的方式：机械论、自然主义（尤其是地理决定论和生物决定论）、历史唯物主义、文化唯物主义和突现唯物主义。我们继续简略地描述它们，尤其是与社会相关的。

*机械论*是唯物主义的最早种类，它固有地存在于古代原子论中。它认为，世界上的一切事物都归结为运动中的实体和微粒，因此，每一种科学至少在原则上都应还原为力学。比如，霍布斯的《论物体》（Hobbes，1655），笛卡儿死后出版的《论光》（Descartes，1644）和拉美特利的《人是机器》（La Mettrie，1747）。机械论维持着近代世界观的核心地位，直到19世纪中期，当场论、热力学和进化生物学出现时。

*自然主义*是机械论的一个延伸。它认为，个人和社会都是自然的部分，因此必须以与研究自然事物相同的方法来研究。这就是社会物理学、社会化学、社会达尔文主义、行为主义和社会生物学形成的方式。自然主义者很少或者不注意个体的信仰、价值观、期望值、决定或者策略（他们中的一些，唯名论者、激进的行为主义者和所谓的取消式唯物主义者，甚至否认心灵的存在）。他们也不承认社会系统的独特性质和模式。简言之，他们排除了很多，而且是激进的、向下的还原论者。

一般而言，适用于自然主义的更加适用于它的主要变体，即环境决定论 299
和生物决定论。前者以行为主义为代表，声称人类是他们独自的自然环境的产物，而后者则声称我们都是我们的基因的产物，并声称社会分化是自然选择的结果。这些观点中的每一个都包含些许真理，严肃认真的社会科学家没有一个可以忽视环境的约束和刺激、遗传或者我们的动物条件。但是二者都没有为创造性、主动性、公正无私的调查或者约定习俗腾出地方；也没有一个解释了个体和社会系统的多样性或者可变性；而且关于任一超过家庭的社会系统，比如，经济、政治和文化，二者也都没有言说任何合理的东西。他们意图以极少来解释大量并且忽略剩下的，即他们是过分简单化的。

唯心主义者，尤其是如齐美尔和韦伯这样的新康德主义者，以及他们的继承人——理性选择理论家们，都在社会科学中正确地拒绝了自然主义。但是他们是因为错误的原因而正确，因为他们相信社会过程（就这些对于个人主义者是可容许的这个意义上来说）是单独的心理过程的结果。例如，摩根斯坦（Morgenstern，1972：702）写道："关于决定、期望值、计划、评估的一个'以太网'绕着这些物理对象［有形之物］四处运动。"

对于一个唯物主义者来说，每一个心理过程，无论是情感的还是认知的，都是一个大脑过程。他否认观念本身能够移动事物，不是因为观念作用作为一个大脑过程是因果无效的，而是因为不存在观念本身。不说心作用于身体，他说大脑的某些部分作用于身体的剩余部分。如果他是始终如一的，那么他还将认为，个人和社会系统都是物质的并满足一些自然规律。然而，唯物主义者不必是激进的还原论者，或者尤其是自然主义者。他们或许是突现论者，即承认个人和社会系统主要是被制造的（是人造的），由此他们具有对于自然科学未知的属性。简言之，自然主义认为人和社会都是物质的，这是正确的，在否认他们的突现属性上是错误的。这是即将讨论的*突现唯物主义*的要旨。

马克思主义的社会哲学——*历史唯物主义*，把迫切需要的社会层面加入到自然主义中（Marx and Engels，1986）。它的中心论题是：①每一个社会都有一个物质基础——经济，之上有一个由政治和文化组成的意识形态的*上层建筑*；②经济是所有社会的原动力，上层建筑仅仅反映和巩固经济生产关系；③所有的阶级社会都是矛盾的，社会变化最终源于经济利益的冲突。当在19世纪中期首次被提出时，这些思想在智力上和政治上都是新颖的、令人震惊的和强有力的。他们重新定向了许多社会研究并形成了最终影响了三分之一
300 人类的一种意识形态核心，导致这个星球的政治地图的一次根本上的重新绘制。这里不是探究这种巨大的社会运动在近些年经受暂时挫折的原因的地方（对于那些，见 Bunge，1998）。在这里，我们只问上述三个历史唯物主义的原则有什么问题，如果有的话。

首先，基础结构 - 上层建筑这个论点是古老的物质 - 意识二元论的一个版本。其次，另一个众所周知的观点是，出现在经济阶段的人物角色只不过是存在于他们之中的经济关系的人格化身（Marx，1967［1867］）。简言之，每一个人都是“社会关系的总和”（Marx，1973［1857-1858］）。这种结构主义在某种意义上是*激进的*柏拉图主义，因为它相当于假定了关系的存在先于并且高于相关术语（如果 *Rab* 情况属实，一个柏拉图主义者认为，个体 *a* 和 *b* 仅仅例证了预先存在的 *R*，而一个唯名论者认为只有 *a* 和 *b* 存在）。

唯心主义的更多问题在列宁中被发现（Lenin，1947［1908］：251），他斥责狄慈根拒绝物质与观念的二元对立，没有这个的话，列宁认为在唯物主义和唯心主义之间就不会存在对立。在同一本著作中（Lenin，1947［1908］：

121），他把客观真理等同于绝对真理，并将之定义为“不依赖于个人和人类的真理”。他因此不经意地接受了柏拉图的、莱布尼茨的和波尔查诺的关于命题本身的唯心主义论点，它将被波普尔复活（Popper，1972）。更值得注意的是列宁对波普尔的“三个世界”理论的预测。实际上，在他的《哲学笔记》（Lenin，1972［1914］：182）中，关于我们对外部世界的知识，他写道：“在这里*的确*客观上是三项：①自然界；②人的认识等于人脑（就是同一个自然界的最高产物）；③自然界在人的认识中的反映形式，这种形式就是概念、规律、范畴等。”[①] 成为一个始终如一的唯物主义者并非易事。

一个始终如一的唯物主义者拒绝把理念与物质分离，正如他不把一个微笑与一张脸分离一样。他将连同跳动的心脏，一起来讨论形成概念的大脑，还将把政体和文化看作是由具体的实体即由人民组成的物质（尽管不是物理的）系统。这将会导致他拒绝第二个马克思主义的原则，即认为社会“最终”是由经济驱动的论点——一种特殊的所谓物质高于精神的优先性的情况。他或许反而主张，环境或者社会四个主要子系统中的任一个——生物的、经济的、政治的或者文化的，可能引起一些变化，这些变化很可能拖着其余的随之而来（例如，一项技术发明或者一项新的立法或许会引起经济变化）。这实 301
际上是我们关于社会的 BEPC 模型归结起来的东西。

对历史唯物主义第二个论点的不同看法，将导致始终如一的唯物主义者拒绝第三个原则。虽然在矛盾冲突的中心性上意见一致，但他将指出，除了那些穷人对抗富人的矛盾冲突之外还存在着大量的社会矛盾，例如性别（冲突）、种族（冲突）、宗教（冲突）和国际冲突。一些矛盾冲突是自上而下类型或者自下而上类型，但是其他一些是输入－输出种类，它们并行出现，而且它们中的一些相互纠缠（如 Mann，1986，1993）。此外，合作和矛盾冲突一样是无处不在的，考虑下家庭、学校、公司和非政府组织。

简言之，历史唯物主义在某些方面存在一些问题。一个始终如一的唯物主义者将会赞成一种五维的——环境的、生物的、经济的、政治的和文化的——探讨社会和历史的方式。他还将承认合作伴随着矛盾。并且，如果他

---

① 此处翻译参考：列宁．1993. 哲学笔记．中共中央马克思恩格斯列宁斯大林著作编译局译．北京：人民出版社：153.

碰巧具有一种科学的思维方式的话，他将会根据科学进展来更新他的哲学。

为马文·哈里斯（Harris，1979）所拥护，而且理所当然地在人类学家之中受到欢迎的*文化唯物主义*，始于历史唯物主义停止的地方。它与历史唯物主义的区别在于，它拒绝辩证法的朦胧晦涩，而且包含环境挑战以及有性生殖和生物繁殖作为人类行为强有力的动机。因此，文化唯物主义，或许应称之为“生态生物经济唯物主义”，密切注意环境变量和人口统计变量，尤其注意人口增长的经济原因和影响。因此，它最富有成效的中心论题之一是这个：繁殖压力→过度生产（尤其是过度狩猎、过度捕捞和过度种植）→自然资源枯竭→穷困→社会退步。这是迄今为止熟悉的苏美尔人的悲剧、玛雅人的悲剧和其他一些人的悲剧。

302 虽然文化唯物主义有许多值得赞扬的东西（Ross，1980），但它容易招致三个主要的反对意见。一个是它把“上层建筑”当作一种空洞实体，而不是把它看作是社会的一个子系统。第二个是它支持经验主义者（归纳主义者）的观点，认为概念的形成常常是源于数据的，而且还支持理论构建是规则导向的这个天真的想法。（然而，经验主义对于人类学家是一种职业病，而且无论如何远不及主观主义所造成的损害。）文化唯物主义第三个会引起反对的特征是，它是功能主义的理性选择版本。实际上，哈里斯假设所有的社会发明，从农业到国家，从饮食禁忌到丰收祭礼，都是基于成本效益的考虑而被引入的，尽管多半都是无意识的。例如，根据哈里斯，阿兹特克人实行活人献祭是因为他们缺乏动物蛋白，即使这样事实上他们每年只能得到几克的人肉。这种论点至少存在着三个问题。第一个是它低估了人类的愚蠢、残忍和编造神话。另一个是它低估了统治阶层举行令人印象深刻的公共演出的需要和能力（León-Portilla，1980）。第三个问题是它不能解释为什么人们倾向于保留某些习惯，即使它们已经变得不正常，现今的生育权通常就是这样。

历史唯物主义和文化唯物主义二者中存在的缺陷启发人们思考如何根据当代科学来革新唯物主义，使之成为形式上精确的和最新的。事实上，我在第一节使用了这种策略去阐明事物的概念（尤其是系统概念）、属性概念（尤其是突现属性）、过程概念、模式概念和其他一些概念。特别是，我把一个物质实体定义成一个可变实体，而且把一个具体系统定义为一个完全由彼此互相连接的物质事物构成的系统（第一章）。所有唯物主义的共同假定可被陈述如下：

M1. 一个对象是真实的（或者真实存在），当且仅当它是物质的。

M2. 现实世界是由所有物质事物组成的系统。

尤其是，一个系统是真实的（物质的），当且仅当它完全由真实的（即物质的）部分组成。因此，社会系统是物质系统。（另一方面，诸如家庭和邮政这样的公共机构，如果被认为是社会系统的种类或者“家族”的话，那么就正如集合一样是非物质的。）如果我们现在把*物质*一词定义为所有物质对象的集合，并把*真实性*一词定义为所有真实对象的集合的话，我们便提出了同一性，即真实性等于物质。注意，这是一个假定，不是一个定义。实际上，根据定义，一个真实对象是一个独立于认识者存在的物体。但是，诸如柏拉图、黑格尔和波尔查诺这样的客观唯心主义者，则假定观念独立存在，他们是本体论实在论者而不是唯物主义者。然而许多学者，包括一些马克思主义者，把唯物主义等同于实在论，因此混淆了一种本体论学说（唯物主义）和一种认识论学说（实在论）。

使用一些基本的形式化工具并紧密联系当代科学与技术，建立一种唯物 303
主义的本体论是可能的，它是①*精确的*：每一个核心概念都是精确的或者可精确化的；②*系统的*：每一个陈述都是一个假说演绎系统的一个成员；③*科学的*：每一个假设都与当代科学符合一致；④*物力论的*：每一个实体都是可变的；⑤*系统的*：每一个实体都是一个系统或者系统的一个成分；⑥*突现论的*：每一个系统都具有它的成分所没有的属性；⑦*进化论的*：每一突现都是某一进化过程中的一个阶段。我们称呼这种本体论为突现的（或者科学的）唯物主义（Bunge，1977b，1979b，1981c）。

对于社会科学，这种讨论的结果是，和它的前身不同，突现的（或者科学的）唯物主义集中于社会系统并且在社会生活中给观念分配了一个重要的功能，但没有落入唯心主义者的放肆言行中。它把人类理解为具有他们自己的需要和欲望、观念和社会行为的整体性存在，没有试图把一切社会事物都简化还原为生物或者经济因素。尤其是，科学的唯物主义没有把人类生活局限于生殖、生产、消费或者斗争上，它还包含友谊和合作、沉思和理性、道德和法律。这种广阔的视野是唯物主义的，因为它拒绝把观念及其符号与活人的大脑和行为相分离，而且远非把文化看作是自主领域，而是把它看作是社会三个主要的人工子系统之一，既不是被动反映也不是原动力。这种观点认为，所有的社会科学学科都是单个文化系统中同等重要的成分。

社会系统，尤其是诸如公司和学校这样的正式组织，没有一些思考是不能存在的。但是这并不蕴含着，它们仅仅在它们被思考的范围内才存在，就如唯灵论者声称的那样（如 Burdeau，1967，2：252：“国家之所以存在只是因为人们认为其存在”）。承认甚至强调发明、推理、选择、评估、决定等的作用，并没有许诺接受唯心主义，因为唯心主义与科学不一致而更是如此。实际上，事实科学家们所研究和处理的仅仅是物质事物，从电子到场到人再到社会。远非在幻想这些事物都是作为他们思想的结果而产生这种错觉的指导下工作，自然科学家和社会科学家们假定他们的研究对象独立存在或者可能独立存在，无论是在现在、过去还是在未来。

简言之，唯物主义曾获得胜利，而唯灵论在科学社会研究以及在自然科学中失败了。因此，任何与事实科学相容的哲学都将是唯物主义的。诚然，社会关系通过人类的头脑，但是正是这样的头脑而不是非物质的精神，进行着感觉、感知、思考，等等。科学家们用观念映射这个世界，但这些都是他们大脑中的过程，并因此是科学研究的对象而不是唯心主义哲学家的财产，
304 这也是正确的。唯物主义者对观念的见解有助于解释为什么关于这个世界的一些知识是适当的：作为这个世界的一部分，一些动物能够了解关于它的知识。然而，知识是下面两章的主题，它们专心致力于到目前为止已经在社会研究的元理论中浮出水面的主要的认识论学说。

第十二章

直觉主义、经验主义、实用主义和理性主义 305

本章讨论四个知识学说家族——直觉主义、经验主义、实用主义和理性主义——以及它们的一些组合。我们在第九章第五节第一次遇到了直觉主义，在那里我们认为它等同于整体论的认识论。直觉主义声称，人类或者至少他们中的一些，在不进行分析的情况下，有能力以一种即时方式把握事物或者观念。柏格森或许是现代激进直觉主义最好的和最明显的代表。相比之下，康德和狄尔泰是温和的直觉主义者，因为他们承认需要柏格森所轻视的智力。

在社会研究领域，只有狄尔泰和他的一些追随者——尤其是诠释学家（如格尔茨）、现象学社会学家（如舒茨）、符号互动论者（如布鲁默）和常人方法论者方法学家（如加芬克尔）——是直觉主义者。尤其是，狄尔泰认为领会（洞察力、感知力、理解或者解释）是非理性的和综合的（或者总体的），和解释（说明）不一样，它被公认是理性的和分析的，但据称仅限于数学和自然科学。

经验主义与直觉主义是敌对的，它以两个基本的变体出现：认识论的经验主义和本体论的经验主义。根据认识论的经验主义，所有的知识都源于经验，尤其是源于知觉，无论是自发的，就如在日常生活中，还是被训练的，就如在科学研究中。这里我们不会关注本体论的经验主义，根据它来说，存在即被感知或者将要被感知。这种观点被贝克莱、阿芬那留斯、马赫、后期 306
的威廉·詹姆斯和年轻时期的卡尔纳普所持有，依然是稀奇的玩意。

与之相比，认识论的经验主义是在除了新古典微观经济学之外的所有事实科学中最具影响力的认识论。即使一些复杂的理论物理学教科书也是从宣布经验主义者的信仰开始的，结果却是立即投入如场论和量子力学这样的概念的建构中，它们缺乏任何从感觉经验中提取出来的概念。我将批判经验主义的狭隘，然而并未联合实证主义的破坏者，他们拒绝所有对事实发现和经验检验的关注。

实用主义以行动为中心，根据这种学说，行动是所有知识的来源、内容、检验和价值。实用主义以两个版本出现：温和的实用主义或者优雅的实用主义及激进的实用主义或者粗鲁的实用主义。皮尔士、杜威和 C.I. 刘易斯是温和的实用主义者。众所周知，轻视和讨厌知识分子的乡下人都是激进的实用主义者，尼采就是这样的。但是两个版本的实用主义都阻碍公正无私的研究并因此不知不觉地破坏了他们所颂扬的技术的来源。

最后，理性主义与直觉主义和经验主义二者都不一致。大致来说，理性主义就是信任理性。它也有两个版本：温和的理性主义和激进的理性主义。对于理解任何事，任何把理性看作是必要而非充分的人都信奉一种温和版本的理性主义，这种理性主义可以与温和的直觉主义相结合，比如在韦伯的情况下，或者可以与温和的经验主义相结合，比如在几乎所有的科学家的情况下。

由柏拉图创立的激进的理性主义是这样的一种论点，即理性既是必要的又是充分的，不仅在数学中，而且在科学和技术中。许多理性选择理论家，尤其是新奥地利经济学家和自称的“经济学帝国主义者”，都曾接受激进的理性主义。他们是先验论者，也就是说，他们不在乎经验数据。先验论是激进的理性主义者与直觉主义者共享的一个特征，并且是联合它们来反对实证主义和科学实在论的一个特征。

我们将检验这些各种各样的观点，发现它们是不能令人满意的，最后以提出一种特别的理性主义与经验主义的综合而结束。

第一节 直 觉 主 义

直觉当然是一种即时认识，知识的获得很少反思或者不用反思。它可以是知觉的或者概念上的（智力的）。因此，我们通常可以毫不费力地认出熟悉的面孔——尽管有时候我们会犯错误。我们还可以在没有深思的情况下“看出”，例如“正在下雨”和“电视开始了”这两个命题彼此之间不是等价的，而两个数学公式的逻辑等价可能需要辛苦的证明。

于是，直觉是真实的，但它至少和知觉与推理一样是易错的。然而，和 307
这些一样，直觉是可以被训练的。这样的一种训练伴随着经验和反思。因此，通过做数学，一个人可以获得关于抽象物质的直觉。在这种情况下，远非是前分析的，直觉是理性的额外收获。而且，在所有情况下，直觉必须根据推理或者经验被检查。这对于那些在数学、核子物理和社会科学中被研究的对象来说尤其正确，它们对于普通经验来说是达不到的。

简言之，直觉仅仅是认知的一个阶段。因此，声称一个给定的问题，无论是认知的、实际的还是道德的，仅仅凭直觉就可以被处理，是默认无知或怠惰。因此，直觉主义是错误的，根据这种观点，直觉是绝对可靠的并且是最高级的认知官能（更多讨论见 Bunge，1962b）。此外，直觉主义向异想天开敞开大门并引起轻信。激进的“女权主义理论”可以为此作证。例如，谢泼德（Shepherd，1993）赞同荣格的心理学、超心理学、整体的形而上学和连同直觉主义一起的整体医学。

尽管在直觉主义和唯心论之间不存在逻辑关系，但事实上它们是相互关联的。柏格森（如 Bergson，1903）和狄尔泰（如 Dilthey，1959 [1883]，[1900]）就是恰当的例子。一方面，我们将忽视前者，因为他从未影响社会研究，除了间接地通过他的反智主义之外（关于一个早期的批判，见 Benda，1912）。另一方面，狄尔泰对于一些社会科学家来说是熟悉的，因为他的一些唯心论和直觉主义的断言：①社会科学是精神科学（精神的科学）并因此与自然科学是分离的；②和自然科学家不一样，社会科学家充分地使用移情作用（*Mitempfindung*），而且旨在领会（*Verstehen*）而不是说明（*Erklärung*）；③*精神科学*只对特殊和整体感兴趣，绝不对一般和局部感兴趣，并且它们可以被立即掌握，不通过理性的努力或者分析的努力；④在研究中，我们必须依靠“个人生活的力量”而不是“仅仅智力的力量”；⑤遵守前述规则将会带来绝对可靠的知识。

狄尔泰并未为这些断言提供任何证据，除了传记作家试图把他们自己放在他们研究对象的位置，以及历史学家没有发现任何规律之外。但另一方面，直觉主义者自称拥有即时的关于事物的某种知识：它们不需要检验或者这些可能产生的（正面的或者负面的）证据。读者被邀请把这些直觉主义者的论点应用于描述、理解、控制或者重新设计一个商业公司或者一个政府部门。此外，他被邀请用这个警示为他向上级或者客户的报告作序："不会被检查、质疑或者修改，因为它是我绝对可靠的直觉的产物。"

"现象学之父"和"存在主义始祖"胡塞尔（Husserl，1950［1931］，1952
308 ［1913］)，进一步推进了直觉主义。他认为，我们可以把握所有事物——想象的或者具体实在的、自然的或者社会的——不变的*本质*（eidos），通过一种特殊的智力的但却是非理性的直观，叫作"本质直观"（*Wesensschau*）。这样一种直观将独立于普通经验进行；此外，它只能通过"摆脱"真实事物进行练习，即假装它们不存在。简言之，我们通过忽视存在而把握本质。胡塞尔称这种具有方法论唯我主义特征的操作为"悬置"（见第十一章第三节）。

典型的是，胡塞尔没有费心地去阐明他的本质概念。他的弟子海德格尔甚至更是不加选择地使用同一个词语。例如，在他关于真理的一篇短文中，海德格尔（Heidegger，1976［1943］）声称：①真理的本质是自由；②自由的本质是真理。现在，这些句子的组合产生了"真理的本质的本质是真理"，以及"自由的本质的本质是自由"。这些字串没有一个是有意义的，即使假定"本质的本质"等于"精髓"。但当然，海德格尔并不关心意义。

根据现象学，本质直观将产生真理，尽管不是形式的，但也凭借着理性论证或者经验数据而不受批判的影响。当然，一方面，无论是自主本质的存在还是那种非凡能力的存在都没有被提供任何证据；另一方面，许多本质的或者基本的属性和规律的科学发现的例子可以被引用——如那些核物理学和遗传学中的，通过猜测和检验违反直觉的理论。有趣的是，现象学并没有禁止怀疑和一般意义上的批判；它只是把它们局限于经验数据和事实科学。于是，事实科学充满着不确定性；相对于据说产生绝对的、明确的真理的"本质的科学"，它将成为一个二流领域。胡塞尔（Husserl，1950［1931］：30）强调说，现象学"*与就目前公认的意义上来说*确定的、'*客观的*'*科学相比*，形成了*极大的反差*"。而且，就如我们在上面已经看到的那样，他（Husserl，

1954［1936］）因被他看作是“欧洲科学的危机”的东西谴责自然主义和精密科学。考虑到现象学的反科学立场，很难去理解为什么它近来在一些社会学者中变得可接受的原因（见第十一章第三节）。

总之，直觉主义不是一种正确的和富有成效的知识哲学。而且现象学是直觉主义所有变体中最糟糕的，因为它假定了本质直观，或者以一种直接的、即时的方式“看到”本质的能力的存在。最坏的情况是，它不仅免除了研究者收集数据和建立理论——尤其是数学模型——的任务，还免除了研究者使它们接受检验的科学职责和道德职责的任务。简言之，现象学是武断教条的。

这不是要否认各种直觉的作用。我们经常始于某种直觉观念。但是在检 309
查和精炼或者拒绝它们之后，我们以不同的观念而结束，它们中的大多数是违反直觉的。然而，关于日常生活之外的事实或者观念，初始直觉是稀有的，或者当它们确实发生时，通常都是错误的。这对于大型的社会系统和巨大的社会过程来说尤其有效，正如它对于基本粒子和星系来说有效一样。在所有这些情况下，依赖于直觉必然导致毫无结果或者导致灾难。这就是为什么直觉主义在社会研究和政策制定及在物理学中至多是贫瘠空洞，最糟糕是灾难性的原因。

第二节　当代蒙昧主义

蒙昧主义者免除了理性、经验或者二者。因此，他们拒绝理性主义、经验主义和二者的任一组合。此外，他们的许多著作都是难以理解的并且有时候甚至是不合语法的。遗憾的是，非理性主义再次变得越来越流行——这既是文化颓废的一个指标又是它的一个原因。尽管在文学和通信部门中特别臭名远扬（Livingston，1988，1991），但它还是通过文学院进行了传播。考虑以下来自纽约新社会研究学院的课程描述：“克尔凯郭尔是第一个解构形而上学的人；他也是第一个意识到这个任务是不可能被完成的人。这使他成为第一个后古典哲学家。”简言之，克尔凯郭尔认识到“解构”（揭露？）形而上学是不可能的；然而，在同时，他却完成了这个任务。类似的是：悬浮当然是不可能的，但我却一直是这样做的。这些都是自我矛盾的例子，因此是非理性的陈述。

理性动物由于一些原因试图避免自己陷入矛盾。首先，合乎逻辑的理由是，矛盾（形式上）是错误的。其次，一个矛盾意味着任何事物，无论是真的还是假的、相关的还是不相关的，它不能根据它的结果来判断（对于任一命题 A：$A \& \neg A \Rightarrow B$，$B$ 是任意的。证明：根据定义，$A \Rightarrow B =_{df} \neg A \vee B$，如果 A 为假，那么它为真，不管 B 的真值如何）。避免矛盾的方法论理由是，每一次 A 的经验证实都驳斥了 $\neg A$ 并因此使 $A \& \neg A$ 这个结合无效（反证的效果当然也是一样的）。实际理由是，我们不可能同时执行两个互不相容的行动。道德理由是，善与恶是互相排斥的。

就如黑格尔、克尔凯郭尔和萨特所做的那样——它可能会主张现实本身是荒谬（或者矛盾）的。但这是荒谬的，因为现实不是一个命题，因此它不具有诸如一致性或者它的对偶这样的逻辑属性。确实，一些具体的系统和一些过程包含着相互对立的成分、方面或者势力。但是这些都是本体敌对的情
310 况，不是逻辑矛盾。真实敌对和逻辑矛盾之间的合并，以及相应的本体论和逻辑学的混淆，在唯心主义者的哲学中，尤其是在黑格尔的哲学中是不可避免的，这也是正确的。然而，这仅仅说明唯心主义者的哲学对于科学研究或者理性行动来说不是一个可靠的指导。

许多受到直觉主义、实用主义、存在主义或者精神分析学影响的社会学者，认为人类从根本上说是非理性的。他们忽略了这个事实，即在一些历史时期中的许多人，都曾从事于理性论述，克服迷信，接受理性信念，并且从事理性行动，即使在没有得益于大学教育的情况下。关于此一个很好的例子是，美洲印第安人相当快速地丧失了对万物有灵论、萨满教和魔法的信仰的方式，当面对他们的欧洲征服者时。一开始他们相信西班牙人是超自然的、无敌的和长生不朽的。但是当他们看到他们得病和死亡，而且当他们习惯于欧洲的人工制品时，美洲印第安人意识到他们的新主人和他们自己一样也是人类（Trigger，1991：1211）。

一个较新的、突然的、巨大的和悲剧的对一个信念系统丧失信心的例子是苏联“科学共产主义”的垮台，面对没有能力解释和阻止事情的发展。这并不蕴含着代替它的迷信会更好一些。但是它确实说明，与经验和理性的力

量相比，人们不可以夸大传统的信仰体系的力量。回想一下林肯关于没有人可以一直愚弄所有人的律则。

最后，一个更加微妙的对理性的攻击必须被简要提及，即由后期维特根斯坦（Wittgenstein，1953）引入的语言哲学。这种哲学位于非理性主义的边缘，在于它是关于话语而不是关于观念或者事实的，而且还在于它阻止形式化、理论化，以及对科学与技术的好奇心。因此，它使学者们远离逻辑学、科学和技术，并且不知不觉地使他们同情哲学诠释学，根据哲学诠释学，一切事物都是一个可被解释的标志或符号（回想第十一章第二节）。这种“语言转向”的一个结果就是最近修辞学的复兴和所谓的社会科学修辞学的诞生。它对社会研究的影响可以从罗蒂的《哲学与自然之境》（Rorty，1979）和麦克洛斯基的《经济学的花言巧语》（McCloskey，1985）的普及流行中判定。这两本书的核心论点是，做科学仅仅就是从事于会话交谈。麦克洛斯基补充说，科学研究的最终结果是有说服力的隐喻，不是最大程度的真数据或者真理论。

诚然，交流对于所有研究来说都是必不可少的。但这依旧是真的：富有成效的交谈只有当存在着有意思的想法被谈论时才是可能的，天气和体育不可能是富有成效的科学聊天的主题。即使在科学中，论证有时候也是带修辞
色彩和生气勃勃的，而不是严格和不带感情的，一些被当作理论的仅仅是隐 311
喻，这也是正确的。但是，修辞学家并没有把他们自己局限在注意这些老生常谈上：他们声称，社会科学的全部意义是旨在说服的修辞学而不是旨在真理的论证。因此，麦克洛斯基（McCloskey，1985：xvii）声称，所有的经济学构想，包括数学模型和统计学检验，“或许可被看作是修辞格——隐喻、比喻和诉诸权威。”我们被告知，“好的科学就是好的谈话”，“方法论是资产阶级的”。其含义是显而易见的：不用重视经济学和方法论，总之，拒绝“科学主义”和“现代主义”。简言之，拒绝光明，安于蒙昧。

考虑到蒙昧主义对社会生活甚至在学术圈中的强烈影响，它应该被科学地研究和批判，因为它的扩散破坏性地妨碍了进行研究和政策制定的科学探讨方式的传播。

第三节　庸俗经验主义和秘密经验主义

所有对现实严肃的探索的一个组成部分——经验研究，有时候与作为一种哲学的经验主义相混淆。经验主义是一种哲学流派，根据它，只有经验存在（本体论的经验主义），经验是观念的唯一来源并对观念进行检验（认识论的经验主义）。我们区分两个主要的经验主义学派：庸俗（或者天真的）经验主义和逻辑经验主义（或者新实证主义）。前者认为，所有的知识都是经验的，因此科学知识从性质上讲与普通知识没有什么不同。这是培根、洛克和休谟的观点，也是后期维特根斯坦和他的追随者及许多科学社会学家们的观点。与之相比，逻辑经验主义者在科学和非科学之间划清明显界限，而且在科学内他们把逻辑学与他们称呼的经验科学（我称之为事实科学）相区分。在下一节我们将检验逻辑经验主义。但是首先我们将检验庸俗经验主义，它不知不觉地被一些科学社会学家接受。

天真的经验主义是常识或者未经训练的哲学。尽管它可能适合于低等动物，但它并不适合于高等动物。因此，人们已经知道很多年的是，即使老鼠也有期望值，这些指导着它们寻找感官刺激并影响着它们的知觉。我们还知道，尤其是自从现代物理学诞生以来，高级科学概念既没有知觉对应物（与康德*步调一致*）也没有直觉内容（Einstein，1936）。例如，考虑这些概念：关系、变化、结构、质量、能量、熵、压力（机械的、心理的或者社会的）、
312 概率、新陈代谢、进化、社会、文化、历史、国家或者正义。所有这些都是非经验的概念，在于它们都不直接与知觉或者行动有关，然而它们在解释事实项中是不可或缺的。

适用于高级科学概念的东西，更不用说也适用于包含着它们的假设。所有这些都是由高度进化的人脑发明的智力建构。例如，考虑这个微不足道的定理：“在一个分成 n 个群组的社会系统中，存在着 $\frac{1}{2}n(n-1)$ 个逻辑上可能的对称的群际关系。”这个简单的反例足以反驳所有种类的经验主义。另一个反对经验主义的论证是本体论个人主义和方法论个人主义的失败（见第九章）。实际上，因为个体是可观察的而社会不是，所以经验主义蕴含着个

人主义。因此，如果个人主义倒下了，它也会拖着经验主义与它一起陷落（ $E \Rightarrow I \& \neg I \therefore \neg E$ ）。

然而，经验主义远不是毫无根据的。事实上，一些低层级的非技术性概念都是由经验提出的（如非技术性的［前科学］概念：事物、位置、持续、个人、行为和交换）。尽管如此，对于科学来说，这些仅仅是相应的科学概念的前身。亦真亦更重要的是，科学中所有的假设都应该是经验上可检验的，至少在原则上是可检验的，即使仅仅是间接可检验的，通过逻辑上有关的假设的直接检验。*这是*经验主义重要的、有效的、持久的贡献。它将被并入“理性经验主义”中（见第六节）。

天真的经验主义或者庸俗经验主义的失败，或许可以通过检验当代的一个例子，被清楚地看出来。被巴恩斯、布鲁尔、H. M. 柯林斯、加芬克尔、克诺尔－谢廷娜、拉图尔、马尔凯、平奇、伍尔加和其他人所拥护的建构主义相对论的科学社会学的一个主要原则是，关于科学没有什么特殊的：它仅仅是又一个“社会建构”，又一个“制造世界的方式”（古德曼的措辞），又一个“政治舞台”。但是人们能从用这样一个假定引导的研究中期望什么呢，它或许可被叫作“日常主义”？我们能够期望它教我们是什么把真正的科学与普通知识、伪科学，或者与其他诸如技术和意识形态或者工业和政府这样的人类行为领域*区别开来*，以及科学如何与它们*相互作用*？显然是不能的，因为它否认这样的区别并因此否认这样的相互作用的非常可能性。我们能期望它发现刺激科学发展和那些抑制它发展的社会因素吗？显然是不能的，因为它把所有的社会因素都看作是它们自己的建构，尤其是科学建构。我们也不能期望它*发现*别的东西，因为它否认发现外在那里存在任何事物的非常可能性，由于这个简单的原因，即它认为“在那里之外”不存在任何事物（回想第十一章第四节，关于本体论的建构主义）。如果我们相信建构主义的话，我们就能期望它仅仅交付它自己构造的东西。而如果我们相信相关联的相对主义的话，我们就能期望它所交付的实际上和寓言一样。因此，为什么要相信这个学派告知我们的任何事呢？

古典经验主义者弗朗西斯·培根——不是建构主义相对论学派的一个 313
英雄——相信，他曾经偶然发现少许规则，由此只有少数普通人能够做出科学发现。建构主义相对论的拥护者（尤其是，Knorr-Cetina，1981；Latour，1983）同实证主义的始祖相一致，尽管没有给予他以信任。他们走得甚至更远，声称关于科学不存在什么特殊的东西，“没有任何认知品性”。因此拉图尔（Latour，1983：162）说：“科学事实是普通人和设定的产物，它们不是通过特殊的规范或者沟通方式彼此联系的，而是通过与铭写装置一起工作的人。”铭写是什么意思，以及它们的内容如何进行一致性检查和真理检查都不要紧：只有“铭写技术（书写、学校教育、印刷、记录装置）”才是重要的。用费耶阿本德的话来说就是：“在实验室中，除了铭写装置和论文之外，怎么都行。”（Latour，1983：161）

科学研究的建构主义相对论者的观点是培根天真的经验主义的一种过度社会化版本。根据这种观点，科学家都忙于收集（更确切地说是构造）数据，制作“铭文”或者文本，彼此互相“谈判”，并且以神秘的方式改变他们的“规则”（甚至他们的“观察规则”）（如 H. M. Collins，1983）。发现问题、构思假设、设计和执行实验，以及真理或者一致性检查，并不出现在柯林斯称作“科学活动的维特根斯坦式 / 现象学 / 库恩式模型”中。换句话说，这不是实际的科学研究的一个模型：它是一个哲学幻想。

因为建构主义相对论秘密地支持庸俗经验主义，所以它没有注意概念问题和科学理论。或者，当它确实注意时，它把它们误认为是可以经受日常语言（或者“符号学”）分析的符号的集合。因此，拉图尔（Latour，1988）使爱因斯坦的狭义相对论经受这样的分析并得出结论说，它是关于“远距离运动之间的通信”，而不是关于嵌入电磁场的物体——这当然不符合这个假定：理论在任何地方都有效，即使在外太空。它也没有告诉我们 $E = mc^2$ 这个著名的公式如何能够对远距离运动有用。

因为这个学派忽视或者曲解了科学理论，所以它不能为现代实验室操作给出一个适当的（真的）解释，所有现代实验室操作都预设某些理论，而且它们中的一些被设计用来检验理论。因此，拉图尔和伍尔加（Latour and Woolgar，1979）及克诺尔－谢廷娜（Knorr-Cetina，1981）相信，实验室工作的本质是操作人工制品。在这个过程中，科学家没有发现或者发明任何事物，甚至没有发明仪器。他们仅仅是“在操作事物中”获得和累积“新的技能”，尤其是实验室设备的操作（Knorr-Cetina，1981；Latour，1983）。事实上，对实验室设备的操作常常是留给实验室技术员或者甚至留给自动化装置，因为 314
仪器仅仅是生产一些关于这个世界的客观知识的手段。当手段被系统地误认为成目的时，这是严重错误的事情，不仅仅是在道德中，而是在任何地方。

据推测，基于这种科学研究的操作主义观点，牛顿没有调查研究运动物体（力学的指称对象）而是忙着操作测量仪器，他对这些东西并不怎么关心。此外，尽管他是孤僻的，但牛顿必定也曾从事于与他的对手"谈判"，尤其是笛卡儿和莱布尼茨，事实上他无情地批判他们。他最终胜过他们，据推测是他在以谋略胜过对手中表现出来的优秀的能力的结果：他是更好的政治家。同样，克里克和沃森据推测应该扮演着这种角色：在剑桥大学花费时间进行测量（事实上他们从未做过），与罗莎琳德·富兰克林和其他晶体学专家"商议"，而且还通过他的儿子与莱纳斯·鲍林商议，给人一种他们决心要弄明白遗传物质的成分和结构的错觉。如果他们只知道关于建构主义相对论者的计划的话，他们将会意识到他们事实上正在做什么：什么也比不上去咨询建构主义相对论者治疗师来使自身摆脱自己的妄想。

新的科学社会学的拥护者们一再声称，远非忽视他们所研究的科研项目的"技术含量"，他们提供了对"科学活动'具体细节'的详细记述"（Pinch，1985：3）。他们完成这个记述，不是通过经历一个正常的、严格的、漫长的科学学徒期，而是通过参观科研实验室。因此，平奇（Pinch，1985：5）告诉我们，他对太阳中微子这个棘手问题的"熟悉"，来自"曾经参观过［雷蒙德·戴维斯的］实验场所并曾经花费几天时间与实验组交谈并对他们进行'观察'"。完成这个任务，似乎不需要扎实的理论物理学或者实验物理学背景知识。所有需要的就是要有足够的勇气请求允许参观一个实验室，以及对一种自然语言足够精通来理解主人准备分发给闯入者的简化版本。尽管这被认为是参与观察，但这仅仅是前马利诺夫斯基的走廊观察。

任何一个严肃认真的学者都知道，为了有效地参与一个科研项目，除了要具有新闻工作者和实验室技术员的能力外，理解正在被研究的问题也是很有必要的。例如，要理解所谓的太阳中微子问题，人们必须能够理解复杂的中微子通量数学方程式。而且为了把握实验设计，除了别的之外，人们还必

须理解正在被使用的中微子探测原理，这又需要某种理论的原子物理学。否
315 则的话，解释测量数据和理论计算之间的差异问题就不能被理解，更不用说深入地进行解释了。只有专家才能解释科学研究中任一特别的“具体细节”。毕竟，科学不是那么普通的。

建构主义相对论者不愿费心去学习他所研究的部落的语言。即使不懂任何物理学或者生物学，一生之中他也会偶尔参观下物理实验室或者生物实验室。然而他声称掌握着一种快速的、极其简单的、在任一科学中获得“本地能力”的方法——精通任一科学“游戏”默认的和明确的规则。秘诀是：“隐性知识的获得最好是通过与科学家们面对面的接触”，不用管他们的主题（H. M. Collins，1983：92）。然而同一作者还承认，“完全参与的方法在实践中很少能获得……但是一系列的深度访谈可以是一个可接受的代替”（H. M. Collins，1983：93）。简言之，为了掌握一个研究领域，人们不必经历它之中的任何培训，更不用说进行原创性研究了，定额的新闻就足够了。

难怪相信科学研究就是一项普通活动的科学社会学家们的发现，本身是普通的。事实上，他们的发现有两种：正确的但非独创性的，或者完全错误的。前者非常少且是明显的：科学研究不是孤立地而是在一个社会网络之中进行的；一个研究小组的每一个成员都与其他成员交流信息、问题、评估、建议等；科学家做出不同种类的陈述（如尝试性的或者肯定的）；不间断地把一种项转变成另一种项。

与这样一些陈词滥调一起，我们发现这样如此明显的错误。例如，断言每一个陈述都有一个社会内容；断言当“从它的生产环境中摆脱时，一个陈述就变成了一个事实”（Latour and Woolgar，1979）；断言现实以和文学文本同样的方式被建构和“解构”；断言“建构事实的整个过程在社会学框架之内已经被表明是可解释的”（Latour，1980：53）；断言即使是矛盾概念，以及仪器校准和统计分析的操作，可以而且必须用社会学的术语解释（H. M. Collins，1983：111）；断言“从一般到特殊的推理实际上具有一种归纳性质”（Barnes，1982：101）；等等诸如此类。

简言之，照着这种老套走下去的话，在新的科学社会学中正确的东西就不是新的，而且原创性的东西是错误的。它的惨淡业绩暗示着以下寓意：

①如果你希望了解科学的话，那么从研究某些科学开始吧；②如果你忽视了哲学，你将会以重复发明糟糕的哲学而结束；③怎么都行的地方，什么都不可能顺利进行。

关于庸俗经验主义和它不大可能成功的同伴——建构主义相对论就到此
为止吧。它们中没有一个告诉我们使科学实践不同于其他的东西是什么。接 316
下来让我们转向经验主义最精炼的和最有意思的版本。

第四节　逻辑经验主义

逻辑经验主义（或者新实证主义），在短暂但却强烈的维也纳学派（1926 ～ 1936）及其布劳格和柏林的追随者中诞生和成长，它是经验主义最精致的种类。与古典经验主义相比，它支持精确性并强调逻辑学和数学的重要性和自主性。和它的先驱者一样，它集中关注经验的可检验性和归纳法，这是科学主义的，并且与无意义之事和反科学做斗争。它把感觉材料看作是所有知识的坚实基础，试图最小化理论术语的作用乃至完全清除它们，而且公开承认蔑视形而上学——虽然还从事于现象论者的形而上学。

这个学派在《国际统一科学百科全书》（1938 ～ 1962）中达到顶点并且耗尽了它自身。这个计划由社会学家奥图·纽拉特构思，为哲学家鲁道夫·卡尔纳普和符号学者查尔斯·莫里斯所赞同，旨在通过采用一种共同的语言和一种共同的方法即物理学的语言和方法来统一科学。然而，他们的计划仅仅是一个不彻底的物理主义者计划。它远远没有达到物理主义或者庸俗的唯物主义，语言上和方法论上但却不是概念上（因此本体论上），将所有科学都还原为物理学的要求。这或许是创始人之间折中的结果：纽拉特是一名激进的物理主义者，卡尔纳普是马赫感觉主义的追随者，根据感觉主义，物理对象仅仅是感觉材料束，而莫里斯对符号感兴趣。

原初的计划从未贯彻完成。首先，这部《国际统一科学百科全书》的大多数分册都是专业专著：几乎不存在跨学科性，更不用说物理主义了。尤其是，没有尝试把生物学和心理学还原为物理学，更不用说社会科学了。更糟糕的是，这时候《国际统一科学百科全书》已经变得众所周知了，逻辑实证主义正在衰灭消失——到如此程度以至于在《国际统一科学百科全书》的保护下出版的最后一本专著是库恩的畅销书《科学革命的结构》(Kuhn，1962)，一本明确反实证主义的著作，而且除此之外，在某种程度上讲是非理性主义的。实际上，除了别的之外，库恩赞扬直觉和隐喻，忽视数学在理论建构中的作用，而且最小化不利的经验证据和批判在拒绝理论中的作用。此外，和他之前的巴什拉一样，库恩夸大了科学历史中的不连续性，声称敌对的探讨方式（“范式”）和理论事实上是互相不能比较的（“不可通约的”）。此外，他并不相信《国际统一科学百科全书》的战斗口号——科学的统一。

317 自那时以来，对实证主义的抨击开始变得流行，“后库恩主义者”或者后现代哲学家和社会学家们都沉湎于这项运动中。目前，存在着两种反实证主义：开明的反实证主义和蒙昧主义的反实证主义。前者分享了逻辑实证主义者的精确性和对科学（不求回报）的热爱，但是抨击了他们的局限性并力图克服它们，尤其是他们对经验主义的依恋，他们的现象论的形而上学，以及他们对理论的不信任，这内在于他们把所有理论概念都还原为经验概念的失败尝试中。与之相比，蒙昧主义的反实证主义反对所有逻辑实证主义中最好的东西，尤其是它对科学的热爱，概念上的清晰性，形式化方法的使用，对检验的要求和对蒙昧主义的批判。逻辑实证主义还由于它所声称的实在论和唯物主义而受到攻击，然而事实上它是半主观主义的，并且还声称超越唯物主义与唯心主义的争论之上。

总而言之，与托勒密、休谟、达朗贝尔、孔德、穆勒和马赫的古典实证主义相比，逻辑实证主义是进步的。与它当代的对手——新托马斯主义、新康德主义、直觉主义、辩证唯物主义、现象学和存在主义相比，它甚至更是如此。然而，新实证主义令人郁闷的是它没能给出对科学的一个如实的描述，无论是对自然科学还是对社会科学。它失败了，因为它依然锚定于感觉材料和一种现象论的形而上学，高估了归纳法的能力并低估了假设的能力，而且把实在论和唯物主义当作形而上学的废话来谴责。尽管它从未在高级自然科学学科中被一贯地实行，并且被许多哲学家批判，尤其是波普尔（Popper，1959 [1935]，1963)，但逻辑实证主义依然是许多科学家默认的哲学。遗憾的是，在社会科学的元理论中流行的反实证主义，常常不过是凌乱马虎和胡乱推测的一个借口而已。

第五节　实 用 主 义

"*实用主义*"一词是模糊不清的：取决于语境，它可以意谓着常识、机会主义或者一种哲学。哲学的实用主义是一种学说，根据这种学说，不仅仅任何种类的经验，行动也是所有值得获取的知识的来源、检验和*存在理由*。根据实用主义，所有的思想仅仅是行动的手段。而且"凡在信仰方面证明本身为善的东西就是真理"（James，1975［1907］：42）。例如，如果相信上帝为你"工作"，那么这种信念就是真的。这种把真理等同于功效的结果就是低估理论，或者至少是低估任一不能被用作行动工具的理论。另一个结果是这种普遍的愤世嫉俗的观点，即理论模型被使用但不被信任。

（早先，恩格斯曾声称对任一种观念的唯一检验是实践：对布丁的证明在 318
于吃。甚至更早，马克思曾严责哲学家们"解释"世界，而关键在于改变世界。自相矛盾的是，虽然一些追随着安东尼奥·拉布里奥拉的马克思主义者称他们的哲学为"实践哲学"，但他们没能看到它与皮尔士、杜威和刘易斯的实用主义的亲密关系。）

实用主义在社会科学家之中并没有多少追随者。当今它的影响似乎只限于建构主义相对论的知识社会学范围内。因此，巴恩斯（Barnes，1977：2）声明，知识是"在对实际情况的回应中积极发展并做出修改"。理论问题和理论的发展都不在实用主义的范围之内。在它之中没有为达尔文或者麦斯威尔、卡哈尔或者爱因斯坦的作品留出空间，更不用说为那些历史学家、数学家或者哲学家们留出空间了——当然，除非他们放任被扭曲得面目全非。这恰恰就是流行的"后默顿主义"的科学社会学所做的事情。

拉图尔和伍尔加（Latour and Woolgar，1979：171）写道："一个有用的准则是海德格尔的言论，即*思想是一件手艺活*。"在其他地方他们藐视一般观念和"关于具有观念的思想的故事"。在他们看来，实验室研究没有什么特别的，而且在他们的活动和为他们提供信息资料的人的活动之间没有什么本质的区别。"唯一的不同是他们拥有一个实验室。"（Latour and Woolgar，1979：

257）并且克诺尔－谢廷娜（Knorr-Cetina，1981：7）声称，“如果存在一个原则似乎支配着实验室行动，它就是科学家们对使事物‘起作用’的关心，它指向一个成功原则而不是真理原则”。她是一个好的建构主义者，克诺尔－谢廷娜（Knorr-Cetina，1983）把实用主义与主观主义相结合，并且从古德曼（Goodman，1978）那里借用了一个短语，声称科学研究是“一种制造世界的方式”。

和不知道自己一辈子都在谈论散文的茹尔丹先生一样，新的知识社会学的支持者们重新使用了尼采和詹姆斯的、实用主义者的、如同效率（或者货币价值）的真理概念。因此，布鲁尔（Bloor，1976：35）揭示了，实在论者的（事实）真理就是观念与现实相匹配的看法可以被免除：“很难看到没有它将会丧失很多。”他声称，一个理论重要的是它应该“起作用”——但是对于一个理论“起作用”是什么他什么都没有说。事实是，对一个假设的每一个概念上的或者经验的检验都是对其*真理性*进行的检验，不管它的可信性或者潜在有用性。如果这个假设通过了检验，我们就宣布它*暂时*是（充分地）真的。一旦这发生了，那么这个假设对于进一步的论证、检验或者应用都是有用的。简言之，真理先于共识或者“社会习俗”，而不是相反。

实用主义（或者工具主义）关于科学并不“起作用”，因为科学理论和科学实验的目的在于构造最大一致性的、真的、有深度的、对现实世界的解释。
319 如果它们不是的话，那么检查或者完善这些解释将毫无意义。只有技术理论、设计和计划才能进行效率测验——效力连同低成本、低风险和高收益。诚然，技术就其追求实用性而非纯粹的认知目的这个意义上讲是实用主义的。但是，讽刺的是，实用主义未能如实反映现代技术的情况，因为现代技术依赖自由公正的调查研究。技术只有在它的科学基础中存在某种真理时才可以“起作用”。的确，一件人工制品或者一个过程偶尔是在科学知识不足的情况下而设计的，例如蒸汽机、飞机和电灯泡。但是如果是有效的和重要的，那么一项发明必然会引起科学研究，将最终维护其设计并帮助改善它。

工具主义者并不费心提问形式为“为什么理论 T 成功（或者失败）了？”这样的问题。更糟糕的是，他把*成功*当作是不言自明的词——这在日常生活中可能是，但在科学或者技术中却不是。（实施一项技术造成失业或者污染，这有多成功？）与之相比，实在论者认为，（局部的和事实的）真理概念方法论上先于（局部的和实践的）成功概念。因此，它能够为这个有关的问题提供一个理性的回答。事实上，他可以说理论 T 在实践中“起作用”，因为 T 是（充分地）真的，即 T“符合” T 的实际使用者决心要控制的事实。另外，如果 T 是不充分的（没有多少如实地描述一些事实），那么它在控制或者转变任一实际事物方面将是无用的。由于不能根据潜在的科学观念的真来解释现代技术实践的成功或者失败，所以实用主义者不能解释他唯一所感兴趣的（理性）行动。简言之，实用主义在认识论上或者实践上都不起作用。

操作主义（Bridgman，1927）是实用主义在科学概念形成中的应用。它仅仅包含着两个命题，一个是本体论的命题，另一个是语义命题。本体论原则是*存在即被测量*。也就是说，无论如何就科学而言，凡不能被测量的皆不存在。操作主义的语义论点是，科学概念都是由实验室操作“定义”的。因此，人口的定义是由人口普查的操作定义的。

这两个论点都是错误的。操作主义的本体论论点是错误的，是因为存在着大量的事物和过程，一些是真实的，其他一些可能是这样的，即它们的属性我们至今尚未完成测量（考虑下大多数社会系统和过程）。关于可观察性和存在之间的关系，所有我们能说的就是：首先，如果一些东西存在，那么我们可能希望发现它；其次，如果一个观察是新颖的和有意思的，我们应该进一步详细检查它来查明它是否指向一个独立存在的事物或者过程，或者它仅仅是表象或者幻想。

操作主义的语义论点是错误的，因为以下原因：首先，在没有关于人们 320
想要测量的事物的先验观念的情况下，人们不能测量任何事物；其次，定义是一个概念操作，不是一个经验操作，并且在于等同两个概念（第二章第六节）；最后，几乎任一量化属性都可以用多种方式来定量（此外，令人满意的是，当彼此互相检查时，存在着不同的测量任一给定属性的技术）。因此，如果操作主义是正确的话，那么将存在和计时种类一样多的时间概念。

操作主义唯一的优点是它拒绝模糊观念——除了它自己的对定义的观念之外。就这一点而言，它对心理学和社会科学施以健康的影响，通过要求对这样一些模糊观念进行操作化，例如对一个国家的失望和满意。然而，它对自然科学尤其是对物理学的影响是消极的，通过阻止发明没有经验对应物的观念，例如光在真空中的传播这个观念。

建构主义相对论的社会科学家们已经不知不觉地重新使用了布里奇曼操作主义者的意义概念，他把意义当作实验室操作的集合。因此拉图尔（Latour，1988：26）说："我们拒绝并不描绘建立实验室、铭写装置和网络*工作*的任一描述的意义；我们经常把'实在'一词与内在于特殊实验室和衡量一些行为体抵抗力的特殊网络中的具体实验相关联。"因此，所有数学、历史学、哲学和理论科学（尤其是理论物理学、化学、生物学、心理学和社会学）都是无意义的。但出于同样原因，建构主义相对论的社会学也是这样的，因为它的实践者并不在实验室工作，而仅仅是偶尔参观它们。

简言之，实用主义——尤其是操作主义——不能反映科学与技术的真实图景。

第六节 理 性 主 义

如前所述，我们必须区分两种理性主义：温和的理性主义和激进的理性主义。前者只信任理性。就这一点来说，许多哲学派别，从亚里士多德哲学和托马斯主义到历史唯物主义再到逻辑经验主义，在某种程度上都曾经是理性主义者，启蒙运动当然也是如此。温和的理性主义认为，理性对于理解和改变这个世界来说是必要但不充分的。另一方面，激进的理性主义，如笛卡儿、斯宾诺莎、莱布尼茨、门格尔和冯·米塞斯的理性主义，对于理性能力的信仰是完全相同的，未受知觉、经验或者行动的帮助，揭露现实或者甚至构建它，即它是先验论的（奇怪的是，关于社会科学，穆勒［Mill，1952（1875）］是一个先验论者，而关于自然科学，他是一个经验论者）。

321 在两者的任一版本中，理性主义都是非理性主义的敌人，非理性主义拒绝从事理性探讨并且只相信直觉、直观和盲目（"无理由"）的行动。例如，神秘主义、直觉主义、存在主义、纳粹主义意识形态和后现代主义。普罗提诺、迈斯特·艾克哈特、费希特、谢林、赫尔德、克尔凯郭尔、乌纳穆诺、海德格尔、雅斯贝尔斯、马塞尔、萨特和德里达都是非理性主义的模范。一个重金属摇滚乐团穷街乐队的格言“如果你思考，你就招人厌”，是所有非理性主义的交叉点。

广义来说，理性主义内在于所有科学的、技术的和人文主义的事业，因为没有连贯一致的推理它是不可能的。在这个意义上，温和的理性主义是现代性的主要成分，不仅在文化事项中，而且在商业和政府中也是。它内在于有效论证和批判讨论，而且它是理性行动背后的力量，也是对抗迷信、教条和独裁主义的一件武器。与之相比，激进的理性主义在事实科学和技术中是行不通的，因为真实事物不是心灵的创造物。它甚至在哲学中也不起作用，因为就如皮尔士（Peirce，1935 [1898]）指出的那样，所有的哲学都使用观察。

诚然，一般的推测和预测都是先于经验被构思的。但是这些先验预期必须在被断言（在某种程度上）为真或者为假之前被检验。因此，它们不是康德式的先天综合命题。这种对经验检验的需要，一方面，恰恰是事实科学和技术之间的一个区别，另一方面，是科学与数学、神学和艺术之间的一个区别。换句话说，无论是理性主义的先验论还是直觉主义的先验论，实际上都否认莱布尼茨（Leibniz，1981 [1703]）对事实真理和理性真理做出的正确区分。

理性主义先验论在经院物理学中繁荣和衰退，最后被伽利略和他的追随者们推倒。然而，这个失败并没有阻止那些像路德维希·冯·米塞斯（von Mises，1949）这样的人相信，行为理论和经济学是关于社会世界的先验科学。一点也不奇怪，这种先验论的探讨方式正如经院物理学一样是贫瘠空洞的：它不曾促进社会科学的发展。寓意是明显的：为了*理解*这个世界，我们必须探索*这个世界*（我们在构想的帮助下这样做，我们依靠发明来发现，这是明显的和无关紧要的）。

科学和技术保留了启蒙运动对理性的信任，即广义上的理性主义。尤其是，社会科学家们都被期望理性地工作，即遵守逻辑学并批判地检查每一个观念，甚至当研究非理性行为时也不例外。然而，研究者对理性的承诺与这个假设毫无关系，即在众多“理性”的意义的任一个上讲（概念的、工具的等），他研究的所有主体本身都是理性的。这个假设悍然不顾经验。在科学和技术中，我们必须既是实在论者又是理性主义者。

322 虽然强调理性在经济、政治生活及知识领域中日益增加的重要性，但韦伯和熊彼特承认，我们经常被情感、激情或者错误所驱动。尤其是，韦伯把理性行为假设看作是一个理想类型，允许我们把某些行为解释为理性决策的结果，把其他一些行为解释为与理性的背离——这非常像假设一个力来解释一个物体违背匀速直线运动。此外，他明确地警告说，理性假设仅仅具有一个方法论地位，即它不可以被理解为认为人类生活完全被理性支配这个论点。

简言之，科学研究者支持*广义的*理性主义，不需要激进的理性主义，因为激进的理性主义是先验论的，因此是教条主义的。

第七节 理性经验主义

对于理解这个世界来说，理性和经验它们每一个都是必要但不充分的。我们在理论和数据的帮助下解释事实，并在解释的过程中理解事实。理论是理性的产物，但它们必须被经验操作检验，而经验操作反过来又必须根据理论来设计。消极地说就是，未经检验的推测和盲目的经验试验都是同样贫瘠空洞的。其哲学寓意是，事实科学和技术的一种适当的哲学，是一种既为真又富有成效的哲学，结合理性主义和经验主义二者的理想要素。我们称这种综合为“理性经验主义”（Bunge，1983b）。

康德意识到结合理性主义和经验主义的需要，但是他结合了二者中不好的那一半：事实上，他接受了激进理性主义的先验论及内在于经验主义的现象学。逻辑经验主义是另一个结合经验主义和理性主义的勇敢尝试。它拒绝康德关于诸如空间、时间和因果关系等基本范畴的先验论，却保留了现象学和归纳主义。波普尔（Popper，1959［1935］）对逻辑经验主义的批判有助于怀疑归纳主义。但是他的药比疾病更糟，因为他声称理性或者经验只能反对而绝不能支持任何观念。这种观点或许可被称作“消极的理性经验主义”，它忽略了这个事实，即每一个研究者既寻找概念上的或者经验的正面证据，也寻找概念上的或者经验的反面证据。他这样做是因为他想获得真理，不只是要消除误差。在科学中，正如在法院一样，真理从起诉检举和辩护的相互作用中显露出来，或者就像伯纳德（Bernard，1952［1865］：97）指出的那样，真理从用*反证*来补充*证据*中显露出来。奥德修斯而不是西绪福斯，是追求真理的英雄。

我们应该结合两个伟大的认识论传统中好的一半。这些好东西有概念分析、假设、理论化、证明和讨论等练习，连同观察、测量、实验和实践—— 323
就如培根不时说教及伽利略所实践的那样。三种黏合剂保持这些两半在一起：①温和的怀疑主义或者*方法论的怀疑主义*，它鼓励我们进行调查和怀疑并因此阻止自满和教条；②*批判实在论*，它声称我们能建立关于现实的似真理论并因此把可谬论和世界改良论结合起来；③*科学主义*，其论点是，科学研究是探索现实最好的方式。作为结果的综合或许可被称为“科学的理性经验主义”或者“科学实在论”。

科学实在论在不是理性主义者的情况下解释科学研究的概念成分，而且在不是经验主义者的情况下解释它的经验成分。它鼓励怀疑但没有落入系统的（或者破坏性的）怀疑论，它承认直觉但拒绝直觉主义，也承认约定但不是约定论。它是证明主义者，因为它要求每一个命题，无论是假设还是数据，以及每一个规范，都要在理论上或者经验上证明其正当性。但是它又补充说，任何特定辩护都是易错的和可完善的，即它是可谬论者和社会向善论者。而且它是科学的，既不盲目承认每一个科学研究的结果，同时也不是极端的还原论者（更多讨论见十三章第八节）。

图 12-1 展示了当代主要的认识论趋势之间的关系（直觉主义和非理性主义没有被考虑，因为它们不包含任何知识理论）。理性主义和经验主义，以及直觉主义和实用主义都是*基础主义者*，即他们假设存在着一个其余者都可以牢固地建立在其之上的坚实基础（如 Haack，1995）。由于是可谬论的，因此我们的认识论不是基础主义者。但是它也不是激进的怀疑论，因为每一门科学都有基础，即使是短暂的科学。把它们挖掘出来是公理系统的任务。分析的进展可能需要对一套理论体系进行重组和详细检验，而且实证结果可能要求修改乃至拒绝关于一个理论的一些或者所有假设。知识没有终极的认识基础，无论是理性的还是经验的。它只有一个最终的事实基础或者物质基础，即这个现实世界。这就是科学实在论与科学唯物主义连接的地方（第十一章第

五节）。

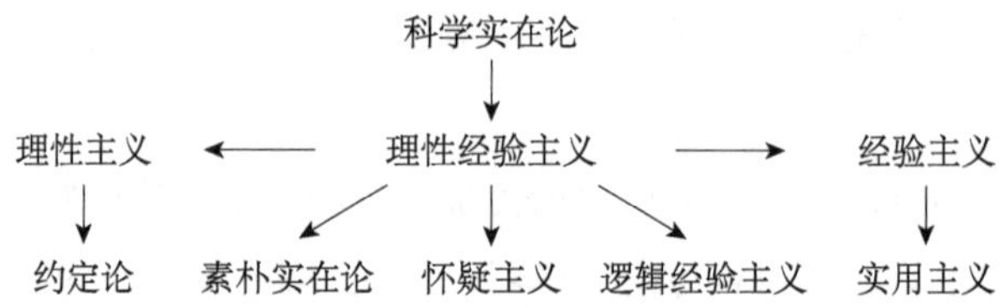

图 12-1　主要认识论流派之间的关系（更全面的观点包含次全面的观点）
箭头表示一种投射操作，由此一个系统被简化还原为它的一个成分或者一个变体

324 唯物主义为认识论做出了至关重要的贡献，通过把调查者及其共同体当作可被事实科学（尤其是心理学和社会学）及可被哲学研究的具体实体对待。同样，它消除了传统的主客体对立，因为认识（毋宁说研究）主体被认为是世界的一个部分——尤其被认为是一种社会性动物。

在本章和上一章中，我们已经检验了许多在学术上受重视的关于事实知识的观点。遗憾的是，大多数它们的拥护者并未费心去把它们拿去接受仅有的一些应该考虑的检验。这些是：①它们中的任一个解释了现实人们探索这个世界的方式并试图以一种非魔法般的方式理解世界或者控制世界了吗？②它们中的任一个促进知识的进步了吗？

例如，考虑理论与数据之间的关系，这是每一个事实科学家都迟早必须认真对待的关系。非理性主义者尤其是直觉主义者，既不关心严格意义上的理论（假说 - 演绎系统）也不关心经验数据，因此它们的关系问题没有烦扰到他们。建构主义相对论者尤其是科学社会学中“强纲领”的支持者主张，不存在数据与理论之分：二者都是常规铭文的集合，而且二者都最终受到意识形态乃至政治权力的支配。因此倚靠数据进行理论检查的问题及相反问题对于他们也没有出现。简言之，非理性主义及其近邻建构主义相对论，关于理论与数据之间的关系问题都没有言说任何有益的东西。原因在于它们两个对所有真正的科学研究的最终目标即真理都不感兴趣。

一方面，诸如爱丁顿和托姆这样的激进理性主义者曾声称，一个好的数学理论有能力交付我们所需要的所有的经验数据（见 Bunge，1994b 对托姆先验论的批判）。结果就是一个很少人敢实施的建议，即我们可以关闭所有的实验室和统计局。另一方面，例如马赫这样的激进的经验主义者认为，理论仅仅是经济数据的总结，因此原则上是可有可无的——这是如今只有极其坚定的行为主义者才持有的一种观点。而且约定论者声称理论仅仅是计算装置（算法）——这种观点或许只有计算机程序员才准备承认。

于是，我们就剩下理性经验主义，它混合了理性主义和经验主义二者中值得肯定的地方，增加了这个论点：科学包含着某种哲学，这反过来与意识形态相互作用，并通过后者与全社会相互作用。例如，达尔文承认他从史斯密关于经济竞争和马尔萨斯关于人口过剩的作品中得到启发。然而，进化生物学切断了它的意识形态连接：它绝不是关于人类社会的，而且尽管它与主
流意识形态不一致，但它最终会被科学共同体所接受。它被接受是由于与一 325
种世俗的、物力论者的世界观符合一致，而且因为已经通过了无数的测验，它们之中有这样成功的预测，即我们类人猿祖先的化石将最终被发掘出来。一旦它通过真理检验，它就会获得认可并开始影响其他科学，以及反动的或者进步的哲学和意识形态。最终它被修正和充实，首先被遗传学及新近的生态学修正和充实。

总而言之，经验数据、理论、哲学和意识形态之间的关系远比大多数哲学家们想象的要复杂得多（图 12-2）。

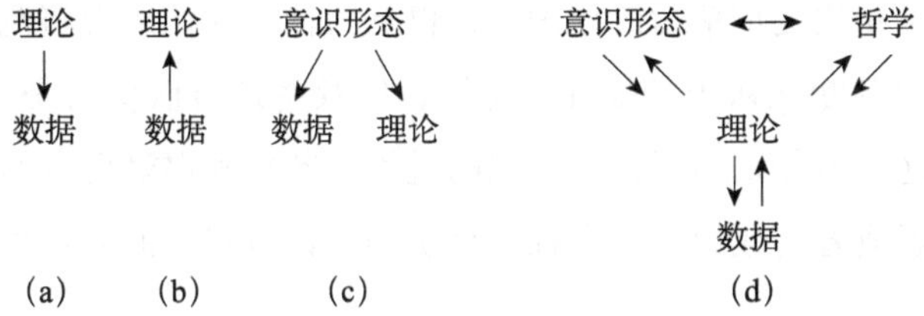

图 12-2　理论与数据的关系图

根据（a）先验论；（b）经验主义；（c）建构主义相对论；（d）理性经验主义

第十三章

326 主观主义和实在论

正如主观性是艺术的本质一样，客观性是科学的本质。自然科学家是自然的客观主义者——当进行偶尔的哲学尝试时除外。但与自然相比，有关人类事务的东西更加难以是科学的并因此难以是客观的。这样是因为，正确地猜测其他人的态度和意图总是困难的并且经常是不可能的；我们都受到社会习俗和个人经验的影响，伴随它的还有利益、期望值、情感和偏见；而且经常受到政治利益或者经济利益刺激的意识形态，有可能扭曲我们对社会事实的认识甚至妨碍我们以一种公正无私的方式探讨它们。这就是为什么社会科学与自然科学相比更加落后的原因。这也是为什么我们经常将意见误认为是数据，将价值判断误认为是描述性陈述，以及将预言误认为是预测的原因。进一步讲，这是为什么为了社会研究的进步，鉴别和揭露把自然障碍物掺和进客观主义者或者实在论者研究社会事实的探讨方式中的主观主义哲学是如此重要的原因。

实在论的观点是，“实物外在于我们且独立于我们的感觉经验而存在”（Hirst，1967）。当没有受到麻醉剂或者反科学哲学的影响时，它是我们所有人默认接受的认识论。它或许可被压缩成以下我们在小学、在街上或者在工作中得知的规则：

R1. 把事实与意见和虚构这二者区分开。

R2. 使你的事实正确；也就是说，收集或者生产可靠数据。

327 R3. 倚靠事实来检查你的观点和假设：寻找客观真理。

所有的自然科学家都一直或者至少曾经表现为实在论者。直到最近，几乎所有的社会科学家也都是实在论者：他们认为社会世界的实在性是不言而喻的，而且默认假定他们的任务是尽可能客观地和精确地描述它或者解释它。主观主义、约定论、建构主义和认识论相对主义，它们都是无罪的，这些古老而贫瘠的哲学游戏被忽视，或者被认为是无关紧要的狂妄言行。这并不妨碍它们中的一些关于社会问题做出自己的选择。远非如此，它们明白，旨在保持或者改变社会现实的政策、计划和行动的成功，在一定程度上取决于对它的客观解释。换句话说，在后现代主义之前的是实在论者，而且他们把客观性与公正性区别开来。

例如，尽管马克思和恩格斯站在政治学一边乃至否认中立的社会科学的可能性，但他们强调以一种客观的而且科学的方式来研究社会世界的需要（另外，他们的一些追随者如古尔德纳［Gouldner，1970：496］，拒绝“社会世界仅仅在社会学家的作品中被‘反映’这个神话”）。进一步地，马克思和恩格斯在他们试图发现社会的客观“运动规律”的尝试中，使用了大量的经济学数据和社会化数据。同样，即便接受了新康德主义并在他们的方法论著作中与实在论进行争论，但齐美尔和韦伯以实在论者的身份来引导他们的社会学和历史学研究（这在当时由唯心主义尤其是由新康德主义所支配的德国的学术建制中是值得尊敬的事）。正确的是，齐美尔和韦伯不是自然主义者，或者就如事后来看人们可能会说的那样，是行为主义者。实际上，他们正确地认为，我们必须把人们的内心生活考虑进去，尤其是他们的信仰、动机和意图（回想第五章第五节和第六节中关于领会的内容）。诚然，他们声明，这种探讨方式把他们交托给了主观主义。但这对于他们来说是一次失足，因为关于其他人的主观经验也可以是客观的，假如我们使用了可靠的指标，而且只要每一个信仰、动机或者意图归因都被看作是服从经验检验的推测。

这也是真实的，即新古典经济学家和在其他学科中他们的模仿者（“经济学帝国主义者”）假定主观效用和主观概率，而且他们很少费心去检验他们的模型。但是他们并未声称社会事实是他们自己的建构，或者甚至声称它们是社会习俗。远非如此，他们宣称他们的理论是真理。即使极端的先验论者路德维希·冯·米塞斯也做出了这个断言。无论它正确与否现在都无关紧要了。

关键是，即使最牵强的新古典主义模型都提供了对经济现实的忠实表达。

328 这种情况在20世纪60年代反实在论在社会科学共同体中横行时开始改变，甚至一些学者声称女巫必然存在，因为一些人按照对巫术的信仰行事（如Fiske and Schweder，1986）。这个运动似乎有两个来源：一个是哲学来源，另一个是政治来源。前者是针对被错误地假定为反对实证主义的客观主义（这个假定是错误的，因为实证主义，从孔德到穆勒到马赫再到维也纳学派，是经验主义的一个变体。而且后者把现实等同于人类经验的总体，所以它从根本上说是主观主义的：回想第十二章第四节）。

这种特殊的“反实证主义”反应是退步的。实际上，它不是指出实证主义的缺点，比如它以理论为代价对数据吹捧赞扬，而是谴责理性和对经验检验的关注。而且它还建议用各种各样的反科学的哲学来代替实证主义，如约定论、建构主义、直觉主义、黑格尔哲学、现象学、诠释学（尤其是解构）乃至存在主义。但是它没有如此始终如一地这样做。例如，许多领域的研究是由常人方法论者引导指挥的，他们沉溺于引用胡塞尔甚至海德格尔，直接落入陈腐、单调的经验主义传统，尤其是行为主义之内。事实上，所有他们提供的是关于日常生活细节琐事的数据：他们实践着他们谴责的那种非常哲学（回想第十二章第三节）。

当代反实在论的政治来源是由越南战争、1968年的“五月风暴”、女权主义倡导者和环保主义者对当权者的反对所激起的叛乱，他们被（错误地）认为是科学和前科学哲学背后全能的恶毒的政权势力。因此与科学和前科学哲学作斗争被认为是对抗当权者的一部分——这是一个典型的原始反应。类似的事情发生在1910年后的墨西哥，当波菲里奥·迪亚斯独裁专政摇摇欲坠时，这种独裁政体信奉孔德的哲学并称它自己为“科学的”。在两种情况下，许多政治进步人士接受以传统的赖特为特点的反科学主义。

20世纪60年代的学生起义的哲学领袖公开宣布，真实世界是虚构的，科学仅仅是政治权力的一种武器。因此，真理是断然不存在的，科学是资本主义的一个工具。因此，就福柯（Foucault，1969）看来，不存在客观真理：只存在“真理政权和权力政权”，由此“另一种权力，另一个真理”。但是采取这种立场的社会批评家和社会活动家都“爆头自杀”了，因为任一成功的政治批判或者政治行动，无论是自下的还是自上的，都必须假定对手是真实的并且是可知的，而且这样的知识有助于与之做斗争（因此，Foucault，［1975］ 329 关于现代监狱系统的短文是有价值的，因为它包含着一些真的描述）。无论如何，至少那些默认不相信真理的人将不会寻找它，并因此将不会发现它：他们在认识论上是贫瘠空洞的。我们认为后现代主义关于社会世界没有任何重要的新发现就不足为奇了。

在本章（紧紧跟随 Bunge，1993）中，我将检验当前在社会元科学中被讨论的实在论（或者客观主义）和主观主义的主要种类。我将使用以下定义。对一个事实（或者事实组）的一个解释是*客观的*（或者*非个人的*），当且仅当它是关于存在于外部世界——当然包括其他人的大脑——中的一个或者多个事实（这个解释是否是真的和客观的是另一个问题。事实真理蕴含着客观性，但反之则不然）。另外，一个陈述是*主观的*（或者*个人的*），当且仅当它是关于某人自己的感觉或者信仰，无论它的真值如何。例如，命题“苏联在 1991 年解体”是一个客观的（而且是真的）陈述，而“苏联的解体使我很高兴（或者悲伤）”是一个主观陈述。最后，一个解释在一个给定的共同体中是*主体间的*，当且仅当这个共同体（几乎）所有的成员都赞同它（不管它的真值如何）。

客观性和主体间性概念在逻辑上是相互独立的。客观性概念是认识论的和语义学的，而主体间性概念是心理社会学的。然而，在一个科学共同体之内，主体间性是客观性的一个指标。但和大多数指标——即便不是全部的——一样，它是不可靠的。例如，一个给定人群中所有成员或许会以一种相同的错误的方式来理解或者概念化一个给定事实。因此，在二十年期间，几乎所有的苏联公民都相信斯大林集天才、英雄和圣人三者于一身。共识不是一个真理标准：它首先是一个心理社会学事实。

社会科学家们既讨论客观事实又讨论对它们的“认知”，因此他们必须论述主观陈述、主体间陈述及客观陈述。但就他们遵守科学标准来说，即使他们关于其他人的主观陈述的断言也将是客观的——尽管不一定是真的。例如，一个社会心理学家可以通过断言 *X* 的大多数成员相信 *Y* 而对一个研究做出推断，但是他可能不会这样去写：“我相信 *X* 的大多数成员相信 *Y*”，因为一个这样的陈述仅仅具有自传价值。科学家被期望至少发现近似真理并相信仅仅如此。当然，有时候他们会犯错，但是当他们发现错误时，他们被期待报告它并试图纠正它（后者当然是一个道德规范）。

客观主义（或者*实在论*）的观点是，除了在艺术中，我们应该努力从我们关于现实的观点中清除所有的主观因素。客观主义并不蕴含着对主观性的
330 拒绝：它仅仅是叮嘱我们要以实验心理学做事情的方式客观地研究它。尤其是，一个科学理论可能涉及诸如幻觉这样的主观经验，但是它必须以一种客观方式这样做。接下来让我们检验客观主义的对立面。

第一节 主观主义

*主观主义*是这样一种哲学观点，它认为这个世界远非是独立存在的，它是认识者创造的。主观主义为意见的分歧提供了一个便宜省事的解释，而且免除了让某人的信念面对相关事实这个麻烦。因此，布赖特（Breit，1984：20）问道，为什么我们这个时代两位最著名的社会科学家 J. K. 加尔布雷斯和 M. 弗里德曼，关于经济现实持互相抵触的观点。他回答说："*那里*不存在我们可以明确地与弗里德曼和加尔布雷斯的版本相比较的世界。加尔布雷斯和弗里德曼不是发现他们所分析的世界，他们裁定它们。"于是布赖特把经济学家与画家做比较："他们每一个都提供一种新的观察方式、组织经验的方式、强加秩序于感官数据的方式"（就如康德应该会说的那样）。从这个观点看，客观真理问题及科学和非科学之间的差别问题没有出现。不过，为什么雇用经济学家而不是画家来处理经济问题呢？

（值得注意的是，哈耶克［Hayek，1955］和其他人曾经把主观主义与承认情感、信念及利益的存在和重要性相混淆。一个实在论者或者客观主义者，应该乐意甚至渴望承认情感、信念和利益的相关性，因此偏向于社会行为，但是他将坚持它们应被客观地研究。这种看法既与主观主义又与实证主义者——或者行为主义者，或者"黑盒子"——探讨人类行为的方式形成对比。）

主观主义是幼稚想法和奇幻思维的一个成分，他们抑制不住具体化观念

的倾向，把现实归于任何想象的东西。因此，对一个给定的道德团体或者社会团体优越性的信任，导致它的成员表现得就像他们实际上很优秀一样，而且对巫术的信仰导致人们把那些被指控练习巫术的人当作女巫对待。当然，科学家们不应该沉湎于奇幻思维。但是启蒙运动的一个核心特征批判性思维，现如今日益衰落。因此，激进的女权主义“理论家”颂扬直觉在理性之上，他们把理性看作是男性统治的一个工具，并且把主观主义看作是女性的［如哈丁（Harding，1986，1991）、谢泼德（Shepherd，1993）；帕太和柯特菊（Patai and Koertge，1994）对它的批评］。并且一位富有影响力的人类学家声称，“幽灵、精灵、恶魔、女巫、灵魂和其他所谓宗教的或者超自然的概念，在某种重要的意义上是真实的和客观的”（Shweder，1986：172）。到韦伯写到伴随着现代化的世界的*祛魅化*（去魅或者去神秘化）时，人类学家和社会学家开始实践这个准则：打破神话并发现事实。今天的主观主义者曾把这个 331
原则颠倒过来解读，即打破事实并发现神话。他们把事实看作是其他事物的符号或者隐喻，而且倾向于把事实等同于我们对它们的描述。

一个流行的反对客观主义的理由是，所有人尤其是科学家们，他们有激情，是社会嵌入的，对集体忠诚，并继承一个传统。这是显而易见的，但是在科学研究中，其问题在于，为了寻找对事实最真实的可能解释——满怀热情地去做，要保持人们的特殊好恶处于控制之下并忽视人们的部落关系。生物学范畴和社会范畴如性别、种族、国籍、社会阶层和政治同情，适用于个体的科学家，但却不适用于他们的发现。尤其是，不存在女权主义的、同性恋的、雅利安人的、美国人的、无产阶级的或者保守派的科学：真正的科学是普遍的，而且哲学也是这样。确实，作为一个女人或者一个少数群体的成员，或许有助于一个人注意到某些被属于社会优势群体的研究者们所忽视的问题。但除非在诸如理论化、实验和批判这样普遍工具的帮助下客观地研究，否则这样的问题将不会被适当地解决。

唯心主义哲学家（如 Goodman，1978）、常人方法论者（如 Goffman，1963；Garfinkel，1967）、建构主义相对论社会学家（如 Latour and Woolgar，1979；Knorr-Cetina，1981）及许多女权主义理论学家（如 Shepherd，1993）认为，这个世界是主体依赖的，即所有事实——自然事实或者社会事实——都是个体的或者社会的“建构”。他们把地图与领土相混淆。而且他们中没有一个为这个断言提供任经验*证据*：对于任一具体实体 *X*，*X* 只有在我们思考 *X* 时才存在，根据圣经《创世纪》，这非常像上帝仅仅通过说“让 *X* 存在”来创造任一他虚构的 *X*。让我们浏览下曾经对近代在社会研究中放弃实在论造成强烈影响的一个哲学流派——现象学。

现象学是主观主义的现代典范。事实上，根据其创始人所说，现象学的要旨是一种“纯粹的自我论”，一门“关于具体的先验主观性的科学”（Husserl，1950［1931］：68）。一点也不奇怪的是，现象学家的第一步是外部世界的“现象学还原”或者“悬置”（*épochè*）。“为了通过普遍自省重新获得它，我们必须通过*悬置*失去这个世界。”（Husserl，1950［1931］：183）他必须做这个，因为他的“普遍任务”就是发现作为先验（非经验）自我的他自身（Husserl，1950［1931］：76）。一旦他佯称诸如椅子和大学这样的真实事物不存在，那么现象学家就会着手用一种特殊的直观（*本质直观*）揭露它们的本质，这个本质不是被解释的且不提供任何证据。结果是一种先验的直观的科学（Husserl，1950［1931］：第 34 节）。而且这种科学结果只不过是
332 先验的唯心主义（Husserl，1950［1931］：118）。这种主观主义不仅是认识论的而且是本体论的：“世界本身是一个无限理念”（Husserl，1950［1931］：97）。还有谁会认为这种异想天开除了阐明德国哲学的衰落之外，还能阐明任何东西吗?

这种放肆言行至少具有两个对社会研究的负面影响中的一个。一个是集中于个人行为并否认社会系统和宏观社会事实的存在：这些是诸如解释和聚合这样的智力程序的结果。另一个是使学者们疏远经验研究，因此回到过去脱离实际的（人文主义）社会研究时代。前者的影响是*社会*科学变得不可能；后者的影响是社会*科学*呈现出不可能。这些影响中的一个或者两个在现象学社会学家（如 Schütz，1967［1932］)、常人方法论者（如 Garfinkel，1967）和诠释学家（如 Geertz，1973）的作品中是显而易见的。

传统的主观主义是个人主义的：它认为认识者是个体（如贝克莱、叔本华、马赫和胡塞尔）。因此它不能面对这个异议，即应该存在着和人一样多的世界，因此主体间的一致是不可能的，除非加上上帝为这个世界的唯一性负

责这个神学假设。这个异议不会困扰到社会学家卢曼（Luhmann，1990），他认为存在着和观察者一样多的现实，因为这些现实中的每一个都是“一个观察者为其他观察者的构造”。因此，不存在客观真理。更糟糕的是，个体只与他自己的构想有关。他不能与其他人沟通，因为“只有沟通才可以沟通”——这是模仿海德格尔的“语言说话”“世界世界着”和“虚无没有什么”。

主观主义与事实科学是不相容的，无论是自然科学、社会科学还是混合科学，因为它们都试图以一种尽可能客观的方式来解释现实。然而，主观主义不仅经常在受到唯心主义哲学影响的那些社会研究中被发现，而且还在主观概率和主观效用概念被使用的任何地方被发现，就如将在第六节看到的那样。

第二节　约　定　论

认为科学假设和科学理论都是有用的约定，而不是或多或少真的（或者假的）对事实的表达，这种观点叫作“约定论”。约定论在纯数学中听起来真实可靠，纯数学是一种自由的精神创造，只受到精确性和无矛盾性要求的约束。然而即使在这里，我们一方面区分标记法则和定义，另一方面区分公理和它们的逻辑结论（定理）。因为一个理论包含着无限多的定理而只包含有限
数目的定义和标记法则，所以任一理论的约定成分都是很少的。因此约定论 333
即使对于数学来说也是错误的。

激进的约定论对于事实科学显然是行不通的，因为在事实科学中我们从事于发现和解释经验数据，它们根本不是约定的。但是或许有人会尝试一种温和版本的约定论，根据这种温和版本的约定论，在同样好地解释了一个数据的众多理论之中进行选择，最终是一个约定问题。让我们调查下这个可能性。任一给定的经验数据体可以被无限多数量的不同的假设“覆盖”：这是经验的*不完全决定性*问题。一个常见的情况是这样的：在一个平面（或者一个高维空间）上表示经验结果的点，可以用许多连续曲线（或者曲面）连接。这看起来似乎是，在这些相互竞争的假设之中进行选择是任意的——比如我们可能会选择它们中最简单的那个。这导致把真理等同于简单性，或者至少

导致把简单性看作是对真理的一个测验，就如被古德曼（Goodman，1958）和其他人所提议的那样［见邦格（Bunge，1963）对它的批判］。

这不是事实上科学家们在所有情况下如何继续进行的方式。一个科学家有可能更喜欢与某个数据体系相容的所有假设中最简单的那个假设，只要他知道没有别的事情与手头的问题有关。但是如果他继续从事他的研究的话，他将会想要解释正在讨论中的数据。为了这个目的，如果需要的话，他将会寻找和发明更全面的或者更深层的假设，或者甚至是假说演绎系统，即理论。于是，他不仅会检查它们中的任何一个是否与旧的数据相匹配，而且还会检查它们是否正确地预测任何新的数据。他将终止于具有最大覆盖范围和最大解释力的假设或者理论，即使它并不完全正确地符合原始数据。而且他将会期待进一步的研究（他自己的或者其他人的）产生一个更有力的假设或者理论，它有可能是更复杂的，因为它涉及更深层次的机制。他的目标是真理和深度而不是简单性，他是一个实在论者，不是一个约定论者。为此，他把（近似的）经验拟合仅仅看作是事实真理的一个指标：他还要求与一个全面的——如果可能的话——深刻的理论的兼容性（回想第六章第五节）。

于是，约定论就事实科学而言是错误的，因为不能解释对更有深度的解释的不懈寻找，因此也不能解释科学的发展。它失败是因为它拒绝客观真理概念。当然，这个拒绝对于所有版本的主观主义都是特有的。因此康德认为不可能存在客观真理，因为不可能认识物自体。对于他来说，他称作“知识”的东西始终是建构，绝不是陈述和表示。他的追随者兰格详细说明了这一点，并强调了人类知识的虚幻特征及真理和谬误之间差别的相对性。尼采接受了兰格的观点，并在斯宾塞的影响下给予了它一个生物学转向：凡是促进生命
334 的东西都是真的，凡是把它置于危险中的东西都是假的（因此需要“高贵的谎言”，尤其是对社会有利的神话）。詹姆斯的实用主义版本，尽管不是皮尔士的，却包含着这种不光彩的观念。罗蒂（Rorty，1979）对实在论的攻击和对实用主义（和存在主义）的辩护采取了一个相似的路线。

*虚构主义*结合了约定论和实用主义。根据虚构主义，所有的假设和理论充其量就是有用的虚构。并不是说事物*是*某某物：我们只可以断言它们看起来*似乎*是某某物，我们的一些观念使它们*似乎是*真的（Vaihinger，1920）。这

种学说具有一定的真理成分。事实上，每一个事实理论都以理想化、简单化或者近似值的形式包含一些虚构（回想第二章第五节关于理想类型）。尽管如此，这些不是和玄幻文学或者超现实主义艺术一样的虚构，它们只有当被认为是近似真时才被接受。当不是真的时候，它们被拒绝。

虚构主义至少在三种学说中幸存。一种学说是认为科学理论乃至历史叙事都是隐喻，而不是真实事物或者过程的文字表述的观点（Hesse，1966；Ricoeur，1975；Hayden White，1978；McCloskey，1985）。如果这个观点是正确的话，那么使理论和历史解释经受“现实检查”将毫无意义。但是，因为科学家和历史学家确实关心经验证据并且经常争论真理和谬误问题，所以虚构主义是完全错误的。

虚构主义的另一个幸存者是由米尔顿·弗里德曼（M. Friedman，1953）提出的经济学方法论。根据这种方法论，一个理论的假设无须为真：重要的是它们的推论是现实的。但当然，我们可以从最大胆的假设尤其可以从矛盾中，正当地和琐细地推出真命题，它们可被生动别致地说成“空虚的真”。因为科学家并不寻求琐事，所以弗里德曼的观点是错误的。第三个虚构主义的残余是契约论版本，根据这种版本，所有的人际交往都受契约的支配，无论是明确的契约还是缄默的契约。因此，即使两个相互作用的个体，或者一个个体与一个正式组织，不受任一明确契约的约束，它们仍然可被看作是“似乎”已签订了一个契约。这种骗人的玩意导致契约论经验上是不可反驳的。

如果对虚构主义与现代科学不一致还有任何疑问，下面的例子将消除它。电子在某些情况下的表现就如它们是粒子——但它们不是。混沌（在技术意义上）系统看起来好像它们是任意的，但它们不是。DNA 分子的运作使得它们好像包含着蛋白质合成的指令——但它们不是。蜘蛛网看起来好像它们是智能存在的作品——但它们不是。社会系统看起来好像它们是活的且具有它们自己的思想——但它们不是。在所有这些情况下，一个肤浅的类比先被提出，然后被检查和被驳倒。表象被发现是误导性的，虚构主义是错误的。

传统上的约定论者和虚构主义者都是方法论个人主义者：他们认为约定 335
和虚构都是由个别科学家提出，然后被他们的同行科学家接受，如果认为合适的话。在当代，一种结合了主观主义（或者建构主义）和人类学相对主义的*集体主义约定论*已经遍布科学研究。这种观点背后的推理是这样的。如果所有的文化都是等价的，如果没有一个优越于其他的，而且如果甚至不存在不同种类的知识（如科学的知识和意识形态的知识）的话，那么接受任一种思想就是一种社会惯例，而且对于一个给定的共同体来说仅仅是有用性问题。

特别是，集体主义约定论认为：①［例如分类术语的］恰当用法是一种议定的意见一致的用法；②“*不同的*［概念］*网络就‘合理辩护’的可能性来说处于相同的位置。所有的语言文化系统都是同样合理地获得的吗*？（Barnes，1983：33；强调原始的东西）。从对*文字未出现前*不同民族对动物进行分类的方法的考察，以及从他对维特根斯坦《哲学研究》（Wittgenstein，1953）的解读中，巴恩斯得出了这些结论，当然维特根斯坦的《哲学研究》只关注从*普通*知识而不是从语言学知识的视角考虑的*日常*语言。

巴恩斯将他认为在有关原始的普通知识的文献中业已被发现的东西，推广至*所有*知识，甚至是数学知识、科学知识和技术知识（涂尔干和莫斯［Durkheim and Mauss，1968（1903）］名列最早推测出原始分类反映一个部落的社会结构的人当中，尤其在图腾崇拜的情况下，但没有犯巴恩斯的错误）。巴恩斯没有研究*同时代的*化学家或者生物学分类学家对事物进行分类的方式，或者物理学家建立理论并检验它们的方式。据推测，他不会为这个异议改变态度和意见：诸如“鲸是鱼”和“女巫存在”这样的陈述是错误的。毕竟，相对主义人类学家都是认识论上的相对主义者、约定论者，而且常常还是主观主义者。

总而言之，约定论对于科学而言是不正确的，或者甚至对于数学而言也是不正确的。

第三节　社会建构论

社会建构论是主观主义和集体主义的混合。事实上，它声称所有的社会事实，而且可能所有的自然事实也都是诸如科学共同体这样的“思维群体”的建构。不同的“思维群体”持有不同的而且是相互不可通约的世界观。因此，无论是集体主义的建构主义还是个人主义的建构主义都否认客观普遍真理，即它是相对主义的。

集体主义或者整体论的主观主义首先由路德维克·弗莱克在其《一个科学事实的起源和发展》（Fleck，1979［1935］）一书中被详细说明，这本书对 336
年轻时期的托马斯·库恩产生了决定性的影响（见库恩的英译本序言）。这是一项对梅毒历史的研究，弗莱克称之为一个“科学事实”——只是因为它（有时候）以一种科学的方式被研究和探讨。弗莱克否认科学研究独立存在的事物。他认为每一个“科学事实”都是通过一种“思维模式”联合起来的“思维群体”或者人类团体的产物。他否认一个人可以进行独立思考。因此每一个科学事实（尤其是每一个发现或者发明）都是一个社会事实。

此外，反过来据说也是有效的。实际上，根据弗莱克，不存在外部世界这样的东西：“客观现实可以被分解为属于集体的观念的历史序列”（Fleck，1979［1935］：41）。这种被后来的胡塞尔（Husserl，1954［1936］）所预示的整体论形式的主观主义，已经被许多社会学家（如 Berger and Luckmann，1966）和科学社会学家（如 Latour and Woolgar，1979；Knorr-Cetina and Mulkay，1983）接受。事实上，记述“现实的社会建构”已经变得相当流行。例如，女权主义理论家贝伦基、克林奇、戈德伯格和塔鲁尔（Belenky et al.，1986）认为真理是语境依赖的，而且还认为“认识者是被知者的一个亲密部分”，仅仅因为一些他们采访的妇女这样感觉。哈丁（Harding，1986）和麦金农（MacKinnon，1989）声称，不仅仅是科学，而且人类性行为也是社会建构。包括怀孕、分娩阵痛和出生吗？如果是这样的话，为什么不接受更为便利的约定呢？

建构主义者把现实与我们对它的表示相混淆：把被探索者和探索者相混淆，把认识者与被认识者相混淆，把领土与其地图相混淆，把美洲与韦斯普奇相混淆，把事实与数据相混淆，把客观模式与规律陈述相混淆。此外，他们通常不区分认识论的建构主义和本体论的建构主义。让我们处理后面这个混淆。认识论的建构主义与经验主义相反，它认为概念和假设不仅仅是认知观念蒸馏提炼的精华，而且还是智力创造或者智力建构。尤其是，对客观（无理论的）事实的科学观察包含着（一些）理论概念。这样的概念不仅出现在对经验操作的设计和解释中，而且还出现在一些实验协议中。这一切都是重要和真实的，但是它并不蕴含着“废除事实与理论之分”（Barnes，1983：21）。换句话说，认识论的建构主义并不意味着本体论的建构主义：只有相反的含义才是有效的。

当不是关于一个哲学尝试时，一个人类学家有可能声称，在各种各样的人类学观点中发现的人类*概念*都是理论上的，而同时承认在那里有人类存在，不论我们是否关于他们建立了理论或学说，此外还承认在人类学出现很久以前人类就已经存在了。同样，任一冷静的社会学家都将承认各种各样的社会
337 分层*概念*都是理论上的，而在同时认为所有的现代社会都是客观分层的，并且认为所有对社会分层的科学研究都试图表示这样一个客观特征。简言之，除了庸俗的经验主义者之外都同意，概念、假设和理论是被建构的，只有主观主义者声称所有的事实也都是被建构的。因此，*认识论的*建构主义在一定程度上是合适的，而*本体论的*建构主义则不是，因为它悍然不顾证据。爱与恨、生与死都不是社会或者其他的建构。工作、交易、战争或者任一其他的社会事实也不是建构。事实是事实这是事实，即使是根据观念被发现或者产生时（见第十一章第四节）。

在建构主义者的作品中存在着很多对诸如“事实”和“建构”等关键术语的粗心的使用。还存在着对研究过程“技术”方面的故意忽视——这些研究过程就是问题、假设、论证、实验设计和测量，伴随着研究小组成员之间的观点、计划及发现的交流，而且没有这些过程的话，这样的交流将毫无意义。甚至明确拒绝使用诸如“假设”和“证明”这样的方法论术语，或许由于是内在主义的污点（Latour and Woolgar，1986：153）。

对实验室中产生的“铭文”的技术含义和真值的忽视不是偶然的，而是一个慎重选择的结果：决定研究科学家部落，就好像它是一个原始社会一样，比如一个由猎人和采集者组成的部落。至于诸如渔村这样的社会系统，即使一个旅客或者一个调查记者都可以从未经训练的观察中，通过熟悉了解基本的跨文化的人类活动得知某些东西。他学习外语并从事一项深入研究，只要他希望理解这个群体的政治组织、神话或者仪式。

一个科学研究小组与一个原始部落是完全不同的——不在于它的操作是神秘的，而在于它们具有非常专业的功能，即通过过程来生产*科学*知识，这

些过程不同于收集、打猎或者捕鱼，它们不在众目睽睽之下进行。参观一个实验室的外行人，只能观察到锁定于研究者及其助手的大脑中的心理过程的行为表现。对于外行人来说，引起一项研究活动的问题甚至比它的结果更难以理解。因此他必然仅仅是从表面上看看，非常像行为主义心理学家把他的任务局限于描述外显行为上。

尽管对外行人有明显的局限性，但拉图尔和伍尔加（Latour and Woolgar，1986：153）声称，“对真实的实验室实践的观察”生产出“特别适合分析科学活动具体细节”的原料。他们没有解释一个完全陌生的人，如何能够获得这些发生在研究对象大脑内部的私密细节，他甚至不懂与他“共享”日常生活（在相同的房间走来走去）的那个“部落”的语言。他们也没有解释仅仅言语上的交流和“谈判协商”如何能“创造或者破坏事实”，而不是改变诸如 338
问题、数据、假设或者方法这样的构想。

这些非专业人员不仅没有为干涉从事一项他们不理解的严肃认真的研究项目的小组道歉，就像文盲参加一个文学研讨会一样，而且他们还不相信这样的无知是一个严重的障碍：“在无关紧要的技术问题上，我们与实验室成员相比具有*明显的*优势，就我们不把先前的认知看作是理解科学家工作的一个必要前提的意义而言”（Latour and Woolgar，1986：29 着重强调）。不出所料，这些能力不足的观察者会得出结论，即科学家不从事任何与众不同的思维过程，科学活动“只是一个社会竞技场”，实验室仅仅是“一个书面铭文系统”。如果他们不理解任何科学“铭文”，他们将如何认识？而且，考虑到他们故意把事实与关于事实的陈述相混淆，他们如何知道“一个陈述何时分成一个实体和关于一个实体的陈述”，或者相反的过程何时发生，在此期间现实被“解构”——用一般的说法就是，一个假设何时被证伪？根据这些基本的混淆，以及从反科学哲学中借用的事物，他们得出结论，即这个世界不能独立于认知主体而存在。自相矛盾的是，建构主义者声称，只有他们自己的“经验研究”才能提供一个对科学研究的适当（也就是实在论的、真的）解释。伍尔加（Woolgar，1986）注意到了这个悖论，但这个悖论并没有影响到他。后现代性超出了真理和中肯性的范围。

第四节 相对主义

如果现实是一种社会建构，而且如果事实是某种陈述的话，那么就不存在客观的普遍真理。换句话说，如果在“这里之外”没有什么先于“在这里”存在的话，那么“观念与事实相符”这个表达就毫无意义。而且如果不存在客观真理的话，那么科学研究就不是一种追求真理的研究。或者，用一种多少有点温和的方式来说，“什么被视为真理可以随时随地变化”（H. M. Collins，1983：88）。这是最初由德国浪漫非理性主义者发明的认识论相对主义的核心（文化相对主义——尤其是道德相对主义——似乎曾在18世纪连同高贵的野蛮人学说出现。认识论的相对主义意味着文化相对主义，但反之则不然）。

大多数极端类型的认识论相对主义都是某种激进的怀疑论或者*系统的怀疑论*，这种怀疑论在古代被塞克斯都·恩披里柯支持，在文艺复兴晚期被弗朗西斯科·桑切斯支持，在我们这个时代被“认识论无政府主义”标题下的费耶阿本德支持。激进的怀疑论者否认客观的普遍知识的可能性，并因此是
339 纯粹破坏性的。他拒绝所有的规则和标准：“他不承认任何规则，甚至不承认逻辑规则。”（Feyerabend，1975：182）他乐于“为最陈腐的或者最粗暴的陈述辩护……他最喜爱的消遣就是通过为不切实际的学说发明强有力的理由来使理性主义者感到困惑”（Feyerabend，1975：189）。由于是一个诡辩家和弄臣，认识论无政府主义者并不致力于理性和真理的理想，并因此随意轻视我们所拥有的最好的科学理论，同时还苛求容忍各种各样的迷信和伪科学。用这种方法，他阻碍了严肃认真的研究，而且他的观点具有与教条主义同样的结果，即停滞和退化（更多关于费耶阿本德的观点，见Bunge，1991b）。

激进的怀疑论或者系统的怀疑论必须与温和的怀疑论或者与笛卡儿所提倡的*方法论的怀疑论*区分开。这在于练习方法的怀疑，只相信由形式证明或者由强有力的经验证据所支持的东西，即使如此，也只是在另行通知之前。系统的怀疑论由于否认所有真理而贫瘠空洞，而方法论的怀疑论则是富有成效的，因为它使我们保持警惕，并促进了建设性批评，以及与竞争并存的科学合作。默顿（Merton，1938）称之为“有组织的怀疑主义”，恰当地把它看

作是科学的一个核心的认识特征和社会特征。

各种各样激进的怀疑论都是*认识论的相对主义*。其观点是，真理充其量是局部的，受制于部落和时间。这当然不是新东西：它在很久以前“*真理是时间的女儿*”这个简洁的准则中就被阐明。它是对文化多样性，以及对关于相同事实的互相抵触的观点的多样性的一个朴实的反应。这样的多样性鼓舞了系统的怀疑论，尤其是根据外在论者的这种观点：社会环境和社会利益决定了乃至构成了所有的科学陈述。

所有的认识论相对主义者都拒斥内在于数学中及基础科学家们所寻找的普遍性。如果相对主义是正确的话，那么应该至少潜在地存在着和社会（或者种族的或者其他的）团体一样多的“供选择的”数学：男性数学和女性数学，白人数学和黑人数学，非犹太人数学和犹太人数学，西方数学和东方数学，等等。就如布鲁尔（Bloor，1976）和雷斯蒂沃（Restivo，1983）提醒我们的那样，这的确是曾经流行一时的维特根斯坦所钦佩的反启蒙主义历史哲学家斯彭格勒的一个论点。它也是一个纳粹主义者喜欢的一个论点，因此，雅利安人的数学和物理学是具体的和直觉的，而犹太人的数学和物理学则是抽象的和反直觉的。

这种关于可选择数学的论点可以被反驳，通过表明数学陈述不涉及任何真实存在的（尤其是社会的）事物，而且不是通过求助于经验操作（尤其是社会行为）来辩护（尤其是证明）的（如 Bunge，1985a：第一章）。正确的是，数学不可能在一个落后的社会中繁荣兴旺，落后社会的成员既没有受过教育，又没有动机、方法或者闲暇来致力于所有纯科学中最纯粹的研究。尽 340
管我们的相对主义社会学家们或许没有兴趣，但这也是正确的：现代数学包含着大量“可供选择”的、与“典型的”数学理论*并肩*的数学理论（如直觉主义的逻辑学、非标准的集合理论、模运算、非欧几里得几何学和非标准分析）。因此，数学真理*是*相对的，为世人所知已超一个世纪（例如，等式“12+1=1”，在数论中是错误的，在时钟算术中是有效的。另一个古老的例子是：在一个圆的内部对于任一给定的直线来说，存在着无限多的“平行线”，即非相交线。第三个例子是：李代数的元素是非结合的）。

然而，每一个数学真理都与某种*理论*有关，而不是与社会有关。而且任一脱离典型的、标准的或者经典的数学理论都是由纯粹的智力原因引起的，主要是希望证明或者概括，即克服早先理论的限制条件。任一这样的改变都是由纯粹的求知欲引起的，它们不是对社会压力、工业需求或者意识形态要求的回应。它们是对概念问题而不是对社会问题的回答。如果数学问题是社会问题的话，那么后者的大多数问题将是可解决的，而且它们将会连同数学的发展一起得到解决——这是不可能的，即使仅仅因为数学不具有社会内容。

“不正常”的数学理论与社会异常没有任何关系。它们不仅未能涉及任何社会事物，而且它们*连同*它们在相同数学界的标准对应物一起发展，不管经济因素或者政治因素——当然，除了贫穷的科学家负担不起支持大量的数学研究，以及独裁者可能不喜欢某些数学分支以外（顺带说一下，在阿根廷1976～1983年军事独裁统治下，两位省长禁止了包括矢量微积分在内的现代数学，他们认为它是马克思主义的。他们并不知道的是，这样做他们就同意了受到一些新马克思主义者欢迎的相对主义的论点）。

关于事实科学，认识论相对主义的错误甚至更为明显。实际上，关于同一事实领域的同时或连续的互不相容的理论的多样性，仅仅证明了科学研究不保证*即时的、完全的和最终的真理*。但是，就如观察检验和实验检验表明的那样，我们经常偶然发现*局部真*的假设（顺便说一下，局部真理与相对真理和语境真理没有任何关系）。而且，就如科学史表明的那样，如果一个假设是有意思的且是充分真的，它将会激发进一步的可能导致更真或者更深的假设的研究。适用于假设和理论的，加以必要的变更，也同样适用于经验设计。毕竟*存在着*科学发展，因为*存在着*诸如客观的（尽管经常是局部的）真理这样的东西。

关于这个怀疑，即如果一个科学项目被物质利益或者意识形态利益所
341 激发或所扭曲的话，它就不能产生客观真的结果，这是哲学家们称为“起源谬误”的一个实例，它在于根据它的出生（或者洗礼）证明来判断一些知识（*人身攻击谬误*是起源谬误的一个特例）。一个假设、数据或者方法或许是正确的（就命题来说是真的），不管产生它的研究的动机是什么。或者它可能被证明是假的，即使是由最纯净的意图引起的。简言之，一个观念的正确性不依赖它的起源和使用，而且它必须通过严格的客观方式被确定。这对于一个

观念的内容来说也同样有效。例如，涂尔干认为，所有的逻辑观念，在它们当中有集包含观念，都有一个社会的（尤其是一个宗教的）*起源*，但是他并没有声称它们还拥有一个社会的（尤其是一个宗教的）*内容*。

当代认识论相对主义的另一个流行的起源，是被库恩（Kuhn，1962）所使用的、对首先由完形心理学家研究的两可图形的感知。如果我时而看到一张人脸，时而看到一个花瓶，那么被看到的*实际上*是什么，而且我如何能够声称二者中哪一个感知是正确的呢？建构主义者回答说：“这个例子最好的特点就是，我们可以看出问它*实际上*是这些中的哪一个这个问题是多么的愚蠢”（H. M. Collins，1983：90）。但当然，*根据定义*，一张两可图形是我们可以（先后）以两种不同的方式来感知的图形，二者中没有一个比另一个更真实。歧义存在于图形—主体系统，不在于真实的人脸或者真实的花瓶。柯林斯建议，这样的歧义性影响了*所有的*科学问题、数据、假设和方法。但是无论是他还是其他人都没有提出任何*证据*来证明这的确是真实的情况。此外，大家都知道的是，歧义性和模糊性将会发生但却可以被改正。

尽管建构主义相对论者说他们不需要真理概念，但他们没有忽视所有人都会犯错误的事实。只是他们不能用违背真理的术语来*定义*错误或者误差概念而已，就如在观察误差理论和在认识论中所做的那样。他们放任它是未下定义的。此外，他们中的一些似乎更喜欢误差而非真理。例如，拉图尔（Latour，1983：164-165）曾经渴望*使因循守旧的庸人感到惊愕*，向我们保证说，“科学家想制造多少错误就能制造多少错误……每一个错误依次被收集归档、保存、记录并被制成很容易再次可读的……当你总结一系列错误时，你比任何一个曾比你犯错误少的人都要强”。因此，实验室“是通过繁殖错误而获得力量的技术设备”（Latour，1983：165）。任何怀疑拉图尔误把科学当作政治的人都是正确的。事实上，拉图尔和伍尔加早先曾写道：“通过维持科学‘政治学’与它的‘真理’之间的区分，几乎没有任何获益”（Latour and Woolgar，1979：237）。简言之，就如黑格尔和法律实证主义者们所说的那样，强权即真理。

科学争论据称命运相同。根据相对主义者，所有的科学争论都是概念上无休止的，因为不存在客观真理。因此“*即使在最纯粹的科学中*，如果争论 342

即将结束，那么它必须通过一些通常不被认为是严格*科学的*方法终止”（H. M. Collins，1983：99）。换句话说，不存在决定性的观察或者实验，不存在新的预测，不存在逻辑证据或者数学证据，不存在决定性的反例，不存在（内部的或者外部的）一致性检验，等等。只存在“核心集团”或者执政党的任意决定，或者敌对派系之间的一种协商和最终妥协。“政治活动”将成为科学游戏的名称。

哲学家们曾经维护认识论的相对主义或者怀疑论，要么在纯逻辑论证的帮助下，要么通过列出科学的一些持久的发现，如行星系的日心说模型，血液循环，电磁场、原子和基因的存在及生物学物种的进化。这些及大多数逻辑学和数学真理，无疑是在现代纪元一开始就已经确立的许多完全（不仅仅是局部的）真理和永恒真理中的一些——与诸如休谟、恩格斯和波普尔这样的怀疑论者齐头并进。

如前所述，认识论的相对主义不可以被误认为是方法论的怀疑论或者可谬论。根据后者，所有的*命题其实原则上*都是可错的——但也是可改正的。与系统的（或者激进的）怀疑论相比，科学研究者默认接受我们曾称为方法论（或者温和）的怀疑论。他仅仅怀疑哪里有一些（逻辑的或者经验的）*理由*去怀疑：“如果它没有被打破，就不需要修理它。”此外，他不能*同时怀疑一切事物*，而只能怀疑根据某一知识体系是可疑的东西。他也没有怀疑一些推动科学研究的哲学原则，除了那些被新的科学社会学所拒绝的之外，它们之中有外部世界的独立存在原则和客观可理解性原则。简言之，大多数关于这个世界的真理有可能都仅仅是*局部的*，但尽管如此它们是*真理*，不仅仅是同样不确定的猜想，更不用说寓言了。

此外，科学真理，无论是完全真理还是局部真理，都被认为是*普遍的*或者跨文化的，而不是这个或者那个社会团体的财产。不存在诸如无产阶级的科学或者雅利安人的科学、黑人数学或者女性哲学这样的东西：这些都仅仅是政治骗局或者学术骗局。诚然，知识在一些团体或者社会中与其他的相比会更繁荣，但是迷信也是这样的。如果一种观点仅仅对于某个社会团体的成员来说是可接受的，那么它就是意识形态的而非科学的。即使当一种观念是源于一个特殊团体内部，但为了算作是科学的，它也必须是*可通用的*。除非

这个科学性标准被接受，否则把科学与神学、伪科学或者反科学区分开就变
成不可能的了，这种区分当然是新的科学社会学的一个要求（对相对主义的
进一步批判，见 Jarvie，1984；Gellner，1985；Trigg，1985；Archer，1987；
Siegel，1987；Livingston，1988；Boudon，1990a，1990b；Bunge，1992a； 343
Sebreli，1992；Boudon and Clavelin，1994；Albert，1994；Rescher，1994）。

第五节　认识论的诠释学

就如在第十一章第二节中所看到的那样，哲学诠释学或者文本主义的本体论论点是，这个世界尤其是社会，是一个文本或者话语。用贝克莱的方式说就是，*存在即记录题词或者铭文*。现在，让我们检验这种荒谬的观点的认识论伴随物，我将称之为“认识论的诠释学”，尽管它经常被叫作“一般符号学”。

如果这个世界确实曾经是最长的演讲或者最大的图书馆，结果就是，如果我们希望理解它，所有我们必须要做的就是听、读和解释。尤其是，我们必须“解释”人类行为（也就是猜测其目的），把它当作一个话语来对待，并对它进行诠释学或者符号学的分析。“哲学诠释学之父”狄尔泰（Dilthey，1959［1883］,［1990］)，把诠译学的范围限制在人文科学中，但伽达默尔（Gadamer，1975）和费耶阿本德（Feyerabend，1981）声称，诠释学即使对于自然科学来说也是有效的。但是他们没有解释领会如何在比如称体重中起作用。

前面我们已经表明（第十一章第二节）诠释学如何把一些解释概念合并，以及所谓的“解释人类行为”实际上是如何从行为中猜测意图（这样的假设经常被错误地叫作“推论”)。现在我们补充说，因为任一给定的行为都与不止一个目的相一致，所以我们必须把这样的假设（“解释”）看作是试验性的并因此需要经验检验。一个微不足道的例子就足以证明这一点。数据：个体 *X* 张贴出售他的房子。在没有更多数据的情况下，可能的假设有：① *X* 极需现金；② *X* 的房子现在对于他来说太大了，因为他的孩子们已经离开了家；③ *X* 相信这是一个卖方市场；④ *X* 害怕房地产破产并且希望减少他的损失；

⑤ X 知道他的房子有一个结构缺陷，并且希望在它变得明显之前出售；⑥ X 想要搬出城镇；⑦ X 将要离婚、退休、死亡，等等诸如此类。因此，我们（至少）有七个不同的对“房屋出售”标志的解释。只有一些调查才可以选择真正的那个。

适用于行为信号的，加以必要的变更，也适用于文本，尤其当它们传达对于读者来说不熟悉的技术知识时。然而，纯粹的无知不能阻止诠释学家（或者一般符号学家），据他所述：①即使科学也只是一堆可单独在诠释学的帮助下被解释的铭文；②因为做科学或者元科学——或者就此而言别的东
344 西——仅仅是语言学家的事情，或者是任何有读写能力的人都应该能够玩的语言游戏。（Latour and Woolgar，1979）。

因此，从诠释学的视角看，专家和外行人之间的差别消失了。解释要接受检验这个讨厌的要求也消失了。实际上，客观性仅仅是“符合写作和阅读的传统惯例”（R. H. Brown，1990：188）。事实与虚构及真理与谬误之分的结果是显而易见的：“事实和虚构之间的区别因此被弱化，因为二者都被看作是交际行为的结果和来源”（R. H. Brown，1990：189）。那么，为什么任何人都应该担心真理概念（除了共识之外），更不用说用真理检验了？

文本主义者的探讨方式便于允许我们单独在符号分析工具的帮助下处理甚至最深奥的科学观念。因此，拉图尔（Latour，1988）对狭义相对论（SR）进行了这样的分析，就如被爱因斯坦在其 1920 年流行的著作《狭义相对论和广义相对论》中解释的那样（推理是清晰的：如果一个外行人可以阅读大众科学的话，那么科学必须对于所有人来说都是容易接近的）。因为这种流行的阐述得到了一群乘坐火车、测量时间并发送信号的旅行者的支持，所以拉图尔得出结论说，狭义相对论不是关于动体的电动力学（1905 年爱因斯坦影响深远的一篇论文的题目），或者甚至不是关于空间和时间的。

拉图尔（Latour，1988：11）向我们揭示了，包括在狭义相对论中的是某些人类活动。他走得如此之远以至于认为爱因斯坦选错了标题：“这本书最好以此为标题，即《将长途科学旅行者带回的新指令》”（Latour，1988：23）。而且，爱因斯坦的工作类似于史密森学会“为了积累气象现象”，建立一个全国性的气象观测员网络的初步计划。在我们的时间、空间、质量、能量和它

们的关系中，以及在力学和电动力学之间的关系中，由狭义相对论引起的这些深刻变化，从诠释学建构主义相对论的观点看，是不可见的。

这种对狭义相对论的歪曲导致拉图尔去维护一种古老的、不足信的对狭义相对论（及对量子力学）的误解，将其误解为*认识论*相对主义这种主观主义形式的一个证明，根据这种主观主义形式，所有的科学事实都是由“独立的和积极的观察者”创造的（这种基本错误的一个来源是错误地把“参照系”与“认识主体”看成一样的）。因此他的论文题目是“对爱因斯坦相对论的相对主义解释”。拉图尔从未想过，为了评价任何关于观察者在一个科学理论中的作用的断言，必须：①公理化这个理论，以便把科学精华与教条的或者哲学的分离开；②在某种指称理论的帮助下分析这个理论，以便搜寻出它真正的指称对象。

如果这些任务都得到贯彻执行的话，那么就不仅仅是*断言*而且可以*证* 345
明，狭义相对论和量子力学都是关于独立存在的物理事物（Bunge，1967a，1973c），*不是*“关于描述任何可能经验的方式”（Latour，1988：25）。尤其是，通过证明相对论力学的指称对象是通过一个电磁场而相互作用的物体（就如由爱因斯坦基础性论文的标题所表明的），我们反驳了这个稀奇古怪的断言，即光的速度和洛伦兹变换都是“建立一个社会的正常业务的一部分”（Latour，1988：25）。众所周知，社会在科学诞生以前就已经存在很久了；而且无论好坏，它们的出现、维持和崩溃都与相对论是完全无关的。

和毕达哥拉斯主义、犹太神秘哲学和精神分析学一样，哲学诠释学把一切事物都看作是其他东西的符号（安伯托·艾柯的小说《傅科摆》中的一个角色坚持认为阴茎是一个阴茎状符号）。它是向奇幻思维的回归。与之相比，一个符号与其*所指对象*之间的区别是理性思维或批判性思维的一个基本特征。命题“这只猫躺在垫子上”与它描述的事实或者甚至与我们在说出它时所发出的声音都毫无相似之处。因此，对这个命题的一个语言学（如句法的、音韵学的或者格式上的）分析，不会揭示它所代表的东西。事实与符号的合并不仅是错误的，而且是疯狂的。

人类及任何超过原子或者植物的社会系统，都不具有语言属性。甚至我们关于事物的观念也不能被视为与它们的语言包装等同，即使仅仅因为这些从一种语言到另一种语言是不同的。尤其是，理论具有逻辑属性、数学属性和语义属性，不具有语言属性或者文学属性。这就是为什么科学理论由科学家创造并由逻辑学家和科学哲学家分析，而不是被诠释学家或者语言哲学家，更不用说被文学评论家分析的原因。因此诠释学的哲学没有什么可教导社会科学家的东西。

然而，一些有能力的社会科学家，从韦伯（Weber，1988［1913］）到霍德（Hodder，1992），曾声称他们的工作符合诠释学模型而不是科学模型。这种观点基于两个误解：一个关于方法的本质，另一个关于诠释学程序的本质。前者在于这个错误的实证主义信念，即科学方法只能用于可观察的事实，不能用于不可观测的事实如我们远祖的情感、思想和意图。事实上，科学方法可用于所有的知识问题，并且它是唯一能够把粗糙的直觉转变成可检验的并且在某些情况下真的（然而很少完全确定）假设，以及把原始数据转变成证明或者反对假设的（或多或少可靠的）证据的方法。至于诠释学程序，当合
346 法正当时，它可以在以下术语的帮助下转变成标准方法：

（一种行为或者一件人工制品的）意义→功能或者目的。

解释或者领会（一种行为或者一件人工制品）→假设或者理论。

诠释循环→数据－假设－数据曲折行进。

总而言之，科学家应该兼顾观念和事实。然而，一些社会学者（尤其是人类学家和历史学家）对理论视而不见，而其他一些（尤其是数学经济学家）对事实视而不见。只有很少一些人，尤其是诠释学家，对二者皆视而不见。简言之，哲学诠释学无任何可取之处（更多讨论见 Albert，1994）。

第六节　客观概率和主观概率

关于概率概念的哲学争论，是由来已久的实在论与反实在论之争的一部分。关于这些争论，现代概率理论是中立的，因为它给抽象集——难以归类的元素的集合——分配了概率。但是这些元素一旦被假定表示事实项如物理事件或者心态，也就是说当概率概念被用于推出事实时，争论就有可能出现。

主要的争论涉及这个问题，即概率是对客观概率的测量还是对我们的相信度或者不确定度的测量。例如，如果我们抛掷一个硬币的话，它具有相等的概率，也就是说正面概率或者反面概率相同，即 $\frac{1}{2}$ 。对于一个客观主义者来说，这些概率是客观的，但是一旦这个硬币已经落地，它们就消失了——不论我们是否看这个硬币。或者如果喜欢，一旦这个硬币已经落地，概率中的一个已经扩大到 1，而同时另一个已经缩小到 0（就如罗马赌徒们说的那样，一旦他们已经扔出羊指关节，就*孤注一掷*了）。因此，对于客观主义者来说，问一个被蒙上眼睛的人是毫无意义的，在硬币落地后，他将看到硬币显示正面的概率是什么。信念不能被分配概率，直到一些心理学家提出了一个得到充分证实的信念获得和信念改变的概率论。

与之相比，主观主义者（或者人格主义者，或者贝叶斯主义者）相信，概率是心态。因此，他不仅要将概率分配给一个随机事件，而且还会分配给他对任何事物的信仰，尤其是因缺乏知识他不能预测的一个非随机的事件。例如，他会说那个被蒙上眼睛的旁观者将会发现硬币正面朝上落地的概率是 $\frac{1}{2}$ 。或者，再举个例子，假设都知道一个女人有两个孩子，他们中的一个是男孩。显然，另一个孩子要么是一个男孩要么是一个女孩。忽视第二个孩子性别的主观主义者，将会说这个孩子是男孩的概率是 $\frac{1}{2}$ 。但实在论者会拒绝给正在讨论中的信念分配一个概率。他将认为，这样一个分配只有在非常短的卵子
受精周期期间才有意义，因为这确实是一个随机的基因重组过程，在这里两 347
种性别拥有几乎一样的概率来占据主导地位。而且，他还会责备主观主义者把一个事件的概率与他相信那个事件会发生的确定度相混淆——一种把物理学错认为是心理学的情况。

选择对概率的两种解释中的哪一个会造成什么实际差别？很多。首先，实在论促进随机过程的科学研究，而主观主义否认它们的存在或者甚至培养毫无根据的猜测。实际上，即使是由经验丰富的观察者做出的主观估计，也不能替代测量或者理论计算，无论这些估计可能多么近似。一则，对于一个小于比如说 0.1 的概率，给出一个合理的主观估计实际上是不可能的，而一个

物理学家把计算或者测量甚至小于 10^{-10} 的概率都看得很平常。

二则，众所周知，人们倾向于低估高度可能性事件的概率，而高估可能性非常小的事件的概率。

三则，主观解释充斥着悖论。再次考虑这个例子，一个女人承认有两个孩子，他们中的一个是男孩，询问主观主义者来猜测第二个孩子的性别。乍一看，这个孩子是男孩的概率是 $\frac{1}{2}$。但是，如果他比较好奇的话，这个主观主义者将能走得更远。他可以做出推论，如果有两个男孩且他们不是双胞胎的话，那么他们中的一个就会比更一个年龄大，称他为 B1，称他的弟弟为 B2。现在就不是两个了，而是存在三个等可能的信念：B1 和一个女孩，B2 和一个女孩，B1 和 B2 两个男孩。这些信念中只有一个可以是真的，它们中每一个为真的“概率”是 $\frac{1}{3}$，而不是 $\frac{1}{2}$（Gardner，1992：131）。寓意是，无论可能是什么样的相信（信念优势），它们不会表现得像概率。

接下来让我们根据前述事项来检查概率在社会研究的一个重要学派——理性选择理论——中被解释的方式。这个理论（更确切地说，理论家族）的核心概念是预期效用概念。这是一个行动根据它们各自概率的可能结果的效用（收益）产品之和。在绝大多数情况下，效用和概率被认为是主观的，因为处于险境中的是主体“感知”其选择项和选择行动方案的方式。因此，对于任一给定的行为，不同的人有可能分配不同的预期效用。而且它们中没有一个被认为比其他的客观上更正确：它是一个观点问题或者品味问题，不是科学问题。只有对数学符号的使用才能赋予它一个科学的外观。此外，主观概率（毋宁说是信任程度）不能从对主体的实际选择的观察中推断出来，因为这些或许并未透露出他的真实偏好，尤其当他与这个事件利害攸关或者仅仅是风险规避时（Karni and Safra，1995）。

348 接受主观的概率值或者个人的概率值，对于近年来由德·菲尼蒂、杰弗里斯、卡尔纳普、萨维奇、古德、林德利和其他人维护的贝叶斯（或人格主义）数理统计学派来说，当然是至关重要的。它也是贝叶斯决策理论的一部分（关于详细的批判，见 du Pasquier，1926；Fréchet，1946；Bartlett，1975；Bunge，1988a）。但是主观主义者的立场与概率在诸如统计力学、量子理论、遗传学、工程学这些成熟学科中，甚至在诸如人口统计学、流行病学和社会流动理论这样一些社会科学的分支中被赋值的方式是不一致的。在这些学科中，概率（或者概率分布）是与长度和人口一样被当作客观属性来看的，二者都不应该被主观地估计（除了暂时地和服从实验检验）。尤其是，在“硬”科学中不存在先验概率，除了可依据相对频率进行检验的假设之外。

此外，在“硬”科学中，概率只有当有理由相信诸如随机洗牌或者随机抽样这样的一个机会过程在起作用时才被引入：没有客观随机性就没有概率。然而，米尔顿·弗里德曼（M. Friedman，1976：84）自信地向我们保证，“个体进行行动，*犹如*他们给所有可能事件都分配了个人概率”。虚构主义者把概率看作*犹如*诡计的东西，这导致陈述不可检验并因此使理论学家们免于负担经验检验——这对于自由猜测的爱好者非常便利。但是它使统计学家感到困惑和无助，因为贝叶斯定理不能精确化随机性、随机化和随机抽样概念。

接受主观概率可能有灾难性的后果——比如在风险评估的情况下。例如，人们倾向于低估高风险，比如，危重症的人死亡或者变成“植物人”的可能性——一个可能有严重的道德后果和金钱方面后果的错误（如 Knaus et al., 1991）。一个难忘的引人注目的例子是 1986 年*挑战者号*航天飞机的爆炸。当被请求调查这个灾难的原因时，费曼（Feynman，1989：179-180）与一些卷入此事件的机械师和管理者讨论了这个问题。一个有能力的直率的专家告诉他，127 个被他检查的火箭中有 5 个火箭曾经失败了，即大概百分之四的比率。假设有人驾驶的飞行比无人驾驶的飞行更安全，他评估说大概有百分之一失败的可能。但是美国宇航局的管理者不相信基于相对频率的估计概率。他们坚持认为，失败的概率只有十万分之一，也就是说，小于由工程师估计的数字的一万倍。那些管理者是如何得到那个不可思议的数字的？他们没有说也不能说：他们所做出的是一种主观的或者个人的、出现在大多数理性选择模型中的概率猜测。

一个不那么引人注目的例子是保险公司面临的风险。一个普通的保险公 349
司会基于平均寿命、火灾或者车祸的保险统计表来计算它的保险费。它不会给任一风险作保，除非它可以获得这样的表格，这些表格提供基于对应的相对频率进行评估的客观概率。但是著名的伦敦劳埃德保险公司愿意发布针对这样相当稀有事件如盗窃梵·高绘画、巨型油轮的海难或者地震的保险政策，其行事基于期望一系列的这种稀有灾难不会发生在一年之内。但是 1990 年碰巧是这样一年，结果劳埃德保险公司快到了破产的边缘。其寓意在于：基于主观概率行事相当于赌博——这是一种糟糕的、疯狂的、悲哀的商业生意。

简言之，在任一严格的科学论述中，概率（a）是关于某个任意的（或随机的）事情或者过程的一个模型的部分；（b）表示正在谈论的事物的客观属性；（c）应该是客观上可测量的，尽管未必是用一种直接的方式（Bunge，1988a）。在大多数理性选择模型中不是这样的。出现在大多数理性选择模型中的预期效用，既不是数学上意义明确的也不是客观上可测量的。主观概率当然与主观价值或者主观效用命运相同。

注意我不是要建议，我们行为的结果是完全确定而不是或多或少有可能的。诚然，可能性是真实的，它不仅仅是无知的一个同义词。因此在许多情况下，并且在所有的选择局势中，我们都面临着真实的（不仅仅是概念上的）可能性，而且经常是我们有能力实施它们中的一些可能性并阻止其他一些可能性。但关键是，（a）一些可能性（如车祸）是非随机的，由此它们不能被赋予概率；（b）我们很少掌握关于随机社会事件概率的精确值的线索，即使仅仅因为几乎不存在可靠的（概率性的或者其他的）关于人类行为的数学模型。与之相比，在“硬”科学中，概率（或者概率密度）存在于精确的理论中，在其中它们与其他的量相关联，这些量中的一些要么是直接可测量的，要么是通过指标可测量的（因此，在量子物理学中，我们可以间接地通过这样的变量如能量、温度或者光强度来测量概率）。

决策论是根据机会博弈类推而构建的。（这是讽刺的，因为在机会博弈中，效用和概率是客观可知的，因此它们不需要被猜测，更不用说被编造了。）现在，生活不是一种赌博，尽管它充满着意外事故和偶然事件。这并不只是因为我们可以随意使某些事件发生。也不是仅仅因为我们通常不知道我们的行动的可能结果的可能性和效用。关键是，在大多数情况下，我们甚至不知道
350 所有这样可能的结果——这就是为什么我们到处遭遇惊奇的原因（因此，即使决策树上的每一个可预测的分支都可以基于某些合理的理由被分配一个概率，起源于一个节点的各种已知分支的概率总和也不可能达到统一，因为我

们不知道所有的分支)。

换句话说，没有一个决策树能够包括一个实际行动所有可能的结果。但是作为补偿，当受到灾难威胁时，我们经常可以预防它——这是一旦骰子转动起来我们将不被允许去做的事。因为原则上我们可以在几乎任一蓄意行为过程的中途改变，并且因为我们忽略了如此多的因素，所以决策论及其同类，就如它们模仿机会博弈那样，对于理性行动来说都不是可靠的指导。理性的人都不是赌徒：他们尝试控制可能性或者甚至避免它，而不是随它摆布（更多讨论见 Bunge，1998）。

我也不是建议，社会科学家应该忽视主观现象，比如信念、不确定因素、期望值和意图。我们必须弄清有关它们的情况并批判地检验它们。但是主观性必须被科学地研究——比如借助于可信的客观（心理学的或者行为的）指标。随意给心态或者蓄意行为的可能结果分配概率不是一个科学程序，恰恰因为是随意的。

更加不必说的是，这同样适用于给命题尤其是给假设分配概率的情况。进行这样的分配没有精确的规则是已知的。而且*可能*一个都不存在，因为假设既不是随意产生的也不是随意接受的。(然而存在一整个学术产业，也就是归纳“逻辑学”，它假定所有的命题都可归因于一个概率。）重点在于，这样的“概率”是主观的，因此是相当随意的。“主观概率”只是信念强度、信任强度或者似然性强度的一个好听的名称。

可能不存在合理的、反对以一种客观方式研究主观“概率”、信任或者似然性的异议。事实上，它们已经被这样研究了，并且已经获得了两个重大发现。首先，主观概率不是相应的客观概率的线性函数（存在着一些心理物理学幂次定律 $S=\alpha p^{\beta}$ 的实验证据，其中 $\alpha>1$ 且 $0<\beta<1$ ）。其次，因此主观概率不满足概率计算律（因此，如果这个幂次定律有效的话，那么对一个供选择的客观概率 $p=p_1+p_2$ 的主观估计就是 $S=\alpha(p_1+p_2)^{\beta}\neq S_1+S_2$。相同的定性推论从 S 和 p 之间任一其他的非线性关系产生）。简言之，概率既不是被定义的也不是根据信念被解释的。只有对概率的实在论（倾向）解释才可用于科学和技术。

351

第七节　主观性的客观研究

信仰的力量是这样的，如果一个人相信 X 是真实的，他将会表现得犹如 X 是真实的，即使事实上 X 只是他的想象虚构的事物（Merton，1957：421ff.）。因为主观性是人类生活的一个重要特征，所以实在论者应该赞成对它的客观研究。事实上，心理学家和社会心理学家们确实研究主观因素如知觉、信念、评价和态度看法，影响如行动这样的客观项的方式，而且反过来，也研究其他人的行动如何影响我们的主观经验。换句话说，社会科学家不仅对客观情况感兴趣，还对这些被“感知”的方式感兴趣。但是他们应该被期望客观地研究这样的知觉及外部环境，而且事实上这正是他们试图要做的事情（如 Nagel，1961：第十三章）。为了看看主观因素和客观因素是如何能够结合的，让我们检验与主观（“感知”）公平相对的客观公平问题。

每当收益和负担可被量化时，我们或许就可以把一个个体在一段给定的时间跨度内的公*正度*（或者公平度）定义为在那个时期他的收益 b 与他的义务或者负担 d 之间的比率，也就是说 $J = b / d$ 。完美的公正或公平用 d–b 平面上的一条 45° 的直线来表示。不公正或不公平用这条线之下（相对贫困）和之上（特权优待）的区域来表示。关于客观公平就到此为止吧。

现在，从亚里士多德到托克维尔和马克思的社会科学家们已经知道，关于收益和负担的分布一致和不一致取决于“感知”公平而不是客观公平（尤其是，受压迫者和压迫者双方都倾向于根据应得的赏罚、实际的赏罚或者所谓的赏罚来证明不公平）。因此，除了“客观公平”概念之外，我们需要一个主观的公平测量。在一篇开拓性的论文中，杰索（Jasso，1980）为“感知”公平或者*主观公平*提出了下面这个公式：

$$J_p = k \log\left(b / b_f\right)$$

其中，b 和 b_f 分别表示客观的收益公平分配和“感知”的收益公平分配，k 是特定的人的一个恒定特征。如果一个人很容易被满足的话，那么他就具有较大的 k，如果他比较挑剔的话，那么他的 k 就比较小。感知的公平是正数（特权优惠)、零(公平)或者负数(相对贫困),根据实际收益 b 分别是大于、等于或者是小于“感知”的收益公平分配 b_f。杰索的公式应该可使心理学家和效用理论家们想起熟悉的事情。

上述公式捕捉到了公平的“权利”那一边,但却忽略了它的“义务”那一边,这对于任何相信公平在于两者之间的一个平衡的人来说是不能接受的(Bunge,1989)。这个疏忽可通过这个对数的自变量,除以实际负担与公平(但仍旧是“感知”的)负担之间的比 d/d_f,很容易就能补救。结果就是,$J_p = k\log\left[\left(b/b_f\right)/\left(d/d_f\right)\right] = k\log\left(b.d_f/b_f.d\right)$。根据这个公式,一个人 352
将会(有理由或者无理由)感觉得到公平对待,当且仅当 $b/b_f = d/d_f$;也就是说,如果实际的收益与负担与“公平的”收益与负担比率相同。显然(数学上)和有意思(心理学上)的是,上述条件可以用无限多的方式来满足。一个(充分)条件当然是 $b=b_f$ 和 $d=d_f$,这或许可被称为理想的主观公平。然而 $b=cb_f$ 且 $d=cd_f$ 也能做得很好,在这里 c 是一个除了 0 之外的任一实数。尤其是,下面的组合是可能的:

$$b = 2b_f,\ d = 2d_f$$

$$b = \left(\frac{1}{2}\right)b_f,\ d = \left(\frac{1}{2}\right)d_f$$

也就是说,加倍的负担“公平”可以通过加倍的收益“公平”补偿。而且把 d_f 减半也可以通过把 b_f 减半来平衡。

到目前为止,我们已经默认把 b_f 和 d_f 解释为自我评估或者主观评估的结果。然而,它们还能被解释为被人们而不是由讨论中的这个个体获得的数字。例如,一个公司的经理或者一个学术部门的主席或许可以决定,对于执行一项给定任务的一个个体来说,什么构成“公平的”收益和负担,而且他或许会使用客观绩效指标来这样做。尽管如此,讨论中的个体可能会有一个不同的“感知”。

于是,社会科学家们被期待客观地研究,不仅仅研究事物到底是什么,而且还研究它们如何被“感知”。这样也是不够的。人们不仅仅要“感知”社会:他们通过作用于他人来维持或改变它。这指向自然知识理论中的认识主体与社会知识理论中的认识主体之间一个重要的差别。鉴于在前者中认识主体研究自然事物，而在后者中他研究的是不仅进行认识而且还基于他们的知识乃至其信念来行动的人类。尤其是，和自然科学中的理论不同，社会科学中的一些理论不得不涉及那些由社会理论引导（或者误导）的人。例如，社会运动与物体运动或场运动不同，因为它们的成员都具有社会目的而且都是受意识形态激发的。

这个差别导致一些学者挑战社会科学可能性的信念，而且导致其他一些学者认为，尽管社会科学是可能的，但相应的认识论必须改变。前面这个断言可以通过回想社会科学确实存在被解决，尽管无可否认的是不总是基于一个高水平。第二个断言更有意思，而且乍一看是正确的。实际上，看起来似乎是，因为社会事实是人的行为，所以它们不是外在于那里，一切社会事物都是被构造的或者被发明的，没有什么是被发现的。因此，或许效力于自然
353 科学的实在论，不适于社会科学：在这里我们需要一种激进的避开客观性的建构主义者的认识论。这种观点经常被叫作“建构主义”，有时也被叫作“二阶控制论”。但当然它与哲学本身一样古老；传统上它曾被叫作“主观唯心主义”，就如我们已经在第十一章中所看到的。

总之，人们创造社会事实并受到他们自己的信念影响这个事实，并没有致使客观的社会研究成为不可能；它也不需要认识论方面的改变。所有它要做的就是迫使我们把兴趣、信仰、意图、怀疑和其他心理过程归于人类（据推测，因此使其服从检验）。换句话说，所有我们需要做的就是拓宽和加深社会研究的范围，要远远超出仅仅对外显行为的记录（Searle，1995）。简言之，因为尽管社会和自然是不同的，但都同样是真实的，所以它们应该以同样的实在论者的方式被研究。更简单地说就是，自然主义蕴含实在论，但是实在论并不蕴含自然主义。

第八节　科学实在论

实在论是一种哲学观点，它认为外部世界独立于我们的感觉经验及思维能力而存在，并且它是可以被认识的，即使仅仅是部分可知。第一个连接性副词是一个本体论论点，而第二个连接性副词是一个认识论论点。因此它有

可能在维护前者的同时否认后者。也就是说，我们可以认为实物自主存在但不能被认识，或许除了它们的表象之外。或者我们可以声称这个世界是可以理解的，因为我们自己构造了它，和我们构造故事和数学理论几乎一样。真正的实在论同时维护外部世界的自主性和可知性这两个论点。

科学和技术做的不只是尝试证明真正的实在论：它们*预先假定*它。实际上，如果外部世界不是独立于主体存在的话，他如何能够探索它？而且如果外部世界确实独立存在但却不可知的话，我们如何能够解释科学探索的成功？诚然，科学家们有情感和弱点；他们犯错误，而且他们的一些行动具有不纯的动机。简言之，他们是人，不是天使。但是找到错误——尤其是其他人的错误——并尝试改正它，是对科学工作描述的一部分。流氓无赖将获得一个科学职业，只要他们创造（或者抄袭）某种真正的科学：如果他们发现了一些关于这个世界的客观真理。简言之，科学是“无幻想的客观性”（Kitcher，1995）。

实在论反对所有形式的主观主义。尤其是，它与约定论、建构主义和现象论相冲突。另一方面，实在论与一些形式的非唯物论如阿奎那的非唯物论相一致，尽管当然与贝克莱的非唯物论或马赫的非唯物论不一致。特别是，在相信存在着无实体的灵魂和天使的同时又是一个实在论者，这是可能的。同样，实在论不可以与唯物主义相混淆，唯物主义是一种本体论观点，不是 354
一种认识论观点（见第十一章第五节）。实在论也不可以与经验主义或者实证主义相混淆，这二者将可知之物局限于可经验之物（见第十二章第三节和第四节）；更不用说与实用主义相混淆，实用主义拒绝反映现实这种观念，而且它只对行动感兴趣（见第十二章第五节）。这样的混淆起因于表面肤浅性并造成时间的浪费。普特南（Putnam，1994）在攻击实在论几十年之后不情愿地承认它就可以为之作证。

于是，实在论的本体论论点可以重申一下：事物自身存在，也就是说，独立于认识主体和行为主体。它的认识论同伴于是可以被再阐述如下：我们能够认识事物本身，不只是它们向我们呈现的。这两个论点在任一科学研究中都是预先假定的（见第七章第一节），并且被所有科学的成功所证实。例如，尽管量子力学有一些普及，但物理学家仍把电子、光子和其他感觉不到的事物看作是独立于任何观察者的事物本身。这不是武断教条：它可以很容易地通过检查描述这些实体的基本方程组（即公理）来证明。事实上，那些方程组没有包含任一关于认识主体的变量（Bunge，1967a，1973c）。

对主流数理经济学一个反复出现的异议是它不够现实——例如，它假定均衡和完全自由竞争，这二者实际上任何时候都不符合。尽管如此，即使是最正统的经济学家也将承认只有这些虚构。例如，可能会碰巧发生一个经济的价格（或者数量）方程式有两个数学上的精确解，一个是正价格，另一个是负价格（或者数量）。因为实际价格和数量是正的，所以经济学家将宣布负解是经济学上无意义的，因为是不切实际的。也就是说，他将默认实在论，即使正在建立远非事实的模型时。

另一个默认实在论的例子是这个。当一个新的假设或者理论未通过经验检验时，它因为与事实不符而被拒绝，也就是说，因为是非现实的。但这或许不是故事的结局。人们可能会怀着提出更真的——即更真实的——假设和理论，希望来尝试修改原始假设或者理论。这个行动可能会失败，人们或许会尝试构造完全不同的思想观念，甚至接受一种不同的探讨方式。不论在哪种情况下，人们都默认，人们的思想观念应该通过现实检查。

我们必须区分三种实在论：素朴实在论、批判实在论和科学实在论。*素朴实在论*或者*常识实在论*断言，事物就是我们对它们所感知的那样。这种观点没有区分事物自身和为我之物（即它向我们呈现的那样），或者它要求每一个真实项在对应理论中都有一个对应物。换句话说，素朴实在论认为，真的知识（或者语言，就早期维特根斯坦来说）“反映”现实，或者是与它“同构
355 的”。素朴实在论是无批判力的，因此深受感官错觉和自欺之害，并且是易被怀疑论和唯心主义者攻击的对象。而且因为他相信获得完全的、明确的关于事实的真理的可能性，所以他既不能够解释谬误，也不能通过构造包含着越来越远离知觉和直观的概念的更复杂的理论，来努力改正它们。素朴实在论特别不适合研究诸如电子和社会系统这样的事物，以及诸如电子碰撞和滞涨这样的过程，它们不是直接可感知的并且具有反直觉属性。

存在着两种回应素朴实在论不足的方式：完全拒绝它或者试图改善它。前者是反实在论者的回应。反实在论者的理由是，因为科学家持续不断地在

他们自己的工作中发现错误，而且改变他们的观念乃至他们的数据，所以真理是无法达到的。简言之，即使现实确实存在，也是不可知的。这是对素朴实在论的一种天真的失败主义者的回应。它忽略了科学错误是可以改正的事实，即我们通常可以从错误出发到局部真理再到高阶近似。更糟糕的是，反实在论是公然不切实际的，也就是说，是错误的，因为科学研究的全部意义是为了认识它，从而探索这个现实世界。尤其是，如果科学假设并不表示事实的话，那么倚靠事实检查它们的意义是什么呢？而且技术建议的意义是什么，如果它们没有打算改变真实事物的某些属性，没有打算装配新的，或者没有打算拆除现存的？科学家和技术专家不是付费玩游戏，而是探索现实或者设计改变它的方法。

*批判实在论*承认知觉是有限的并且可能是欺骗性的，而且还承认完全的、精确的真理很难获得。他承认我们认识事物的方式在一定程度上依赖于我们的信念和期望。这使他倾向于接受一种批判的态度或者怀疑的态度，即他是一个可谬论者。他还意识到知觉必须被这样的设想改正和补充，即构造概念、假设及关于诸如社会网络和国家等感觉不到的事物的理论。此外，他还意识到科学理论不能与它们的实际的指称对象同构，因为它们包含：①没有实际对应物的观念（如逻辑结论和同一性）；②简单化和理想化；③约定元素，如定义、单位、刻度和坐标系（此外，同构只能在集合之间有效，而现实碰巧不是集合）。简言之，批判实在论者认为我们探索现实并使用我们自己的观念来解释它。这不是向唯心主义的让步，至多使用了使人们容易犯约定论错误的一些约定。

*科学实在论*是批判实在论的精炼版本，是理性经验主义（见第十二章第七节）的顶点。除了实在论的本体论假设和认识论假设外，它还宣称：
①科学研究是调查任何事实问题的最高级模式这个方法论原则，尽管它不是 356
绝对可靠的；②（正当的）社会向善论者的信念条款尽管是易错的，但科学研究能够产生越来越多对这个世界的真的表示。这两个附加原则合在一处被叫作“科学主义”（在这里，“*科学主义*”一词的含义是一种传统的含义［如 Lalande（1938）］。与之相比，哈耶克［Hayek（1955）］提出了匹克威克式的、恶意的*科学主义*的定义，他将其定义为“对科学的方法和语言的盲从模

仿”。要成为科学主义的，就这个词传统上接受的意义来讲，是实行科学的探讨方式，而不仅仅是模仿它。对科学的模仿叫作“伪科学”）。

科学实在论不仅仅是最近的一种哲学时尚。它明确地被伽利略辩护，而且是他声名狼藉的实验的焦点。众所周知，伽利略认为，“日心说”的行星天文学是正确的，尤其是他认为我们的星球围绕太阳旋转，而不是相反。这个陈述与素朴实在论、现象论、约定论及与圣经创世纪相矛盾。审判他的红衣主教贝拉明接受的是现象论者和约定论者早期被托勒密所辩护的观点：天文学家的任务是解释表象，不是查明事物究竟是什么。这个审判并没有强迫伽利略接受这种旧的以地球为中心的观点，它只是想让他声明这两个相互竞争的观点在与数据的相容上是等价的，以便新的天文学不会对圣经有影响。

简言之，这个审判与新生的科学实在论作斗争，并为现象论和约定论辩护。教会靠强权终结了这个争论，但是科学实在论在几年之后被证明是正确的。事实上，牛顿天体力学证明了“日心说”的假设，通过表明因为太阳的质量至少是地球质量的一千倍，所以后者确实是围绕前者旋转的。这个消息似乎并未影响到诸如范·弗拉森（Van Fraassen，1980）这样的当代哲学家，他拒绝实在论，而且仅仅要求现象世界模型的经验充分性。

（讽刺的是，通过反对科学实在论而对现象论进行辩护，这个审判背叛了内在于当时罗马天主教的官方哲学即托马斯神学中的实在论。甚至更讽刺的是，一个世纪之后，在某些方面属于启蒙运动的康德，试图复兴现象论，新近又被牛顿的科学毙掉。更糟糕的是，两个世纪之后，逻辑实证主义者——尤其是菲利普·弗兰克——复述了红衣主教的论点：两个“世界系统”——即行星天文学——是等价的。哲学家曾经认识到不要太落后于科学吗？神学家能不落后于科学吗？）

所有寻找或者使用客观（事实）真理的人都默认接受科学实在论，尤其
357 是不在哲学假期时的实践科学家和技术专家。牢记实在论者真理观念的要旨：断言一个事实 f 情况属实的一个命题为真，当且仅当 f 确实（实际上，事实上）是那样的情况（第三章第五节）。事实的或者客观的真理概念预先假定实在论，而且反过来，实在论包含着真理的现实性（或者充分性）概念。然而，科学实在论并不要求完全的、最终的真理：它将满足于局部（近似的）真理

和临时性真理，当得不到或者不需要更好的东西时。真理之路是曲折的、长期的并且有时候是无止境的。

我们如何知道科学研究预先假定（并证实）科学实在论呢？当然不是通过在研究者或者哲学家之中的循环问卷调查，而是通过分析实有假设在某些典型的研究项目中的作用。例如，一个对他只听到过传闻的部落 X 的生活方式感兴趣的人类学家，开始于去 X 那里旅行。一抵达那里，他就寻找表现出来的特征与那些在他所拥有的初步报告中所刻画的特征相似的人们。也就是说，他试图确定 X 存在。如果他成功地与 X 部落的一些人接触的话，他就会试图从他们所允许的最接近的范围来研究他们。

我们的人类学家不会立刻相信他的信息提供者告诉他的一切事情，尤其是因为这些人或许相信不存在之物。换句话说，他将核对他们的报告。此外，他还将揭示一些特征如部落 X 的社会结构，这对于 X 的成员他们自己来说或许不是显而易见的。简言之，他将会像一个好的科学实在论者那样进行。而且当把他对 X 的研究提交出版时，他的鉴定人将会乐于指出一些证明他没有发现或者没有正确地掌握所有事实的缺陷，他的批评也是试图成为好的科学实在论者，即使他们自称是主观主义或者相对主义的。

下面这个思维实验提供了一个对实在论的额外论证。如果一个研究者至少不是一个秘密的实在论者的话，他将会保持满足于记录他自己的心理状态，尤其是表象，而且将只构造自我中心的观点。他根本不会努力根据隐藏的尽管据推测是真实的实体和过程来解释表象。他不会容纳关于没有观察到的但据推测是真实的实体或者属性的假设，就更不用说他会使它们去接受检验了。更糟糕的是，他也许会转向非科学乃至反科学，而不是顽强地追求客观真理（当不参与科学研究时，他或许持有非科学的信念；但是这仅仅说明周末哲学可能会与工作日哲学不一致）。而如果他不相信修正误差和收敛于真理的可能性的话，这个科学家将不会尝试去改善观察或者理论。顺便说下，只有实在论才可以解释误差，因为根据定义误差是与真理有偏差，而反过来，（事实）真理符合事实。因此警告各种误差经常存在的可能性这个正常状态，连同相 358
信发现并纠正它们的能力，仅仅是和关于这个世界的局部真理强大的、稳定的产出一样，是支持实在论的一个强有力的理由。

通过否认外部世界的自主存在，或者至少客观地认识它的可能性，反实在论阻碍对外部世界的科学探索和对它的理性控制。简言之，反实在论是反科学的和不切合实际的。与之相比，实在论不只是又一种哲学言行：它是默认内在于事实科学和技术中的认识论。它固有存在于事实科学中，因为科学研究宣称的目标就是探索和理解现实。而且实在论固有存在于技术中，因为技术的工作是设计或者重新设计旨在改变现实的可行的人工制品或者计划。

此外，我们在日常生活中默认接受的知识哲学也是实在论的——尽管是常识种类的。为此存在着一个强有力的生物学动机：认识你的环境，否则必将灭亡。没有什么复杂的动物可以幸存，除非它有能力至少在一些方面充分地（如实地）塑造它的直接环境。它将会饿死，除非它能够确定什么它可以吃，以及什么可以吃了它，而且它将会迷路，除非它有能力绘制其环境的图表。因此，对于动物的生存，以及对于用一种理性的方式理解和改变这个世界来说，实在论是必需的。如果曾经存在着主观主义动物的话，那么他们要么非常年轻就由于暴露在他们否认的这个世界而死亡，要么他们被任命为哲学教授。实际上，哲学家就是那唯一的动物，因为他们被学术自由保护，可以负担起忽略乃至否认事实的后果——只要他们被授予终身职位。

第十四章

理性与事实之间：理性选择理论 359

理性选择、决策和行动概念，处于所有社会科学中大量且数量不断增长的、宽泛的或者狭窄的理论的中心位置：效用理论、决策论和博弈论及新古典主义经济学。这些理性选择理论是流行的、有意思的，同样也是有争议的。对它们所有共同假设的检查将会澄清并有助于我们评价它们。它也是一个应用并因此巩固我们之前所学的机会。

让我们从回想被称为“理性主义”的思想流派开始，它们认为世界是可理解的并且颂扬概念上的严格和理性讨论的优点。就如我们早先看到的那样（第十二章第六节），理性主义以激进的和温和的这两种强度出现。前者声称理性对于理解这个世界是必要的和充分的，它是先验论的。后者为经验留出了空间，因此为来自经验的论证留出了空间。因此它与理性主义和经验主义的综合相一致，我们称之为“理性经验主义”，而且声称它被科学家和技术专家所实践（第十二章第六节）。

所有的理性主义者都赞成对社会的研究应该理性地进行。但只有一些理性主义社会学者把完全理性归于他们的研究对象，并建立或者应用理性选择模型。在检查这些模型之前，我们将分析“*理性*”一词，因为它一点也不清晰。这个分析是不可或缺的，如果我们想要避免混淆和消除这个普遍的错误观念的话：任何一门学科如逻辑学或者经济学，都可以正当合法地垄断理性。此外，除非我们意识到“*理性*”一词的歧义性，否则的话，理性选择理 360
论的任何失败都冒着被曲解为是对非理性主义的辩护——就如实际上被瑞安

（Ryan，1991）所提出的那样。

众所周知，“*理性*”这个词是一词多义的，它至少指定十二个不同的概念：①*语义的*：清晰性和最小限度的模糊性；②*逻辑的*：内部一致性，即没有矛盾；③*辩证的*：推理有效性，即没有逻辑谬误；④*问题逻辑的*：只提出在某种语境中才有意义的问题，即避免伪问题；⑤*方法论的*：质疑和证明假设与方法；⑥*认识论的*：需要经验支持并与大多数背景知识兼容；⑦*本体论的*：只承认与事实科学相容的本体论假设；⑧*评价的*：只选择用可用的方法可实现的目标；⑨*偏好的*：遵守偏好选择的传递性，即遵守 a>b 和 b>c，那么 a>c 的原则；⑩*道德的*：关心个人福利和社会福利；⑪*实用性的*、*工具性的或者手段－目的性的*：根据可获得的最佳信息，选择或者设计最有可能帮助实现给定目标的方法和手段；⑫*经济的*：自我利益被理解为一个人预期效用的最大化。我们将把前六个理性概念聚集在“概念理性”这个标题之下，剩下的六个理性概念聚集在“实质理性”的标题之下。

有人可能会说，任何智力过程，即使是有缺陷的，它也是理性的，而无意识和情感的心理过程是非理性的。只有包含着故意藐视理性交谈原则——尤其是清晰性规则和无矛盾原则——的智力过程才可以被说成是非理性的。因此，谈论具体的抽象，心灵的原因，存在的意义和民主集中制，不只是错误的和执迷不悟的，而且还是非理性的。和误差不一样，非理性是无法补救的。

适用于心理过程的，加以必要的变通，也同样适用于被心理过程控制的行动。也就是说，我们可以在某方面把行动分为理性的行动和非理性的行动。一些行动可以一方面是理性的行动，在另一方面是非理性的行动，这可能会引起悖论。因此，预料到会对其成瘾的未来后果的吸烟者据说是理性的（Becker and Murphy，1988），尽管与身体健康和长寿相比他更加喜欢短暂的满足是不理性的。

非理性主义者否认解释任何事情或者无论多么重要的事情是可能的或是值得的，而理性主义者则试图理解一切，甚至是非理性的事物。这就是为什么科学家和技术人员即使当他们只收集经验数据时，也必须被视为理性存在的原因。然而，解释非理性的事物是一回事，试图将其还原为理性又是另一
361 回事，例如，当心理学家谈论一只苍蝇“计算”它的飞行时，一位人类学家

写到一个不懂数学的部落男子“计算”一场求雨舞的成本和收益时。科学的理性主义者用理性来理解理性过程和非理性过程，但他并不把理性归于整个世界。特别是，他重视合理的兼具理性和非理性的选择理论，而且他或许希望看到对自 20 世纪 60 年代中期以来社会研究中非理性主义的高涨的一个合理解释。

第一节　理性选择理论的基础

理性选择理论实际上是一大类相当流行的理论模型。它们都假定：①选择和交换构成了社会生活的中心；②每一次选择都是出于自我利益，更准确地说，都是由经济学的“理性”原则或效用最大化原则指导的。理性选择模型已经在过去的几十年里如雨后春笋般地在所有所谓的人文科学中迅速增长，从心理学到历史学甚至在神学中（如 Becker，1976；Booth et al.，1993；Boudon，1979；Brams，1980；Coleman，1990；Benn and Mortimore，1976；Luce and Raiffa，1957；Moser，1990；Olson，1971；Rapoport，1989；Stigler and Becker，1977；von Neumann and Morgenstern，1947；以及期刊 *Theory and Decision* 和 *Rationality and Society*。

理性选择理论或许被看作是被这些不同的思想家们如霍布斯和斯宾诺莎、法国和苏格兰启蒙运动成员、英国功利主义者，以及孔德、马克思和韦伯所持有的理性主义观点的顶点。所有这些思想家都强调利益和理性的重要性，把理性等同于现代性，并拒斥人类的宗教观和浪漫观。然而，在当代理性选择理论家与其先驱者们之间存在着重要的区别。这些老一辈的思想家们持有一种相当宽泛的理性概念，而理性选择理论使用的则是一种狭隘的、工具主义的经济理性或者效用最大化概念，它由 18 世纪的功利主义哲学家们概述，并由 1870 ～ 1890 年的边际主义经济学家们进行了改善。此外，理性选择理论忽视了目标的合理性问题（韦伯的*价值理性*），以及目标和手段的道德问题。而且，孔德、马克思和韦伯根据在所有信念和行动领域的一种历史的合理化和祛魅化（去神秘化）过程进行思考，而理性选择理论则认为偏好是恒定不变的且效用最大化行为天生固有于人性之中是理所当然的：因此它是一种与历史无关的观点。

理性选择理论一直被批评，要么由于是理性的，要么由于是不够理性的。前一种批评是固有存在于舒茨、戈夫曼、格尔茨、加芬克尔和德里达的作品
362 中，他们反过来又从 20 世纪两个主要的非理性主义哲学学派——现象学和存在主义——中获得了灵感（回想第十一章第三节，并参见 Denzin，1990）。一个密切相关的、对理性选择理论的批评是反现代主义者的“人文科学的修辞学”，它声称所有的智力活动都只不过是聊天和生产有说服力的隐喻，而不是最大程度真的数据或假设（如 McCloskey，1985）。

非理性主义者对理性选择理论的批评是无趣的，除了它偶尔形成一个有效的观点之外，比如，真实的人很少完全是“理性的”——即自私的和精明的，即使数理经济学家有时也会沉迷于文字叙述和使用隐喻。我不赞同理性选择理论，是因为它包含一种不切实际的人类观点，忽视经验发现，而且它常常是概念上模糊的。我将会批判它，不是因为它不是科学主义的，而是由于它是伪科学的。

理性能力的信徒被期望建立、应用、教导或至少赞美理性的人类行为观——行为本身不总是理性的，就那个歧义词众多意义中的任何意义而言。但有（科学的）理由相信，这种预期是合乎情理的，只要这样的观点被经验证据支持。换句话说，理性主义是不够的：它必须与实在论结合，即关注理论与事实的匹配。此外，实在论可能被视为完整理性的一个条件，因为迫切要求关于任一现实领域的不可检验或者未经检验的理论，在认识论上和工具意义上都是非理性的。

这种谨慎在成熟科学的情况下是不必要的，它在不成熟的研究领域如社会学、经济学与政治学中是强制性的。事实上，在这些领域中，理论往往与数据是分离的，而且经验研究经常在理论真空中进行。更糟糕的是，大多数社会研究潜在的哲学基础要么是古典理性主义（理性是全能的），要么是古典经验主义（经验数据是研究的始与终）。理性选择理论阐明了前者的研究策略，而寻找统计相关性的试错法例证了后者。接下来我打算证实前述断言的第一个结合。

作为各种理性主义者中的一个——更确切地说，理性经验主义者——我

对理性选择理论的看法是悲伤的而不是有偏见的。尽管是一个概念理性和实践理性的狂热爱好者，但我相信，由于简单化和远离现实，理性选择理论已经一败涂地。而且很遗憾的是，这个失败对整个在社会研究领域严肃认真的理论化事业带来了不信任。出于同样原因，这种不信任给这些理性的敌人如符号互动论学家、现象学家、常人方法论者、修辞学家和诠释学家带来了帮助和安慰。因此，我的批判的目的是为了给更现实地从而更有效地在社会研究领域使用理性开路。

存在着各种各样的理性选择理论，包括效用理论、决策理论和博弈论，以及它们的专门化或模型，如新古典微观经济学、奥尔森的集体行动 363
模型、贝格尔的婚姻市场模型、科尔曼的线性行动系统和政治行为的博弈论模型（见，例如 Bunge，1998）。让我们搜寻出对于所有这样的理论的共同假设。

个体或者社会行为的一个理性选择理论或者模型是建立在以下公理基础上的。

A1. *效用和概率*：每一个主体都有一个“稳定的”（不变的）效用（主观价值）函数，而且他可以分配一个（主观的）概率给任一（实际的或可能的）使他感兴趣的事件。

A2. *理性*：所有主体都是理性的，就他们的行为完全从自我利益出发这个意义而言，以便最大化他们的效用，无论是简单的还是预期的。

A3. *本体论的个人主义*：社会团体只不过是个体的集合体。

A4. *方法论的个人主义*：任一社会团体的属性和变化都可以通过研究其成员的行为被理解。

这些假设蕴含着以下直接结论：

C1. 给定关于被设想的实际事实和可能事实的相关信息，所有的主体都可以计算出任一向他们开放的行动过程的预期效用。

C2. 习惯、模仿、外部强制、同情心、冲动、宣传、意识形态和承诺，无论是契约的、情感的、道德的或意识形态的，都是不相干的。

C3. 社会团体不具有突现特征或者系统特征：它们仅具有合成属性——源于个体属性的聚合（总和）的属性。

C4. 社会科学不需要不可还原的集体概念或者系统概念，如社会系统、社会结构、社会凝聚力，乃至社会事实。

C5. 社会科学可还原为对个体行为的效用最大化研究。

第一个结论是从 Al 连同关于信息（一些作者把它看作是完全的）的假设中推出的。随后的三个结论仅仅是对相应的公理 A2 ～ A4 的否定重述。第五个结论是后者的必然结果。

“*理性*”一词一开始出现在“理性选择理论”这个表达中是不幸的，因为就如本章开头指出的那样，这个词是模棱两可的。然而，这种批评只会影响产品的标签。更为严重的是以下对产品本身的异议。

364 首先，A1 是英勇的——“完全错误”的一种常见的委婉说法。人们当然会有偏好，但这些偏好不是“稳定的”，而是不断变化的，如果他们曾经学到什么东西的话。但经验调查尚未确认在数学的意义上人们具有明确的效用函数（读者是否知道他自己的效用函数呢？我不知道我的效用函数。我甚至不确定我有一个效用函数）。无论如何，大多数理性选择模型也没有指定这样的函数，它们详细说明的只有它们的定性特征（这同样适用于无差异“曲线”：它们也是被画出的，不是被绘制的）。而且，指定这样的函数的那几个学者选择它们是为了计算方便，而不是基于经验证据。此外，他们还经常假装所有人都有相同的效用函数（最喜欢的就是 $u=\log x$，$u=\log(x-a)$，$u=ax^{\frac{1}{2}}+b$ 和 $u=ax-bx^2$，其中 a，$b>0$），见附录四。

关于主观概率即 A1 的第二部分的假设是相似的。这可能是为什么米尔顿·弗里德曼（M. Friedman，1976）把它弱化为某种可理解之物的原因：我们假定主体在行动时*好像是*他们给每一个事件都分配了一个概率。但却不会这样做，因为在事实科学和技术中，与纯数学和艺术形成对照，我们对事实而不是对虚构感兴趣。此外，在这些领域中，我们对随机事件的客观概率感兴趣，例如当根据相应的观察到的相对频率而被估计时（机会博弈中的随机性，引起不确定性而且可能包含着风险，反之则不然）。“主观科学”是一个自相矛盾的说法。诚然，一个心理学家可能调查主观概率（毋宁说是可能性）；但是他被期望客观地调查它们。此外，他理应估量他的研究对象在估计客观概率时所出的差错。关于 A1 就到此为止吧。

其次，效用（或收益或利润）最大化通常是理所当然的，但很少经受考验。此外，我们从来没有被告知努力使报酬最大化的实际结果。我们只知道，它们可以是“非理性的”，也就是说，每当伴随着目光短浅、人力资源或自然资源的浪费、剥削、压迫、战争或者恶性竞争，最终可能以自我毁灭告终。这表明，在那个特定的意义上使用“理性”是有说服力的或者是意识形态的，而不是描述的或规范的：它可以用来掩饰自我利益（我是理性的；你利用人们；他剥削他们）。

这些批评不包含拒绝研究和管理社会的理性的*探讨方式*——在“理性”的概念意义上。科学和技术是突出的理性事业。这些批评也不否认规划和理性决策在人类行为，尤其是在现代社会中，确实发挥着作用。我仅仅是在批评对歧义词“理性”的滥用，以及这个论点：自私自利的打算是唯一的甚至是主要的，更不必说是最好的人类行为的指导。

我的第四个批评是，理性选择理论野心太大。它声称解释一切社会事物， 365
仅仅根据两个变量（效用和概率）和四个假设，它们适用于每个历史阶段所有社会群体中的所有个体。但是，一个关于一切社会事物的理论并不能解释任何特定的社会事实。特别是，它无法解释个体、群体或社会之间的共时性或历时性的差异。一个万用理论或许应归入逻辑学或本体论，但是它在事实（或经验）科学中是不合适的（因此，由于逻辑学适用于任何事物，它不描述任何特殊的事物，由此，它对于任何特定事实领域的建模都是不充分的）。

特别是，一个关于一切社会事物的理论不能同时解释乐队和家庭、小农场和农业综合企业、街角的商店和跨国公司；不能同时解释物物交换和商业贸易、结婚和离婚、教育和政治、医疗卫生保健和法律；不能同时解释竞争与合作、委员会决定和社会福利判断、战争与和平、进步和下降，如此等等。难怪理性选择模型要么是远离现实，要么是通过以一种秘密的方式极大丰富上文已详细说明的共设系统来捕获真实系统或真实过程的特殊特征——例如通过假定个体通过从未用个人主义者的术语分析过的宏观社会环境中的市场来相互作用。

我的第五个批评是，由于是极端的还原论者（特别是，个人主义者），理性选择理论不能解释系统对个人行为的约束和限制——换句话说，就是不能解释结构对主体的影响。简言之，主体是完全自由地进行选择的假设，忽视了塑造个人行动的各种约束条件、强制力及传统。这个理论忽略了一个事实，即同一个体在不同的社会系统中表现不同，正像一个流体中的一个分子，在底部和在表面会有不同的表现一样。确实，理性选择理论家倾向于调用变化的“状况”或“情况”，但是如前所述，他把这些都当作是“黑盒子”，从而是以一种与方法论个人主义不一致的整体论的方式来对待的（对于个人主义整体论，见第九章第三节）。

这个缺陷具有一个重要的后果，即“最大化你的效用”这一规范不能付诸实践，因为缺乏关于与我们相互作用的人们的意图、偏好和行动的知识。冯·诺依曼和摩根斯坦（von Neumann and Morgenstern，1947：11）承认这个致命的缺陷：“如果有两个或更多的人互相交换商品，那么一般而言，结果对于每个人来说都不仅仅取决于他自己的行为，还同样取决于其他人的行为。因此，每个参与者都试图最大化一个他没有控制所有变量的函数。”简言之，效用最大化问题不是数学上适定的；因此“最大化你的效用”这个规范是空洞的。

关于一般的批判性评论就到此为止吧。它们将在这一章的剩余部分被讲清楚。让我们从就近仔细看一看理性假设开始。

366

第二节 理性假设的五个版本

如上面所看到的那样，“理性”这个词至少指定十二个不同的概念，其中只有一个概念被大多数理性选择理论家挑选出来。因此，除了在第一节中指定的理性假设 A2 之外，人们应该能够设想至少十一个“理性假设”。例如，在阿罗的社会选择理论中，理性归结为关于偏好关系的传递性。而且在行为理论（或人类行为学）中，一种行为仅在它是根据可获得的最佳信息被设想和执行的情况下才被称为“理性”的。

把 A2 与在相关文献中发现的四个替代选择放置在一起是有益的。它们是：

R1. *适应性行为原则*：“主体总是以合乎他们自己所处的现状的方式行动”（Popper，1967：361）。

R2. *工具（或者功能）理性原则*：主体总是接受最可能产生期望结果的方法。

R3.（等于 A2）。（*经济*）*理性原则*：主体总是为了最大化他们的预期效用而行动。

R4. *最小努力原则*：主体总是选择最便宜的方法来达到他们的目的。

R5. *主观理性原则*：主体总是按照他们关于自己所处现状的信念，以及按照他们关于最合适的方法及他们的行为或许给他们自己和其他人带来的可能结果的信念行事，并且以他们判断为最好的结果为目标。

R1 是如此模糊以至于它或许可被说成是适用于外磁场中的一个电子，以及适用于一个面对着一个实际问题的人：实际上，二者都根据他们的情况行事。波普尔（Popper，1967）曾经承认，R1（a）“几乎是空的”，随后又补充说（b）它是错误的（因此是非空的），然而（c）“作为一个充分接近于真理的规则”和（d）“所有或者几乎所有可检验的社会理论不可分割的一部分”，是解释个人行为的关键（这反过来将解释社会事实）。既然（a）与（b）相矛盾，依次与（c）和（d）相矛盾，理性选择理论家们该做什么呢？无论如何，R1 几乎是不可检验的，即使仅仅因为它以之为条件的“适当行为”这个非常概念是模糊的。由于不是严格可检验的，所以 R1 既不是真的也不是假的。因此，尽管有上述波普尔的观点（c）和（d），但 R1 不应该出现在任一科学理论中。关于波普尔的说法就到此为止吧。

工具理性原则 R2 是假的（关于它的一个重述将会在第五节提出）。很少人是足够聪明的和消息足够灵通的，以及资源足够丰富的和足够坚强的，有能力使用最好的可利用的手段，更不用说一直这样做了。实验已经发现，许多人甚至不能正确鉴别摆在他们面前的选择，更不用说正确地评估他们了 367
（Kahneman and Tversky，1973；Tversky and Kahneman，1981）。

如果 R2 是正确的，那么人们即使有也很少会诉诸暴力来解决他们之间的分歧。股票价格将始终与收入及资产二者有关，由此它们不会大起大落。日用商品如洗碗液的价格将不会和消费者联盟于 1984 年发现的一样，与它们的功效呈负相关。此外，如果 R2 是正确的话，那么将不存在“柠檬”（假冒伪劣产品）市场。然而，确实存在这样的市场，因为买方会忽略一些卖方知道并保守秘密的东西（Akerlof，1984）。因此，R2 至多可被看成是一个定义，或者被看作是工具理性的一个规范标准或理想。更多关于这个问题的讨论在下面。

有趣的是，R2 不仅是错误的，而且还是模棱两可的——如此以至于它可能要么是与唯心主义结合，就如在韦伯的情况下，要么是与唯物主义结合，就如在马克思的历史唯物主义和哈里斯（Harris，1979）的文化唯物主义中。因此，后者解释了为什么正统的印度教徒把牛看作是神圣的并把最低阶层的人看作是贱民；但它无法解释为什么祈求生育的仪式仍然在人口过剩的国家实行，或者为什么印度居民可以忍受即使是可爱的，但却无处不在的、恼人的猴子。印度教徒和其他人一样，似乎也是理性地行事，除了他们在其他方面的表现之外。去掉所有人一直遵守的工具理性原则 R2 这个神话，让我赶快承认，我们学习得越多，我们离遵守它就越近。例如，当美洲印第安人观察欧洲征服者时，他们很快就开始喜欢刀子和枪支而不喜欢石刮刀和长矛了。简言之，工具理性是可以被学会的。但是，这并不意味着每个人在任何时候都实践它，以便我们可以根据它来解释所有的人类信仰和行为。

工具（或手段－目的）理性规范 R2 可以被叫作“行为理性原则”。另一方面，经济理性规则 R3（我们的老相识 A2），或许可被认为是规则理性的标志（注意与功利主义行为和规则版本的类比）。R2 叮嘱我们单靠其优点来检验每一种情况，而 R3 则声称其是一个通用配方。但是，无论好坏，R3 是错误的，因为它蕴含着较弱的原则 R2，就如我们在片刻之前看到的那样，R2 是错误的（牢记推理的否定后件规则：如果 A，那么 B。由于非 B，所以非 A）。

然而，R3 也可以独立于 R2 被控诉。首先，正如历史学家马克·布洛赫（Bloch，1949：101）所写的那样，古典经济学的*经济人*是不切实际的，“不仅是因为他被认为是只关心他自己的利益，更糟的错误观念在于想象他能形成关于这些利益的精确想法”。其次，最大化者的风险被排除。最后，他们都是完美主义者并因此是拖延者，而不是当机会出现时就准备抓住它的有效率的主体。实际上，R3 预先假定每一个即将被购买或出售的商品都有一个*理想*

368

*的*价格，即最大化主体收益的价格。任何持有柏拉图主义信念的人都会等待直到他能够达成完美的交易——这或许因此会招致过高的机会成本。现实的商人宁愿今天以适度的利润做生意，也不会等待理想一天的到来（更多讨论见第三节）。

于是毫不奇怪的是，最大化是一个极其理想的类型。事实上，一些经验研究已经发现，大多数普通人不会试图最大化他们的效用：他们为他们自己设定更为适度的目标，而且强烈地被集体所共同的信念尤其是价值观和行为准则激发（如 Reich，1988：第 1 ～ 3 章）。例如，根据最近的调查显示，大多数美国人虽然不愿意纳税，但却相信自己的政府在帮助穷人、公共卫生、教育、环保和社会保险方面花费太少（Coughlin，1991）。但是，就如最近的实验表明的那样，在理性选择理论的典范即主流的微观经济学中，培训使人们与普通人相比更加自私和不诚实，他们铭记自我利益是人类行为的原动力这个原则（R. H. Frank et al.，1993）。

可能会有争论说，R3 是既不真也不假，因为它是一个行为规范或规则，而不是一个描述性陈述——如此以至于如果人们“背离一个理论，那么对该理论及对他们背离该理论的解释将导致他们重新调整他们的行为”（Morgenstern，1979：180）。一个明显的反驳是，R3 对于指导行动和预测来说同样是糟糕的，即使仅仅因为它没有详细说明人们应该在短期、中期或长期哪一个中寻求预期效用的最大化。如果这三个术语被合并，尤其是如果短期自我利益获胜的话，人们可能以落入“社会陷阱”而告终（Hardin，1968）。是社会情景“用直接回报的承诺将他们的受害者拖入某种行为模式，然后使他们面对受害者宁愿避免的后果”（Cross and Guyer，1980：4）。例如，人类或自然资源的过度开发（如过度放牧和过度种植）、过度工业化、过度城市化、过度自动化、福利滥用、“站在世界的高处”。总之，最大化行为假设 R3 在大多数情况下不仅仅是错误的，遵守它是当今人类面临的全球性灾害的一个主要原因。

反驳了经济“理性”原则，承认它确实拥有些许真理才是公平的，这就是为什么它如此容易被这么多社会学者接受的原因。我们常常出于自身利益而付诸行动，否则的话我们将无法生存，更谈不上发展进步了。这就解释了比如为什么企业家和自由职业者经常死命工作；它也解释了为什么奴隶、农奴和工薪阶层不这样做。但是，即使我们中的那些主要由自身利益驱动的人，
369 也不使用效用函数（除了当教授理性选择模型时），而且通常还需要考虑他人的利益，即使仅仅是为了诱导他们与我们合作。当我们不这样做的话，我们就会为我们的短视行为而付出代价，或者我们落入社会的陷阱。总之，经济“理性”原则不得不经受如此多的限定性条件以至于丧失了解释力和规范力。关于 R3 就到此为止吧。

最小努力原则或成本最小化原则 R4 是错误的，由于和 R2 一样的原因。但它可以独立于 R2 被评价。心理学家早已知道，大多数人并不把所有的工作都看作是无用的，这是圣经《创世纪》和新古典经济学家做事的方式。一个健康的人自然是积极主动的，当被迫无事可做时，他创造一些任务以保持自己处于忙碌之中——任何在监狱中待过一段时间的人都将可以证明。赫布（Hebb，1955）和其他人用实验表明，人类甚至老鼠皆偏好活动而不喜欢无所事事，即使前者带来较低的外在报酬。莱恩（Lane，1981）就最近的一些研究做报告，这些研究反驳了认为工作无用，以及金钱是幸福的主要来源这个教条。而且贾斯特（Juster，1985）和其他人的经验研究已经表明，在美国人当中，工作的内在报酬高于休闲的内在报酬。

活动往往本身就是它最好的奖励，考虑下工匠、艺术家、科学家和业余运动员。此外，当外在奖励不必要时，比如在玩耍和学习的情况下，可能会扭曲活动本身，甚至扭曲个性（例如，为了升级而不是为了学习的乐趣而学习，为钱而玩棒球，因此扭曲了运动的本质）。成本最小化无疑是一个经济上的愿望，它可以以一种道德上可接受的方式，通过工作激励、管理合理化和研究与开发来实现。简言之，节省劳力的设备和程序都是努力工作而不是懒惰或贪婪的产物。总之，R4 是不正确的。

最后，R5 是我自己关于主观理性原则（Pareto，1935［1916］：183；Weber，1922，第 1 章；Boudon，1989）的说法。它如此软弱无力以至于几乎是同义反复，因此实际上是无可辩驳的，并因此无益于任何科学理论。

总而言之，五个所谓的理性原则中的三个——R2、R3 和 R4——是错误的，R1 和 R5 这两个是几乎不可检验的。事实上，假使有人以诸如社会科学

家这样一个观察者通常视为非理性的方式来表现的话结果会怎样——如出于习惯、基于冲动、出于爱赌博、处于强迫下、由于恪守一种荒谬学说的承诺、在没有足够信息的情况下，或者以一种非常原始的方式。主体可能会争论说，在这种情况下，他的行动终究是理性的，特别是因为他知道在其个人利益中什么是最好的。更糟糕的是，如果因按照不充分的信息行事而被指责，主体可能会反驳说，他没有时间收集相关信息，甚至会说收集信息的花费过高。毫无疑问，他会从一些经济学家那里找到支持，经济学家会证实，在这种情 370
况下，无知比知识更好，投机比无为更好。如果这些策略中的任何一个都失败了的话，主体仍然可以通过归咎于情况——最好是其他人——而为自己找借口。在任何情况下，他自己的理性，连同任一上述理性原则的适用性一起，将保持毫发无损。

让我们仔细看看上述的一些原则。

第三节　最大化者还是幸存者?

让我们暂时转向 R3，即经济理性原则或预期效用最大化原则 A2。即使如萨缪尔森（Samuelson，1976：436）这样一个方法论上敏锐的经济学家也认为，“它不仅仅是一个经济学规律，它本身也是一个逻辑规律”。这当然是错误的：逻辑规律或重言式，是独立于主题的（考虑，比如，“对于任一命题 p，p 且非 p，此命题为假”）。另外，最大化原则是一个事实陈述或者经验陈述。对于事实它是否为真是另一回事，而且这个问题在检查它是否可检验之前是不能被决定的（牢记这个顺序：有意义吗？→可检验吗？→检验了吗？→是真的吗？）。

每当预期效用根据主观效用和概率来“计算”时，如果果真这样做的话，那么最大化假设只具有弱可检验性。事实上，在这种情况下，任何行为实例都不能决定性地反驳它，因为讨论中的效用和概率都是主观的，因此可以自由地操纵，从而使这个原则免遭任何丑陋事实的反驳。从观察者如心理学家或社会学家的视角来看，事情看起来是不一样的。如果他已经独自给正在谈论的事件分配了他自己的效用和概率，那么他就可以从*他自己的*观点来判断他的研究对象是否以一种“合理”的方式表现——这不是说观察者的评价是永远正确的。检验可以是观察检验或者实验检验。让我们从前者开始。

即使随机观测也能表明，人们往往过高估计与非常小的概率（直觉因之失败）相联系的巨大收益（或损失）。否则彩票也不会有销路，并且与花费昂贵代价来防范极为罕见的疾病相比，人们会更加注意干净的生活方式。研究这个问题的心理学家、人类学家和社会学家如 B. 马利诺夫斯基、R.H. 罗维、R. 弗思、R.C. 图恩瓦尔德、T. 帕森斯、K. 波兰尼和D.O. 赫布，他们已经发现，最小化努力行为要比收益最大化行为更为普遍。所有人类都有需求和欲望，并且会做一些事情来满足他们，但很少人的工作完全由利益动机驱动。简言
371 之，利益动机不具有心理学上的普遍性，即它不是人性中内在固有的。这特别适用于尽管不是仅仅适用于自给经济。例如，在殖民地时期，加拿大靠近北极的印第安人在相互竞争的毛皮买家中寻求更好的贸易条件。但是，当提供了更高的价格时，他们却带来了更少的毛皮来换取制成品。“印第安人所购买的仅仅是……足以满足他们的基本需要，以满足他们对冒险和仪式的热爱，并在他们的同伴们中获得身份地位。”（Ray and Freeman，1978：223）简言之，就如一个行为经济学家所说的那样，印第安人不是最大化者，而是“满足者”。即使在工业社会中，大多数人从事本质上无成就感的工作，仅仅是尽可能多地满足他们及他们家属的基本需要和正当需求。而且，大多数计算机黑客更多地是由破解编码的挑战而不是由利益驱使的。

一些观察和实验已经证实了这些发现，即人们不以理性选择理论所假定的他们行事所采取和应该采取的方式来表现（Allais and Hagen，1979；Herrnstein，1990；Hogarth and Reder，1987；Kahneman et al.，1982；Tversky，1975。预告：这些作者都没有被主观效用或主观概率搅扰）。事实上，这些和其他经验研究已经发现，大多数人都规避风险。例如，我们中的大多数人喜欢有保障的工作而不喜欢不安全的高收入，而且如果我们能够负担得起，我们就会购买保险。最大化者确实存在，但他们是罕见的，且就其本身而言是能被感知到的。确实，一些实验者已经得出不同的结论。但这并不奇怪，因为就如戴维斯和霍尔特（Davis and Holt，1993：67）坦率承认的那样，实验对象是“最大化的个体”，即他们是受最大化指导的。

鉴于反对普遍的最大化行为假设的经验证据的逐渐增加，令人痛苦的发现是，一些心理学家基于新古典主义经济学家的言语而承认它。因此拉克林和他的同事们（Rachlin et al.，1981：388）声明："我们不问价值是否最大化；我们假设价值最大化并问生物有机体因此重视的是什么"。这就像是说："我们不怀疑魔鬼的存在；我们假设他存在并问他让人们做什么"。有意思的是，对于此科学史上存在着一个先例。一个世纪以前，庞加莱指出，物理学家使用钟形误差曲线，相信数学家已经证明了它，而数学家们接受了它，相信物理学家已经用实验证实了它。

即使当可能的收益和相应的概率可以以一种客观的方式被估量，所有的变量可同时最大化也是不可能的。如果变量 y 是变量 x 的一个递增函数，那么二者将在同一时间被最大化。但是，如果 y 恰好与 x 成反比的话，那么最大化 x 将导致最小化 y，反之亦然。后者的情况通常是这些对偶，如〈价格、质量〉、〈企业规模、技术创新〉和〈风险、收益〉。简言之，同时最大化问题，即使是适定的，一般而言也不是可解决的（见 Afriat，1987 有关普遍最大化 372
神话的历史和数学）。

总之，R3（也就是 A2）及所有包含它的理论，如果效用和概率被看作是研究对象的，那么就是*无可辩驳的*，如果它们被看作是观察者的，那么就是*错误的*（我们从未被告知当观察者是他自己的研究对象时会发生什么，即在自我观察或内省的情况下）。此外，对公司的经验研究已经表明 R3 是错误的（Allais and Hagen，1979；March and Simon，1958）。特别是，它对于现今支配着大多数发达国家的经济的大型企业集团来说失败了。事实上，一个大型企业集团的经理的主要目标是最大化市场占有率，因此是最大化扩张率。不同于传统企业，一个大型企业集团所能承受的不是支付几个季度的红利，即便它开始一项改革、扩建或收购项目。这样的行为是否理性与主题无关。

所以，实际上，企业没有表现出始终如一的最大化行为。但 R3 可以被看作是一个规范标准，而不是一个事实陈述吗？这就是许多学者所相信的。因此，谢勒（Scherer，1980：38）声称，坚定利润最大化的证据是那些未能使利润下降的证据。但这种推理是荒谬的：从长远来看一个企业当然必须赚钱，如果它维持营业的话，但这也不证明它必须努力实现利润*最大化*。考虑到利润的最大化可能带来的负面影响，不同于投机者和掠夺者，谨慎的经理会忽略 R3。现在，如果最大化既不在实际上也不是作为一种规范起作用，那么什么才起作用呢？西蒙（Simon，1955）和马奇（March and Simon，1958）提出了一个著名的貌似可信的替代选择，即理性的决策者试图只*满足*他们的要求或渴望——这些需要和渴望很少是过多的，除了在企业大亨和征服者的情况下。如果你坚持最大化，你就必须等待直到所有的选择都在眼前，如此一来便冒着招致机会成本的风险。不是等到所有的替代选择已经出现并已被充分评估，理性的决策者会在他相信已经抓住了一个令人满意的、可能不会再出现的机会的那一刻停止搜寻。他是一个*满足者*，不是一个最大化者。西蒙称这个替代选择为“有限理性”。我更喜欢称它为“有限野心”，与最大化者过于自信的野心截然相反。

有人可能会基于一般的理由争论说，在人类事务中，*最优化*正是所需要的，最适条件居于最小值和最大值之间。因此，我们不应该最小化成本（或最大化利润），因为要做到这个只能以一些人无尽的痛苦为代价。我们也不应该试图最大限度地提高质量，这将导致大多数商品对于所有人来说难以获得，除了非常富有的人之外（在文化事业中，质量最大化等于完美主义，这反过来又导致无止境的拖延）。同样，我们应该优化而不是最大化增长率（它通常
373 应该是零乃至是负的）、技术创新率、工资、回报、休闲时间、受教育年数、公共服务、民众对公共事务参与和人口密度。而且鉴于在一些情况下，我们可以勉强接受仅仅的满意，特别是当等待最适条件的出现可能包含着不合理风险时，而在其他时候，我们必须瞄准更高的目标。总之，就我们的*目标*而言，我们应该是最优化者，而不应该是最大化者或最小化者。另外，因为我们应该试图最大化达到我们目标的可能性，所以关于选择用来实现我们目标的*手段*的有效性，我们应该是最大化者（或最小化者）。

诚然，戒律“你应该最大化（或最小化，视情况而定）”是普遍的而且是数学上便利的，然而“你应该最优化”则需要建立响应特殊问题的特定的现实模型。但是实证经济学应该反映现实，而不只是为做数学提供一个借口。而且规范经济学应该合乎公众利益，并因此与高于个人主义准则的道德协调一致。

现在，关于经济活动的目标，如果最适条件替换极大（或极小），那么平衡就会失去它们头等重要的位置，因为一般而言，平衡点相当于最大值或最小值。这一点连同现代经济不断发展演变的事实，意味着经济学中的任一一般均衡理论必定是理论上是不切实际的且实践上是误导性的。这或许有益于学术繁荣并赢得诺贝尔奖，但却无益于理解经济或者经济的运转。

最后，最小努力或最小成本原则 R4 是可检验的。此外，至少在被这个规则——节约不应该剥夺任何人碗里的米饭——调和时，它是一个健全的管理原则。令人遗憾的是，R4 并不总是被遵守，人力资源和物质资源的普遍浪费足以为之作证，尤其是在战争和经济衰退期间。总之，R4 是不正确的，但是，当以一种规范模式被重铸并结合适当的社会公正原则时，它是一个很好的规范。

第四节　主观理性和无意识理性？

主观理性原则 R5 预先假定，人们总是知道什么最适合他们。但这是不正确的。正如马克思会说，引导蓄意行为的主观利益，不总是与客观利益或者实际利益相一致。事实上，实际利益可能会被无知或意识形态所掩饰。考虑下向残忍的神灵或政党的献祭牺牲，为暴君服务的英勇行为，或者工人给保守派的投票。

因此，帕累托、韦伯和布东已在写到*主观理性*时，试图解释决策中的主观成分，并在同时挽救理性选择这个假说。因此，一个不适应的行为、一种 374
不正常的社会制度或一个荒谬的信念系统，可以是主观理性的同时也是客观非理性的。帕累托（Pareto，1935［1916］）给出了一个例子，古希腊水手献祭海神波塞冬和划船行为一样是“合理的”。在我看来，献祭是客观非理性的，而划船是客观理性的。给予一个人的行为以不好的理由未必以一种理性的方式表现：一个人的“理由”可能是相当不合理的。

一方面，马克思的双重利益假设和帕累托－韦伯－布东的双重理性假设在方法论上是有缺陷的。事实上，他们致使理性假定和弗洛伊德的假设一样是不可检验的，即所有没有明确色情内容的梦，都有一个潜在的色情内容。

出于这个原因，我建议表达式“主观利益”和“主观理性”分别用“无知的自我利益”和“错误”代替。明确承认一些人的信念和行动是非理性的（在这个词的一些意义上讲），为失败和学习二者留出了空间。

另一方面，客观利益的概念在方法论上是合理的。事实上，检验形式为“个体 X 的行为 A 合乎 X 的最大利益（或者有可能是保障或增加 X 的幸福）”的命题，在原则上是可能的。当某人未能为了其最大的客观利益行动时，他能做些什么呢？仅仅这样说并试图根据非理性如习惯、冲动、无知或意识形态的有色眼镜来解释讨论中的这个行动。非理性是一种生活现实，由此任何忽略它的社会理论都是不切实际的。这一事实被帕累托认出，他把“合理的”（工具理性）行动与“不合理的”行动相区别，并认为经济学研究前者，而社会学研究后者（Scitovsky，1976；R. H. Frank，1988）。

简言之，我们刚刚检验过的各种理性假设，与其说是公然的错误，不如说是过于平淡而几乎不可检验的猜想。就如阿罗（Arrow，in Swedberg，1990：148）提出的那样：“理性选择假设是……一个非常弱的假设，它的正确与否没有那么麻烦，但它说得相当少。”理性选择理论的一个倡导者在如此的贫乏和模糊性中看到了其优点：“因为理性可以是相当灵活的且数据往往是有限的，所以我不经常遇到反对理性的决定性证据。”（Becker，in Swedberg，1990：41）占卜者、占星家和精神分析学家命运相同——对于一个真正的理性主义者来说，这很难说是讨人欢喜的消息。

即使为了论证而假设一些理性原则是正确的，也不足以设计对人类行为的具体解释或预测，这是因为这个逻辑理由：极其一般的原则，如果它们要产生对特定事实的解释或预测的话，就必须结合辅助假设和数据——即使仅
375 仅因为条件从一种情况到下一种情况是不断变化的。现在可能会发生的是，两个不同的理性选择模型包含着互不兼容的辅助假设，而且只有一个模型被发现与事实相符。在这种情况下，显然只有一个辅助假设是值得信任的。此外，也很可能会发生的是，讨论中的这个假设做了所有的工作，理性原则仅仅作为一般的衬托、启发式设计起作用，或者甚至仅仅起到装饰作用。这似乎的确是一些理性选择模型在政治学中的真实情况（Simon，1985）。

已被假定的另一种理性是无意识的成本－收益分析，理性选择理论的一

个唯物主义版本。根据哈里斯（Harris，1979）和其他文化唯物主义者，人们总是提出最小化成本－收益比率的解决方案，尽管无可否认的是，他们很少自觉地这样做。例如，他们声称第一个农民并不是始于持有农作物的观念：当他们的人数变得很多时，他们只是从收集转向耕作，并在适当的时候，他们发现他们现在有足够吃的东西了。我把这种观点看作是对文化唯心主义的一种天然的自然主义反应。所有它所做的就是，用神秘的、未做出明确分析或评估的、盲目的成本－收益力量，取代唯心主义者神秘的精神高于物质的胜利。我发现更貌似可信的是，人们偶尔也会用脑筋，有时从盲目的试错法开始，有时从智能（虽然往往同样是低效的或者甚至是适得其反的）设计开始。这不是对唯心主义的让步，因为它不包含精神独立于并高于物质而存在的观点。

一个相关的理论是流行于生态学和人类学中的最佳觅食理论。这也是理性选择理论的一个自然主义版本，但它不包含无意识的成本－收益分析悖论。它只是指出，如狩猎采集者这样的觅食者，倾向于最大化能量增益的净增率。更有效的觅食者其繁殖要超过效率较低的觅食者（也就是说，他们有较高的达尔文适应度）。这种行为模式将是随机基因变化和盲目选择的结果。拥有一个高度进化的大脑只为寻找最佳食物赋予了一个额外的优势。最佳觅食理论是无悖论的：它仅仅包含着一些客观变量如净能源成本和收益及处理时间，而且它已被数学化。由于这些原因，这个理论是经验上可检验的。它是否也是真的，至少对于狩猎采集者来说，是另一回事（如 Bettinger，1991）。

总之，既不存在主观理性也不存在无意识的理性。当理性确实起作用时，它是客观的和有意识的。即便如此，理性总是与非理性因素如习惯、激情、强迫或教条相结合的，而且有时候是被其抑制的。此外，它总是受制于法律、规范和环境。

第五节　工 具 理 性 376

我认为，除了研究所有理性的和非理性的人类行为的一个理性（及经验）的探讨方式之外，我们还需要：①一个足够清晰的实践理性概念或者工具理性概念；②一个标准的或者规范的而非描述性的工具理性原则。下面提出来进行讨论：

> *“工具理性”的定义：一种行为是工具理性的，当且仅当它是用最少的努力，可能会产生期望的结果。*
>
> *工具理性规范：一个理性的个体，故意在某一时间做出一种行为 M 当且仅当，① M 是达到他的目标 G 的一个有效手段，就如最佳可用信息向他所建议的那样；② G 优先于在那时他的其他目标；③ M 的成本加上伴随着 G 的不良效果的成本，小于任何他已知的其他手段的成本，而且实质上小于 G 的价值（构造合理抑制执行一个行动的对偶概念的定义这个任务留给读者）。*

这是一个规定，而不是一个描述，因为它仅限于工具理性的个体（另一方面，它不仅限于人类。它很可能也适用于一些类人生物）。它也仅限于工具理性，这个规范并未触及理性的备选概念，更不用说触及全部理性了。尤其是，它没有提及任何效用最大化。

如果一个人做出（实际上）错误的方法选择的话，他将被说成是以一种工具上客观非理性（或者不切实际）而不是以一种主观理性的方式表现。尽管是工具非理性的，但他选择的方法可以在其他方面如在道德上碰巧是理性的。也就是说，他可能不得不进行交替换位，即在某一方面理性，在另一方面非理性。最后，真正的理性主体不仅应该在任何给定的时刻来衡量他的各种价值和目标，而且还要避免为此刻最重要的价值或者目标而牺牲一切。整体上恪守承诺于除了幸福之外的单一价值或目标，从长远来看是弄巧成拙的，因为生活是多方面的（牢记永远不要把所有的鸡蛋都放在同一个篮子里）。

总之，在文献中发现的各种理性原则没有一个具有描述价值。简言之，真实的人从“理性的”任一种意义上讲都不总是理性行事的。此外，我们的行动常常受到传统或激情的影响（我们中没有多少人能始终如一地遵守这个理性格言“不怒言，勿怒行”）。

然而，当以一种规范的模式被重述时，也就是说，作为行动的指南，工具理性原则 R2 是有价值的。此外，即使以一种原始的说明模式，它也是有用的，也就是说，作为一个方法论的或启发式的工具。这事实上是韦伯（Weber，1922：3）理解这个原则的方式：作为一种理想化，允许人们把某些人类活动解释为（工具）理性决策的结果，把其他人类活动解释为与（工具）理性的脱离，起源于所有种类的非理性如情感和错误，更不用说超出主体控制范围的自然因素和社会因素了（力学上的类比有：无论是偏离静态平衡还是偏离直线匀速运动，都是根据力、约束条件或根据二者来解释的）。 377

此外，韦伯（Weber，1922：3）警告说，理性原则"不能被理解为理性主义者对社会学的偏见，而是只能作为一种方法论上的手段，因此它不可以被重新解释为相信理性在生活中的实际优势"。令人遗憾的是，即使在援引韦伯时，这也不是当代理性选择理论家们理解 A2 的方式。更糟糕的是，他们优先于 A2 接受了 A3。

第六节　理由解释 VS 原因解释

人们常说，因为人类是理性的存在，所以他们的行为必须根据理由而不是根据原因来解释，更不用说意外事件了。根据这种观点，自然是因果关系和或然性领域，社会是充足理由——尤其是工具理性乃至效用最大化领域。这种二元论观点可以追溯到康德和其他唯心主义哲学家，并被狄尔泰、韦伯和理性选择理论家们详尽阐述。它容易受到以下异议的反对。

首先，理由可以是因果有效的，只因为它们是大脑过程，因此至少在某种程度上是因果过程。因此，原因－理由二分法从科学的角度来看并非适用。诚然，一个论证的前提并不导致其结论，论证是通过诉诸因果关系（如神经生理学）考虑被验证或者被证明无效的。但问题在于，思考是一个大脑过程，因此是一个据推测满足自然法则的过程，它们之中有因果律（请参阅任何一本生理心理学的教材）。

其次，因为我们中的每一个人都是自然的一部分且至少是一个社会系统的一个成员，所以我们的一切行动，时而受到我们的自然环境和社会环境的限制，时而获得其帮助。此外，我们做或控制自己不去做什么的非常理由，同样在一定程度上是由外部环境决定的。当遵守时，我们服从因果关系链；

当反抗时，我们打算使用它们中的一些。不论哪种情况，我们推出原因，而一些意想不到的外部事件提示我们修改我们的理由。简言之，理由与原因相结合：我们使用因果关系作为工具，把我们的理由付诸实践。

最后，理由——尤其是工具理性原则——以一种自下而上的方式来解释
378 社会事实是不够的，我们还需要知道一些有关讨论中的这个行动周围的环境或特定情况。诸如波普尔（Popper，1957）这样的一些学者，因此把“情境的逻辑学”或“情境逻辑”当作是社会科学特有的来谈论。但实际上没有这样的专用逻辑。讨论中的解释模式仅仅是在所有科学中发现的一般模式的具体化：规律 & 环境∴欲被解释的事实。在这种情况下，“规律”是工具理性原则（Nadeau，1993）。此外，社会情况或社会情境用个人主义者的术语来讲是不可分析的。它只不过是有关的社会系统的暂时状态。

这不是否认根据理由的解释与根据规律的解释之间的差别。这些差别中的一个是，工具理性原则不是一个规律而是一个规范，而且这个规范的应用并不总是明智的或者正确的。另一个区别是，和科学解释的情况不同，根据“情境逻辑”的解释，对于无可动摇的事实来说是相当迟钝的。因此，一个商人可以将其公司的成功归于他自己的精明管理，而同时将其公司的失败归咎于不利的经济形势。这可能不仅仅是一个自私自利的诡计，这个人或许实际上是正确的。但是唯一查明事实真相的方式就是超越方法论的个人主义并研究宏观经济形势。

第七节　对理性选择探讨方式的评价

是时候该汇总下我们关于理性选择探讨方式的想法了。首先，我们始于一切事物。希望包含一切，理性选择理论几乎遗漏了一切——特别是环境的制约、社会结构及人们的激情，尤其是爱与恨。的确，在事实科学中没有一个理论可以是完整的。事实上，当对任一大块现实进行建模时，人们抓住了它的一些突出特征，并故意忽略了其余特征。同样，人们希望后续的努力将包括一些最初被忽视的或者当作微不足道的而被搁置一旁的特征。因此，人们从一个不完美的模型跳向一个稍微完美点的模型，或者说至少人们坚持这

个被过去的成功所维持的科学主义信念。这个希望激励着替代模型的发明，比以前的模型更精确、更真实。而且经验研究一直提供出现在这个理论中的自由参数的值，提出新的问题，并驯化想象。关于成熟科学就到此为止吧。

理性选择模型并不符合这个描述。它们多少是有点模糊的，因为它们围绕主观概率概念和主观效用概念为中心；它们没有阐明它们应该解释的东西，即社会系统；它们中的大多数是静态的；它们忽视选择的一些主要的决定因素；它们在选择和行动之间留下了一个间隙；它们不怎么关心经验验证。在 379
前面章节中已经讨论了前四个缺点，现在让我们来考察剩下的这三个缺点。

理性假设隐然否认非理性因素对包含着选择的行为的影响。实际上，根据理性假设，我们的一切行动都是自由的，并且全部是被自身利益（“理性”）所激发的。但是，正如马克思（Marx，1986［1859］：182）在著名的一段话里适当强调的那样：“人们在自己生活的社会生产中发生一定的、必然的、*不以他们的意志为转移*的关系，即同他们的物质生产力的一定发展阶段相适合的生产关系。”[①]（着重强调）。这不是赞同马克思认为个人只不过是他们无法控制的一台机器上的齿轮这个整体论论点，而是提醒我们自己，我们选择的自由，虽然是真实的，但却是相当有限的。我们不得不在马克思主义的整体论和决定论及韦伯的个人主义和唯意志论之间做出选择，我们可以使用二者中的真知灼见，而且我们应该采用一种系统的探讨社会研究的方式，因为社会碰巧是系统的系统。

我们的许多选择不仅不是自主的，而且它们中的一些是不合时宜的。此外，大多数人都愿意贡献出他们的一些稀有资源（尤其是时间）来帮助其他人。例如，我们免费提供大量的信息，我们自愿主动提供善意的建议；我们偶尔也会为了他人的利益，或者为了我们认为值得的原因而冒风险；我们加入组织，从中我们期望的只不过是它们满足我们需要觉得“属于”一个团体是有用的，或只去做我们觉得正确的事情；我们大多数人都不是“搭便车者”：我们工作并支付我们的捐税，无论如何的不情愿；而且最重要的是，我们大多数人没有试图通过犯罪最大化我们的效用。

---

① 此处翻译参考：中共中央马克思恩格斯列宁斯大林著作编译局 . 1965. 马克思恩格斯全集第十三卷（第 1 版）. 北京：人民出版社：8.

此外，我们大多数人意识到，极度自私就是自我毁灭，因为它滋生不信任和蔑视，因此滋生社会排斥，而且有时候会把我们带入社会陷阱。很少有人如此无情以至于至少在某种程度上也不会被他们的人类同伴的仁慈情感所激发。我们大多数人都知道，没有他人的协助我们将一事无成，这种合作需要一点点的意愿来互换、关心和分享。一些管理学家（如 Porter，1980）曾指出，无约束的竞争是很危险的。日本工业家通过建立技术联盟降低研发成本，甚至一些美国公司（如三大汽车制造商和默克公司及杜邦公司）已经开始尝试这样做。而任何稍微熟悉商业领域和政治领域的人都知道，最成功的企业家和政治家，他们是更乐于把事情做好而不是赚取利润或津贴的组织者和奋斗者。我在这里并不是出于道德原则来争论的，我只是想指出，真实的人是足够聪明的，并不按照理性选择理论假定的方式行事。

380 在某些方面，我们比目光短浅的功利主义者给予我们的肯定更聪明。例如，我们往往愿意为了健康或者内心的平静而放弃利益。在其他情况下，我们是愚蠢的：我们坚持那些已被证明是灾难性的原则和规则，或者我们基于不充足的信息而采取行动；我们推迟迫切重要的事情，意气用事、拖延或者由于我们自己的错误而责怪别人；我们超出我们的承受能力进行消费、买彩票、赌马、咨询占卜者或精神分析学家；我们投票赞成恶棍或者钦佩大肆杀戮者；我们抽烟、喝酒、传播五花八门的小道传闻或观看情景喜剧；我们消极地思量优良传统的衰退和环境恶化；我们常常是易受骗的——有时候达到了相信理性假设的程度（见 Boudon，1990a 的一个分析）。无论是愚蠢的还是聪明的，“运气［机遇］是我们一半行动的统治者”（Machiavelli，1940［1513］：91），它们是理性选择模型并不指望的东西。

理性选择理论由于忽视情感已饱受指责。这个控告只是在一定程度上有道理的，因为情感控制着构成这个理论的出发点的偏好（Stinchcombe，1990）。事实是这样的，理性选择理论认为偏好是理所当然的，并假定它们是理性的、基本的和恒定不变的。实际上，理性选择理论家没有研究作为环境、说服、强迫、学习和论证的结果的偏好是如何出现和改变的。这并不只是因为那些理论家把偏好变化的问题留给了其他专家，他们经常断言偏好事实上是恒定不变的——就如斯蒂格勒和贝克尔（Stigler and Becker，1977）所认为的那样，*爱好不容争辩*。实验已经证明他们错了（如 Scitovsky，1976）。事实上，最重要的争议是关于价值观的。就如赫希曼（Hirschman，1992：147）所说的那样，*萝卜青菜各有所爱*。这尤其适用于政治价值观，它通过社会互动和讨论形成和变形（如 Sen，1995）。

至于不能轻易被争论影响的激情或者非常强烈的情感，不可否认的是，理性选择模型忽略了它，尽管它是我们进行选择的一个重要的决定因素（见赫希曼［Hirschman，1977］迷人的故事，讲述了在经济和政治思想中以利益为中心和以激情为中心的观点之间的冲突）。诚然，休谟认为理性是激情的奴隶这个激进观点，被任何为了真理而从事理性对话的人所反驳。然而，许多精心安排的行为是为了满足某种非理性的欲望甚至是无理性的欲望。例如，就如银行家费利克斯·罗哈廷所说的那样，资本不仅是贪婪的，而且是神经质的。

在任何情况下，理性选择理论家认为理性 - 激情（或脑袋 - 心脏）二分法是理所当然的，属于古老的心理学（一般情况下，理性选择理论家忽视当代心理学）。我们已经了解到，尽管是有区别的，但推理和情感是相互作用的，因为认知器官大脑皮层与情感器官大脑边缘系统，在解剖学上是连在一起的。这种连接致使纯粹理性甚至比纯激情更是有问题的（Bunge，1980）。 381
此外，异速生长的研究表明，在进化过程中，大脑边缘系统与新（大脑）皮质以大约相同的速度增加。这种平衡对于社会生活来说是必需的，因为在没有能力评估社会刺激尤其是符号的情况下，文化将是不可能的（Armstrong，1991）。

认知器官和情感器官之间在解剖学上和生理学上的关联，解释了为什么激情可以激发理性或扭曲理性，以及为什么理性可以刺激激情或控制激情的原因。它解释了为什么我们会积极地做某些事情而不是做其他事情，为什么我们有时会改变我们的偏好，为什么在其他时候我们拒绝倾听理性的声音，等等。总之，理性和激情是相互补充的，而不是相互排斥的。既然如此，理性假定就如存在主义者认为理性在所有人类存在中完全没有发挥任何作用的教条一样，都是错误的。真理处于这两个教条之间的某处，即理性与激情相互作用（R. H. Frank，1988）。

现在，让我们来讨论选择 - 行动之间隙。理性选择模型仅包括选择。它们没有提及输入，即由需要、欲望、信仰等造成的实际问题，也没有提及输出，即行动及其结果。这样刻意限制主题是没有问题的，因为每一个理论都有一个限制域或引用类。问题在于，声称理性选择理论可以是关于一切社会事物的理论，当在最好的情况下时，它可以解释的仅仅是行动过程中的一个步骤（关于行为理论，见 Bunge，1998）。

它不仅仅是说，这个过程包含着比理性选择理论所设想的更多的链接。还存在着这些链接之间的差异，以及这些链接中的变化的问题（西班牙谚语：言语和行动之间有一个大跳跃）。特别是，所采取的行动，如果即刻行动，很可能会与考虑后再决定采取的行动在某些方面有所不同。这可能如此，由于以下所有原因或任一原因：未预见的事件（因此修改初始问题）、资源不足、无能、主体内部冲突、不服从或破坏（关于在正式组织中无处不在的冲突和违反秩序，参见 Dexter，1990）。

我们的最后一个主题是理性选择理论和社会现实之间的关系。原则上，一个事实理论可以与它的指称对象有以下关系。它可以处理真正的关于其指称对象的性质问题；它可以包含经验数据（如变量的特值或参数的特值）；它可以面对可利用的观察发现或实验发现；它可以预测事实；或者它可以帮助设计旨在改变现实的政策。为了简洁明了，让我们假装理性选择模型确实处理真正的问题并使用经验信息。我们接下来要问，这些模型如何在匹配证据、预测和决策方面进展下去呢?

382 对决策论、博弈论、新古典微观经济学和其他理性选择理论的批判反复再三地指出，这样的理论不符合个体心理学且与社会现实相去甚远。特别是，大多数真实的人遵循习俗或经验法则，而不是深思熟虑（慎重考虑后产生）的策略；他们是半利己主义和半利他主义的，而不是纯粹追逐私利；即使有过他们也很少参与处于平衡状态的完全竞争市场；他们很少理性地选择他们的职业或他们的伴侣；在经济衰退时期，他们从来不会选择丢掉工作（或“决定什么都不做”）——如果他们遵守这个教条，即发生在一个人身上的一切都是其自由的理性选择的结果，那么就会出现这种情况。总之，理性选择理论过于远离现实。

这个致命缺陷毫不令人奇怪，如果考虑到这个理论在心理学家开始通过实验来研究人们实际做出选择的方式很久之前就被发明了。这些研究的一个发现是，通常我们不是谨慎地根据具有明确目标的设计方案来行事。研究反而表明，“当我们做出选择时，所做出的决定是基于相对不重要的局部细节，而且我们只有在已经到达之后才知道目的地”（Cross and Guyer，1980：16）。所以，即使它的方法论个人主义成分是正确的，其实它是不正确的，理性选择理论也必将产生错误的结果，因为它预先假定一种错误的、过时的心理学。

这并不意味着理性行为是不可能的。它是可能的，尤其是基于对正在讨论中的这个系统的科学研究之上再进行计划。工业厂房的工程设计、操作研究、商业预算、军事后勤（不同于策略）和宏观经济决策都是理性行为的好榜样。但是，理性选择理论——尤其是决策论和博弈论——明显不在这些领域之中。

预测怎么样？这不是什么秘密，即经济理论家们一直无法预测任何重大的经济繁荣或衰退，更不用说预测滞胀（通货膨胀连同失业）、限制工业化（由于大量的工业厂房向发展中国家输出）、技术创新的经济影响、资本在全球范围内的自由流动带来的不稳定影响。至于政治学，没有人在“科学”（博弈论）方面似乎已经正确预测任何重大的政治事件。尤其是，他们中没有一个曾预测到 1991 年苏联的解体。另一方面，一位传统的政治学家埃莱娜·卡雷尔·达科斯（d’Encausse，1978），在大街上读报纸并与人交谈，确实提前十年预测了后者。社会学家兰德尔·柯林斯（R. Collins，1986）从宏观社会条件出发也预测到了同样的事件如地缘政治的过度扩张、国家的瘫痪无力、精英敌对派系之间的斗争。与之相比，所有的理性理论家能做的就是分析过去的事件。

总之，理性选择理论不能解释真实的人的行为，更加不必说社会系统的 383
行为了。接下来将着手处理为什么它必定失败这个问题。

第八节　理性选择理论的致命缺陷

理性选择理论家们提供了相当简单的因此是吸引人的、对许多种社会事实的解释。所有这些解释都假定个人主义、自由选择和最大化行为——这是从亚当·斯密和之前的杰里米·边沁起，主流经济学理论和功利主义伦理学理论的核心假设。尽管理性选择模型已经变得越来越复杂，但它们都共享一些或者所有以下致命的缺陷。

（1）在这些模型中发挥核心作用的（主观的）效用函数，要么是未定义的，要么是任意假定的，往往只是为了计算上的方便；因此，除了罕见不寻常之外，尽管存在着它们的符号系统，但这些模型都是伪数学的。

（2）绝大多数模型包含主观概率概念，它是主观的，除了作为一个研究对象之外，并不归于科学。

（3）一些模型包含主观理性概念或者主体眼里的理性，其唯一的功能似乎是保护理性假定。

（4）几乎所有的模型都是静态的，尤其是它们假定选择的不变性和偏好（或者效用）的恒定性。

（5）尽管据推测它们是严格的个人主义，但所有的模型都非法带入了未经分析的整体论概念如“形势”概念和“制度框架”概念——由此它们应该被称为“个人主义整体论者”，而不是个人主义者（见第九章第三节）。

（6）所有的模型都忽视精英、政府、官僚机构、企业（特别是寡头垄断和跨国公司）、所有种类的网络及其他团体和系统的力量，所有这些都扭曲偏好，限制选择的自由，并证明拉·封丹“强权即真理”的格言。

（7）这些模型仅仅涵盖了一种社会互动类型——交换，即使如此，也经常是通过某个未经分析的整体如市场。

（8）这些模型忽略了人类行为的所有动机，除了自我利益的计算之外。尤其是，它们忽视习惯和冲动、恐惧和建议、热情和同情、对个体或者原因的承诺及道德顾忌。

（9）通过集中于选择和手段，这些模型认为动机和目标是理所当然的，并且忽略副作用。

384 （10）这些模型忽视微观－宏观之间的关系，尤其是不把主体－结构之间的关系或者不把社会系统的出现、衰退和崩溃解释为行动或者疏忽的结果。

（11）由于它们过度的一般性，所以这些模型都不具有预测能力。

（12）由于同样的原因，这些模型都是不切实际的：它们主要是*精神游戏*，尽管它们中的一些已经受委托于大企业集团或者受委托于军事机构。

（13）由于是不切实际的，有时候是超现实的，这些模型都不是适合的政策工具。

总之，理性选择理论是不适当的，即与现实不符。我们已经发现它们想要被困在个人主义者和功利主义者的教条之内，想要高估人类的“理性”（计算能力和最大化能力），想要包含模糊的基本概念和不可检验的核心假设，而且想要理想化自由市场。

还有更多。绝大多数的理性选择模型不包含时间变量，而这正好与绝大多数科学理论的情况相反。原因当然是，科学处理的现实是不断变化的，而理性选择理论忽略现实。此外，所有理性选择理论中最一般的博弈论，不包含有待经验上确定的参数，它把经验排除在外。就这一点而言，博弈论完全不同于所有真正的科学假说和理论。例如，社会学家普遍承认犯罪 C 是失业 U 的一个线性函数，也就是说，$C=a+bU$，a，$b>0$，其中参数 a 和 b 的值被认为是根据社会统计学来确定的。但博弈理论家不会为这样的事情而费心，他们继续先验地进行。他们犯了先天综合判断的错误，并侥幸逃脱了它们（进一步的批评，见 Pareto，1974［1906］；Gini，1952；Scitovsky，1976；Rapoport，1989；Smelser，1992；Green and Shapiro，1994；Bunge，1998）。

这不是说所有的理性选择理论都是完全错误的和无用的。事实上，它们可以执行三项服务：①通过强迫学者区分选项、绘制决策树并考虑成本与收益，它们或许有助于锤炼对一些问题的初步构想；②它们中的一些表明，追求自身利益可能会导致“社会陷阱”，即集体灾难；③其他一些或许建议旨在检验那些非常模型的实验，比如旨在检验预期效用公理和博弈论模型的实验；④由于不能反映现实，它们展示了有多少实际行为背离了“理性”，而且或许会建议寻找更有深度的、更复杂的理论——非常像“地平说”假设的失败刺激了“地圆说”的精心设计和检验。

总之，理性选择模型，如果不太被认真对待的话，则可能会服务于启发式的目的。阿纳托尔·拉波波特（Rapoport，个人通信，1991）认为，“它们最有价值的贡献源于它们的失败，而不是源于它们的成功”。遗憾的是，太 385

多的理性选择模型仅作为学术繁荣的智力技巧起作用，为侵略性的军事战略辩护，或者对后者的失败进行解释。（对于博弈论的神学，见 Brams，1980；对于纽康姆的问题，一个深受一些哲学家喜爱的室内游戏，见 Campbell and Sowden，1985 及 Bunge，1998。）这些模型中没有一个履行了预期功能，即帮助指导理性行动的功能。充其量它们对过去有过某种不确定的阐明（如 Malitza，1971 有关巴尔干半岛一个历史片段的一个决策论模型，以及 Bunge，1973a 有关对美国在越南战争中战败的一个决策论分析，表明五角大楼根本不是理性的）。

那么，为什么理性选择理论享有如此巨大的声望呢？原因有以下几点：①它从根本上说是简单的；②它没有预先假定实验心理学知识、社会学知识、政治学知识或者历史知识；③它声称在一个原则的帮助下解释了所有的人类行为；④它慷慨自由地使用符号，尽管它们常常标示不明确的数学概念，但却一定会令非数学的读者生畏；⑤它赋予市场崇拜和好战以智力尊严；⑥它经常因为错误的原因受到指责，主要是因为站在理性一边；⑦到目前为止，它并没有受到严重的竞争对手的威胁。

总而言之，理性选择理论不是一个牢固可靠的、实质性的社会理论。这种失败可以追溯到这个理论的具体假设，不是由于社会研究的理性的探讨方式。任何严肃认真的社会研究都将是理性的，但对社会事实的现实解释没有一个会假设人们总是理性地行事——尤其是自私地行事。毕竟，“假设太多理性是愚蠢的”（Agassi，1977：265）。

读者或许会觉得，我的批评是过分的，即我是良莠不分一起抛弃了。我的回答是，这里没有所谓的好的精华。事实上，理性选择理论在 1789 年诞生于道德哲学和政治哲学（边沁的功利主义）领域，并于 1871 年在经济学领域（新古典微观经济学）中诞生，所以它一点也不年轻了。而且，它很久以前就消逝了，由于数学上的营养不良和心理学上的贫血，由于缺乏所需的酶去消化最简单的社会事实和道德原则，而且还由于暴露在社会风暴的喧嚣与愤怒之下。

这给了我们什么样的启示呢？我们必须得出结论说，无论是在社会理论还是在实践中，理性都是不可能的吗？这是埃尔斯特（Elster，1989）和

其他理性选择理论的学者们得出的结论。他们中的一个政治学家艾伦·赖恩
（Ryan，1991），已经走得如此之远以至于希望且戏谑性地宣称，“非理性与理
性相比是更理性的”。这个矛盾将被避免，基于意识到“*理性*”这个词至少指
定了十二个不同的概念，它们之中有逻辑理性概念和经济理性概念。如果加 386
以区别，正在讨论的这个短语的意图或许可以这样被改写重述，即经济上的
非理性（即大公无私）与理性（即自私自利）相比（通常）是更理性的。

适当的结论不是说理性是可牺牲的，而宁可说是（a）*理性应以一种广义的方式来构想*，既从概念上又从实质上（第一节），而不是如自私自利的算计一样狭隘地设想；（b）*概念理性尽管是必要的*，*但却是不够的*，为了在对现实的研究中取得成果，它必须与重视实际的实在论相结合，这反过来需要严格的经验检验，而且还需要包含人类行为的非理性特征；（c）为设计有效的政策和计划，*实质理性或实践理性也是不够的*，甚至与概念理性相结合也不够：它必须辅之以对社会进步的承诺，这包含着社会正义。

最后，请允许我提出七个尽管可能是中肯的但却“傲慢无礼”的格言来指导不知所措的理性行为学者。

M1. 不要把贪婪误认为是理性。

M2. 理性不包含把理性归于其他所有人。

M3. 无论你多么钦佩概念理性，也决不要低估非理性的力量，尤其是你自己的力量。

M4. 在建造这个世界的模型这个任务中，数学应该是仆人，而不是主人。

M5. 偶尔要与社会现实联系。与人见面，与他们相处，并与他们一起加入共同的事业，以便熟悉社会系统和它们的可变性，并克服其他所有人都是自私自利的混蛋这个偏见。

M6. 避免进行近交。不要只阅读其他学者的论文，也要阅读大众化的报纸和统计报告，并且聆听人们不得不说的东西。

M7. 当其他所有的都失败了，尝试科学的探讨方式：众所周知它是起作用的。

总而言之，我们必须坚持概念理性，因为它是科学的探讨方式的一个成分，而且我们还必须坚持工具理性规范，因为它是高效行动的指导。但是，

我们不能接受任何出现在理性选择理论中的所谓的理性原则。实际上，我们拒绝 R1，因为它是模糊不清的并因此是不可检验的，我们拒绝 R2、R3 和 R4，因为它们是错误的，我们拒绝 R5，因为它几乎就是同义反复。

这些结论具有重要的方法论意义。首先，对社会或任何其他事物的理性研究，都不包含把“理性”这个单词十二个通用意义中的任何一个归于我们的研究对象。要做到这一点是不现实的。正如熊彼特（Schumpeter，1991：319）所写的：“到目前为止，社会科学中的所有理性都源于分析师。”

387 第二个方法论意义是，因为工具理性规范是有效行动的指导，所以我们必须将其置于社会技术而不是基本的社会科学中。后者的任务是描述、解释和预测，不是规定。而且描述、解释和预测可以根据客观规律，比如那些心理学家和社会学家所寻找的实际（通常非最大化）行为的客观规律，从而得到最有效地执行。与之相比，和工程师一样，社会技术专家的任务是设计规则和计划，使人们能够根据规则或计划促成事情的发生。也就是说，他们从事于自我实现的预言，而非孤立的预测。

这总结了我们对内在于社会科学和一些关于它们的性质和地位的专题讨论中的最一般的哲学思想的研究。个别社会科学学科、社会 - 自然科学学科或混合科学学科的哲学及社会技术，是姐妹篇《*争论中的社会科学*》的研究对象。

附　　录

附录一　状态空间表示

考虑任意给定种类的一个具体事物。称 n 是其已知属性的总数，P_i 是其第 i 个已知属性，其中 $i=1$，2，…，n。此外，称 F_i 为表示 P_i 的一个属性值（属性是实际特征，而谓词是它们对应的概念化）。这样的属性值（或数学函数）的清单叫作正在谈论的这个事物的一个*状态函数*，或者毋宁说是同种类任一事物的一个状态函数。简言之，给定种类的事物的状态函数是清单 $F=\langle F_1, F_2, \cdots, F_n\rangle$，这或许可被表示为一个 n 维空间中的一个箭头。由于 n 是已知属性的总数，而且由于我们关于事实的知识必定常常是不完备的，因此我们从来就不能确定，任何给定的状态函数是定论。

在某一时刻一个事物的状态是这个事物在那时其属性的清单。既然这些是表示各自属性的函数值，那么一个事物在某一时刻的*状态*就能用这些函数值的清单来表示。即 $s_t=\langle F_1(t), F_2(t), \cdots, F_n(t)\rangle$。也就是说，某事物在 t 时刻的状态函数 F 的值，表示这个事物在 t 时刻的状态。这样一种表示法是否可靠（真）是另外一回事，这可以通过实证调查来检验。这是为什么我们谈论某种事物的一个状态函数而不是*那个唯一的*状态函数的理由之一。

一个事物的可能状态集合可用那个事物的一个*状态空间*来表示。这就是由对应的状态函数 $F=\langle F_1, F_2, \cdots, F_n\rangle$ 生成的抽象的 n 维空间。如果这个事物只有两个属性是已知的或被考虑在内的，那么对应的状态空间就是由轴线 F_1 和 F_2 确定的平面的一部分——如一个社会的人口和总产量（附图 1）。

具有 n 个已知属性的事物，其状态空间是 n 维的。

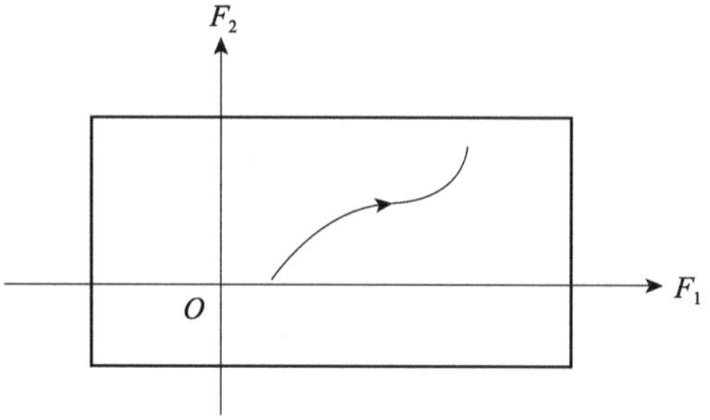

附图 1　以两个定量属性 F_1 和 F_2 为特征的事物的状态空间

这个方框是这个事物有效的可能状态集合；这条曲线表示一个事物有效状态的可能历史或可能序列

给定种类的一个事物的每个状态都可以是一个适配的状态空间中的一个点。随着时间的推移，这个事物的某些属性的值必定会发生改变，因此表示
392 它的点也将会沿着某个轨道移动。这样超过一个时期 T 的轨道的延伸，叫作相关事物在 T 期间的*历史*。无论彼此如何相似，由于其成分或者其环境方面的差别。两个不同的事物必定具有不同的历史，但如果它们是同类事物，那么它们的历史将可以在相同的状态空间里表示。

状态函数概念可用于阐明诸如工会这样的具体系统概念，与诸如工人阶级这样的一个集合体相比。实际上，不发生交互作用的事物的集合体，其状态函数是由成分的状态函数唯一确定的。尤其是在这种情况下，整体的状态函数要么等于部分的状态函数之和，要么等于部分的状态函数之积。严格意义上的系统的情况并非如此。在这里，每一个成分的状态至少在一定程度上取决于其余成分的状态。例如，想一想由农民人口和占据相同领域的地主人口组成的社会。每个人口的增长率都取决于两个人口的数量及出生率和死亡率。因此，总的状态函数不再是用加法可分或者是用乘法可分的了。部分的贡献难分难解地纠缠在一起。此外，系统状态函数或许受制于一个或者更多的全局性条件（原子物理学中的泡利不相容原理就是这样一个全局性约束）。因此，某种系统的状态函数的构建，必须从头开始，而不是基于成分的状态函数（更多关于状态空间和事件空间的讨论见 Bunge，1977a，1977b）。

附录二　规律和规则

规律和规则都是规则性。在普通知识中，它们常常被混淆，但事实上它们是完全不同的。规律是我们不能改变的客观模式，而规则是人造的做事情 393
的规定，而且就其本身而言是可被改变的。下面的形式分析将使这个区别更加明显。

考虑具有状态空间 S_k 的 K 种类事物的一个集合。K 的一个规律 L_k 是 S_k 到自身的一个映射，即 L_k：$S_k \to S_k$。因此，如果 K 种类的一个事物碰巧处于属于 S_k 的状态 s，那么 $L_k(s)=t \in S_k$ 则表示事物到状态 t 的经过。

现在假设 M 表示一个动物种类如人类，称 A_M 为 M 种类的个体能够执行的所有行动的集合。那么，M 种类的动物处理 K 种类事物的规则，就是从这样的事物的状态到那些动物的行动的映射，即 R_{KM}：$S_K \to A_M$。因此，如果 s 在 S_K 中，那么 $R_{KM}(s)=a \in A_M$ 就是规则 R_{KM} 规定 M 种类的个体在处于状态 s 时面对 K 种类的一个系统时应采取的行动。

因此，与规律不同，规则是人造的规定。然而，①每一个可实施的规则都与潜在的规律相一致；②如果是内化的，一个规则就会产生在行为上看起来非常像规律的规则性——直到人们无论出于何种原因改变或者放弃那个规则为止。

附录三　理论操作化的逻辑

即使最简单的科学理论也包含着一些概念，尽管它们是关于事实的，但却没有经验对应物（如制度、结构、生产力、价格弹性、国家预算和文化衰退等概念）。在科学中，这样的概念借助于用来操作化事实理论的指标假设与经验概念相关联（见第六章第二节）。我们继续概述操作化过程（详情见 Bunge，1973c）。

假定一般理论 T 和辅助假设集合 S，这些辅助假设详细说明 T 和 S 的指称对象如它们的成分、环境和结构的特性。根据 T 和 S，我们建立一个（约束）模型或者具体理论 M。M 是包括 T 和 S 在内的它们的并集的逻辑结论集。现在我们增加在某种前期知识或许还有 T 本身的帮助下构建的指标假设集合 I。我们希望，指标假设 I 的成员得到充分证实并因此是可靠的。此外，称关于 M 的指称对象的可用的经验数据集合为 E。再一次，我们希望 E 的成员不仅仅与 M 有关，而且还是相当精确（真实准确）的。这些数据不在理论中或者远离理论，这就是为什么为了在模型 M 和经验证据 E 之间搭建桥梁，我们需要指标集 I 的原因。

有关信息的讨论到此为止。问题在于使用这个信息用理论术语来“解读”经验数据——例如，根据某种宏观经济学理论用心理状态术语或者经济指标
394 来“解释”外显行为。我称这个为可用数据向模型语言的“转化”。被转化的数据 E^* 逻辑上是由原始数据 E 联合指标集 I 共同推出的。这些被转化的数据被注入模型 M，从而产生“转化”模型 M^*。最后，再次使用指标假设集 I，那个结果转回经验语言。也就是说，M^* 结合 I 限定继承 M^{**}。后者是理论模型 M 的*操作化*。面对数据 E^* 的是 M^{**}，而不是原始模型 M。

注意，并非理论 T 本身，而是 T 的一些结论，连同辅助假设 S、指标假设集 I 和数据 E，一起面对凡是与 T 可能有关的经验。因此，如果 M^{**} 未通过经验检验，我们可以归咎于 T、S、I 或者 E。出人意料的是，关于证实与反驳的标准讨论忽视了这些复杂因素，即它们假设理论是以一种直接的方式面对数据的。

附录四　效用：理性选择理论的难言之隐

大多数理性选择模型都未能详细说明理性主体应该最大化的效用函数。也就是说，它们围绕未定义的函数为中心。例如，在两位诺贝尔经济学奖得主斯蒂格勒和贝克尔（Stigler and Becker，1977）一篇被大量引用的文章中，充满了这样的“函数”，只有其大概形态被说明（在这样的函数或毋宁说符号中，是由任意一个主体产生和消耗的音乐鉴赏的数量，以及他必须支付的相应的影子价格）。用这种方法，作者就能够“证明”所有普通人和实验心理学家们所知道的什么将是*错误的*，也就是说，品味是恒定不变的，而且对于所

有人来说都是类似的（如 Scitovsky，1976）。

如此缺少特殊性是哲学和抽象数学所特有的。例如，在一般度量空间理论中，距离函数应该正好遵守三个极其宽松的条件是必需的［对于一个任意集合 S 中所有的元素或者“点”x、y 和 z 来说，$d(x, x)=0$，$d(x, y)=d(y, x)$，而且 $d(x, y)+d(y, z) \geqslant d(x, z)$］。这些条件规定了任意维度空间中无限多距离函数中的任何一个。同样，它们没有详细说明任一特定空间。因此，它们不能使人们计算或者测量任何距离。为了计算或者测量一个特定度量空间中两个点之间的距离，人们需要一个特殊的距离函数，比如由毕达哥拉斯定律所定义的距离函数（此外，任何这种适用的距离函数都将包含一个长度单位，在相对论物理学中，还包含着一个参考系。因此，与上文考察的 d 相比，它将是一个更为复杂的概念）。因此，将自身限于主张物 395
理空间（或时空）是一个度量空间而不承诺精确度量（或距离函数或线元素）的物理学家，或许会被人嘲笑他的职业。另一方面，社会科学家们可以侥幸逃脱类似的关于效用和其他函数的概论（Allais，1986；Shubik，1987；Coleman，1990 是一些例外）。

同样，柯尔莫哥洛夫公理定义了全部的、无限的概率函数家族，因此它们对于处理纯概率论和应用概率论中的特定问题来说是必要而非充分的。虽然这样的普遍性内在固有于抽象数学和哲学中，但它在事实科学中是不堪忍受的。在这里，我们处理的是诸如原子和社会团体这样的事物，它们属于特殊种类并因此以特性和这些特性中的关系即规律为特征。在事实科学中，人们或许确实可以猜测自己感兴趣的函数的值，倘若这样的猜测被一些证据支持并至少在原则上是可检验的和可改正的话。但当在没有任何检验可能性的情况下所进行的猜测，仅仅是发现函数值的“方法”而已——例如由于这些被假设为纯主观的——我们不是在讨论科学。

换句话说，关于哪一个单独规定了它以一个下降斜率单调上升的函数 u 是未知的。因此，通过声称其行动者 a 试图最大化他的 u 而宣称某人理解一种行为，这相当于声称 a 按照其行为方式行事，因为行动者具有某种神秘特性。这是用更为模糊的东西来解释模糊性的一种情况——它或许在神学中行得通，但在科学中是行不通的。

让我再试一次。命题模式 $u(x)=y$，其中 u 代表未定义的效用函数，y 代表它在 x 时的（任意分配的）值，具有与模式“x 的废话等于 y”相同的方法论地位。u 和*废话*都不具有确切的含义。因此，包含它们两者中任一个的陈述没有一个是经验上可检验的（回顾第二章第二节，意义先于检验，而非相反）。准确地讲，我们确实具有某种直观的效用概念，然而关于“废话”我们什么都没有。然而，尽管一些直观构想是科学概念的前身，但效用概念并不拥有如此承诺，虽然它早在 1738 年就被引入（Blatt，1983：170）。

早在 1901 年伟大的数学家亨利·庞加莱就认识到，不确定的效用函数是模糊的、人造的构想。在他给边际主义三位创始人之一的利昂·瓦尔拉斯的一封信中，庞加莱指出效用是一个任意函数，尽管他承认任意函数或许会被用于某些数学推理中，但他强调人们必须在这种推理的最终结果和结论中尝
396 试清除它们。他写道：“如果任意函数仍然在这些结论中出现，这些结论不会是错误的，但它们将是毫无兴趣的，因为它们从属于一开始就已规定的任意约定。”（Poincaré，1901）

它或许会反驳说，牛顿的运动定律包含着一个力的一般概念。确实如此，但这个概念是精确的，因为它是通过一个公理系统被隐然定义的，而且特殊的物理的力通常都是可测量的。与之相比，一般的效用概念是模糊的，而且效用用一种客观精确的方式是不可测量的（偏好或许仅仅是有序的）。此外，当一个作者确实假设一个明确的效用函数时，比如 $u_1(x)=\log x$，$u_2(x)=\log(x-a)$，$u_3=ax^{\frac{1}{2}}+b$ 或者 $u_4(x)=ax-bx^2$，通常他这么做主要是为了计算的方便：他几乎从来不为他的选择举出任何经验证据。

然而，一个精确的效用曲线的形状或许有很大不同。因此，跟随布林德（Blinder，1989），让我们比较上述前两个函数，将 x 解释为一个人的实际消费并将 a 解释为一个人的最低消费。假设在一给定的年份中，x 等于 10 000 美元，a 等于 5000 美元。进一步假设经济衰退导致消费减少了 p（20%）到 $x^*=x-0.2x$。对应在效用中的下降则完全不同于看起来相似的效用函数选择，即

$$\Delta u_1 = \Delta x / x^* = p / (1-p) = \frac{1}{4}$$

$$\Delta u_2 = \Delta x / (x^* - a) = px / (x - px - a) = \frac{2}{3}$$

这个例子反驳了认为只有效用函数的定性特征才是重要的这个标准论点。

它或许会反驳说，不同于在传统社会研究中的大型理论，一些理性选择模型是充满数字的。真实的情况是，这些数字即使不是全部，但大多数都是任意取值的。如果这些值是假定的而非是计算出或者测量出的话，那么将无助于赋予效用函数以精确值（尤其是最大值）。而且这恰恰就是大多数理性选择模型所做的；也就是，假定基本效用而不是计算或者测量它们。

现在，当 u 并非一个明确定义的函数时，谈及它的导数 du/dx 或者边际效用就毫无意义（因此边际效用学派应改名为“未知函数学派”）。由于相同的原因，一个未定义的效用伴随着时间的变化率不能被明确写出，更不用说被精确地计算出来了——这倒无妨，因为大多数理性选择理论家们都假定效用与时间无关，或者这相当于说偏好是不变的。这个较弱的（定性的或者有序的）假设是可检验的。但它明显是错误的：我们的偏好在我们学习（或者不学习）及在我们的环境发生变化时，确实是改变了。广告商、传教士和政治活动家们都指望这样的适应性——更不用说当代的教师们了。

同样，定性版本的所谓的货币的边际效用递减律是经验上可检验的。但 397
它对于收藏家们来说显然是错误的，无论他们是贮藏邮票、货币还是权力。尤其是，这个“规律”就雄心勃勃的企业高管的借入资本来说是失败的。实际上，这些个体发现，他们得到的钱越多，他们的机会就会变得越多，从扩张到兼并再到收购，因此随着他们的吞并，他们的胃口就会增大。推测可知，他们认为，货币的效用伴随着货币数量本身以指数方式增长——就如加兰特（Galanter，1962）在 30 年前基于在普通受试者身上进行的一项实验所建议的那样。“贪婪的 20 世纪 80 年代和 90 年代”拖欠债务的银行家和投资者这一情况证明了这一点。

推测可知，如果心理学家们偶然发现一个可靠的方法来测绘他们的实验对象的效用曲线的话，那么他们将会提出和个性类型一样多的曲线（这将同样适用于无差异曲线）。此外，他们或许会发现：①一件商品的效用不仅取决于它取得的满意度，而且还取决于它的进货成本（在这种最简单的情况下，$u=s-p$）；②如果一个主体的上升航迹是凸面的，那么他的下降路径则是凹面的，也就是说，损耗与收益相比感觉更为强烈。事实上，这种评估对这个主体过去历史尤其是对其初始禀赋的依赖性，已经在经验上得以证实（Knetsch，1992）。

附录五 无 用 论

目前被提议的这个理论是一般理性选择理论。它的数学状况和效用理论的数学状况一样是模糊不清的，其范围同宽，其经验支持同样不可靠。它供以消遣，同样也是为了表明编造关于一切带有精确性味道的社会事物的理论是多么容易。

无用论是关于个体人类行为的理论。它基于以下公理：

A1. 每一人类行为 a 在给定的时间 t 都具有一个强度 $a(t)$，它是一个正实数。

A2. 存在着一个函数 F，定义了一个具有强度 $a(t)$ 的行为的每一个值，此函数是二阶可导的并表示这个行为的无用程度。

A3. 所有的主体都是无用最小化者。更确切地讲，F 是负倾斜和正增长的（也就是说，$dF/da<0$，且 $d^2F/da^2>0$）。

A4. 无用是次可加的，也就是说，一个团体（或者集体）行为的总无用小于或者等于其成员无用之和。

例如：①人们工作来减少他们存在的无用。当工作并不具有预期效果时，
398 他们便懒散虚度；②当人们的行为减少无用时，他们遵守法律，否则的话他们就违反法律；③为了减少无用，人们进行合作，当合作失败时，他们竞争甚至进行斗争；④人们结婚是为了减少结合的无用，当失败时，他们就会分开；⑤人们加入志愿协会希望能减少他们的无用，当失败时，他们就会背叛。

不要问无用如何测量或者进行比较，也不要问上述公理如何可能会被驳倒，除非你准备好回答同样令人不安的有关理性选择理论的公理的问题。

一个多少更有深度的并在数学上远为复杂的理论是这个。我们始于将一个主体的无能定义为函数 E，其行为的强度为 $a(t)$，其变化率为 $v=da(t)/dt$，时间为 t。这个表示无能的方程受支配于这个条件，即它关于时间的积分是一个最小值，我们认为这个积分等同于无用函数。即

$$F(t)=\int_0^t E\left[a(u), v(u), t\right] du = \text{最小} \qquad (1)$$

$$\text{这相当于 } \delta F(t)=0 \qquad (2)$$

其中，δ 代表从变分法的意义上所说的一阶变化。通过贯彻执行指定操作，我们得到了主体无能的欧拉微分方程：

$$d(\partial E/\partial v)/dt-\partial E/\partial a=0\text{。} \qquad (3)$$

确定适合于所有主体的 E 的形式，是无用理论家们的理性选择问题（如果他如其懒惰那样聪明的话，他将单以考虑计算的便利为指导）。一旦做出那个选择，微分方程（3）的解，也就是计算无能行为在任何时刻的值，就是一个简单明确的技术问题。而且与效用一样，经验检验的问题甚至都不会出现。

现在让我们严肃对待。众所周知，给定任一诸如（3）这样的微分方程，设计一个诸如（1）这样蕴含前者的变分原理是可能的。换句话说，发现有关*任何*取得最小化或者最大化的过程的*一些事情*总是可能的。这个任务在数学上是相当简单的，尽管它是一个反问题而不是一个正问题，因为它在于推测一个蕴含着预期结果［即等式（3）］的假设［即等式（1）］。但所有涉及的函数都应该是数学上定义明确的。而且在物理学的情况下，它们还应该具有精确的物理意义。总之，问题的实质不是偶然发现一些取得最大化或者最小化的*事物*，因为那一开始就包含在协定中了。真正的问题是推测讨论中的这个 399
过程的*正确法则*。但这样的法则在理性选择理论中正在丢失。

附录六　客观价值

以下选录自先前工作（Bunge，1989：81）的一个片段。我们将我们的论域限制在满足人类某种基本需要的商品如食物和住所方面，它们可以用一种客观的方式用数量来表示。我们进一步假设，一个项的（基本）价值是其满

足一种基本需要的程度，一个项的（基本）负面价值是其引起一种基本需要的程度。更确切地讲，我们提出以下假定。

假设 x 是一类项，它能够满足或者引起处于某种既定状态的既定动物的一种基本需要 y，称 $A(x)$ 为所说动物可获得的 x 的量，$N(x, y)$ 是这个动物为了完全满足 y 所需的 x 的量。我们假定，相对于 y 来说，x 对于处于既定状态的既定动物的值是：

$$V(x,y)=\operatorname{sgn}(x,y).[1-A(x)/N(x,y)]$$

其中，$\operatorname{sgn}(x,y)=\begin{cases}+1\text{当且仅当 } x \text{ 满足 } y\text{，}\\-1\text{当且仅当 } x \text{ 引起 } y\text{。}\end{cases}$ 见附图 2。

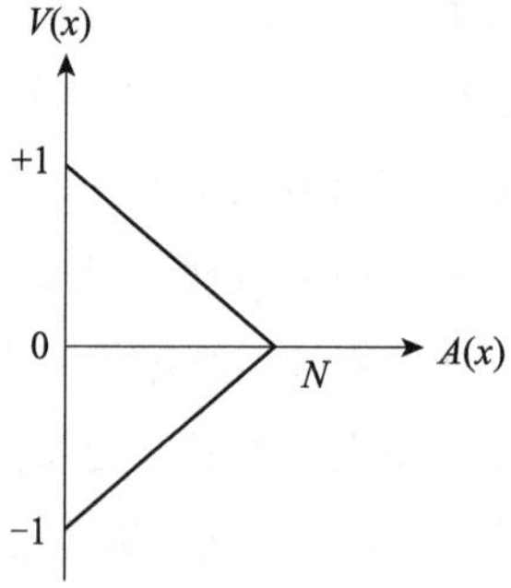

附图 2　x 项对于固定的需要或者需求 y 的值，根据能够满足需要或者需求 y 的项的数量 $A(x)$

当这个项满足一种需要时这个值最大，当它引起一种需要时这个值最小

附录七　作为集合的效用

我们继续介绍效用的两个集合论概念，由于是定性的，因此它们不易受到在过去一个世纪中被反复提出用来反对基数（数值）效用的异议的批评攻
400 击。第一个概念阐明了这个直观想法，即某事物是有用的或者有益的，当且仅当它满足了某人的某种需要或者欲望。我们认为需要和欲望（或者渴望）等概念是理所应当的，并且规定客体对象 x 对于动物（如人类）或者社会团体 y 的*效用*是 x 满足 y 的需要（N）和欲望（W）的集合。也就是说，我们

规定：

$$U(x,y)=\{z\in N\cup W|Mxzy\},$$

其中，$Mxzy$ 是“x 满足 y 的需要或者欲望 z”的缩写。

这个定性概念允许我们引入一个相对的概念。事实上，我们可以说，对于主体 y（即 $\geqslant_y$）来说，客体对象 a 比客体对象 b *更好*，当且仅当 b 对于 y 的效用包含在 a 对于 y 的效用中，也就是说：

$$a\geqslant_y b=_{df}U(b,y)\subseteq U(a,y)。$$

显然，偏好关系因此明确继承了包含关系⊆的反对称性和传递性。

上述定义没有明确提及每一人类行为甚至是最有益的人类行为的副作用。这个缺陷将在下面得以补救。假设 a 是一种行为，它具有有益的（或者令人愉快的）结果 P_1，$P_2\cdots$，P_m 和副（有害的）作用 Q_1，$Q_2\cdots$，Q_n。我们将行为 a 的*效用*定义为 P 的集合，并将其*负效用*定义为 Q 的集合。用自明的符号表示就是 $U(a)=\{P_1, P_2, \cdots, P_m\}$，$D(a)=\{Q_1, Q_2, \cdots, Q_n\}$。有关定义就到此为止。现在让我们将它们投入使用。

如果我们是结果主义者而非道义论者，那么我们将会根据它们的结果的效用或者负效用来对行为分等排名。因此我们可以规定，行为 a 比行为 b *更好*，当且仅当 a 的效用包含 b 的效用且 a 的负效用包含在 b 的负效用中。也就是说：

$$a\geqslant b，当且仅当[U(b)\subseteq U(a)]\&[D(a)\subseteq D(b)]。$$

⩾这个偏好关系具有渴望的形式性质。事实上，由于包含关系的反对称性和传递性，因此它也是反对称的和可传递的。这个效用概念没有在理性选择理论中所使用的标准概念的缺陷。诚然，它不是定量的；但一个诚实、可靠的定性概念当然要比一个伪定量的概念更可取。

401 参考文献

Afriat, S. N. 1987. *Logic of Choice and Economic Theory.* Oxford: Clarendon Press.

Agassi, J. 1977. *Towards a Rational Philosophical Anthropology.* The Hague: Martinus Nijhoff.

Agassi, J. 1985. *Technology. Philosophical and Social Aspects.* Dordrecht: Reidel.

Agassi, J.1987. Methodological individualism and institutional individualism. In *Rationality: The Critical View,* ed. Agassi and I. C. Jarvie, pp. 119-50. Dordrecht: Martinus Nijhoff.

Agger, B. 1991. Critical theory, poststructuralism, postmodernism: their sociological relevance. *Annual Review of Sociology* 17:105-131.

Akerlof, G. A. 1984. *An Economic Theorist's Book of Tales.* Cambridge: Cambridge University Press.

Albert, H. 1988. Hermeneutics and economics. A criticism of hermeneutical thinking in the social sciences. *Kyklos* 41:573-602.

Albert, H. 1990. Methodologischer Individualismus und historische Analyse. In *Theorie der Geschichte,* Vol. 6: *Teil und Ganzes,* ed. K. Acham and W. Schulze, pp. 219-239. Munich: Deutscher Taschenbuch Verlag.

Albert, H. 1994. *Kritik der reinen Hermeneutik. Der Antirealismus und das Problem des Verstehens.* Tübingen: Mohr.

Alexander, J. C., and Giesen, B. 1987. From reduction to linkage: the long view of the micro-macro debate. In Alexander et al., 1-42.

Alexander, J. C.; Giesen, B.; Münch, R.; and Smelser, N.J., eds. 1987. *The Micro-Macro Link.* Berkeley: University of California Press.

Alker, H. R.; Deutsch, K. W.; and Stoctzel, A. H., eds. 1973. *Mathematical Approaches to Politics.* San Francisco: Jossey-Bass.

Allais, M. 1986. Determination of cardinal utility according to an intrinsic invariant model. In *Recent Developments in the Foundations of Utility and Risk Theory,* ed. L. Daboni, A. Montesano, and M. Lines, pp. 83-120. Dordrecht: Reidel. 402

Allais, M., and Hagen, O., eds. 1979. *Expected Utility Hypotheses and the Allais Paradox.* Dordrecht: Reidel.

Ampère, A.-M. 1843. *Essai sur la philosophie des sciences,* vol. 2. Paris: Bachelier.

Anand, P. 1987. Are the preference axioms really rational? *Theory and Decision* 23:189-214.

Andreski, S. 1972. *Social Sciences as Sorcery.* London: André Deutsch.

Andrews, F. M. 1991. Stability and change in levels and structure of subjective well-being: USA 1972 and 1988. *Social Indicators Research* 25:1-30.

Archer, M. 1987. Resisting the revival of relativism. *International Sociology* 2:235-250.

Armstrong, E. 1991. The limbic system and culture. *Human Nature* 2:117-236.

Arrow, K. J. 1994. Methodological individualism and social knowledge. *American Economic Review* 84, no. 2:1-9.

Barnes, B. 1977. *Interests and the Growth of Knowledge.* London: Routledge and Kegan Paul.

Barnes, B. 1982. On the implications of a body of knowledge. *Knowledge: Creation, Diffusion, Utilization* 4:95-110.

Barnes, B. 1983. On the conventional character of knowledge and cognition. In Knorr-Cetina and Mulkay, 19-51.

Barnes, B., ed. 1972. *Sociology of Science: Selected Readings.* London: Penguin.

Bartlett, M. S. 1975. *Probability, Statistics and Time.* London: Chapman and Hall.

Baumol, W. J., and Benhabib, J. 1989. Chaos: significance, mechanism, and economic applications. *Journal of Economic Perspectives* 3:77-105.

Becker, G. S. 1976. *The Economic Approach to Human Behavior.* Chicago: University of Chicago Press.

Becker, G. S., and Murphy, K. M. 1988. A theory of rational addiction. *Journal of Political*

Economy 96:675-700.

Belenky, M. F.; Clinchy, B. McV.; Goldberger, N. R.; and Tarule, J. M. 1986. *Women's Ways of Knowing. The Development of Self, Voice, and Mind.* New York: Basic Books.

Benda, J. 1912. *Le Bergsonisme ou une philosophie de la mobilité.* Paris: Mercure de France.

Benn, S. I., and Mortimore, G. W, eds. 1976. *Rationality and the Social Sciences.* London: Routledge and Kegan Paul.

Bentham, J. 1982 [1789]. *An Introduction to the Principles of Morals and Legislation,* ed. J. H. Bums and H. L. A. Hart. London: Methuen.

Berelson, B., and Steiner, G. A. 1964. *Human Behavior: An Inventory of Scientific Findings.* New York: Harcourt, Brace and World.

Berger, P., and Luckmann, T. 1966. *The Social Construction of Reality.* Garden City, N.Y.: Doubleday.

Bergson, H. 1903. Introduction à la métaphysique. *Revue de métaphysique et de morale* 11:1-36.

Bernard, C. 1952 [1865]. *Introduction à l'étude de la médecine expérimentale,* 2d ed. Paris: Charles Delagrave.

Bettinger, R. L. 1991. *Hunter-Gatherers. Archaeological and Evolutionary Theory.* New York: Plenum.

Bindra, D. 1976. *A Theory of Intelligent Behavior.* New York: Wiley.

403 Blalock, H. M., Jr., ed. 1974. *Measurement in the Social Sciences: Theories and Strategies.* London: Macmillan.

Blalock, H. M., Jr., and Blalock, A., eds. 1968. *Methodology in Social Research.* New York: McGraw-Hill.

Blatt, J. M. 1983. How economists misuse mathematics. In Eichner, 166-186.

Blau, P. M. 1974. Presidential address: parameters of social structure. *American Sociological Review* 39:615-635.

Blaug, M. 1976. Human capital theory: a slightly jaundiced survey. *Journal of Economic Literature* 14:827-855.

Blinder, A. S. 1989. *Macroeconomics under Debate.* New York: Harvester Wheatsheaf.

Blitz, D. 1992. *Emergent Evolution: Qualitative Novelty and the Levels of Reality.* Dordrecht: Kluwer.

Bloch, M. 1949. *Apologie pour l'histoire, ou Métier d'historien.* Paris: Armand Colin.

Bloom, H. 1990. The breaking of form. In H. Bloom et al., 1-38.

Bloom, H.; de Man, P.; Derrida, J.; Hartman, G. H.; and Miller, J. H. 1990.*Deconstruction and Criticism.* New York: Continuum.

Bloor, D. 1976. *Knowledge and Social Imagery.* London: Routledge and Kegan Paul.

Blumer, H. 1969. *Symbolic Interactionism.* Englewood Cliffs, N.J.: Prentice-Hall.

Bochenski, J. M. 1987. Logische Stichproben aus der Aegyptologie. In *Logik, Wissenschaftstheorie und Erkenntnistheorie. Akten des 11. Intern. Wittgenstein Symposium,* ed. P. Weingartner and G. Schurz, pp. 303-314. Vienna: Hölder- Pichler-Tempskv.

Booth, W. J.; James, P.; and Meadwell, H., eds. 1993. *Politics and Rationality.*Cambridge: Cambridge University Press.

Boudon, R. 1967. *L'Analyse mathématique des faits sociaux.* Paris: Pion.

Boudon, R. 1974. *Education, Opportunity, and Social Inequality.* New York: Wiley.

Boudon, R. 1977. *Effets pervers et ordre social.* Paris: PUF.

Boudon, R. 1979. *La Logique du social. Introduction à l'analyse sociologique.* Paris:Hachette. Engl. trans.: *The Logic of Social Action: An Introduction to Sociological Analysis.* London: Routledge and Kegan Paul, 1981.

Boudon, R. 1987. The individualistic tradition in sociology. In Alexander et al., 45-70.

Boudon, R. 1989. Subjective rationality and the explanation of social behavior.*Rationality and Society* 1:173-197.

Boudon, R. 1990*a*. *L'Art de se persuader des idées fausses, fragiles ou douteuses.* Paris:Fayard.

Boudon, R. 1990*b*. On relativism. In *Studies on Mario Bunge's Treatise,* ed. P.Weingartner and G. Dorn, pp. 229-243. Amsterdam: Rodopi.

Boudon, R. 1991. What middle-range theories are.*Contemporary Sociology* 20:519-552.

Boudon, R., and Bourricaud, F. 1986. *Dictionnaire critique de la sociologie,* 2d ed. Paris: Presses Universitaires de France.

Boudon, R., and Clavelin, M., eds. 1994. *Le Rélativisme est-il résistible?* Paris: Presses Universitaires de France.

Bourdieu, P. 1968. Structuralism and theory of sociological knowledge. *Social Research* 35:681-706.

Bourdieu, P. 1989. Social space and symbolic power. *Sociological Theory* 7:14-25.

Bourdieu, P.; Chamboredon, J.-C.; and Passeron, J.-C. 1991. *The Craft of Sociology: Epistemological Preliminaries.*Hawthorne,.N. Y: Walter de Gruyter.

Bourricaud, F. 1975. Contre le sociologisme: une critique et des propositions. *Revue française de sociologie*16 suppl.:583-603.

404 Bradburn, N. W.; Rips, L. J.; and Shevell, S. K. 1987. Answering autobiographical questions: the impact of memory and inference on surveys. *Science* 236:157-161.

Brams, S. J. 1980. *Biblical Games: A Strategic Analysis of Stories in the Old Testament.* Cambridge, Mass.: MIT Press.

Breit, W. 1984. Galbraith and Friedman: two versions of economic reality. *Journal of Post-Keynesian Economics* 7:18-28.

Bridgman, P. W. 1927. *The Logic of Modern Physics.* New York: Macmillan.

Brock, W. A. 1990. Chaos and complexity in economic and financial science. In *Acting under Uncertainty: Multidisciplinary Conceptions,* ed. G. M. von Furstenberg, pp. 423-450. Dordrecht: Kluwer.

Brock, W. A., and Dechert, W. D. 1991. Non-linear dynamic systems: instability and chaos in economics. In *Handbook of Mathematical Economics,* vol. 4, ed. W. Hildenbrand and H. Sonnenschein, pp. 2209-2235. Amsterdam: North Holland.

Brodbeck, M., ed. 1968. *Readings in the Philosophy of the Social Sciences.* New York: Macmillan.

Brown, C. 1994. Politics and the environment: nonlinear instabilities dominate.*American Political Science Review* 88:292-303.

Brown, R. H. 1987. *Society as Text. Essays on Rhetoric, Reason, and Reality.* Chicago: University of Chicago Press.

Brown, R. H. 1990. Rhetoric, textuality, and the postmodern turn in sociological theory.

Sociological Theory 8:188-197.

Buckley, W., ed. 1968. *Modern Systems Research for the Behavioral Scientist.* Chicago: Aldine.

Bunge, M. 1951. What is chance? *Science and Society* 15:209-231.

Bunge, M. 1959. *Causality.* Cambridge, Mass.: Harvard University Press. Rpt. as *Causality in Modern Science.* New York: Dover, 1979.

Bunge, M. 1960. The place of induction in science. *Philosophy of Science* 27:262-70.Rpt. in *Through Time and Culture,* ed. A. P. Iannone, pp. 239-46. Englewood Cliffs, N.J.: Prentice-Hall, 1994.

Bunge, M. 1962*a*. An analysis of value. *Mathematicae Notae* 18:95-108.

Bunge, M. 1962*b*.*Intuition and Science.* Englewood Cliffs, N.J.: Prentice-Hall. Rpt.Westport, Conn.: Greenwood Press, 1975.

Bunge, M. 1963. *The Myth of Simplicity.* Englewood Cliffs, N.J.: Prentice-Hall.

Bunge, M. 1967*a*.*Foundations of Physics.* Berlin: Springer-Verlag.

Bunge, M. 1967*b*.*Scientific Research,* 2 vols. Berlin: Springer-Verlag.

Bunge, M. 1971. Is scientific metaphysics possible? *Journal of Philosophy* 68:507-20.

Bunge, M. 1973*a*. A decision theoretic model of the American war in Vietnam.*Theory and Decision* 3:328-338.

Bunge, M. 1973*b*. *Method, Model and Matter.* Dordrecht: Reidel.

Bunge, M. 1973*c*. *Philosophy of Physics.* Dordrecht: Reidel.

Bunge, M. 1974*a*. The concept of social structure. In *Developments in the Methodology of Social Science,* ed. W. Leinfellner and W. Köhler, pp. 175-215. Dordrecht: Reidel.

Bunge, M. 1974*b*. On confusing 'measurement' with 'measure' in the methodology of the behavioral sciences. In *The Methodological Unity of Science,* ed. M. Bunge, pp. 105-122. Dordrecht: Reidel.

Bunge, M. 1974*c*. *Treatise on Basic Philosophy,* Vol. 1: *Sense and Reference.* Dordrecht:Reidel.

Bunge, M. 1974*d*. *Treatise on Basic Philosophy,* Vol. 2: *Interpretation and Truth.*Dordrecht: Reidel.

405 Bunge, M. 1975. What is a quality of life indicator? *Social Indicators Research* 2:65-79.

Bunge, M. 1977*a*. States and events. In *Systems: Approaches, Theories, Applications,* ed.W. E. Hartnett, pp. 71-95. Dordrecht: Reidel.

Bunge, M. 1977*b*. *Treatise on Basic Philosophy,* Vol. 3: *The Furniture of the World.* Dordrecht: Reidel.

Bunge, M. 1979*a*. A systems concept of society: beyond individualism and holism.*Theory and Decision* 10:13-30.

Bunge, M. 1979*b*. *Treatise on Basic Philosophy,*Vol. 4:*A World of Systems.* Dordrecht:Reidel.

Bunge, M. 1980. *The Mind-Body Problem.* Oxford: Pergamon.

Bunge, M. 1981*a*. Analogy between systems. *International Journal of General Systems*7:221-223.

Bunge, M. 1981*b*. Development indicators. *Social Indicators Research* 9:369-385.

Bunge, M. 1981*c*. *Scientific Materialism.* Dordrecht: Reidel.

Bunge, M. 1983*a*. *Treatise on Basic Philosophy,*Vol. 5: *Exploring the World.* Dordrecht:Reidel.

Bunge, M. 1983*b*. *Treatise on Basic Philosophy,*Vol. 6: *Understanding the World.* Dordrecht: Reidel.

Bunge, M. 1985*a*. *Treatise on Basic Philosophy,*Vol. 7: *Philosophy of Science and Technology,*Part I: *Formal and Physical Sciences.* Dordrecht: Reidel.

Bunge, M. 1985*b*. *Treatise on Basic Philosophy,*Vol. 7: *Philosophy of Science and Technology,* Part II: *Life Science, Social Science, and Technology.* Dordrecht: Reidel.

Bunge, M. 1988*a*. Two faces and three masks of probability. In *Probability in the Sciences,* ed. E. Agazzi, pp. 27-50. Dordrecht: Reidel.

Bunge, M. 1988*b*. Why parapsychology cannot become a science. *Behavioral and Brain Sciences* 10:576-577.

Bunge, M. 1989. *Treatise on Basic Philosophy,*Vol. 8: *Ethics.* Dordrecht: Reidel.

Bunge, M. 1991*a*. A critical examination of the new sociology of science, part 1. *Philosophy of the Social Sciences* 21:524-560.

Bunge, M. 1991*b*. A skeptic's beliefs and disbeliefs. *New Ideas in Psychology* 9:131-149.

Bunge, M. 1991*c*. The power and limits of reduction. In *The Problem of Reductionism in Science,* ed. E. Agazzi, pp. 27-49. Dordrecht: Kluwer.

Bunge, M. 1991*d*. What is science? Does it matter to distinguish it from pseudoscience? A reply to my commentators. *New Ideas in Psychology* 9:245-283.

Bunge, M. 1992*a*. A critical examination of the new sociology of science, part 2. *Philosophy of the Social Sciences* 22:46-76.

Bunge, M. 1992*b*. System boundary. *International Journal of General Systems* 20:215-219.

Bunge, M. 1993. Realism and antirealism in social science. *Theory and Decision* 35:207-235.

Bunge, M. 1994*a*. Counter Enlightenment in contemporary social studies. In *Challenges to the Enlightenment,* ed. P. Kurtz and T. J. Madigan, pp. 25-42. Buffalo, N.Y.: Prometheus.

Bunge, M. 1994*b*.L'Ecart entre les mathématiques et le réel. In *Passion des formes: à René Thom,* ed. M. Porte, 1:165-173. Fontenay-St Cloud: E.N.S. Editions.

Bunge, M. 1995*a*. A critical examination of the foundations of rational choice theory.In *Towards a Theory of Man and Society,*ed. J. Götschl, pp. 211-228. Dordrecht: Kluwer.

Bunge, M. 1995*b*. The poverty of rational choice theory. In *Critical Rationalism,Metaphysics* 406
and Science, ed. I. C. Jarvie and N. Laor, 1:149-168. Dordrecht: Kluwer.

Bunge, M. 1995*c*. Quality, quantity, and pseudoquantity in social science. *Journal of Quantitative Linguistics* 2:1-10.

Bunge, M. Forthcoming. *Social Science under Debate.*

Bunge, M., and Ardila, R. 1987. *Philosophy of Psychology.* New York: Springer.

Burdeau, G. 1967. *Traité de science politique,*2 vols. Paris: Librairie générale de droit et de jurisprudence.

Burke, K. 1989. *On Symbols and Society.* Chicago: University of Chicago Press.

Cacioppo, J. T., and Petty, R. E., eds. 1983. *Social Psychophysiology.* New York: Guilford Press.

Campbell, R., and Sowden, L., eds. 1985. *Paradoxes of Rationality and Cooperation: Prisoner's Dilemma and Newcomb's Problem.* Vancouver: University of British Columbia Press.

Camps, V. 1993. *Virtudes públicas,* 2d ed. Madrid: Espasa-Calpe.

Cassirer, E. 1944. *An Essay on Man.* New Haven: Yale University Press.

Cicourel, A. V. 1974. *Cognitive Sociology.* New York: Free Press.

Coleman, J. S. 1964. *Introduction to Mathematical Sociology.* New York: Free Press.

Coleman, J. S. 1984. Microfoundations and macrosocial behavior. *Angewandte Sozialforschung* 12:25-37. Rpt. in Alexander et al. 1987, 153-173.

Coleman, J. S. 1986. Social theory, social research, and a theory of action. *American Journal of Sociology* 91:1309-1335.

Coleman, J. S. 1990. *Foundations of Social Theory.* Cambridge, Mass.: Harvard University Press, Belknap Press.

Collingwood, R. G. 1946. *The Idea of History.* Oxford: Clarendon Press.

Collins, H. M. 1981. Stages in the empirical programme of relativism. *Social Studies of Science* 11:3-10.

Collins, H. M. 1983. An empirical relativist programme in the sociology of scientific knowledge. In Knorr-Cetina and Mulkay, 85-113.

Collins, H. M., and Pinch, T. J. 1982. *Frames of Meaning: The Social Construction of Extraordinary Science.* London: Routledge and Kegan Paul.

Collins, R. 1981. On the microfoundations of macrosociology. *American Journal of Sociology* 87:984-1014.

Collins, R. 1986. The future decline of the Russian Empire. In *Weberian Sociological Theory,*pp. 186-209. Cambridge: Cambridge University Press.

Collins, R. 1987. Interaction ritual chains, power and property. In Alexander et al.,193-206.

Coughlin, R. M. 1991. The economic person in sociological context: case studies in the mediation of self-interest. In Etzioni and Lawrence, 35-58.

Cross, J. G., and Guyer, M. J. 1980. *Social Traps.* Ann Arbor: University of Michigan Press.

Dahrendorf, R. 1988. *The Modern Social Conflict: An Essay on the Politics of Liberty.* London: Weidenfeld and Nicolson.

Dallmayr, F. R. 1987. *Critical Encounters: Between Philosophy and Politics.* Notre Dame, Ind.: University of Notre Dame Press.

Dallmayr, F. R., and McCarthy, T. A. 1977. *Understanding and Social Inquiry.* Notre Dame,

Ind.: University of Notre Dame Press.

Davis, D. D., and Holt, C. A. 1993. *Experimental Economics.* Princeton, N.J.: Princeton University Press.

Dawson, R. E. 1962. Simulation in the social sciences. In *Simulation in Social Science,* ed. H. 407
Guetzkow, pp. 1-15. Englewood Cliffs, N.J.: Prentice-Hall.

Debreu, G. 1959. *The Theory of Value.* New York: Wiley.

Debreu, G. 1991. The mathematization of economic theory. *American Economic Review* 81:1-7.

d'Encausse, H. C. 1978. *L'Empire éclaté.* Paris: Flammarion.

Denzin, N. K. 1990. Reading rational choice theory. *Rationality and Society* 2:172-189.

Derrida, J. 1967. *De la grammatologie.* Paris: Editions de Minuit.

Dexter, L. A. 1990. Intra-agency politics: conflict and contravention in administrative entities. *Journal of Theoretical Politics* 2:151-172.

Diesing, P. 1982. *Science and Ideology in the Policy Sciences.* New York: Aldine.

Dilthey, W. 1959 [1883]. *Einleitung in die Geisteswissenschaften.* In *Gesammelte Schriften,* vol. 1. Stuttgart: Teubner; Göttingen: Vanderhoeck and Ruprecht.

Dilthey, W. 1959 [1900]. Die Entstehung der Hermeneutik. In *Gesammelte Schriften*, 4:318-331. Stuttgart: Teubner.

Duhem, P. 1914. *La Théorie physique: son objet et sa structure,* 2d ed. Paris: Rivière.

Dumont, L. 1966. *Homo hierarchicus. Essai sur le système des castes.* Paris:Gallimard.

Du Pasquier, G. 1926. *Le Calcul des probabilités, son évolution mathématique et philosophique.* Paris: Hermann.

Durkheim, E. 1897. *Le Suicide.* Paris: Alcan.

Durkheim, E. 1970. *La Science sociale et l'action,* ed. J.-C. Filloux. Paris: Presses Universitaires de France.

Durkheim, E. 1988 [1895]. *Les Règles de la méthode sociologique.* Introduction by J.-M. Berthelot. Paris: Flammarion.

Durkheim, E., and Mauss, M. 1968 [1903]. De quelques formes primitives de classification. In *Essais de sociologie,* by M. Mauss, pp. 162-230. Paris: Editions de Minuit.

Earl, P. E. 1990. Economies and psychology: a survey. *Economic Journal* 100:718-755.

Eichner, A. S., ed. 1983. *Why Economics Is Not yet a Science.* Armonk, N.Y.: M. E. Sharpe.

Einhorn, H. J., and Hogarth, R. M. 1978. Confidence in judgment: persistence in the illusion of validity. *Psychological Review* 85:395-416.

Einstein, A. 1936. Physics and reality. *Journal of the Franklin Institute* 221:313-347.

Elster, J. 1989. *The Cement of Society. A Study of Social Order.* Cambridge: Cambridge University Press.

Etzioni, A. 1988. *The Moral Dimension: Toward a New Economics.* New York: Free Press.

Etzioni, A., and Lawrence, P. R., eds. 1991. *Socio-Economics. Toward a New Synthesis.* Armonk, N.Y.: Sharpe.

Evans, R. G.; Barer, M. L.; and Marmor, T. R., eds. 1994. *Why Are Some People Healthy and Others Not?* New York: Aldine de Gruyter.

Ezrahi, Y. 1971. The political resources of American science. Rpt. in Barnes 1972, 211-230.

Fauconnet, P., and Mauss, M. 1968 [1901]. Sociologie. In *Essais de sociologie,* by M. Mauss, pp. 6-41. Paris: Editions de Minuit.

Featherstone, M., ed. 1988. Special issue on hermeneutics. *Theory, Culture and Society* 5:195-576.

408 Festinger, L.; Riecken, H. W.; and Schachter, S. 1956. *When Prophecy Fails.* Minneapolis: University of Minnesota Press.

Feyerabend, P. K. 1975. *Against Method.* London: Verso.

Feyerabend, P. K. 1981. *Philosophical Papers,* 2 vols. Cambridge: Cambridge University Press.

Feyerabend, P. K. 1990. Realism and the historicity of knowledge. In *Creativity in the Arts and Science,* ed. W. R. Shea and A. Spadafora, pp. 142-153. Canton, Mass.: Science History Publications, U.S.A.

Feynman, R. P. 1989. *What Do You Care What Other People Think?* New York:W. W. Norton.

Fiske, D. W., and Shweder, R. A., eds. 1986. *Metatheory in Social Science. Pluralisms and Subjectivities.* Chicago: University of Chicago Press.

Fleck, L. 1979 [1935]. *Genesis and Development of a Scientific Fact.* Foreword by T. S. Kuhn. Chicago: University of Chicago Press.

Foucault, M. 1969. *L'Archéologie du savoir.* Paris: Gallimard.

Foucault, M. 1975. *Surveiller et punir: naissance de la prison.* Paris: Gallimard.

Franck, R., ed. 1994. *Faut-il chercher aux causes une raison? L'explication causale dans les sciences humaines.* Paris: Vrin.

Frank, R. H. 1988. *Passions within Reason. The Strategic Role of the Emotions.* New York: W. W. Norton.

Frank, R. H.; Gilovich, T.; and Regan, D. T. 1993. Does studying economics inhibit cooperation? *Economic Perspectives* 7:159-171.

Fréchet, M. 1946. Les définitions courantes de la probabilité. In *Les Mathématiques et le concret,* pp. 157-204. Paris: Presses Universitaires de France.

Freese, L., and Rokeach, M. 1979. On the use of alternative interpretations in contemporary social psychology. *Social Psychology Quarterly* 42:195-201.

Freud, S. 1929. *Introductory Lectures on Psychoanalysis,* 2d ed. London: Allen & Unwin.

Friedman, J. W. 1977. *Oligopoly and the Theory of Games.* Amsterdam: North Holland.

Friedman, M. 1953. The methodology of positive economics. In *Essays in Positive Economics,* pp. 3-43. Chicago: University of Chicago Press.

Friedman, M. 1976. *Price Theory.* New York: Aldine.

Gadamer, H.-G. 1975 [1960]. *Wahrheit und Methode,* 4th ed. Tübingen: Mohr.

Galanter, E. 1962. The direct measurement of utility and subjective probability. *American Journal of Psychology* 75:208-220.

Galbraith, J. K. 1987. *A History of Economics.* London: Hamish Hamilton.

Gardner, M. 1992. Probability paradoxes. *Skeptical Inquirer* 16:129-132.

Garfinkel, H. 1967. *Studies in Ethnomethodology.* Englewood Cliffs, N.J.: Prentice- Hall.

Garfinkel, H.; Lynch, M.; and Livingston, E. 1981. The work of a discovering science construed with materials from the optically discovered pulsar. *Philosophy of the Social Sciences* 11:131-158.

Gauthier, D. 1986. *Morals by Agreement.* Oxford: Clarendon Press.

Geertz, C. 1973. *The Interpretation of Cultures.* New York: Basic Books.

Gellner, E. 1973. *Cause and Meaning in the Social Sciences.* London: Routledge and Kegan Paul.

Gellner, E. 1985. *Relativism and the Social Sciences.* Cambridge: Cambridge University Press.

409 Geyer, F., and Zouwen, J. van der, eds. 1990. *Self-Referencing in Social Systems.* Salinas, Calif.: Intersystems Publications.

Gini, C. 1952. *Patologia economica,* 5th ed. Turin: UTET.

Glass, L., and Mackey, M. C. 1988. *From Clocks to Chaos.* Princeton: Princeton University Press.

Goffman, E. 1963. *Behavior in Public Places.* New York: Free Press.

Goldsmith, D., ed. 1977. *Scientists Confront Velikovsky.* Papers from an AAAS Symposium. Ithaca, N.Y.: Cornell University Press.

Goodman, N. 1958. The test of simplicity. *Science* 128:1064-1069.

Goodman, N. 1978. *Ways of World-Making.* Indianapolis, Ind.: Hackett.

Gouldner, A. W. 1970. *The Coming Crisis of Western Sociology.* New York: Basic Books.

Gouldner, A. W. 1973. *For Sociology. Renewal and Critique in Sociology Today.* New York: Basic Books.

Graaff, J. de. 1967. *Theoretical Welfare Economics.* Cambridge: Cambridge University Press.

Granovetter, M. 1974. *Getting a Job: A Study of Contacts and Careers.* Cambridge, Mass.: Harvard University Press.

Granovetter, M. 1985. Economic action and social structure: the problem of embeddedness. *American Journal of Sociology* 91:481-510.

Green, D. P., and Shapiro, I. 1994. *Pathologies of Rational Choice Theory. A Critique of Applications in Political Science.* New Haven: Yale University Press.

Greenwood, E. 1945. *Experimental Sociology: A Study in Method.* New York: King's Crown Press.

Griliches, Z. 1994. Productivity, R&D, and the data constraint. *American Economic Review* 84:1-23.

Haack, S. 1995. *Evidence and Inquiry.* Oxford: Blackwell.

Habermas, J. 1971. *Toward a Rational Society.* London: Heinemann.

Habermas, J. 1981. *Theorie des kommunikativesHandelns,* 2 Vols. Frankfurt:Suhrkamp.

Hammond, J. S. III. 1967. Better decisions with preference theory. *Harvard Business Review* 45:123-141.

Hardin, G. 1968. The tragedy of the commons. *Science* 162:1243-1247.

Harding, S. 1986. *The Science Question in Feminism.* Ithaca, N.Y.: Cornell University Press.

Harding, S. 1991. *Whose Science? Whose Knowledge? Thinking from Women's Lives.* Ithaca,N.Y.: Cornell University Press.

Harris, M. 1968. *The Rise of Anthropological Theory.* New York: Crowell.

Harris, M. 1979. *Cultural Materialism.* New York: Random House.

Harrison, B., and Bluestone, B. 1988. *The Great U-Turn: Corporate Restructuring and the Polarization of America.* New York: Basic Books.

Harsanyi, J. C. 1985. Does reason tell us what moral code to follow and, indeed, to follow any moral code at all? *Ethics* 96:42-45.

Hartman, A. 1991. Words create worlds. *Social Work* 36:275-276.

Harvey, D. 1989. *The Condition of Postmodernity. An Inquiry into the Origins of Cultural Change.* Oxford: Blackwell.

Hausman, J. A., and Wise, D. A. 1985. *Social Experimentation.* Chicago: University of Chicago Press.

Hayek, F. A. 1955. *The Counter-Revolution of Science.* Glencoe, III.:Free Press.

Hebb, D. O. 1949. *The Organization of Behavior: A Neuropsychological Theory.* New York: 410
Wiley.

Hebb, D. O. 1955. Drives and the C.N.S. conceptual nervous system. *Psychological Review* 262:243-254.

Hebb, D. O. 1980. *Essay on Mind.* Hillsdale, N.J.: Lawrence Erlbaum Associates.

Heidegger, M. 1959. *Unterwegs zur Sprache.* Tübingen: Neske.

Heidegger, M. 1976 [1943]. *Vom Wesen der Wahrheit,* 6th ed. Frankfurt: V. Klosterman.

Heidegger, M. 1986 [1927]. *Sein und Zeit,* 16th ed. Tübingen: Niemeyer.

Heidegger, M. 1987 [1953]. *Einführung in die Metaphysik,* 5th ed. Tübingen: Niemeyer.

Hempel, C. G. 1965. *Aspects of Scientific Explanation.* New York: Free Press.

Hendry, D. F., and Richard, J.-F. 1982. On the formulation of empirical models in dynamic econometrics. *Journal of Econometrics* 20:3-33.

Herrnstein, J. W. 1990. Rational choice theory: necessary but not sufficient. *American Psychologist* 45:356-367.

Herschel, J. F. W. 1830. *Preliminary Discourse on the Study of Natural Philosophy.* London: Longmans.

Hesse, M. 1966. *Models and Analogies in Science.* Notre Dame, Ind.: University of Notre Dame Press.

Hilbert, D. 1918. Axiomatisches Denken. *Mathematische Annalen*78:405-415.

Hilbert, D., and Bernays, P. 1968 [1934].*Grundlagen der Mathematik,* 2 vols.Berlin: Springer-Verlag.

Himmelstrand, U., ed. 1986. *Sociology: From Crisis to Science?*2 vols. London:Sage.

Hirschman, A. O. 1977. *The Passions and the Interests. Political Arguments for Capitalism before Its Triumph.* Princeton, N.J.: Princeton University Press.

Hirschman, A. O. 1992. *Rival Views of Market Society.* Cambridge, Mass.: Harvard University Press.

Hirst, R. J. 1967. Realism. In *Encyclopedia of Philosophy,*7:77-83. New York: Macmillan and Free Press.

Hodder, I. 1992. *Theory and Practice in Archaeology.* London: Routledge.

Hogarth, R. M., and Reder, M. W., eds. 1987. *Rational Choice. The Contrast between Economics and Psychology.* Chicago: University of Chicago Press.

Homans, G. C. 1958. Social behavior as exchange. *American Journal of Sociology* 62:597-606.

Homans, G. C. 1974. *Social Behavior. Its Elementary Forms,* rev. ed. New York: Harcourt Brace Jovanovich.

Homans, G. C. 1987. Behaviorism and after. In *Social Theory Today,*ed. A. Giddens and J. Turner, pp. 58-81. Stanford, Calif.: Stanford University Press.

Husserl, E. 1950 [1931]. *Cartesianische Meditationen.* In *Husserliana: Gesammelte Werke,* vol. 1. The Hague: Martinus Nijhoff.

Husserl, E. 1950, 1952 [1913]. *Ideen zu einer reinen Phänomenologie und phänomenologischen Philosophie.* In *Husserliana: Gesammelte Werke,* vols. 3, 4. The Hague: Martinus Nijhoff.

Husserl, E. 1954 [1935]. Die Krisis des europäischen Menschentums und die Philosophie. In *Husserliana: Gesammelte Werke,* 6:314-348. The Hague: Martinus Nijhoff.

Husserl, E. 1954 [1936]. *Die Krisis der Europäischen Wissenschaften und die transzendentale Phänomenologie.* In *Husserliana: Gesammelte Werke,* vol. 6. The Hague: Martinus Nijhoff.

Iannone, A. P., ed. 1987. *Contemporary Moral Controversies in Technology.* New York: 411
Oxford University Press.

Iannone, A. P.1989. *Contemporary Moral Controversies in Business.* New York: Oxford University Press.

James, W. 1975 [1907]. *Pragmatism.* Cambridge, Mass.: Harvard University Press.

Jarvie, I. C. 1984. *Rationality and Relativism.* London: Routledge and Kegan Paul.

Jasso, G. 1980. A new theory of distributive justice. *American Sociological Review* 45:3-32.

Jones, R. 1977. *Self-Fulfilling Prophecies: Social, Psychological and Physiological Effects of Expectancies.* Hillsdale, N.J.: Erlbaum.

Juster, F. T. 1985. *Preferences for Work and Leisure.* Ann Arbor: University of Michigan Press.

Kahneman, D.; Knetsch, J.L.; and Thaler, R. 1986. Fairness as a constraint on profit seeking: entitlements in the market. *American Economic Review* 76:728-741.

Kahneman, D.; Knetsch, J. L.; and Thaler, R.1987. Fairness and the assumptions of economics. In Hogarth and Reder,101-116.

Kahneman, D., and Tversky, A. 1973. On the psychology of prediction. *Psychological Review* 80:237-251.

Kahneman, D., and Tversky, A.1979. Prospect theory: an analysis of decision under risk. *Econometrica* 47:263-291.

Kahneman, D.; Slovic, P.; and Tversky, A., eds. 1982.*Judgment under Uncertainty: Heuristics and Biases.* Cambridge: Cambridge University Press.

Karni, E., and Safra, Z. 1995. The impossibility of experimental elicitation of subjective probabilities. *Theory and Decision* 38:313-320.

Kearney, R. 1986. *Modern Movements in European Philosophy.* Manchester:Manchester University Press.

Keller, E. F. 1985. *Reflections on Gender and Science.* New Haven: Yale University Press.

Kitcher, P. 1995. *The Advancement of Knowledge.* New York: Oxford University Press.

Knaus, W. A.; Wagner, D. P.; and Lynn, J. 1991. Short-term mortality predictions for critically ill hospitalized adults: science and ethics. *Science* 254:389-394.

Knetsch, J. L. 1992. Preferences and nonreversibility of indifference curves. *Journal of Economic Behavior and Organization* 17:131-139.

Knorr-Cetina, K. D. 1981. *The Manufacture of Knowledge: An Essay on the Constructivist and Contextual Nature of Science.* Oxford: Pergamon.

Knorr-Cetina, K. D. 1983. The ethnographic study of scientific work: towards a constructivist interpretation of science. In Knorr-Cetina and Mulkay, 115-139.

Knorr-Cetina, K. D., and Cicourel, A. V. 1981. The micro-sociological challenge of macro-sociology: towards a reconstruction of social theory and methodology. In Knorr-Cetina and Cicourel, 1-47.

Knorr-Cetina, K. D., and Cicourel, A. V., eds. 1981. *Advances in Social Theory and Methodology: Towards an Integration of Micro- and Macro-sociology.* London: Routledge and Kegan Paul.

Knorr-Cetina, K. D., and Mulkay, M. 1983*a*. Emerging principles in social studies of science. In Knorr-Cetina and Mulkay, 1-18.

Knorr-Cetina, K. D., and Mulkay, M., eds. 1983*b*.*Science Observed. Perspectives on the Social Study of Science.* London: Sage.

412 Krimerman, L. L, ed. 1969. *The Nature and Scope of Social Science.* New York: Appleton-Century-Crofts.

Kuhn, T. S. 1962. *The Structure of Scientific Revolutions.* Chicago: University of Chicago Press. Rev. ed. 1970.

Kuhn, T. S. 1991. The road since *Structure.* In *PSA 1990,* 2:3-13. East Lansing,

Mich.:Philosophy of Science Association.

Lachmann, L. M. 1973. *Drei Essays über Max Webers geistiges Vermächtnis.*Tübingen: Mohr.

Lalande, A. 1938. *Vocabulaire technique et critique de la philosophie,* 3 vols. Paris: Alcan.

Lane, R. E. 1981. *The Market Experience.* New York: Cambridge University Press.

Lang, S. 1981. *The File.* New York: Springer.

Lang, S. 1990. Case study of political opinions passed off as science and mathematics. Videotape. American Mathematical Society and Mathematical Association of America.

Laponce, J. A., and Smoker, P., eds. 1972. *Experimentation and Simulation in Political Science.* Toronto: University of Toronto Press.

Lasswell, H. D., and Kaplan, A. 1952. *Power and Society:A Framework for Political Inquiry.* London: Routledge and Kegan Paul.

Latour, B. 1980. Is it possible to reconstruct the research process? Sociology of a brain peptide. *Sociology of the Sciences Yearbook* 4:53-76.

Latour, B. 1983. Give me a laboratory and I will raise the world. In Knorr-Cetina and Mulkay, 140-170.

Latour, B. 1987. *Science in Action. How to Follow Scientists and Engineers through Society.* Cambridge, Mass.: Harvard University Press.

Latour, B. 1988. A relativistic account of Einstein's relativity. *Social Studies of Science*18:3-44.

Latour, B., and Woolgar, S. 1979. *Laboratory Life: The Social Construction of Scientific Facts.* Beverly Hills, Calif.: Sage.

Latour, B., and Woolgar, S. 1986. *Laboratory Life: The Construction of Scientific Facts.* Princeton, N.J.:Princeton University Press. (Revision of Latour and Woolgar 1979.)

Lazarsfeld, P., and Menzel, H. 1965. On the relations between individual and collective properties. In *Reader on Complex Organizations,* ed. A. Etzioni, pp. 422-40. New York: Holt, Rinehart and Winston.

Leibniz, G. W. 1981 [1703]. *Nouveaux Essaissurl'entendementhumain.* Eng. trans.: *New Essays on Human Understanding.* Cambridge: Cambridge University Press.

Lenin, V. I. 1947 [1908]. *Materialism and Empirio-Criticism.* Moscow: Foreign Languages

Publishing House.

Lenin, V. I. 1972 [1914]. Conspectus of Hegel's Science of Logic. In *Philosophical Notebooks, Collected Works,* vol. 38. Moscow: Progress Publishers.

León-Portilla, M. 1980. *Toltecáyotl: Aspectos de la cultura náhuatl.* Mexico D.F.: Fondo de Cultura Económica.

Leontief, W. 1982. Academic economics. *Science* 217:104-107.

Lévi-Strauss, C. 1963. *Structural Anthropology.* New York: Basic Books.

Lewontin, R. C. 1991. *Biology as Ideology: The Doctrine of DNA.* Concord, Ont.: Anansi.

Livingston, P. 1988. *Literary Knowledge.* Ithaca, N.Y.: Cornell University Press.

Livingston, P. 1991. *Literature and Rationality: Ideas of Agency in Theory and Fiction.* NewYork: Cambridge University Press.

413 Lloyd, C. 1991. The methodologies of social history: a critical survey and defense of structurism. *History and Theory* 30:180-219.

Lomnitz, L. 1977. *Networks and Marginality.* New York: Academic Press.

Lorrain, F., and White, H. C. 1971. Structural equivalence of individuals in social networks. *Journal of Mathematical Sociology* 1:49-80.

Louch, A. R. 1969. *Explanation and Human Action.* Berkeley: University of California Press.

Luce, R. D., and Raiffa, H. 1957. *Games and Decisions. Introduction and Critical Survey.* New York: Wiley. Rpt. New York: Dover, 1989.

Luhmann, N. 1984. *Soziale Systeme. Grundrisse einer allgemeinen Theorie.* Frankfurt: Suhrkamp.

Luhmann, N. 1987. The evolutionary differentiation between society and interaction. In Alexander et al., 112-131.

Luhmann, N. 1990. *Die Wissenschaft der Gesellschaft.* Frankfurt: Suhrkamp.

Lynch, M. E. 1988. Sacrifice and the transformation of the animal body into a scientific object: laboratory culture and ritual practice in the neurosciences. *Social Studies of Science* 18:265-289.

Lynch, M. E.; Livingston, E., and Garfinkel, H. 1983. Temporal order in laboratory work. In Knorr-Cetina and Mulkay, 205-238.

McCloskey, D. N. 1985. *The Rhetoric of Economics.* Madison, Wis.: University of Wisconsin Press.

MacCrimmon, K. R., and Larsson, S. 1979. Utility theory: axioms vs. "paradoxes." In Allais and Hagen, 333-409.

Machina, M. J., and Munier, B., eds. 1994. *Models and Experiments on Risk and Rationality.* Dordrecht: Kluwer.

Machlup, F. 1955. The problem of verification in economic theory. *Southern Economic Journal* 22:1-21.

McKeown, T. 1979. *The Role of Medicine.* Princeton, N.J.: Princeton University Press.

MacKinnon, C. 1989. *Toward a Feminist Theory of the State.* Cambridge, Mass.: Harvard University Press.

Macpherson, C. B. 1962. *The Political Theory of Possessive Individualism: Hobbes to Locke.* Oxford: Clarendon Press.

Macy, M. W. 1990. Learning theory and the logic of critical mass. *American Sociological Review* 55:809-826.

Malcolm, N. 1968. The conceivability of mechanism. *Philosophical Review* 77:45-72.

Malinvaud, E. 1984. *Mass Unemployment.* Oxford: Blackwell.

Malinvaud, E. 1991.*Voies de la recherche macroéconomique.* Paris: Odile Jacob.

Malitza, M. 1971. A model of Michael the Brave's decision in 1595. In *Mathematics in the Archaeological and Historical Sciences,* ed. F. R. Hodson, D. G. Kendall, and P. Tautu, pp. 516-23. Edinburgh: Edinburgh University Press.

Mandelbaum, M. 1955. Societal facts. *British Journal of Sociology* 6:305-317.

Mann, M. 1986. *The Sources of Power,* Vol. 1:*A History of Power from the Beginning to A.D. 1760.* Cambridge: Cambridge University Press.

Mann, M. 1993. *The Sources of Power,* Vol. 2: *The Rise of Classes and Nation-States, 1760-1914.* Cambridge: Cambridge University Press.

March, J. G., and Simon, H. A. 1958. *Organizations.* New York: John Wiley.

Marcuse, H. 1964. *One-Dimensional Man.* Boston: Beacon Press.

Marshall, A. 1920 [1890]. *Principles of Economics,* 8th ed. London: Macmillan.

414 Marx, K. 1967 [1867]. *Capital,* vol. I. New York: International Publishers.

Marx, K. 1973 [1857-58]. *Grundrisse: Foundations of the Critique of Political Economy.* New York: Penguin.

Marx, K. 1975 [1847]. *The Poverty of Philosophy.* Moscow: Progress Publishers.

Marx, K. 1986 [1852]. The eighteenth Brumaire of Louis Bonaparte. In *Selected Works,* by K. Marx and F. Engels, pp. 95-180. New York: International Publishers.

Marx, K. 1986 [1859]. A contribution to the critique of political economy. In *Selected Works,* by K. Marx and F. Engels, pp. 181-185. New York: International Publishers.

Marx, K., and Engels, F. 1986. *Selected Works.* New York: International Publishers.

Mathews, J. 1989. *Age of Democracy. The Politics of Post-Fordism.* Melbourne: Oxford University Press.

Mauss, M. 1968. *Essais de sociologie.* Paris: Editions de Minuit.

Mead, G. H. 1934. *Mind, Self, and Society,* ed. C. W. Morris. Chicago: University of Chicago Press.

Menger, C. 1969 [1883].*Untersuchungen über die Methode der socialwissenschaften, und der politischen Oekonomie insbesondere.* Leipzig: Dunker and Humblot. Vol. 2 of *Gesammelte Werke,* 2d ed. Tübingen: Mohr.

Merton, R. K. 1936. The unanticipated consequences of purposive social action. *American Sociological Review* 1:894-904.

Merton, R. K. 1938. Science and the social order. *Philosophy of Science* 5:321-337. Rpt. in Merton 1973, 254-266.

Merton, R. K. 1957. *Social Theory and Social Structure,* rev. ed. New York: Free Press.

Merton, R. K. 1973. *The Sociology of Science. Theoretical and Empirical Investigations.* Chicago: University of Chicago Press.

Merton, R. K. 1987. Three fragments from a sociologist's notebooks. *Annual Review of Sociology* 13:1-28.

Michalos, A. 1980-1982. *North American Social Report,* 5 vols. Dordrecht: Reidel.

Mill, J. S. 1952 [1875]. *A System of Logic,* 8th ed. Rpt. London: Longmans, Green.

Miller, D., ed. 1985. *Popper Selections.* Princeton, N.J.: Princeton University Press.

Mitcham, C. 1994. *Thinking through Technology. The Path between Engineering and Philosophy.* Chicago: University of Chicago Press.

Mitcham, C., and Mackey, R., eds. 1972. *Philosophy and Technology.* Chicago: University of Chicago Press.

Morgenstern, O. 1963. *On the Accuracy of Economic Observations,* 2d ed. Princeton: Princeton University Press.

Morgenstern, O. 1972. Descriptive, predictive and normative theory.*Kyklos* 25:699-714.

Morgenstern, O. 1979. Some reflections on utility. In Allais and Hagen, 175-183.

Moser, P. K., ed. 1990. *Rationality in Action. Contemporary Approaches.* Cambridge: Cambridge University Press.

Mueller-Vollmer, K., ed. 1989. *The Hermeneutic Reader: Texts of the German Tradition from the Enlightenment to the Present.* New York: Continuum.

Mulkay, M. 1969. Some aspects of cultural growth in the natural sciences. In Barnes 1972, 126-142.

Myrdal, G. 1969. *Objectivity in Social Research.* New York: Pantheon Books.

Nadeau, R. 1993. Confuting Popper on the rationality principle. *Philosophy of the Social Sciences* 23:446-467.

Nagel, E. 1961. *The Structure of Science.* New York: Harcourt, Brace and World. 415

Neurath, O. 1981.*Gesammelte philosophische und methodologische Schriften,* 2 vols., ed. R. Haller and H. Rutte. Vienna: Hölder-Pichler-Tempsky.

Nozick, R. 1974. *Anarchy, State and Utopia.* New York: Basic Books.

Olson, M. 1971. *The Logic of Collective Action,* 2ded. Cambridge, Mass.: Harvard University Press.

O'Neill, J., ed. 1973. *Modes of Individualism and Collectivism.* London: Heinemann.

Optner, S. L., ed. 1973. *Systems Analysis.*Harmondsworth: Penguin.

Pareto, V. 1935 [1916]. *A Treatise on General Sociology,* 4 vols. New York: Harcourt, Brace and Co. Rpt. New York: Dover, 1963.

Pareto, V. 1966. *Sociological Writings.* Selected and introduced by S. E. Feiner.Totowa,N.J.: Rowman and Littlefield.

Pareto, V. 1974 [1906]. *Manuale di economiapolitica.* Padua: Cedam.

Parsons, T. 1951. *The Social System.* New York: Free Press; London: Collier-Macmillan.

Pasinetti, L. L. 1981. *Structural Change and Economic Growth.* Cambridge: Cambridge University Press.

Patai, D., and Koertge, N. 1994. *Professing Feminism. Cautionary Tales from the Strange World of Women's Studies.* New York: Basic Books.

Peirce, C. S. 1935 [1898]. *Scientific Metaphysics.* In *Collected Works,* vol. 6. Cambridge, Mass.: Harvard University Press, Belknap Press.

Peirce, C. S. 1958 [ca. 1902]. Scientific method. In *Collected Papers,* ed. A. W. Burks,7:37-75. Cambridge, Mass.: Harvard University Press.

Piaget, J. 1965. *Etudes sociologiques.* Geneva: LibrairieDroz.

Pinch, T. J. 1979. Normal explanations of the paranormal: the demarcation problem and fraud in parapsychology. *Social Studies of Science* 9:329-348.

Pinch, T. J. 1985. Towards an analysis of scientific observation: the externality ofevidential significance of observational reports in physics. *Social Studies of Science* 15:3-36.

Pinch, T. J., Collins, H. M. 1979. Is anti-science not-science? *Sociology of the Sciences Yearbook* 3:221-250.

Pinch, T. J., Collins, H. M. 1984. Private science and public knowledge. *Social Studies of Science* 14:521-546.

Poincaré, H. 1903. *Science ethypothèse.* Paris: Flammarion.

Poincaré, H. 1965 [1901]. Letter to L. Walras. In *Correspondence of Léon Walras and Related Papers,* ed. W. Jaffé, 3:164-165. Amsterdam: North Holland.

Polanyi, K. 1944. *The Great Transformation.* New York: Rinehart.

Pólya, G. 1957. *How To Solve It.* New York: Doubleday Anchor Books.

Popper, K. R. 1957[1944-1945]. *The Poverty of Historicism.* London: Routledge and Kegan Paul.

Popper, K. R. 1959 [1935]. *The Logic of Scientific Discovery.* London: Hutchinson.

Popper, K. R. 1962 [1945]. *The Open Society and Its Enemies,* 2 vols. London:Routledge and Kegan Paul.

Popper, K. R. 1963. *Conjectures and Refutations.* New York: Basic Books.

Popper, K. R. 1967. The rationality principle. Rpt. in Miller, 1985, 357-365.

Popper, K. R. 1972. *Objective Knowledge.* Oxford: Clarendon Press.

Popper, K. R. 1974. Intellectual autobiography. In *The Philosophy of Karl Popper,* ed. P. A.Schlipp, pp. 3-181. La Salle, III.: Open Court.

Porter, M. E. 1980. *Competitive Strategy.* New York: Free Press.

Portes, A., and Sassen-Koob, S. 1987. Making it underground: comparative material on the informal sector in Western market economies. *American Journal of Sociology* 93:30-61. 416

Putnam, H. 1994. The Dewey Lectures 1994. *Journal of Philosophy* 91:445-517.

Rachlin, H.; Battalio, R.; Kagel, J.; and Green, L. 1981. Maximization theory in behavioral psychology. *Behavioral and Brain Sciences* 4:371-417.

Rand, A. 1964. *The Virtue of Selfishness: A New Concept of Egoism.* New York: American Library.

Rapoport, A. 1989. *Decision Theory and Decision Behavior.* Dordrecht: Kluwer.

Rapoport, A. 1990. Comments on Tsebelis. *Rationality and Society* 2:508-511.

Rawls, J. 1971. *A Theory of Justice.* Cambridge, Mass.: Harvard University Press.

Ray, A. J., and Freeman, D. B. 1978. *"Give Us Good Measure" : An EconomicAnalysis of Relations between the Indians and the Hudson's Bay Company before 1763.*Toronto: University of Toronto Press.

Reich, R. B., ed. 1988. *The Power of Public Ideas.* Cambridge, Mass.: Harvard University Press.

Rescher, N. 1987. *Scientific Realism.* Dordrecht: Reidel.

Rescher, N. 1988. *Rationality.* Oxford: Clarendon Press.

Rescher, N. 1993. *Pluralism.* Oxford: Clarendon Press.

Rescher, N. 1994. *A System of Pragmatic Realism,* vol. 3. Princeton, N.J.: Princeton University Press.

Restivo, S. 1983. *The Social Relations of Physics, Mysticism and Mathematics.*Dordrecht: Reidel.

Ricoeur, P. 1971. The model of the text: meaningful action considered as a text.*Social*

Research 38:529-562.

Ricoeur, P. 1975. *La Métaphore vive.* Paris: Seuil.

Robinson, J., and Eatwell, J. 1974. *An Introduction to Modern Economics,* rev. ed. London: McGraw-Hill.

Rorty, R. 1979. *Philosophy and the Mirror of Nature.* Princeton, N.J.: Princeton University Press.

Rosenau, J. N. 1990. *Turbulence in World Politics.* Princeton, N.J.: Princeton University Press.

Ross, E., ed. 1980. *Essays in Cultural Materialism.* New York: Academic Press.

Rossi, P. H. 1988. On sociological data. In Smelser, 131-154.

Russell, C. 1993. *The Master Trend: How the Baby Boom Generation is Remaking America.* New York: Plenum.

Russett, B., and Starr, H. 1981. *World Politics: The Menu for Choice.* San Francisco:W. H. Freeman.

Ryan, A. 1991. When it's rational to be irrational. *New York Review of Books* 38, no. 15:19-22.

Samuelson, P. A. 1966 [1952]. Utility, preference and probability. In *Collected Works of Paul A. Samuelson,* 1:127-136. Cambridge, Mass.: MIT Press.

Samuelson, P. A. 1976. *Foundations of Economic Analysis.* New York: Atheneum.

Schelting, A. von. 1934. *Max WebersWissenschaftslehre.* Tübingen: Mohr (Paul Siebeck).

Scherer, F. 1980. *Industrial Market Structure and Economic Performance,* 2d ed.Chicago: Rand-McNally.

417 Schütz, A. 1940. Phenomenology and the social sciences. In *Philosophical Essays in Memory of Edmund Husserl,* ed. M. Farber, pp. 164-186. Cambridge, Mass.: Harvard University Press.

Schütz, A. 1953. Common sense and the scientific interpretation of human action. *Philosophy and Phenomenological Research,* 14:1-38.

Schütz, A. 1967 [1932]. *The Phenomenology of the Social World.* Evanston, III.:Northwestern University Press.

Schumpeter, J. A. 1950 [1942]. *Capitalism, Socialism and Democracy.* Introduction by T. Bottomore. New York: Harper Torchbooks.

Schumpeter, J. A. 1991.*Joseph A. Schumpeter: The Economics and Sociology of Capitalism,* ed.R. Swedberg. Princeton, N.J.: Princeton University Press.

Scitovsky, T. 1976. *The Joyless Economy.* New York: Oxford University Press.

Searle, J. 1995. *The Construction of Social Reality.* New York: Free Press.

Sebreli, J. J. 1992. *El asedio a la modernidad: Crítica del relativismo cultural.*Barcelona: Ariel.

Sen, A. K. 1987. *On Ethics and Economics.* Oxford: Blackwell.

Sen, A. K. 1995. Rational and social choice. *American Economic Review* 85:1-24.

Sheldon, E. B., and Moore, E., eds. 1968. *Indicators of Social Change: Concepts and Measurements.* New York: Russell Sage Foundation.

Shepherd, L. J. 1993. *Lifting the Veil. The Feminine Face of Science.* Boston:Shambala.

Shoemaker, P. J. H. 1992. Subjective expected utility theory revisited: a reductio ad absurdum paradox. *Theory and Decision* 33:1-21.

Short, J. F., ed. 1986. *The Social Fabric.* Beverly Hills, Calif.: Sage.

Shubik, M. 1987. *A Game-Theoretic Approach to Political Economy.* Cambridge, Mass.: MIT Press.

Shweder, R. A. 1986. Divergent rationalities. In Fiske and Shweder, 163-196.

Siegel, H. 1987. *Relativism Refuted: A Criticism of Contemporary Epistemological Relativism.* Dordrecht: Reidel.

Simmel, G. 1923 [1892]. *Die Probleme der Geschichtsphilosophie. Eine erkenntnistheoretische Studie,* 5th ed. Munich: Duncker und Humblot. Eng. trans.: *The Problems of the Philosophy of History.* New York: Free Press, 1977.

Simon, H. A. 1955. A behavioral model of rational choice. *Quarterly Journal of Economics* 69:99-118.

Simon, H. A. 1985. Human nature in politics: the dialogue of psychology with political science. *American Political Science Review* 79:293-304.

Smart, J. J. C. 1973. An outline of a system of utilitarian ethics. In *Utilitarianism For and*

Against, by J. J. C. Smart and B. Williams, pp. 1-74. Cambridge: Cambridge University Press.

Smelser, N. J. 1986. From structure to order. In Short, 33-38.

Smelser, N. J. 1992. The rational choice perspective: a theoretical assessment.*Rationality and Society* 4:381-411.

Smelser, N. J., ed. 1988. *Handbook of Sociology.* Newbury Park: Sage.

Sorokin, P. A. 1937. *Social and Cultural Dynamics,* vol. 3. London: Allen and Unwin.

Sorokin, P. A. 1956. *Fads and Foibles in Modern Sociology and Related Sciences.* Chicago:Henry Regnery.

Spaulding, A. C. 1988. Archaeology and anthropology. *American Anthropologist* 90:263-271.

418 Spiegel, G. M. 1990. History, historicism, and the social logic of the text in the Middle Ages. *Speculum* 65:59-86.

Stacey, R. D. 1992. *Managing the Unknowable.* San Francisco: Jossey-Bass.

Stack, G. 1989. The meaning and value of *Verstehen. Dialogos* (Puerto Rico) 24, no. 54:129-164.

Stigler, G. J., and Becker, G. S. 1977. De gustibus non est disputandum. *American Economic Review* 67:76-90.

Stinchcombe, A. L. 1968. *Constructing Social Theories.* Chicago: University of Chicago Press.

Stinchcombe, A. L. 1990. Comment. *Rationality and Society* 2:214-223.

Suppes, P. 1970. *A Probabilistic Theory of Causality.* Amsterdam: North Holland.

Suppes, P., and Zinnes, J. L. 1963. Basic measurement theory. In *Handbook of Mathematical Psychology,* ed. R. D. Luce, R. R. Bush, and E. Galanter, 1:1-76. New York: John Wiley.

Swedberg, R. M. 1990. *Economics and Sociology. Redefining Boundaries: Conversations with Economists and Sociologists.* Princeton, N.J.: Princeton University Press.

Swedberg, R. M. 1991. “The battle of methods” : toward a paradigm shift? In Etzioni and Lawrence, 13-34.

Taylor, C. 1971. Interpretation and the science of man. *Review of Metaphysics* 25:3-51.

Tocqueville, A. de. 1952 [1835]. *De la démocratie en Amérique.* In *Oeuvres complètes,* vol. 1.

Paris: Gallimard.

Tocqueville, A. de.1985. *Selected Letters on Politics and Society,* ed. R. Boesche. Berkeley:University of California Press.

Tönnies, F. 1979 [1887].*Gemeinschaft und Gesellschaft,* 8th ed. Darmstadt: Wissenschaftliche Buchhandlung.

Tolstoy, L. 1982 [1865-1869]. *War and Peace.* London: Penguin.

Trigg, R. 1985. *Understanding Social Science.* Oxford: Blackwell.

Trigger, B. G. 1991. Early native North American responses to European contact: romantic versus rationalistic interpretations. *Journal of American History* 77:1195-1215.

Tversky, A. 1975. A critique of expected utility theory: descriptive and normative considerations. *Erkenntnis*9:163-173.

Tversky, A., and Kahneman, D. 1981. The framing of decisions and the psychology of choice. *Science* 211:453-458.

Vaihinger, H. 1920. *Die Philosophie des Als Ob,* 4th ed. Leipzig: Meiner.

Van Dusen, R. A., ed. 1974. *Social Indicators, 1973: A Review Symposium.* Washington, D.C.: Social Science Research Council.

Van Fraassen, B. 1980. *The Scientific Image.* Oxford: Clarendon Press.

Ville, J. 1939. *Etude critique de la notion de collectif.*Paris: Gauthier-Villars.

Vining, D. R. 1986. Social versus reproductive success: the central theoretical problem of human sociobiology. *Behavioral and Brain Sciences* 9:167-216.

von Mises, L. 1949. *Human Action: A Treatise on Economics.* New Haven: Yale University Press.

von Neumann, J., and Morgenstern, O. 1947. *Theory of Games and Economic Behavior,* 2d ed. Princeton, N.J.: Princeton University Press.

von Schelting, A. 1934. *Max Webers Wissenschaftstlehre.* Tübingen: Mohr.

Wagner, R. 1986. *Symbols That Stand for Themselves.* Chicago: University of Chicago Press.

Watkins, J. 1952. Ideal types and historical explanation. *British Journal for the Philosophy of* 419
Science 3:22-43.

Weber, M. 1920-1921 [1904-1905], *Die protestantische Ethik und der Geist des Kapitalismus.*

In Weber, *Religionssoziologie,* 1:1-206. Tübingnen: Mohr, 1920.

Weber, M. 1920-1921. *Gesammelte Aufsätze zur Religionssoziologie,* 2 vols. Tübingen:Mohr.

Weber, M. 1922. *Wirtschaft und Gesellschaft. Grundriss der Verstehende Soziologie,* 3 vols.,5th ed. Tübingen: Mohr (Paul Siebebck). Eng. trans.: *Economy and Society.* Berkeley: University of California Press.

Weber, M. 1924. Die sozialen Gründe des Untergangs der antiken Kultur. In *Gesammelte Aufsätze zur Wirtschafts-und Sozialgeschichte,* pp. 289-311. Tübingen: Mohr.

Weber, M. 1988 [1913].Über einige Kategorien der verstehenden Soziologie. In *Gesammelte Aufsätze zur Wissenschaftslehre,* pp. 427-474. Tübingen: Mohr.

Whewell, W. 1847. *Philosophy of the Inductive Sciences,* rev. ed., 2 vols. London: Parker.

White, H[arrison]. 1973. Everyday life in stochastic networks. In Alker et al.,287-300.

White, H[ayden]. 1978. *Tropics of Discourse.* Baltimore: Johns Hopkins University Press.

Winch, P. 1958. *The Idea of a Social Science.* London: Routledge and Kegan Paul.

Wittgenstein, L. 1953. *Philosophical Investigations.* Oxford: Blackwell.

Woolgar, S. 1986. On the alleged distinction between discourse and praxis. *Social Studies of Science* 16:309-317.

Wrong, D. 1961. The oversocialized conception of man in modern sociology. *American Sociological Review* 26:183-193.

Zak, M. 1994. Postinstability models in dynamics. *International Journal of Theoretical Physics* 33:2215-2280.

姓名索引 421

427 主 词 索 引

作者简介

马里奥·邦格（Mario Bunge）：现当代著名科学哲学家，加拿大籍，1919 年出生于阿根廷布宜诺斯艾里斯。1952 年获阿根廷拉普拉塔国立大学物理学－数学博士学位，现任加拿大麦吉尔大学逻辑学和形而上学教授。

邦格教授涉猎广泛，著述丰富，目前共出版专著 80 多部，发表学术论文 400 余篇，部分著作曾被翻译成多种文字在多个国家出版。他早年主要从事于理论物理学研究，代表作有《物理学基础》（1967）、《物理学基础中的问题》（1971）等；后转向科学哲学方面，代表作有《物理学哲学》（1973）、《方法、模型和物质》（1973）、《科学哲学一、二卷》（1998）、《生物哲学的基础》（2008）等；目前主要从事社会科学哲学方面的研究，就社会科学研究中基础的哲学概念、原则、假设和一般哲学问题进行了系统而详尽地梳理和分析，代表作有《在社会科学中发现哲学》（1996）、《争论中的社会科学》（1998）等。在哲学方面，他最重要的贡献是其 8 卷本《基础哲学论集》，内容涵盖语义学、本体论、认识论、科学哲学和伦理学，对哲学各个方面进行了系统而严格的研究，成为现代哲学的基础；此外，他还着力于对哲学进行精确化的改造，并以精确哲学为目标的“科学唯物主义”享誉学界，代表作有《精确哲学》（1973）、《科学的唯物主义》（1981）等。

译者简介

吴朋飞：男，河南汝州人，2004 年获河南大学法学学士学位，2007 年获科学技术哲学硕士学位，2015 年获山西大学哲学博士学位。现为山西大学科学技术哲学研究中心讲师，主要从事一般科学哲学、社会科学哲学方面的研究。在《哲学研究》《科学技术哲学研究》《理论探索》等刊物发表多篇学术论文。